Nesta Edição

Capa: Paulo Raymundo

Projeto Gráfico: Paulo Raymundo

Diagramação: Paulo Raymundo

Revisão: Tikinet Edição

Revisão De Prova: Nair Ofuji

EDITORA SENAC DISTRITO FEDERAL
Centro Administrativo José Roberto Tadros - St. de Grandes Áreas Norte (SGAN) Qd.712/912 – Conjunto "E" S/N - Asa Norte -70790-125 – Brasília – DF,
Telefone: (61) 3771-9898
e-mail: editora@df.senac.br
home page: www. df. senac.br/editora

P813g

Pontelo, Juliana F.; Cruz, Lucineide A.M. Gestão de Pessoas: manual de rotinas trabalhistas/Juliana de F. Pontelo, Lucineide A.M. Cruz. 10ª Ed.– Brasília - DF
Editora Senac DF, 2023.
412 p.; il. 16cm X 23 cm

ISBN: 978-85-62564-91-8

1. Gestão de Pessoas 2. Administração de recursos humanos 3.Relações trabalhistas I. Título.

MISTO
Papel produzido a partir de fontes responsáveis
FSC® C172712
FSC
www.fsc.org

JULIANA PONTELO | LUCINEIDE CRUZ

GESTÃO DE PESSOAS

MANUAL DE ROTINAS TRABALHISTAS

10ª EDIÇÃO

Livraria & Editora Senac-DF
Brasília-DF,
2023

Um desejo sincero é sempre concretizado.

Masaharu Taniguchi

Agradecimentos

Somos gratas aos leitores que nos acompanharam em nossa jornada rumo à décima edição, bem como aos amigos e a toda a equipe da Editora Senac, que fizeram e fazem com que esta obra chegue aos diversos lugares do Brasil e até do mundo.

As autoras

Sumário

CAPÍTULO 2

CAPÍTULO 3

CAPÍTULO 4

CAPÍTULO 5

CAPÍTULO 6

CAPÍTULO 7

CAPÍTULO 8

CAPÍTULO 9

CAPÍTULO 10

CAPÍTULO 11

CAPÍTULO 12

CAPÍTULO 13

Apresentação

A alegria pela qual fui tomada em aceitar a responsabilidade de fazer parte da décima edição desta obra, voltada para o crescimento e o desenvolvimento de pessoas e, consequentemente, de organizações é inenarrável, pois, como a natureza se nutre dos elementos indispensáveis ao seu desenvolvimento – água, sol, terra e outros de acordo com sua constituição –, o Ser Humano também necessita de instrumentos que lhe permitam fortalecer seu autodesenvolvimento, das organizações e, por consequência, de seu país.

A vida é um eterno aprendizado e, ao observar a natureza que compõe cada ser vivo, percebemos o quanto é importante ter olhos atentos e predisposição para a evolução e o desenvolvimento, pois todo ser vivo está sempre em constante renovação.

O sucesso desta obra entre professores, estudantes e quem quer que busque conhecimento em uma área de certa forma complexa, por ser constituída basicamente por leis e decretos, torna-se facilitado pela didática utilizada pelas autoras ao apresentarem e desenvolverem cada tema, buscando sempre facilitar com exemplos a compreensão para melhor aplicação no exercício de suas atividades.

Aideê Silva de Almeida

Economista, especialista em Recursos Humanos, mestre em Educação,
diretora de Relações Funcionais na Associação de Profissionais dos Correios (ADCAP)

Prefácio

Quando recebi o convite para escrever este prefácio, senti um frio na barriga, e esse foi o motivo que me fez aceitar na hora, pois me senti honrado em participar de alguma forma dessa jornada que está em sua décima edição, sendo um sucesso maior a cada versão publicada pelas magníficas autoras Lu e Ju.

Acompanhei essa trajetória desde as primeiras edições, inclusive enxergando o crescimento acadêmico dos alunos que utilizam a obra como referência em diferentes disciplinas da área administrativa e de gestão. Esse sucesso é resultado da capacidade das autoras em traduzir de forma simples e acessível um conteúdo denso, que envolve gestão de pessoas, legislação trabalhista atualizada e visão gerencial, fato que se repete nesta edição, inclusive com exemplos práticos e modelos para facilitar o processo de aprendizagem do conteúdo.

Como gestor, sempre acreditei que uma empresa se constrói com pessoas e para pessoas, algo que fica marcado a cada capítulo desta obra, pois, mesmo versando em diferentes temas acerca da gestão, o foco na importância que as pessoas apresentam na gestão empresarial é visível, contendo uma gama de conceitos importantes não somente para estudantes da área, mas para qualquer profissional que deseja aprender e se atualizar acerca das relações trabalhistas e gestão organizacional.

É fato que o ambiente empresarial muda constantemente, principalmente em momentos estocásticos, como o mundo acaba de enfrentar, que influenciou as relações humanas dentro e fora do trabalho. Este livro traz uma atualização necessária para quem quer entender como permanecer ativo na gestão de pessoas e como fazer com que a empresa possa manter sua rotina respeitando a relação trabalhista, cada vez mais moderna e globalizada.

O frio na barriga pode ter terminado por aqui, mas a satisfação em participar desta obra ficará para sempre. Muito obrigado pelo convite e parabéns pelo trabalho de sucesso realizado. Ao leitor, indico que aproveite e se jogue no oceano de conhecimento que está prestes a navegar.

Juliano Bonfim Carregaro

Diretor no Grupo Anhanguera, revisor de periódicos, membro de Banco de Avaliadores e de Editoriais

CV: http://lattes.cnpq.br/0255473699401461 | Site: http://julianocarregaro.blogspot.com

Índice de siglas

APS • Agência da Previdência Social
ASO • Atestado de Saúde Ocupacional
BNDES • Banco Nacional de Desenvolvimento Econômico e Social
CAE • Código de Atividade Econômica
Caged • Cadastro Geral de Empregados e Desempregados
CAT • Comunicação de Acidente de Trabalho
CD • Comunicação de Dispensa
CEF • Caixa Econômica Federal
CID • Código Internacional de Doenças
CF • Constituição Federal
CFC • Conselho Federal de Contabilidade
Cipa • Comissão Interna de Prevenção de Acidentes
CLT • Consolidação das Leis do Trabalho
CNPJ • Cadastro Nacional de Pessoa Jurídica
Cofins • Contribuição para Financiamento da Seguridade Social
CPF • Cadastro das Pessoas Físicas
CRC • Conselho Regional de Contabilidade
CRF • Certificado de Regularidade do FGTS
CRT • Certificado de Responsabilidade Técnica
CTPS • Carteira de Trabalho e Previdência Social
DCT • Documento de Cadastramento do Trabalhador
DEF • Departamento de Fiscalização do Trabalho
Dirf • Declaração do Imposto de Renda Retido na Fonte
DOU • Diário Oficial da União
DRT • Delegacia Regional do Trabalho
DSR • Descanso Semanal Remunerado
ECT • Empresa Brasileira de Correios e Telégrafos
EPC • Equipamento de Proteção Coletiva
EPI • Equipamento de Proteção Individual
EPP • Empresa de Pequeno Porte
e-Social • Sistema de Escrituração Fiscal Digital das Obrigações Fiscais, Previdenciárias e Trabalhistas
FGTS • Fundo de Garantia do Tempo de Serviço
GFIP • Guia de Recolhimento do FGTS e Informações à Previdência Social
GPS • Guia da Previdência Social
GRCS • Guia de Recolhimento da Contribuição Sindical
IBGE • Instituto Brasileiro de Geografia e Estatística
INSS • Instituto Nacional da Seguridade Social
IR • Imposto de Renda
IR/Fonte • Imposto de Renda Retido na Fonte

IRPF • Imposto de Renda da Pessoa Física
IRPJ • Imposto de Renda da Pessoa Jurídica
JCJ • Junta de Conciliação e Julgamento
LEP • Lei de Execução Penal
ME • Microempresa
MTE • Ministério do Trabalho e Emprego
MPAS • Ministério da Previdência Social
MPT • Ministério Público do Trabalho
NR • Normas Regulamentadoras
OAB • Ordem dos Advogados do Brasil
OIT • Organização Internacional do Trabalho
OMS • Organização Mundial de Saúde
PAT • Programa de Alimentação do Trabalhador
Pasep • Programa de Formação do Patrimônio do Servidor Público
PCMSO • Programa de Controle Médico de Saúde Ocupacional
PCMAT • Programa de Condições e Meio Ambiente de Trabalho na Indústria da Construção
PIS • Programa de Integração Social
PNPE • Programa Nacional de Estímulo ao Primeiro Emprego para os Jovens
PPRA • Programa de Prevenção de Riscos Ambientais
Rais • Relação Anual de Informações Sociais
RSR • Repouso Semanal Remunerado
SAT • Seguro de Acidente de Trabalho
SD • Seguro Desemprego
Sebrae • Serviço Brasileiro de Apoio às Micro e Pequenas Empresas
Sefip • Sistema Empresa de Recolhimento do FGTS e Informações à Previdência Social
Senac • Serviço Nacional de Aprendizagem Comercial
Senai • Serviço Nacional de Aprendizagem Industrial
Sesc • Serviço Social do Comércio
Sesi • Serviço Social da Indústria
SESMT • Serviços Especializados em Engenharia de Segurança e em Medicina do Trabalho
Sipat • Semana Interna de Prevenção de Acidentes do Trabalho
SIT • Secretaria de Inspeção do Trabalho
Sped • Sistema Público de Escrituração Digital
SRF • Secretaria da Receita Federal
SRTE • Superintendência Regional do Trabalho e Emprego
SST • Secretaria de Segurança e Medicina no Trabalho
STF • Superior Tribunal Federal
TAC • Termo de Compromisso de Ajustamento de Conduta
TRCT • Termo de Rescisão de Contrato de Trabalho
TRT • Tribunal Regional do Trabalho
TST • Tribunal Superior do Trabalho
VGBL • Vida Gerador de Benefício Livre

CAPÍTULO 1

As pessoas na organização

Você já parou para pensar que uma organização é constituída por um conjunto de talentos humanos e que o seu sucesso ou não é de responsabilidade de cada um dos seus integrantes?

As organizações, independentemente do porte, mantêm um departamento, setor ou encarregado para administrar a admissão e a demissão de empregados, observando as legislações trabalhistas pertinentes. Em algumas, existem também áreas designadas especificamente para cuidar de plano de carreira, cargos e salários, treinamentos, recrutamento e seleção e promoções.

Atualmente, o termo que se costuma empregar para essas funções é "gestão de pessoas".[1] De acordo com Gil (2010), a expressão aparece no final do século XX e guarda similaridade com outras que também vêm popularizando-se, tais como "gestão de talentos", "gestão de parceiros" e "gestão do capital humano", e constitui, a rigor, uma evolução das áreas designadas no passado como administração de pessoal, relações industriais e administração de recursos humanos.

---

1 O conceito de gestão de pessoas pode ser definido como: a função gerencial que visa à cooperação das pessoas que atuam nas organizações para o alcance dos objetivos tanto organizacionais quando individuais (GIL, 2010).

"Gestão de pessoas" pode ser considerado então um novo nome para a área de recursos humanos. A mudança do termo coincide com uma mudança nas organizações, ou seja, na forma como as organizações lidam com seus colaboradores. Exemplo: se eu, como empresário, compreendo que não tenho recursos humanos, mas talentos, parceiros, como colaboradores, a forma como faço a gestão destes é diferente.

Em um cenário de elevada concorrência, o sucesso organizacional está baseado no desenvolvimento de estratégias que superem positivamente os resultados pretendidos. Diante desse desafio, a parceria da área de recursos humanos com a liderança torna-se imprescindível, justamente por ser capaz de criar, desenvolver e otimizar uma cultura que gere constantemente impactos benéficos para a organização.

A área de gestão de pessoas torna-se cada vez mais estratégica em uma organização. Mas por que a utilização da palavra "estratégica"? Qual é a relação entre estratégia, recursos humanos e liderança? A resposta a essas questões está no fato de que a área de recursos humanos tem por atribuições, entre outras, contratar e remanejar funcionários, propor melhorias nas relações de trabalho, avaliar desempenhos, promover ações educativas; ou seja, é aquela que está posicionada estrategicamente para gerir mudanças culturais nas organizações.

A área de recursos humanos desenvolve também estratégias para realizar a ligação da visão, da missão, dos valores, da qualidade dos serviços, das políticas organizacionais, das metas e dos objetivos com os agentes participantes do processo – os integrantes da organização –, proporcionando ou otimizando um novo clima e uma nova cultura organizacional, quando preciso.

Conhecer, compreender, divulgar e internalizar a cultura de uma organização é, portanto, competência intrínseca da área de recursos humanos, pois o sucesso de uma organização está diretamente ligado ao funcionamento eficaz do fluxo cliente-fornecedor interno, visto que todos os que compõem o quadro funcional são, ao mesmo tempo, clientes internos e fornecedores internos, por estarem os departamentos e os setores interligados, já que, ao mesmo tempo que repassam informações para atender a demandas de outros setores (situação em que se comportam como fornecedores internos), recebem dados, processos, informações e demandas de outros setores (sendo então considerados clientes internos).

A qualidade no atendimento em uma organização é o resultado direto da relação entre cliente interno e fornecedor interno, ou seja, da interação, da integração e do comprometimento dos que compõem a organização em suas relações de trabalho, sendo estas diretamente afetadas pela forma como a liderança organizacional exerce suas funções.

Uma empresa de TV por assinatura, por exemplo, que decida oferecer como opção o envio de *e-mail* para solicitação de assistência técnica precisa montar uma infraestrutura interna eficaz. A falta dessa infraestrutura pode acarretar problemas de ordem técnica que concorrerão para o baixo nível de qualidade dos atendimentos, uma vez que solicitações *on-line* pressupõem respostas rápidas e eficientes.

Os integrantes da organização responsáveis por manter contato com os clientes externos devem ser preparados para atender de forma eficaz diferentes públicos. Porém, para que isso ocorra, é necessário, antes de executar estratégias, compreender os procedimentos internos da organização, tais como a capacidade de resposta. A comunicação interna eficaz antecede a qualidade no serviço, podendo a primeira ser otimizada pela área de recursos humanos.

Uma das características que um gestor eficaz deve ter é a antevisão, ou seja, a capacidade de pensar antecipadamente em soluções para possíveis problemas e de capacitar a organização para a tomada de decisões rápidas. Ele deve ser capaz, ainda, de formar uma cultura organizacional orientada para soluções, e, para isso, o auxílio da área de recursos humanos é imprescindível.

Supondo que uma organização tenha 10 atendentes e que estes atendam 15 clientes durante seu turno de trabalho, seriam então 150 atendimentos por turno. Porém, se estes atendentes não possuem capacidade para resolver as questões e precisam constantemente consultar o gestor, se houver 50 consultas ao gerente neste turno, o que acontecerá? O cliente terá de esperar mais tempo para ter uma resposta e o gerente não apresentará a produção esperada, pois, em vez de ter um tempo maior para dedicar-se a assuntos internos, tornar-se-á um solucionador de problemas, isso se a diretoria lhe conceder poder de decisão.

Edson Pacheco Paladini (2004), em seu livro *Gestão da qualidade*, relata que, para o cliente, a avaliação do serviço depende de como ele próprio se relaciona com a empresa – por exemplo, pelo suporte que recebe na execução do serviço, como as facilidades disponíveis, a atenção no atendimento, a pronta resposta às formulações e às solicitações feitas.

Para incentivar os colaboradores a serem pessoas voltadas para o êxito e a darem satisfação plena ao cliente, é preciso incentivar a tomada de atitudes. Caso haja falhas nesse processo, deve-se analisá-las não para descobrir quem errou, mas sim em que momento houve o erro e como evitar que ele ocorra novamente na organização.

As organizações refletem no mercado o resultado de suas ações internas, hábitos, costumes, vícios, cultura, ou seja, a relação que possuem com os clientes internos e com os fornecedores internos. Isso torna a área de recursos humanos cada vez mais importante, o que de maneira nenhuma exime de responsabilidade a liderança; muito pelo contrário: a liderança organizacional é a responsável por delegar as atribuições e as competências de seus colaboradores, entre os quais os gestores de recursos humanos.

Apesar de a área de recursos humanos poder atuar de forma tão estratégica nas organizações, muitos entraves perduram, especialmente os problemas fundamentais da administração de recursos humanos, entre eles (REZENDE, 1986):

- o recurso humano perdura pouco valorizado pelos dirigentes e pelos gerentes, e a administração de recursos humanos continua sujeita à redução ou à desativação de atividades por ocasião das crises;
- falta credibilidade quanto à real possibilidade da contribuição da administração de

recursos humanos aos resultados das empresas;

- prevalece a dúvida a respeito de ser ou não o treinamento de pessoal investimento com retorno garantido;

- gerentes de recursos humanos ainda são mantidos ausentes dos planejamentos e das grandes decisões na grande maioria das empresas;

- a avaliação de desempenho – prática tão importante para o sucesso da administração de recursos humanos – continua encontrando dificuldades de aceitação ou sendo efetuada inconvenientemente, alimentando a frustração dos especialistas na área.

Para que a área de recursos humanos possa cumprir o seu papel, é necessário que haja liberdade para quebrar paradigmas, para criar o novo, para romper com hábitos e costumes e para trazer a inovação. Para tanto, torna-se necessário ter a liberdade e a segurança para identificar erros e propor mudanças, sendo fundamental o papel do gestor, pois é preciso que haja credibilidade. Sem a liderança eficaz do gestor apoiando a área de recursos humanos, nada ocorrerá.

Não conhecer os funcionários é como não conhecer as peças de um jogo de xadrez; pode-se confundir um peão com um bispo e dar a um atribuições e funções que deveriam ser delegadas a outro. Maxwell (2002) comenta que é possível se ter uma visão bem clara, um plano definido, recursos abundantes e uma incrível liderança, mas, se não se contar com as pessoas certas, não se alcançará êxito. Você pode perder com bons membros, mas jamais ganhará com membros ruins.

É importante compreender que na liderança não existem líderes sem liderados, e para que, em uma organização, pessoas com pensamentos, motivos, atitudes, comportamentos diferentes atuem em sintonia com os objetivos da liderança organizacional, os líderes precisam utilizar estrategicamente a área de recursos humanos. Precisam delegar a esta poderes para alinhar as pessoas ao perfil institucional desejado. O que ocorre na prática é que muitos gestores que ocupam cargos de liderança simplesmente abrem um pedido solicitando a contratação de pessoas, mas dificilmente planejam, junto com os gestores de recursos humanos, as habilidades e as competências necessárias para o cargo.

Algumas organizações fazem isso uma vez, desenham a estrutura, criam um molde e ponto final, ou seja, tem-se o planejamento (palmas!). Considera-se este lugar organizado, com estratégias definidas, que traça seus rumos, mas o que se esquece é que essa estrutura tende a tornar-se engessada, pois aquelas que antes eram as habilidades e as competências desejadas podem já não ser mais. Não que o planejamento em si seja uma ação errada, muito pelo contrário, ele ajuda o gestor de recursos humanos a ter a percepção sistêmica do esperado, porém o que não se pode perder de vista é que, no mundo onde a mudança é certeira, se tornam necessárias constantes revisões do perfil adequado ao quadro, ou seja, não podem ocorrer comodidades, pois, se isso acontece, a probabilidade de haver erros na contratação torna-se cada vez maior.

Para a constante atualização, é necessário, porém, que o gestor de recursos humanos esteja afinado com a liderança, o mercado, os colaboradores e os clientes externos, acompanhando a evolução, os desafios, as barreiras e os progressos, pois, num mercado em que se estuda cada vez mais o ponto forte e fraco do concorrente para poder atacar suas debilidades, é preciso que a área de recursos humanos seja o escudo protetor.

A função da área de recursos humanos é como a parábola do semeador, que diz: "Eis que o semeador saiu a semear, e quando semeava, uma parte da semente caiu à beira do caminho, e vieram as aves e comeram" (Mateus 13:3,4). Isso lembra as contratações rápidas, urgentes, sem programações, sem identificação de perfil, ou seja, o famoso tapa-buraco. Infelizmente para quem está sendo contratado, isso nem sempre é vantagem, pois organizações com tal perfil engolem as pessoas, possuem uma cultura fechada, um *modus operandi* amarrado, uma cultura organizacional sem espaço para inovações e ideias, permanecendo no processo de "manda quem pode, obedece quem tem juízo".

"E outra parte caiu em lugares pedregosos, onde não havia muita terra: e logo nasceu, porque não tinha terra profunda, mas, saindo o sol, queimou-se e, por não ter raiz, secou-se" (Mateus 13:5,6). Os lugares pedregosos são as empresas que, em suas reuniões, apresentam um discurso diferente da prática. O que acontece é uma outra situação: fala-se de mudanças, da necessidade de participação ativa dos funcionários, do respeito a novas ideias, de liderança compartilhada, porém, quando alguém da empresa acredita e começa a desenvolver ações de forma proativa, tendo o espírito empreendedor, logo a direção trata de queimá-lo, e, como a cultura organizacional não está internalizada, não existe raiz para sustentar o que se fala, novas ideias e iniciativas que poderiam cooperar para a organização são minadas.

"E outra caiu entre espinhos; e os espinhos cresceram e a sufocaram" (Mateus 13:7). Em empresas onde não existe espírito de equipe, as pessoas competem entre si. São locais onde existe sempre o jogo do "empurra-empurra" quando as coisas dão errado, gasta-se um tempo enorme tendo uma arena, um tribunal, com direito a provas, testemunhas, "advogados de defesa e de acusação". Em vez de se procurar soluções em conjunto, cada um procura se livrar do problema, nem que para isso tenha de sufocar o outro.

Nessas empresas, os projetos e as ações caminham; porém, quando existem problemas, a equipe não frutifica e morre, as pessoas se magoam, ficam desanimadas, desmotivadas e acabam por sufocar o potencial da organização.

"Mas outra caiu em boa terra, e dava fruto, um a cem, outro a sessenta e outro a trinta por um" (Mateus 13:8). Quando na empresa existe um clima e uma cultura organizacionais que indicam o que se espera da organização, as pessoas sabem que trabalham num lugar onde sua opinião e sua colaboração são bem-aceitas. Isso significa que há espaço para novas ideias, novos projetos e ações; há incentivo ao comprometimento das pessoas que integram a equipe de trabalho, de forma que estas possam desenvolver suas atividades e potencialidades sem ficar presas a uma burocracia ou liderança centralizadora que iniba a criatividade ou se apodere de uma boa ideia, atraindo para si todo o reconhecimento.

Organizações com esse perfil não existem facilmente. Quando prevalece a competitividade, quando há necessidade de respostas rápidas, quando organizações estudam os pontos fracos de seus concorrentes para poder atacá-los e criar um diferencial que aumente seu número de clientes, mesmo que isso signifique tirá-los da concorrência, se a organização não cultivar uma aliança estratégica com a área de recursos humanos visando a obter uma cultura de trabalho em equipe, tendo o corpo de funcionários pensando proativamente na organização, compreendendo que fazem parte dela, da sua história, do seu crescimento e progresso e que por isso têm de ser comprometidos com o que fazem, vestindo a camisa da organização em vez da própria camisa, não será possível obter a "boa terra".

Nos próximos capítulos deste livro, você encontrará informações sobre rotinas trabalhistas. Um dos motivos pelos quais as autoras se dedicaram a este tema é que no Brasil, apesar de haver muitas empresas com gestão de "primeiro mundo", existem outras que gerenciam suas organizações como no regime de escravidão, principalmente porque muitos trabalhadores desconhecem seus direitos e deveres trabalhistas.

No Brasil, a Princesa Isabel assinou a Lei nº 3.353, a Lei Áurea, em 13 de maio de 1888, que aboliu a escravidão no Brasil, porém os registros mostram que, mesmo após cem anos, ainda existem pessoas que são tratadas como escravos, e não como trabalhadores.

> Lei nº 3.353, de 13 de maio de 1888.
>
> DECLARA EXTINTA A ESCRAVIDÃO NO BRASIL A PRINCESA IMPERIAL Regente em Nome de Sua Majestade o Imperador o Senhor D. Pedro II, Faz saber a todos os súditos do IMPÉRIO que a Assembléia Geral Decretou e Ela sancionou a Lei seguinte:
>
> Art. 1º É declarada extinta desde a data desta Lei a escravidão no Brasil.
> Art. 2º Revogam-se as disposições em contrário.

No site da Comissão Pastoral da Terra, consta a informação de que o grupo móvel de fiscalização do Ministério do Trabalho e Emprego (MTE) flagrou no dia 30 de junho de 2007, somente em um lugar, 1.108 trabalhadores em condições análogas à escravidão, ou seja, dormiam em alojamentos superlotados com esgoto a céu aberto, recebiam comida estragada e água sem condições de consumo, além de salários que não passavam de R$ 10,00 por mês. O Grupo Especial de Fiscalização Móvel (GEFM), que atua em todo território nacional desde 1995 e é coordenado pela Subsecretaria de Inspeção do Trabalho (SIT), já resgatou mais de 56 mil trabalhadores que estavam em condições análogas à escravidão.

Em 2016, por meio da Portaria Interministerial nº 4/2016, foi disposto que no *site* do Ministério do Trabalho e Previdência Social será divulgada a relação de pessoas, sejam estas físicas ou jurídicas, que tenham sido autuadas em ação fiscal por submeter trabalhadores a condições análogas à de escravizado.

É importante lembrar que a Lei nº 10.803/2003, que altera o artigo 149 do Decreto-Lei nº 2.848/1940, Código Penal, relata que:

Art. 149. Reduzir alguém à condição análoga à de escravo, quer submetendo-o a trabalhos forçados ou a jornada exaustiva, quer sujeitando-o a condições degradantes de trabalho, quer restringindo, por qualquer meio, sua locomoção em razão de dívida contraída com o empregador ou preposto: pena - reclusão, de dois a oito anos, e multa, além da pena correspondente à violência.

§ 1º Nas mesmas penas incorre quem:

I - cerceia o uso de qualquer meio de transporte por parte do trabalhador, com o fim de retê-lo no local de trabalho;

II - mantém vigilância ostensiva no local de trabalho ou se apodera de documentos ou objetos pessoais do trabalhador, com o fim de retê-lo no local de trabalho.

§ 2º A pena é aumentada de metade se o crime é cometido:

I - contra criança ou adolescente;

II - por motivo de preconceito de raça, cor, etnia, religião ou origem. (NR)

Você pode ajudar a combater a escravidão! Se souber da existência de algum caso, basta se dirigir a uma Delegacia Regional do Trabalho.[2] A denúncia pode ser feita de maneira sigilosa; para isso, basta solicitar que o atendente não revele o seu nome.

No Brasil, as normas trabalhistas começaram a ser regulamentadas a partir de 1891, com algumas leis que trataram de temas esparsos, porém foi somente na década de 1930 que o então presidente Getúlio Dornelles Vargas iniciou o processo de regulamentação das relações trabalhistas.

No governo de Getúlio Vargas, foram criados o Ministério do Trabalho, que regulamentou as questões do empregado e do empregador, e a Carteira de Trabalho, que formaliza e registra a história do profissional. Foram institucionalizados o Conselho Nacional do Trabalho e as Juntas de Conciliação e Julgamento para tratar dos conflitos coletivos e individuais – esboço da Justiça do Trabalho e da legislação sindical de caráter corporativista.

1.1 A história do Dia do Trabalho, a comemoração do dia 1º de maio, origem e criação da data e eventos alusivos à data

Em 20 de junho de 1889, no Congresso Internacional Socialista em Paris, França, criou-se o Dia Mundial do Trabalho, a ser comemorado em 1º de maio de cada ano, com o intuito de homenagear aqueles que lutaram por condições melhores de trabalho e morreram nesses conflitos.

2 Busque informações no site do Ministério do Trabalho, por meio do link: https://bit.ly/2sL0hf4.

Alguns fatos importantes foram instituídos no dia 1º de maio no Brasil:

- Existem relatos de que a data é comemorada desde o ano de 1895. Porém, foi somente em setembro de 1925 que ela se tornou oficial, após a criação de um decreto do então presidente Artur Bernardes.

- Em 1940, o presidente Getúlio Vargas instituiu o salário mínimo, com o intuito de suprir as necessidades básicas de uma família, como: moradia, alimentação, saúde, vestuário, educação e lazer.

- Em 1941, criou-se a Justiça do Trabalho, com a finalidade de resolver questões judiciais com a função de processar e julgar as ações oriundas das relações de trabalho.

- Em 1943, ocorreu a Consolidação das Leis do Trabalho (CLT), por meio do Decreto nº 5.452, entrando em vigor a partir de 10 de novembro de 1943, que possibilitou a melhor regulação das relações de trabalho no Brasil, reunindo sistematicamente toda legislação trabalhista vigente na época.

Em 12 de novembro de 2007, por meio da Lei nº 11.542, foi instituído o Dia Nacional de Combate ao Trabalho Infantil.

No ano de 2013, com a Emenda Constitucional nº 72, os trabalhadores domésticos se equipararam em direitos trabalhistas aos trabalhadores urbanos e rurais, por meio da alteração da redação do parágrafo único do artigo 7º da Constituição Federal.

No dia 10 de outubro de 2013, em Brasília (DF), ocorreu a III Conferência Global sobre Trabalho Infantil, em que representantes de 153 nações discutiram a política de erradicação do trabalho infantil no mundo e foi assinada a Declaração de Brasília. Já em 2022, a V Conferência Global sobre a Erradicação do Trabalho Infantil, na África do Sul, reuniu mais de 4 mil delegados para debater boas práticas, identificar lacunas e as medidas urgentes necessárias para erradicar o trabalho infantil.

Em janeiro de 2017, o Brasil instituiu o Pacto Federativo pela Erradicação do Trabalho Escravo, que estabeleceu o fim de qualquer tipo de trabalho análogo à escravidão no país, em participação conjunta entre o Governo Federal, o Poder Judiciário e os governos estaduais, num esforço para abolir qualquer tipo de situação que seja considerada análoga à escravidão.

> Art. 1º Instituir o Pacto Federativo para Erradicação do Trabalho Escravo com o objetivo de promover a articulação entre os entes federados nas ações de erradicação do trabalho escravo.
>
> Art. 2º A adesão dos Estados ao Pacto Federativo para Erradicação do Trabalho Escravo será feita por meio de suas respectivas Secretarias ligadas à promoção e defesa de direitos humanos, mediante preenchimento do formulário constante do Anexo I.
>
> Parágrafo único. No instrumento de adesão, os Estados indicarão os responsáveis pela realização das ações voltadas à implementação dos objetivos indicados no art. 4º.

1.2 Consolidação das Leis do Trabalho

A CLT é uma sistematização das leis disseminadas que existiam no período em que ela foi editada (1943). Apesar de todos os autores citarem-na como relevante, ela foi importante como marco na história do direito do trabalho no Brasil pela sua influência nas relações trabalhistas.

1.2.1 Carteira de Trabalho e Previdência Social

De acordo com o art. 13 da CLT, a Carteira de Trabalho e Previdência Social (CTPS) é um documento obrigatório para a relação de trabalho, pois nela são anotadas as informações pertinentes à vida profissional do empregado.[3]

> Art. 13. A Carteira de Trabalho e Previdência Social é obrigatória para o exercício de qualquer emprego, inclusive de natureza rural, ainda em caráter temporário, e para o exercício por conta própria de atividade profissional remunerada.

Em conformidade com o artigo 14 da CLT, a CTPS será emitida pelo Ministério da Economia, preferencialmente em meio eletrônico. Sendo que no parágrafo único consta que, excepcionalmente, a CTPS poderá ser emitida em meio físico, desde que:

I - nas unidades descentralizadas do Ministério da Economia que forem habilitadas para a emissão;

II - mediante convênio, por órgãos federais, estaduais e municipais da administração direta ou indireta;

III - mediante convênio com serviços notariais e de registro, sem custos para a administração, garantidas as condições de segurança das informações.

1.2.1.1 Carteira de Trabalho Digital

A Lei nº 13.874/2019, denominada Lei da Liberdade Econômica, simplificou as relações de trabalho, com base no uso da tecnologia e na desburocratização. Entre as principais previsões da norma, estão o uso da CTPS eletrônica e o ponto digital por exceção. Esta lei estabeleceu que, a partir do ano de 2020, o Ministério do Trabalho e Emprego deveria emitir a CTPS de forma prioritária no formato digital e excepcionalmente no formato físico.

1.2.2 Relação de emprego

Para que exista uma relação de emprego, deverá haver uma relação jurídica de natureza contratual entre empregado e empregador que tenha como objeto o serviço prestado e como características a subordinação, a continuação e a remuneração do empregado. No Brasil, as leis trabalhistas estão contidas principalmente na Constituição Federal de 1988 e na Consolidação das Leis de Trabalho.

---

3 A primeira carteira de trabalho do Brasil foi confeccionada para o presidente Getúlio Vargas. Ver anexos.

1.2.3 Relação de trabalho

Qual é a diferença entre relação de trabalho e relação de emprego? Para responder a esta questão, recorreremos à CLT:

> Art. 3º - Considera-se empregado toda pessoa física que prestar serviços de natureza não eventual a empregador, sob a dependência deste e mediante salário.

A diferença está em que a relação de trabalho é mais ampla e envolve atividades com ou sem subordinação, como são os casos, por exemplo, do trabalhador autônomo ou do eventual.

Sendo assim, podemos afirmar que toda relação de emprego é uma relação de trabalho, mas o inverso pode não ser verdadeiro.

Embora haja diferença entre trabalhador e empregado, o mercado de trabalho atualmente prefere utilizar o termo "colaborador" para as duas definições. A diferença está implícita no termo: quem colabora trabalha, cumpre seus deveres, mas também está atento a como pode colaborar melhor com o sucesso da a organização.

1.3 Características e conceitos de empregado, trabalhador e empregador

1.3.1 Empregado

Segundo o artigo 3º da CLT:

> Art. 3º. Considera-se empregado toda pessoa física que prestar serviços de natureza não eventual a empregador, sob a dependência deste e mediante salário.

Parágrafo único. Não haverá distinções relativas à espécie de emprego e à condição de trabalhador, nem entre o trabalho intelectual, técnico e manual.

São requisitos necessários para que o trabalhador seja considerado empregado: pessoalidade, habitualidade, subordinação, salário e pessoa física.

Por pessoa física, compreende-se o ser humano que trabalha, ou seja, que não tem características de pessoa jurídica. Habitualidade implica não eventualidade, ou prestação contínua de serviços. Exemplo: todos os dias ou duas ou três vezes por semana, desde que nos mesmos dias e horário. Já pessoalidade remete ao fato de que o empregado presta pessoalmente os serviços ao empregador.

Subordinação significa que a atividade é exercida sob dependência de outrem, como, por exemplo, um supervisor, coordenador, diretor. Em relação ao salário, o empregado é um trabalhador assalariado, sendo, então, alguém que, pelo serviço que presta, recebe uma recompensa financeira.

1.3.1.1 Empregado doméstico

De acordo com o Ministério do Trabalho e Emprego, conforme consta em sua cartilha *Trabalho doméstico: direitos e deveres – orientações*, considera-se empregado doméstico aquele maior de 16 anos que presta serviços de natureza contínua e de finalidade não lucrativa a pessoa ou a família no âmbito residencial destas (BRASIL, 2007b).

É considerado empregado doméstico: aquele que presta serviços de forma contínua, subordinada, onerosa e pessoal e de finalidade não lucrativa a pessoa ou a família, no âmbito residencial destas, por mais de 2 (dois) dias por semana (artigo 1º da Lei Complementar nº 150/2015). O empregado doméstico trabalha em um local que, diferentemente de uma empresa, não visa ao lucro, dado que se trata de um lar, uma residência e, portanto, é regido por leis específicas.

Na Constituição Federal, o artigo 7º apresenta uma definição de empregado doméstico e relata que os preceitos contidos na Constituição, salvo quando expressamente determinado em contrário, não se aplicam aos empregados domésticos. Já a Lei nº 2.757/1956, que dispõe sobre a situação dos empregados porteiros, zeladores, faxineiros e serventes de prédios de apartamentos residenciais, deixa claro no artigo 3º que os condôminos respondem, proporcionalmente, pelas obrigações previstas nas leis trabalhistas, inclusive as judiciais e extrajudiciais; já no artigo 2º consta que o síndico eleito é considerado o representante dos empregadores em reclamações ou dissídios movimentados na Justiça do Trabalho.

A Lei nº 11.324/2006, alterou a redação da Lei nº 5.859/1972, de modo que ficou proibido ao empregador doméstico efetuar descontos no salário do empregado por fornecimento de alimentação, vestuário, higiene ou moradia (no que se refere à moradia, pode haver desconto, desde que acordado entre as partes e que se refira a local diverso da residência em que ocorre a prestação de serviço).

A trabalhadora doméstica tem direito a estabilidade gestante de até cinco meses após o parto, desde que seja confirmada a gravidez (artigo 4º, A, da Lei nº 11.324/2006).

Na contratação de um empregado doméstico, de acordo com o artigo 2º da Lei nº 5.859/1972, este deverá apresentar: Carteira de Trabalho e Previdência Social; atestado de boa conduta; e atestado de saúde (se o empregador solicitar).

De acordo com a Lei nº 10.208/2001, é facultada ao empregador a inclusão do empregado doméstico no Fundo de Garantia do Tempo de Serviço (FGTS). Porém, caso o empregado doméstico seja dispensado sem justa causa, este fará jus ao benefício do seguro-desemprego, desde que esteja inscrito no FGTS e tenha trabalhado como doméstico por um período mínimo de 15 meses nos últimos 24 meses contados da dispensa sem justa causa.

Em 2013, foram ampliados os direitos dos empregados domésticos, com a alteração do parágrafo único do artigo 7º da Constituição Federal, por meio da Emenda Constitucional nº 72, estabelecendo igualdade de direitos trabalhistas entre os trabalhadores domésticos e os demais trabalhadores urbanos e rurais.

Parágrafo único. São assegurados à categoria dos trabalhadores domésticos os direitos previstos nos incisos IV, VI, VII, VIII, X, XIII, XV, XVI, XVII, XVIII, XIX, XXI, XXII, XXIV, XXVI, XXX, XXXI e XXXIII e, atendidas as condições estabelecidas em lei e observada a simplificação do cumprimento das obrigações tributárias, principais e acessórias, decorrentes da relação de trabalho e suas peculiaridades, os previstos nos incisos I, II, III, IX, XII, XXV e XXVIII, bem como a sua integração à previdência social. (NR).

Em junho de 2015, foi regulamentada a Lei Complementar nº 150/2015, que dispõe sobre o Contrato de Trabalho Doméstico.

Dispõe sobre o contrato de trabalho doméstico; altera as Leis nº 8.212, de 24 de julho de 1991, nº 8.213, de 24 de julho de 1991, e nº 11.196, de 21 de novembro de 2005; revoga o inciso I do art. 3º da Lei nº 8.009, de 29 de março de 1990, o art. 36 da Lei nº 8.213, de 24 de julho de 1991, a Lei nº 5.859, de 11 de dezembro de 1972, e o inciso VII do art. 12 da Lei nº 9.250, de 26 de dezembro 1995; e dá outras providências.

1.3.1.1.1 Direitos do empregado doméstico

Conforme disposto no *site* do Ministério do Trabalho e Emprego, o empregado doméstico tem direito a: Carteira de Trabalho e Previdência Social, devidamente anotada, especificando-se as condições do contrato de trabalho (data de admissão, salário ajustado e condições especiais, se houver).

De acordo com a Lei Complementar nº 150/2015:

> **[Jornada de Trabalho]**
>
> Art. 2º A duração normal do trabalho doméstico não excederá 8 (oito) horas diárias e 44 (quarenta e quatro) semanais, observado o disposto nesta Lei.
>
> **[Hora extra]**
>
> § 1º A remuneração da hora extraordinária será, no mínimo, 50% (cinquenta por cento) superior ao valor da hora normal.
>
> **[Repouso remunerado]**
>
> § 3º O salário-dia normal, em caso de empregado mensalista, será obtido dividindo-se o salário mensal por 30 (trinta) e servirá de base para pagamento do repouso remunerado e dos feriados trabalhados.[...]
>
> **[Registro]**
>
> Art. 12. É obrigatório o registro do horário de trabalho do empregado

doméstico por qualquer meio manual, mecânico ou eletrônico, desde que idôneo.

[Intervalo para refeição e/ou descanso]

Art. 13. É obrigatória a concessão de intervalo para repouso ou alimentação pelo período de, no mínimo, 1 (uma) hora e, no máximo, 2 (duas) horas, admitindo-se, mediante prévio acordo escrito entre empregador e empregado, sua redução a 30 (trinta) minutos.

[Férias remuneradas]

Art. 17. O empregado doméstico terá direito a férias anuais remuneradas de 30 (trinta) dias, salvo o disposto no § 3º do art. 3º, com acréscimo de, pelo menos, um terço do salário normal, após cada período de 12 (doze) meses de trabalho prestado à mesma pessoa ou família.

[Previdência Social]

Art. 20. O empregado doméstico é segurado obrigatório da Previdência Social, sendo-lhe devidas, na forma da Lei nº 8.213, de 24 de julho de 1991, as prestações nela arroladas, atendido o disposto nesta Lei e observadas as características especiais do trabalho doméstico.

[Fundo de Garantia do Tempo de Serviço]

Art. 21. É devida a inclusão do empregado doméstico no Fundo de Garantia do Tempo de Serviço (FGTS), na forma do regulamento a ser editado pelo Conselho Curador e pelo agente operador do FGTS, no âmbito de suas competências, conforme disposto nos arts. 5º e 7º da Lei nº 8.036, de 11 de maio de 1990, inclusive no que tange aos aspectos técnicos de depósitos, saques, devolução de valores e emissão de extratos, entre outros determinados na forma da lei.

De acordo com o Decreto nº 10.854/2021:

[Vale-transporte]

Art. 106. São beneficiários do vale-transporte, nos termos do disposto na Lei nº 7.418, de 1985, os trabalhadores em geral, tais como:

V os empregados domésticos, assim definidos no art. 1º da Lei Complementar nº 150, de 1º de junho de 2015;

Art. 110. É vedado ao empregador substituir o vale-transporte por antecipação em dinheiro ou qualquer outra forma de pagamento, exceto quanto ao empregador doméstico, ressalvado o disposto no parágrafo único.

Parágrafo único. Nas hipóteses de indisponibilidade operacional da empresa operadora e de falta ou insuficiência de estoque de vale-transporte necessário ao atendimento da demanda e ao funcionamento do sistema, o beneficiário será ressarcido pelo empregador na folha de pagamento imediata quanto à parcela correspondente, quando tiver efetuado a despesa para o seu deslocamento por conta própria.

Considera-se diarista ou faxineiro o profissional que exerce a atividade de limpeza geral a terceiros mediante pagamento diário. Nessa categoria, enquadram-se as faxineiras, as passadeiras, as lavadeiras, as arrumadeiras etc. Como é comum confundir-se diarista ou faxineiro com empregado doméstico, vamos fazer um paralelo para diferenciá-los, para o que é necessário analisar as definições de empregado doméstico e de autônomo:

- Empregado doméstico é aquele que presta serviços de forma contínua, subordinada, onerosa e pessoal e de finalidade não lucrativa à pessoa ou à família, no âmbito residencial destas, por mais de dois dias por semana (artigo 1º da Lei Complementar nº 150/2015).

- Trabalhador autônomo é o que exerce habitualmente, e por conta própria, atividade profissional remunerada; o que presta serviços a diversas empresas, agrupado ou não em sindicato, inclusive os estivadores, conferentes e assemelhados; o que presta, sem relação de emprego, serviço de caráter eventual a uma ou mais empresas; o que presta serviço remunerado mediante recibo, em caráter eventual, seja qual for a duração da tarefa (artigo 4º, C, da Lei nº 5.890/1973).

1.3.1.2 Empregado rural

É toda pessoa física que, em propriedade rural ou prédio rústico, presta serviços de natureza não eventual a empregador rural sob a dependência deste e mediante salário.

Lei nº 5.889/1973 e Decreto nº 73.626/1974.

Em 2013 ficou definida a profissão de vaqueiro profissional, determinando que este pode realizar as atividades práticas relacionadas ao trato, manejo e condução de espécies animais dos tipos: bovino, bubalino, equino, muar, caprino e ovino.

Lei nº 12.870/2013

Dispõe sobre o exercício da atividade profissional de vaqueiro.

1.3.1.3 Empregado com deficiência

De acordo com o artigo 2º da Lei nº 13.146/2015, considera-se pessoa com deficiência aquela que tem impedimento de longo prazo de natureza física, mental, intelectual ou sensorial, o qual, em interação com uma ou mais barreiras, pode obstruir sua participação plena e efetiva na sociedade em igualdade de condições com as demais pessoas.

A Lei nº 13.146/2015, Lei Brasileira de Inclusão da Pessoa com Deficiência (Estatuto da Pessoa com Deficiência), em seu Capítulo VI, dispõe sobre o Direito do Trabalho da Pessoa Com Deficiência.

Art. 34. A pessoa com deficiência tem direito ao trabalho de sua livre escolha e aceitação, em ambiente acessível e inclusivo, em igualdade de

> oportunidades com as demais pessoas.
>
> § 1º As pessoas jurídicas de direito público, privado ou de qualquer natureza são obrigadas a garantir ambientes de trabalho acessíveis e inclusivos.
>
> § 2º A pessoa com deficiência tem direito, em igualdade de oportunidades com as demais pessoas, a condições justas e favoráveis de trabalho, incluindo igual remuneração por trabalho de igual valor.
>
> § 3º É vedada restrição ao trabalho da pessoa com deficiência e qualquer discriminação em razão de sua condição, inclusive nas etapas de recrutamento, seleção, contratação, admissão, exames admissional e periódico, permanência no emprego, ascensão profissional e reabilitação profissional, bem como exigência de aptidão plena.
>
> § 4º A pessoa com deficiência tem direito à participação e ao acesso a cursos, treinamentos, educação continuada, planos de carreira, promoções, bonificações e incentivos profissionais oferecidos pelo empregador, em igualdade de oportunidades com os demais empregados.
>
> § 5º E garantida aos trabalhadores com deficiência acessibilidade em cursos de formação e de capacitação.

A Lei nº 7.853/1989 estabelece que o poder público e seus órgãos devem assegurar às pessoas portadoras de deficiência o pleno exercício de seus direitos básicos, inclusive dos direitos à educação, à saúde, ao trabalho, ao lazer, à previdência social, ao amparo à infância e à maternidade e outros que, decorrentes da Constituição e das leis, propiciem seu bem-estar pessoal, social e econômico.

O artigo 7º, XXXI, da CF/1988 proíbe qualquer discriminação no tocante a salário e a critérios de admissão de trabalhador portador de deficiência.

O Decreto nº 3.298/1999, que regulamenta a Lei nº 7.853/1989, relata que a Política Nacional para Integração da Pessoa Portadora de Deficiência, em consonância com o Programa Nacional de Direitos Humanos, obedecerá aos seguintes princípios:

> I – desenvolvimento de ação conjunta do Estado e da sociedade civil, de modo a assegurar a plena integração da pessoa portadora de deficiência no contexto socioeconômico e cultural;
>
> II – estabelecimento de mecanismos e instrumentos legais e operacionais que assegurem às pessoas portadoras de deficiência o pleno exercício de seus direitos básicos que, decorrentes da Constituição e das leis, propiciam o seu bem-estar pessoal, social e econômico;
>
> III – respeito às pessoas portadoras de deficiência, que devem receber igualdade de oportunidades na sociedade por reconhecimento dos direitos que lhes são assegurados, sem privilégios ou paternalismos.

No Brasil, empresas, mesmo as sem fins lucrativos, que tenham cem ou mais empregados são obrigadas a ter no quadro de trabalho, como empregados, portador de deficiência.

De acordo com o art. 93 da Lei 8.213/1991 a empresa com 100 (cem) ou mais empregados está obrigada a preencher de 2% (dois por cento) a 5% (cinco por cento) dos seus cargos com beneficiários reabilitados ou pessoas portadoras de deficiência, habilitadas, na seguinte proporção: I) até 200 empregados: 2%; II) de 201 a 500: 3%; III) de 501 a 1.000: 4%; IV) de 1.001 em diante: 5%.

É importante lembrar que a cota é por empresa, ou seja, caso a empresa X contrate serviços da empresa Y, que é terceirizada, a cota da empresa terceirizada Y não vale para a empresa X.

> Lei nº 8.213/1991, art. 93, § 1º A dispensa de pessoa com deficiência ou de beneficiário reabilitado da Previdência Social ao final de contrato por prazo determinado de mais de 90 (noventa) dias e a dispensa imotivada em contrato por prazo indeterminado somente poderão ocorrer após a contratação de outro trabalhador com deficiência ou beneficiário reabilitado da Previdência Social.
>
> § 2º Ao Ministério do Trabalho e Emprego incumbe estabelecer a sistemática de fiscalização, bem como gerar dados e estatísticas sobre o total de empregados e as vagas preenchidas por pessoas com deficiência e por beneficiários reabilitados da Previdência Social, fornecendo-os, quando solicitados, aos sindicatos, às entidades representativas dos empregados ou aos cidadãos interessados.

A pessoa portadora de deficiência, seja esta transitória ou permanente, poderá trabalhar em horário flexível ou reduzido, receber a proporcionalidade de salário, ter um ambiente de trabalho que a ajude em suas particularidades, justamente por possuir necessidades especiais (tratamento médico e locomoção, por exemplo).

> Decreto nº 3.298/1999, art. 35, § 2º Consideram-se procedimentos especiais os meios utilizados para a contratação de pessoa que, devido ao seu grau de deficiência, transitória ou permanente, exija condições especiais, tais como jornada variável, horário flexível, proporcionalidade de salário, ambiente de trabalho adequado às suas especificidades, entre outros.

Quanto ao setor público, a Constituição Federal dispõe, no artigo 37, que a administração pública direta e indireta de qualquer dos poderes da União, dos estados, do Distrito Federal e dos municípios obedecerá aos princípios de legalidade, impessoalidade, moralidade, publicidade e eficiência e, também, ao seguinte:

> VIII - a lei reservará percentual dos cargos e empregos públicos para as pessoas portadoras de deficiência e definirá os critérios de sua admissão.
>
> Lei nº 8.112 de 11/12/1990 no Art 5º, § 2º assegura que pessoas portadoras de deficiência possuem o direito de se inscrever em concurso público para provimento de cargo cujas atribuições sejam compatíveis com a deficiência de que são portadoras; sendo que para elas estarão reservadas até 20% (vinte por cento) das vagas oferecidas no concurso.

1.3.1.4 Aprendiz

Aprendiz, conforme disposto no artigo 428 da Consolidação das Leis do Trabalho, é aquele que possui contrato de aprendizagem profissional, no qual o empregador se compromete a assegurar ao maior de 14 e menor de 24 anos inscrito em programa de aprendizagem formação técnico-profissional metódica, compatível com o seu desenvolvimento físico, moral e psicológico.

Sendo que, em conformidade com o artigo 1º, § 2º, do Decreto nº 11.061/2022, a idade máxima de 24 anos não é válida quando se tratar de pessoas com deficiência e de aprendizes inscritos em programas de aprendizagem profissional que envolvam o desempenho de atividades vedadas a menores de 21 anos de idade, os quais poderão ter até 29 anos de idade.

Os adolescentes na faixa etária entre 16 e 18 anos podem trabalhar, mas com restrições: o trabalho não pode ser noturno, perigoso, insalubre, penoso, realizado em locais prejudiciais à sua formação e ao seu desenvolvimento físico, psíquico, moral e social, nem realizado em horários e locais que não permitam a frequência à escola.

Em conformidade com o artigo 51 do Decreto nº 9.579/2018, os estabelecimentos de qualquer natureza são obrigados a empregar e matricular nos cursos oferecidos pelos serviços nacionais de aprendizagem, como o Serviço Nacional de Aprendizagem Comercial (Senac) e o Serviço Nacional de Aprendizagem Industrial (Senai), o número de aprendizes equivalente a 5%, no mínimo, e 15%, no máximo, dos trabalhadores existentes em cada estabelecimento cujas funções demandem formação profissional.

Consta no artigo 3º da Instrução Normativa da Secretaria de Inspeção do Trabalho (SIT) nº 97/2012 que estão dispensadas do cumprimento da cota de aprendizagem as microempresas, empresas de pequeno porte e entidades sem fins lucrativos que tenham por objetivo a educação profissional e contratem aprendizes na forma do artigo 431 da CLT.

Em relação ao contrato, deve ser feito de maneira escrita, com prazo determinado, e não deve ultrapassar três anos, porém, se o aprendiz for contratado com idade entre 14 e 15 anos de idade incompletos, o contrato poderá ser de até quatro anos. Já no caso de contratação de pessoa com deficiência, não há limite máximo de prazo.

Sobre a jornada de trabalho, não pode ser maior do que seis horas diárias, e são proibidas a prorrogação e a compensação de jornada de trabalho. De acordo com o artigo 62 da CLT, a jornada de trabalho compreenderá as horas destinadas às atividades teóricas e práticas, simultâneas ou não, e deverá ser definida pelo estabelecimento cumpridor da cota de aprendizagem profissional com a entidade qualificada em formação técnico-profissional metódica, com respeito à carga horária estabelecida no curso de aprendizagem e, se for o caso, ao horário escolar.

Consta no artigo 45, § 2º, do decreto que o contrato de aprendizagem profissional poderá ser prorrogado, por meio de aditivo contratual e anotação na Carteira de Trabalho e

Previdência Social, respeitado o prazo máximo de quatro anos, na hipótese de continuidade de itinerário formativo, conforme estabelecido em ato do Ministro de Estado do Trabalho e Previdência.

Sendo que, em conformidade com o artigo 46, a validade do contrato de aprendizagem profissional pressupõe:

> I - a anotação na Carteira de Trabalho e Previdência Social;
>
> II - a matrícula e a frequência do aprendiz à escola, na hipótese de este não ter concluído o ensino médio; e
>
> II - a inscrição em programa de aprendizagem profissional desenvolvido sob a orientação de entidade qualificada em formação técnico-profissional metódica.
>
> Parágrafo único. A comprovação da escolaridade de aprendiz com deficiência psicossocial considerará, sobretudo, as habilidades e as competências relacionadas com a profissionalização.
>
> A Lei nº 12.605/2012 determina a utilização obrigatória da flexão de gênero para nomear profissão ou grau em lei de diplomas:
>
> Art. 1º As instituições de ensino públicas e privadas expedirão diplomas e certificados com a flexão de gênero correspondente ao sexo da pessoa diplomada, ao designar a profissão e o grau obtido.
>
> Art. 2º As pessoas já diplomadas poderão requerer das instituições referidas no art. 1º a reemissão gratuita dos diplomas, com a devida correção, segundo regulamento do respectivo sistema de ensino.

Cabe, porém, às Delegacias Regionais do Trabalho, por meio dos auditores fiscais do trabalho, fiscalizar o cumprimento das cotas de aprendizes a que cada empresa está obrigada.

O artigo 44, § 1º, IV do Decreto nº 9.579/2018 explica que se entende por formação técnico-profissional metódica as atividades teóricas e práticas que desenvolvem competências profissionais, conhecimentos, habilidades e atitudes, metodicamente organizadas em tarefas de complexidade progressiva para propiciar ao aprendiz qualificação profissional adequada ao mercado de trabalho.

A formação técnico-profissional metódica, de acordo com o artigo 50 do referido decreto, deve ser realizada via programas de aprendizagem profissional organizados e desenvolvidos sob a orientação e a responsabilidade dos serviços nacionais de aprendizagem, como: Serviço Nacional de Aprendizagem Industrial; Serviço Nacional de Aprendizagem Comercial; Serviço Nacional de Aprendizagem Rural (Senar); Serviço Nacional de Aprendizagem do Transporte (Senat); e Serviço Nacional de Aprendizagem do Cooperativismo (Sescoop); bem como instituições educacionais que oferecem educação profissional e tecnológica, entidades sem fins lucrativos que tenham por objetivos a assistência ao adolescente e a educação profissional registradas no Conselho Municipal dos Direitos da Criança e do

Adolescente e entidades de prática desportiva das diversas modalidades filiadas ao Sistema Nacional do Desporto e aos sistemas de desporto estaduais, distrital e municipais.

Já no artigo 49 do Decreto nº 9.579/2018 constam os seguintes princípios: garantia de acesso e frequência obrigatória no ensino básico; horário especial para o exercício das atividades; e qualificação profissional adequada ao mercado de trabalho.

De acordo com o artigo 7º, XXXIII da CF/1988, ficam proibidos o trabalho noturno perigoso ou insalubre a menor de 18 anos e qualquer trabalho a menor de 16 anos, salvo na condição de aprendiz, a partir de 14 anos.

Já o artigo 405 da CLT dispõe que, em relação ao menor, não é permitido trabalhar em locais e serviços perigosos, insalubres ou prejudiciais à sua moralidade.

No anexo do Decreto nº 6.481/2008, consta uma lista das piores formas de trabalho infantil. Já a Lei nº 11.542/2007 institui o Dia Nacional de Combate ao Trabalho Infantil.

Em 5 de agosto de 2013, por meio da Lei nº 12.852, foi instituído o Estatuto da Juventude, que dispõe sobre direitos dos jovens, os princípios e as diretrizes das políticas públicas e o Sistema Nacional de Juventude (Sinajuve); o capítulo II, seção III, do estatuto dispõe sobre o direito à profissionalização, ao trabalho e à renda.

Lei nº 12.852 de 5 de agosto de 2013 Institui o Estatuto da Juventude e dispõe sobre os direitos dos jovens, os princípios e diretrizes das políticas públicas de juventude e o Sistema Nacional de Juventude - SINAJUVE.

Lei nº 12.816 de 5 de junho de 2013 Altera as Leis 12.513/2011; 9.250/1995, 8.212/1991 e 6.687/1979 que tratam da bolsa-formação estudante, da contribuição previdenciária sobre planos educacionais e da não caracterização da contraprestação de serviços para efeito de IRF.

Lei nº 12.513, de 26 de outubro de 2011 para ampliar o rol de beneficiários e ofertantes da Bolsa-Formação Estudante, no âmbito do Programa Nacional de Acesso ao Ensino Técnico e Emprego - PRONATEC.

Lei nº 9.250, de 26 de dezembro de 1995, estabelece que as bolsas recebidas pelos servidores das redes públicas de educação profissional, científica e tecnológica, no âmbito do Pronatec, não caracterizam contraprestação de serviços nem vantagem para o doador, para efeito do imposto sobre a renda - IR.

Lei nº 8.212, de 24 de julho de 1991, para alterar as condições de incidência da contribuição previdenciária sobre planos educacionais e bolsas de estudo.

Lei nº 6.687, de 17 de setembro de 1979, para permitir que a Fundação Joaquim Nabuco ofereça bolsas de estudo e pesquisa; dispõe sobre o apoio da União às redes públicas de educação básica na aquisição de veículos para o transporte escolar; e permite que os entes federados usem o registro de preços para a aquisição de bens e contratação de serviços em ações e projetos educacionais.

Portaria Ministério da Educação - MEC nº114/2004 de 07/02/2014 Altera a Portaria MEC nº 168, de 7 de março de 2013, que dispõe sobre a oferta da Bolsa-Formação no âmbito do Programa Nacional de Acesso ao Ensino Técnico e Emprego Pronatec.

Artigo 39. [...]

Parágrafo único. Os cursos ofertados por meio de Contrato de Aprendizagem Profissional, previstos no art. 428 da Consolidação das Leis do Trabalho CLT e no Decreto nº 5.598, de 1º de dezembro de 2005, deverão estar estruturados em itinerários formativos constantes no Guia Pronatec de Cursos FIC e em consonância com o Catálogo Nacional da Aprendizagem Profissional CONAP, nos termos do Documento Referência Pronatec Aprendizagem Profissional. (NR).

[...] § 3º Para os cursos ofertados por meio de Contrato de Aprendizagem Profissional, serão pagas as horas-aluno correspondentes à carga horária desenvolvida pelos parceiros ofertantes, não sendo contempladas as atividades devidas às empresas.

Lei nº 10.097, de 19 de dezembro de 2000. Altera dispositivos da Consolidação das Leis do Trabalho - CLT, aprovada pelo Decreto-Lei nº 5.452, de 1º de maio de 1943

1.3.1.5 Servidor público

São servidores públicos, em sentido amplo, as pessoas físicas que prestam serviços ao Estado e às entidades da administração indireta, com vínculo empregatício e mediante remuneração paga pelos cofres públicos. Compreendem-se servidores estatutários, empregados públicos e servidores temporários.

Art. 37. A administração pública direta e indireta de qualquer dos Poderes da União, dos Estados, do Distrito Federal e dos Municípios obedecerá aos princípios de legalidade, impessoalidade, moralidade, publicidade e eficiência e, também, ao seguinte: (Redação dada pela Emenda Constitucional nº 19, de 1998)

I os cargos, empregos e funções públicas são acessíveis aos brasileiros que preencham os requisitos estabelecidos em lei, assim como aos estrangeiros, na forma da lei. (Redação dada pela Emenda Constitucional nº 19, de 1998)

- Cargo público: centro unitário de competência, que se exprime por agente, em denominação própria e número certo (administração direta, autarquia e fundação pública).

- Serviço estatutário: caracteriza-se por relação de natureza estatutária ou institucional com o Poder Público, porque inexiste contrato.

- Emprego público: núcleo de trabalho preenchido por agente contratado em regime trabalhista.

- Função pública: é o mesmo que atividade ou atribuição, pois o constituinte a empregou na acepção residual. Logo, as atividades ou atribuições públicas que não correspondam a um cargo ou a um emprego são consideradas funções públicas.

- Servidor temporário: aquele que exerce função pública (despida de vinculação a cargo ou emprego público), contratado temporariamente para servir a Administração, o qual nutre com ela uma relação passageira, e também aquele que desempenha atividade de confiança, sem se submeter a concurso público.

> Art. 37 da CF/88: A administração pública direta e indireta de qualquer dos Poderes da União, dos Estados, do Distrito Federal e dos Municípios obedecerá aos princípios de legalidade, impessoalidade, moralidade, publicidade e eficiência e, também, ao seguinte: (Redação dada pela Emenda Constitucional nº 19, de 1998)
>
> I - os cargos, empregos e funções públicas são acessíveis aos brasileiros que preencham os requisitos estabelecidos em lei, assim como aos estrangeiros, na forma da lei; (Redação dada pela Emenda Constitucional nº 19, de 1998)
>
> II - a investidura em cargo ou emprego público depende de aprovação prévia em concurso público de provas ou de provas e títulos, de acordo com a natureza e a complexidade do cargo ou emprego, na forma prevista em lei, ressalvadas as nomeações para cargo em comissão declarado em lei de livre nomeação e exoneração; (Redação dada pela Emenda Constitucional nº 19, de 1998)
>
> III - o prazo de validade do concurso público será de até dois anos, prorrogável uma vez, por igual período;
>
> IV - durante o prazo improrrogável previsto no edital de convocação, aquele aprovado em concurso público de provas ou de provas e títulos será convocado com prioridade sobre novos concursados para assumir cargo ou emprego, na carreira;
>
> [...]
>
> Art. 42 Os membros das Polícias Militares e Corpos de Bombeiros Militares, instituições organizadas com base na hierarquia e disciplina, são militares dos Estados
>
> Lei nº 8.112, de 11 de dezembro de 1990. Dispõe sobre o regime jurídico dos servidores públicos civis da União, das autarquias e das fundações públicas federais.
>
> Art. 1º Esta Lei institui o Regime Jurídico dos Servidores Públicos Civis da União, das autarquias, inclusive as em regime especial, e das fundações públicas federais.

Art. 2º Para os efeitos desta Lei, servidor é a pessoa legalmente investida em cargo público.

Art. 3º Cargo público é o conjunto de atribuições e responsabilidades previstas na estrutura organizacional que devem ser cometidas a um servidor.

Parágrafo único. Os cargos públicos, acessíveis a todos os brasileiros, são criados por lei, com denominação própria e vencimento pago pelos cofres públicos, para provimento em caráter efetivo ou em comissão. Art. 4º É proibida a prestação de serviços gratuitos, salvo os casos previstos em lei.

Lei nº 13.429, de 31 de março de 2017. Altera dispositivos da Lei nº 6.019, de 3 de janeiro de 1974, que dispõe sobre o trabalho temporário nas empresas urbanas e dá outras providências; e dispõe sobre as relações de trabalho na empresa de prestação de serviços a terceiros.

Art. 1º As relações de trabalho na empresa de trabalho temporário, na empresa de prestação de serviços e nas respectivas tomadoras de serviço e contratante regem-se por esta Lei. (NR)

Art. 2º Trabalho temporário é aquele prestado por pessoa física contratada por uma empresa de trabalho temporário que a coloca à disposição de uma empresa tomadora de serviços, para atender à necessidade de substituição transitória de pessoal permanente ou à demanda complementar de serviços.

§ 1º É proibida a contratação de trabalho temporário para a substituição de trabalhadores em greve, salvo nos casos previstos em lei.

§ 2º Considera-se complementar a demanda de serviços que seja oriunda de fatores imprevisíveis ou, quando decorrente de fatores previsíveis, tenha natureza intermitente, periódica ou sazonal. (NR)

Art. 4º Empresa de trabalho temporário é a pessoa jurídica, devidamente registrada no Ministério do Trabalho, responsável pela colocação de trabalhadores à disposição de outras empresas temporariamente. (NR)

Art. 5º Empresa tomadora de serviços é a pessoa jurídica ou entidade a ela equiparada que celebra contrato de prestação de trabalho temporário com a empresa definida no art. 4º desta Lei. (NR)

1.3.2 Trabalhador

1.3.2.1 Trabalhador temporário

Conforme o artigo 2º da Lei nº 13.429/2017 (nova redação da Lei nº 6.019/1974), considera-se trabalho temporário aquele prestado por pessoa física contratada por uma empresa de trabalho temporário que a coloca à disposição de uma empresa tomadora de serviços, para atender à necessidade de substituição transitória de pessoal permanente ou à demanda complementar de serviços.

O artigo 12 da referida lei define como direito do trabalhador temporário:

- remuneração equivalente à percebida pelos empregados de mesma categoria da empresa tomadora ou cliente calculados à base horária, garantida, em qualquer hipótese, a percepção do salário mínimo regional;

- jornada de oito horas, remuneradas as horas extraordinárias não excedentes de duas, com acréscimo de 20%;

- férias proporcionais, nos termos do artigo 25 da Lei nº 5.107/1966;

- repouso semanal remunerado;

- adicional por trabalho noturno;

- indenização por dispensa sem justa causa ou término normal do contrato, correspondente a um doze avos do pagamento recebido;

- seguro contra acidente do trabalho;

- proteção previdenciária nos termos do disposto na Lei Orgânica da Previdência Social, com as alterações introduzidas pela Lei nº 5.890/1973 (artigo 5º, item III, letra c do Decreto nº 72.771/1973).

A Portaria do Ministério do Trabalho nº 789/2014, no artigo 2º, faz constar que, na hipótese legal de substituição transitória de pessoal regular e permanente, o contrato poderá ser pactuado por mais de três meses com relação a um mesmo empregado:

I - quando ocorrerem circunstâncias, já conhecidas na data da sua celebração, que justifiquem a contratação de trabalhador temporário por período superior a três meses; ou

II - quando houver motivo que justifique a prorrogação de contrato de trabalho temporário, que exceda o prazo total de três meses de duração.

Parágrafo único. Observadas as condições estabelecidas neste artigo, a duração do contrato de trabalho temporário, incluídas as prorrogações, não pode ultrapassar um período total de nove meses

A Lei 6.019/1974 dispõe sobre o trabalho temporário nas empresas urbanas e dá outras providências:

> Art. 2º Trabalho temporário é aquele prestado por pessoa física contratada por uma empresa de trabalho temporário que a coloca à disposição de uma empresa tomadora de serviços, para atender à necessidade de substituição transitória de pessoal permanente ou à demanda complementar de serviços.

A Portaria do MET nº 789/2014 estabelece instruções para o contrato de trabalho temporário e o fornecimento de dados relacionados ao estudo do mercado de trabalho. A Lei nº 14.437/2022 autoriza o Poder Executivo federal a dispor sobre a adoção, por empregados e empregadores, de medidas trabalhistas alternativas e sobre o Programa Emergencial de Manutenção do Emprego e da Renda, para enfrentamento das consequências sociais e econômicas de estado de calamidade pública em âmbito nacional ou em âmbito estadual, distrital ou municipal reconhecido pelo Poder Executivo federal.

1.3.2.2 Trabalhador eventual

É um trabalhador que desenvolve suas atividades profissionais esporadicamente (eventos, acontecimento, obra, serviço específico) para um empregador.

1.3.2.3 Trabalhador avulso

É um trabalhador, sem vínculo empregatício, sindicalizado ou não, que presta serviços de natureza urbana ou rural com intermediação de um órgão específico/gestor de mão de obra (Lei nº 12.023/2009).

1.3.2.4 Trabalhador autônomo

Profissional que atua por conta própria e independentemente, podendo ofertar seus serviços continuamente ou não. Tanto o trabalhador eventual como os autônomos são regidos pelo Código Civil (contrato de prestação de serviços).

Atualmente, existe uma nova modalidade, o teletrabalho, que foi desenvolvido à base da moderna tecnologia, tendo sido bastante difundido nos anos 1980. Há uma distinção entre o trabalho em domicílio e o trabalho tradicional, e estes não devem ser confundidos.

O teletrabalho não é uma simples realização de tarefas mais complexas do que as manuais, justamente porque pode abranger diversos e distintos setores, tais como: tratamento, transmissão e acumulação de informação; atividades de investigação, secretariado, consultoria, assistência técnica e auditoria; gestão de recursos, vendas e operações mercantis em geral; desenho, jornalismo, digitação, redação, edição, contabilidade, tradução; sem contar a utilização de novas tecnologias, como informática e telecomunicações, interligadas ao setor terciário.

No artigo 6º da CLT, consta que não há distinção na relação de emprego entre o trabalho realizado no estabelecimento do empregador, o executado no domicílio do empregado e o realizado a distância. A Lei nº 12.551/2011 modificou o referido artigo ao inserir o parágrafo único no qual consta que os meios telemáticos e informatizados de comando, controle e supervisão se equiparam, para fins de subordinação jurídica, aos meios pessoais e diretos de comando, controle e supervisão do trabalho alheio.

Finalizando, não é o resultado do trabalho que qualifica a natureza jurídica do teletrabalho. De acordo com o artigo 3º da CLT, para ser enquadrado como objeto de um contrato de emprego, é preciso estabelecer a livre iniciativa, sem gerência do empregador, definindo-se assim o empregado como autônomo.

> Art. 3º Considera-se empregado toda pessoa física que prestar serviços de natureza não eventual a empregador, sob a dependência deste e mediante salário.
>
> Parágrafo único Não haverá distinções relativas à espécie de emprego e à condição de trabalhador, nem entre o trabalho intelectual, técnico e manual.

1.3.2.5 Trabalhador voluntário

Conforme o artigo 1º da Lei nº 9.608/1998, considera-se serviço voluntário a atividade não remunerada prestada por pessoa física a entidade pública de qualquer natureza ou a instituição privada de fins não lucrativos que tenha objetivos cívicos, culturais, educacionais, científicos, recreativos ou de assistência à pessoa.

É importante saber que o serviço voluntário não gera vínculo empregatício nem obrigação de natureza trabalhista previdenciária ou afim. Conforme o artigo 2º da referida lei, o serviço voluntário será exercido mediante a celebração de termo de adesão entre a entidade, pública ou privada, e o prestador do serviço voluntário, dele devendo constar o objeto e as condições de seu exercício.

De acordo com o artigo 3º da lei, o prestador do serviço voluntário poderá ser ressarcido pelas despesas que comprovadamente realizar no desempenho das atividades voluntárias, sendo que as despesas a serem ressarcidas deverão estar expressamente autorizadas pela entidade a que for prestado o serviço voluntário.

1.3.2.6 Trabalhador estrangeiro

A Lei nº 13.445/2017, que institui a Lei de Migração, define no artigo primeiro que imigrante é a pessoa nacional de outro país ou apátrida que trabalha ou reside e se estabelece temporária ou definitivamente no Brasil.

O artigo 359 da CLT dispõe que nenhuma empresa poderá admitir a seu serviço empregado estrangeiro sem que este exiba a carteira de identidade de estrangeiro devidamente anotada. E o artigo 5º da Constituição Federal afirma que todos são iguais perante a lei, sem distinção de qualquer natureza, garantindo-se aos brasileiros e aos estrangeiros residentes no país a inviolabilidade do direito à vida, à liberdade, à igualdade, à segurança e à propriedade.

Um visto temporário de trabalho, de férias-trabalho ou de estudo, de acordo com o artigo 14 da Lei nº 13.445/2017, poderá ser concedido ao imigrante que venha ao Brasil com o intuito de estabelecer residência por tempo determinado.

Em relação a trabalhador estrangeiro, a CLT, nos artigos 353 a 357, estabelece que esquiparam-se aos brasileiros, para os fins deste capítulo, ressalvado o exercício de profissões reservadas aos brasileiros natos ou aos brasileiros em geral, os estrangeiros que, residindo no país há mais de dez anos, tenham cônjuge ou filho brasileiro, e os portugueses.

Decreto-Lei nº 5.452, de 1º de maio de 1943. Aprova a Consolidação das Leis do Trabalho.

Art. 353 - Equiparam-se aos brasileiros, para os fins deste Capítulo, ressalvado o exercício de profissões reservadas aos brasileiros natos ou aos brasileiros em geral, os estrangeiros que, residindo no País há mais de dez anos, tenham cônjuge ou filho brasileiro, e os portugueses. (Redação dada pela Lei nº 6.651, de 23de maio de 1979)

Art. 354 - A proporcionalidade será de 2/3 (dois terços) de empregados brasileiros, podendo, entretanto, ser fixada proporcionalidade inferior, em atenção às circunstâncias especiais de cada atividade, mediante ato do Poder Executivo, e depois de devidamente apurada pelo Departamento Nacional do Trabalho e pelo Serviço de Estatística de Previdência e Trabalho a insuficiência do número de brasileiros na atividade de que se tratar.

Parágrafo único - A proporcionalidade é obrigatória não só em relação à totalidade do quadro de empregados, com as exceções desta Lei, como ainda em relação à correspondente folha de salários.

Art. 355 - Consideram-se como estabelecimentos autônomos, para os efeitos da proporcionalidade a ser observada, as sucursais, filiais e agências em que trabalhem 3 (três) ou mais empregados.

Art. 356 - Sempre que uma empresa ou indivíduo explore atividades sujeitas a proporcionalidades diferentes, observar-se-á, em relação a cada uma delas, a que lhe corresponder.

Art. 357 - Não se compreendem na proporcionalidade os empregados que exerçam funções técnicas especializadas, desde que, a juízo do Ministério do Trabalho, Industria e Comercio, haja falta de trabalhadores nacionais.

Art. 358 - Nenhuma empresa, ainda que não sujeita à proporcionalidade, poderá pagar a brasileiro que exerça função análoga, a juízo do Ministério do Trabalho, Industria e Comercio, à que é exercida por estrangeiro a seu serviço, salário inferior ao deste, excetuando-se os casos seguintes:

a) quando, nos estabelecimentos que não tenham quadros de empregados organizados em carreira, o brasileiro contar menos de 2 (dois) anos de serviço, e o estrangeiro mais de 2 (dois) anos;

b) quando, mediante aprovação do Ministério do Trabalho, Industria e Comercio, houver quadro organizado em carreira em que seja garantido o acesso por antiguidade;

c) quando o brasileiro for aprendiz, ajudante ou servente, e não o for o estrangeiro;

d) quando a remuneração resultar de maior produção, para os que trabalham à comissão ou por tarefa.

Parágrafo único - Nos casos de falta ou cessação de serviço, a dispensa do empregado estrangeiro deve preceder à de brasileiro que exerça função análoga.

Lei nº 13.445, de 24 de maio de 2017. Institui a Lei de Imigração.

Art. 4º Ao migrante é garantida no território nacional, em condição de igualdade com os nacionais, a inviolabilidade do direito à vida, à liberdade, à igualdade, à segurança e à propriedade, bem como são assegurados:

XI - garantia de cumprimento de obrigações legais e contratuais trabalhistas e de aplicação das normas de proteção ao trabalhador, sem discriminação em razão da nacionalidade e da condição migratória;

Resolução Normativa nº 126 de 2 de março de 2017 do Conselho Nacional de Imigração do Ministério do Trabalho e Previdência Social: Dispõe sobre a concessão de residência temporária a nacional de pais fronteiriço. Esta Resolução concede residência temporária ao estrangeiro que tenha ingressado no País por via terrestre e seja nacional de país fronteiriço.

1.3.2.7 Estagiário

Estagiário pode ser considerado o aprendiz que está na empresa para complementar o conhecimento adquirido em sala de aula (em escola técnica de ensino médio ou faculdade), ou seja, o estágio é a integração escola-empresa de modo a permitir um vínculo entre a teoria e a prática. O contrato de estágio só pode ser feito com estudantes a partir de 16 anos e deve ser fiscalizado e avaliado pela escola.

Embora algumas empresas ofereçam benefícios especiais aos seus estagiários, por lei, no caso de estágio remunerado, são obrigadas a conceder apenas a bolsa auxílio e o seguro de acidentes pessoais ocorridos no local de estágio. Pode participar do estágio como aprendiz qualquer aluno com mais de 16 anos que esteja cursando os anos finais do ensino fundamental, do ensino profissional, do ensino médio regular ou profissional e estudantes de nível superior.

O estagiário não tem vínculo empregatício e não poderá permanecer na empresa por um período superior a dois anos. Caso este período seja ultrapassado, será automaticamente firmado um contrato de trabalho.

Uma vez que as contratações de estagiários não são regidas pela CLT, não há vínculo empregatício de qualquer natureza. A contratação é formalizada e regulamentada exclusivamente pelo Termo de Compromisso de Estágio, que deverá ser assinado pela empresa, pelo aluno e pela instituição de ensino.

Quanto aos seus direitos:

- o estagiário tem direito a férias de 30 dias a cada 12 meses de estágio na mesma empresa ou o proporcional ao período estagiado, gozadas ou remuneradas;

- a jornada de trabalho pode ser de até 40 horas semanais, desde que prevista no projeto pedagógico do curso e da instituição de ensino;

- o tempo máximo de estágio na mesma empresa é de dois anos, exceto quando se tratar de estagiário portador de deficiência;

- não existe um piso de bolsa estágio preestabelecido, mas a remuneração e o auxílio transporte são compulsórios para estágios não obrigatórios;

- o valor da bolsa estágio é definido por livre acordo entre as partes;

- o estagiário, a exclusivo critério da empresa, pode receber os mesmos benefícios concedidos a funcionários sem que o procedimento estabeleça vínculo empregatício;

- o período médio de contratação é de seis meses e pode ser rescindido a qualquer momento, por qualquer das partes, sem ônus, multas ou sanções;

- o estagiário, obrigatoriamente, deverá estar coberto por um seguro de acidentes pessoais compatível com os valores de mercado, e a ausência do Termo de Compromisso de Estágio e/ou do seguro de acidentes pessoais caracteriza vínculo empregatício e sujeita a empresa às sanções previstas na CLT;

- o estagiário não tem direito ao cadastro no Programa de Integração Social (PIS)/ Programa de Formação do Patrimônio do Servidor Público (Pasep), ao contrato de experiência, ao 13º salário, a aviso prévio, a verbas rescisórias, a FGTS, entre outros direitos trabalhistas normalmente assegurados aos celetistas;

- o estagiário também não tem os benefícios como vale alimentação, assistência médica, odontológica etc. Porém, a empresa pode oferecer estes benefícios aos estagiários, desde que não sejam descontados da bolsa estágio, para que não implique o reconhecimento do vínculo empregatício.

De acordo com Lei nº 11.788/2008:

> Art. 12. O estagiário poderá receber bolsa ou outra forma de contraprestação que venha a ser acordada, sendo compulsória a sua concessão, bem como a do auxílio-transporte, na hipótese de estágio não obrigatório.
>
> § 1º A eventual concessão de benefícios relacionados a transporte, alimentação e saúde, entre outros, não caracteriza vínculo empregatício.
>
> § 2º Poderá o educando inscrever-se e contribuir como segurado facultativo do Regime Geral de Previdência Social.
>
> Art. 13. É assegurado ao estagiário, sempre que o estágio tenha duração igual ou superior a 1 (um) ano, período de recesso de 30 (trinta) dias, a ser gozado preferencialmente durante suas férias escolares.

§ 1º O recesso de que trata este artigo deverá ser remunerado quando o estagiário receber bolsa ou outra forma de contraprestação.

§ 2º Os dias de recesso previstos neste artigo serão concedidos de maneira proporcional, nos casos de o estágio ter duração inferior a 1 (um) ano.

Quanto às diretrizes curriculares, o estágio pode ser:

- Estágio obrigatório: está determinado pela grade curricular do curso, cuja carga horária é requisito básico para a aprovação e obtenção de diploma.

- Estágio não obrigatório: estágio desenvolvido como atividade complementar e opcional, acrescida à carga horária regular e obrigatória.

A jornada de atividade em estágio pode ser de:

- 4 horas diárias e 20 horas semanais, no caso de estudantes de educação especial e dos anos finais do ensino fundamental, na modalidade profissional de educação de jovens e adultos;

- 6 horas diárias e 30 horas semanais, no caso de estudantes do ensino superior, da educação profissional de nível médio e do ensino médio regular;

- até 40 horas semanais, no caso de estudantes de cursos que alternam teoria e prática, nos períodos em que não estão programadas aulas presenciais, desde que previsto no projeto pedagógico do curso e da instituição de ensino.

1.3.2.8 Idoso

A Lei nº 10.741/2003 compreende que idosos são as pessoas com idade igual ou superior a 60 (sessenta) anos, os quais devem gozar dos direitos fundamentais inerentes à pessoa humana para preservação da saúde física e mental e aperfeiçoamento moral, intelectual, espiritual e social, em condições de liberdade e dignidade.

No que tange a trabalho, não são permitidas a discriminação com a pessoa idosa nem a fixação de limite máximo de idade, inclusive para concursos, salvo quando a natureza do cargo o exigir; sendo que a idade será relevante em critérios de desempate em concursos públicos, dado que haverá preferência ao concorrente de idade mais elevada.

Em conformidade com o artigo 28 da Lei nº 10.741/2003, cabe ao poder público estimular que empresas privadas contratem pessoas idosas, assim como estimular profissionalização especializada para pessoas idosas, aproveitando seus potenciais e habilidades para atividades regulares e remuneradas, bem como preparar trabalhadores para a aposentadoria, com antecedência mínima de um ano, via estímulo a novos projetos sociais, conforme seus interesses, e de esclarecimento sobre os direitos sociais e de cidadania.

1.3.2.9 Trabalhador cooperado

De acordo com o artigo 90 da Lei nº 5.764/1971, não há vínculo empregatício entre uma cooperativa e os seus associados, porém, se contratar colaboradores, a associação será, para fins trabalhistas e previdenciários, equiparada a empresas. É importante ressalvar que, conforme artigo 5º, XVIII, da Constituição Federal, a criação de cooperativas não depende de autorização e é proibida a interferência estatal em seu funcionamento e que, no artigo 442, parágrafo único, da CLT, consta que, qualquer que seja o ramo de atividade da sociedade cooperativa, não há vínculo empregatício entre ela e seus associados, nem entre estes e os tomadores de serviços daquela.

1.3.2.10 Preso trabalhador interno e preso trabalhador externo

O trabalhador preso não está sujeito à legislação da CLT, de acordo com o artigo 28, § 2º, da Lei nº 7.210/1984, Lei de Execução Penal, que distingue o preso trabalhador interno do preso trabalhador externo, sendo que no primeiro caso o preso provisório não é obrigado a trabalhar e o trabalho só poderá ser executado no interior do estabelecimento. Os maiores de 60 anos poderão solicitar uma ocupação adequada à sua idade. Quanto aos doentes ou deficientes físicos, deverão desenvolver atividades apropriadas ao seu estado.

Quanto ao trabalho externo, em conformidade com o artigo 36 da referida lei, ele será admissível para os presos em regime fechado somente em serviço ou obras públicas realizadas por órgãos da Administração Direta ou Indireta, ou entidades privadas, desde que tomadas as cautelas contra a fuga e em favor da disciplina, sendo que, para o preso trabalhar em entidade privada, ele deverá dar o seu consentimento.

> Art. 29. O trabalho do preso será remunerado, mediante prévia tabela, não podendo ser inferior a 3/4 (três quartos) do salário mínimo.
>
> [...]
>
> Art. 126. O condenado que cumpre a pena em regime fechado ou semiaberto poderá remir, por trabalho ou por estudo, parte do tempo de execução da pena.
>
> § 1º A contagem de tempo referida no caput será feita à razão de:
>
> I - 1 (um) dia de pena a cada 12 (doze) horas de frequência escolar atividade de ensino fundamental, médio, inclusive profissionalizante, ou superior, ou ainda de requalificação profissional divididas, no mínimo, em 3 (três) dias;
>
> II - 1 (um) dia de pena a cada 3 (três) dias de trabalho.
>
> § 2º As atividades de estudo a que se refere o § 1º deste artigo poderão ser desenvolvidas de forma presencial ou por metodologia de ensino a distância e deverão ser certificadas pelas autoridades educacionais competentes dos cursos frequentados.

Referente à Lei 8.666/1993, que regulamenta o artigo 37, inciso XXI, da Constituição Federal, institui normas para licitações e contratos da administração pública e dá outras providências, consta no artigo 40, § 5º, que a administração pública poderá, nos editais de licitação para a contratação de serviços, exigir da contratada que um percentual mínimo de sua mão de obra seja oriundo ou egresso do sistema prisional, com a finalidade de ressocialização do reeducando, na forma estabelecida em regulamento.

O Decreto nº 9.450/2018 instituiu a Política Nacional de Trabalho no Âmbito do Sistema Prisional (PNAT), que visa permitir a inserção no mundo do trabalho de presos provisórios, pessoas privadas de liberdade em cumprimento de pena no regime fechado, semiaberto e aberto e pessoas egressas do sistema prisional.

Em razão disso, consta no artigo 5º que na contratação de serviços, inclusive os de engenharia, com valor anual acima de R$ 330.000,00 (trezentos e trinta mil reais), os órgãos e entidades da administração pública federal direta, autárquica e fundacional deverão exigir da contratada o emprego de mão de obra formada por pessoas presas ou egressos do sistema prisional, nos termos dispostos no § 5º do artigo 40 da Lei nº 8.666/1993.

As condições e proporções de contratação para cada empresa com cada contrato que firmar são as seguintes:

Porcentual de vagas	Condição
3%	Quando a execução do contrato demandar até 200 empregados
4%	Quando a execução do contrato demandar 201 a 500 empregados
5%	Quando a execução do contrato demandar 501 a 1.000 empregados
6%	Quando a execução do contrato demandar mais de 1.000 empregados

A efetiva contratação dos respectivos percentuais acima indicados será exigida da proponente vencedora da licitação quando da assinatura do contrato. Além dos limites estabelecidos na tabela anterior, tanto o Decreto nº 9.540/2018 quanto o artigo 36, § 1º, da Lei nº 7.210/1984 estabelecem um limite máximo de 10% de presos a serem contratados para prestação de serviços.

Portaria Interministerial nº 3, de 11 de setembro de 2018. Dispõe sobre o procedimento de contratação de mão de obra formada por pessoas presas ou egressas do sistema prisional, em atendimento ao disposto nos arts. 5º e 6º do Decreto nº 9.450, de 24 de julho de 2018, bem como sobre a fiscalização de seu cumprimento.

Decreto nº 9.450 de 24 de julho de 2018. Institui a Política Nacional de Trabalho no âmbito do Sistema Prisional, voltada à ampliação e qualificação da oferta de vagas de trabalho, ao empreendedorismo e à formação profissional das pessoas presas e egressas do sistema prisional, e regulamenta o § 5º do art. 40 da Lei nº 8.666, de 21 de junho de 1993, que regulamenta o disposto no inciso XXI do caput do art. 37 da Constituição e institui normas para licitações e contratos da administração pública firmados pelo Poder Executivo federal.

Art. 1º Fica instituída a Política Nacional de Trabalho no âmbito do Sistema Prisional - Pnat para permitir a inserção das pessoas privadas de liberdade e egressas do sistema prisional no mundo do trabalho e na geração de renda.

1.3.2.11 Mãe social

Considera-se mãe social aquela que, dedicando-se à assistência ao menor abandonado, exerça o encargo em nível social, dentro do sistema de casa-lar (unidade residencial sob responsabilidade de mãe social, que abrigue até 10 menores).

A mãe social deverá ter idade mínima de 25 anos, gozar de boa sanidade física e mental, ter o curso de primeiro grau, ter realizado e ter sido aprovada em treinamento e estágio exigidos pela Lei nº 7.644/1987 e ter boa conduta social.

Ela deverá residir com os menores que lhe forem confiados pela instituição empregadora e dedicar-se com exclusividade tanto aos menores quanto à casa-lar, sendo que, de acordo com artigo 6º da Lei nº 7.644/1987, o seu trabalho é de caráter intermitente, realizando-se pelo tempo necessário ao desempenho de suas tarefas.

Lei nº 7.644, de 18 de dezembro de 1987. Dispõe sobre a Regulamentação da Atividade de Mãe Social e dá outras Providências. Esta Lei também estabelece algumas condições para contratação de Mãe Social: idade mínima de 25 anos, boa sanidade física e mental, aprovação em treinamento e estágio exigidos por lei, boa conduta social e aprovação em teste psicológico específico.

[...]

Art. 5º - À mãe social ficam assegurados os seguintes direitos:

I - anotação na Carteira de Trabalho e Previdência Social;

II - remuneração, em valor não inferior ao salário mínimo;

III - repouso semanal remunerado de 24 (vinte e quatro) horas consecutivas;

IV - apoio técnico, administrativo e financeiro no desempenho de suas funções;

V - 30 (trinta) dias de férias anuais remuneradas nos termos do que dispõe o capítulo IV, da Consolidação das Leis do Trabalho;

VI - benefícios e serviços previdenciários, inclusive, em caso de acidente do trabalho, na qualidade de segurada obrigatória;

VII - gratificação de Natal (13º salário);

VIII - Fundo de Garantia do Tempo de Serviço ou indenização, nos termos da legislação pertinente.

1.3.2.12 Programa Emprega + Mulheres

O artigo 1º da Lei nº 14.457/2022 instituiu o Programa Emprega + Mulheres, destinado à inserção e à manutenção de mulheres no mercado de trabalho por meio da implementação das seguintes medidas:

I - para apoio à parentalidade na primeira infância:

a) pagamento de reembolso-creche; e

b) manutenção ou subvenção de instituições de educação infantil pelos serviços sociais autônomos;

II - para apoio à parentalidade por meio da flexibilização do regime de trabalho:

a) teletrabalho;

b) regime de tempo parcial;

c) regime especial de compensação de jornada de trabalho por meio de

banco de horas;

d) jornada de 12 (doze) horas trabalhadas por 36 (trinta e seis) horas ininterruptas de descanso, quando a atividade permitir;

e) antecipação de férias individuais; e

f) horários de entrada e de saída flexíveis;

III - para qualificação de mulheres, em áreas estratégicas para a ascensão profissional:

a) suspensão do contrato de trabalho para fins de qualificação profissional; e

b) estímulo à ocupação das vagas em cursos de qualificação dos serviços nacionais de aprendizagem por mulheres e priorização de mulheres hipossuficientes vítimas de violência doméstica e familiar;

IV - para apoio ao retorno ao trabalho das mulheres após o término da licença-maternidade:

a) suspensão do contrato de trabalho de pais empregados para acompanhamento do desenvolvimento dos filhos; e

b) flexibilização do usufruto da prorrogação da licença-maternidade, conforme prevista na Lei nº 11.770, de 9 de setembro de 2008;

V - reconhecimento de boas práticas na promoção da empregabilidade das mulheres, por meio da instituição do Selo Emprega + Mulher;

VI - prevenção e combate ao assédio sexual e a outras formas de violência no âmbito do trabalho; e

VII - estímulo ao microcrédito para mulheres.

Parágrafo único. Para os efeitos desta Lei, parentalidade é o vínculo socioafetivo maternal, paternal ou qualquer outro que resulte na assunção legal do papel de realizar as atividades parentais, de forma compartilhada entre os responsáveis pelo cuidado e pela educação das crianças e dos adolescentes, nos termos do parágrafo único do art. 22 da Lei nº 8.069, de 13 de julho de 1990 (Estatuto da Criança e do Adolescente).

1.3.3 Empregador

O que no Brasil pode ser considerado empregador? Vejamos a definição da Consolidação das Leis Trabalhistas:

> Art. 2º - Considera-se empregador a empresa, individual e coletiva, que assumindo os riscos da atividade econômica admite, assalaria e dirige a prestação pessoal de serviços.

1.3.3.1 Empregador equiparado

Instituições sem fins lucrativos que tiverem empregados, assim como instituições de beneficência, associações criativas e profissionais liberais que realizarem a contratação de trabalhadores, serão equiparados a empregadores, conforme o artigo 1º da CLT.

> § 1º - Equiparam-se ao empregador, para os efeitos exclusivos da relação de emprego, os profissionais liberais, as instituições de beneficência, as associações recreativas ou outras instituições sem fins lucrativos que admitirem trabalhadores como empregados.
>
> § 2º - Sempre que uma ou mais empresas, tendo, embora, cada uma delas, personalidade jurídica própria, estiverem sob a direção, controle ou administração de outra, ou ainda quando, mesmo guardando cada uma sua autonomia, integrem grupo econômico, serão responsáveis solidariamente pelas obrigações decorrentes da relação de emprego.

1.3.3.2 Responsabilidade empresarial

Neste item, podemos observar que a mera identidade de sócios não caracterizará a existência de grupo econômico entre empresas, sendo necessária a demonstração de interesse integrado e atuação conjunta das empresas; entretanto, temos que ter em mente a responsabilidade do sócio retirante pelas obrigações trabalhistas relativas ao período em que figurou como sócio, limitada, porém, a ações ajuizadas até dois anos após a averbação da alteração societária que dispõe sobre a saída do sócio.

Assim sendo, as obrigações trabalhistas da empresa sucedida passam a ser de responsabilidade da empresa sucessora, nas hipóteses de alteração da estrutura empresarial. Na hipótese de fraude, a empresa sucedida será responsável solidária pelas obrigações trabalhistas.

> Lei nº 13.467, de 13 de julho de 2017. Altera a Consolidação das Leis do Trabalho (CLT), aprovada pelo Decreto-Lei nº 5.452, de 1º de maio de 1943, e as Leis nº 6.019, de 3 de janeiro de 1974, 8.036, de 11 de maio de 1990, e 8.212, de 24 de julho de 1991, a fim de adequar a legislação às novas relações de trabalho.
>
> [...]
>
> Art. 2º
>
> § 2º Sempre que uma ou mais empresas, tendo, embora, cada uma delas, personalidade jurídica própria, estiverem sob a direção, controle ou administração de outra, ou ainda quando, mesmo guardando cada uma sua autonomia, integrem grupo econômico, serão responsáveis solidariamente pelas obrigações decorrentes da relação de emprego.
>
> § 3º Não caracteriza grupo econômico a mera identidade de sócios, sendo necessárias, para a configuração do grupo, a demonstração do interesse integrado, a efetiva comunhão de interesses e a atuação conjunta das empresas dele integrantes." (NR)
>
> [...]
>
> Art. 10-A. O sócio retirante responde subsidiariamente pelas obrigações trabalhistas da sociedade relativas ao período em que figurou como sócio, somente em ações ajuizadas até dois anos depois de averbada a modificação do contrato, observada a seguinte ordem de preferência:
>
> I - a empresa devedora;
>
> II - os sócios atuais; e
>
> III - os sócios retirantes.
>
> Parágrafo único. O sócio retirante responderá solidariamente com os demais quando ficar comprovada fraude na alteração societária decorrente da modificação do contrato.

1.3.3.3 Empregador rural

Empregador rural é a pessoa física ou jurídica que, com auxílio de empregados, desenvolva atividades agroeconômicas. Conforme o artigo 3º da Lei nº 5.889/1973

Considera-se empregador, rural, para os efeitos desta Lei, a pessoa física ou jurídica, proprietário ou não, que explore atividade agro-econômica, em caráter permanente ou temporário, diretamente ou através de prepostos e com auxílio de empregados.

Já segundo o artigo 84, § 1º, do Decreto nº 10.854/2021, equipara-se ao empregador rural:

I - a pessoa natural ou jurídica que, habitualmente, em caráter profissional, e por conta de terceiros, execute serviços de natureza agrária, mediante a utilização do trabalho de outrem; e

II - o consórcio simplificado de produtores rurais de que trata o art. 25-A da Lei nº 8.212, de 1991.

1.3.3.4 Empregador doméstico

É a pessoa ou família que, sem fins lucrativos, admite trabalhador para lhe prestar serviços de natureza contínua no âmbito residencial.

1.3.3.5 Empregador de trabalho temporário

Compreende-se como empresa de trabalho temporário a pessoa física ou jurídica urbana cuja atividade consiste em colocar à disposição de outras empresas, temporariamente, trabalhadores devidamente qualificados, por elas remunerados e assistidos.

Diferença entre empresa tomadora e prestadora:

- Empresa tomadora: considera-se pessoa jurídica que contrata outra empresa a fim de conseguir trabalhadores devidamente qualificados para temporariamente executar algumas de suas atividades de forma sazonal, por acréscimo de trabalho ou substituição de empregado. É elaborado um contrato de mão de obra temporária com a empresa prestadora, com o limite máximo de 90 dias, que pode ser prorrogado por mais 90 dias, com autorização e justificativa do Ministério do Trabalho e Emprego, especificando a finalidade desta contratação, que pode ser por substituição de emprego ou acréscimo de trabalho.
- Empresa prestadora: considera-se como pessoa física ou jurídica urbana com o objetivo de disponibilizar para outras empresas tomadoras, de forma temporária, trabalhadores devidamente qualificados, por elas remunerados e assistidos.

Na terceirização ou subcontratação, as atividades de uma empresa ou processos passam a serem executados por outra empresa. Exemplo: montadoras de automóveis subcontratam outras empresas para produzir peças para compor veículos; empresas contratam vigilantes, secretarias, recepcionistas, serviços de conservação e limpeza.

A empresa precisa esperar 18 meses para poder recontratar um trabalhador demitido como terceirizado.

> Lei nº 13.429, de 31 de março de 2017. Altera dispositivos da Lei nº 6.019, de 3 de janeiro de 1974, que dispõe sobre o trabalho temporário nas empresas urbanas e dá outras providências; e dispõe sobre as relações de trabalho na empresa de prestação de serviços a terceiros.
>
> Art. 1º As relações de trabalho na empresa de trabalho temporário, na empresa de prestação de serviços e nas respectivas tomadoras de serviço e contratante regem-se por esta Lei." (NR)
>
> Art. 2º Trabalho temporário é aquele prestado por pessoa física contratada por uma empresa de trabalho temporário que a coloca à disposição de uma empresa tomadora de serviços, para atender à necessidade de substituição transitória de pessoal permanente ou à demanda complementar de serviços.
>
> § 1º É proibida a contratação de trabalho temporário para a substituição de trabalhadores em greve, salvo nos casos previstos em lei.
>
> § 2º Considera-se complementar a demanda de serviços que seja oriunda de fatores imprevisíveis ou, quando decorrente de fatores previsíveis, tenha natureza intermitente, periódica ou sazonal." (NR)
>
> Art. 4º Empresa de trabalho temporário é a pessoa jurídica, devidamente registrada no Ministério do Trabalho, responsável pela colocação de trabalhadores à disposição de outras empresas temporariamente." (NR)
>
> Art. 5º Empresa tomadora de serviços é a pessoa jurídica ou entidade a ela equiparada que celebra contrato de prestação de trabalho temporário com a empresa definida no art. 4º desta Lei." (NR)
>
> Art. 6º São requisitos para funcionamento e registro da empresa de trabalho temporário no Ministério do Trabalho:
>
> I - prova de inscrição no Cadastro Nacional da Pessoa Jurídica (CNPJ), do Ministério da Fazenda;
>
> II - prova do competente registro na Junta Comercial da localidade em que tenha sede; III prova de possuir capital social de, no mínimo, R$ 100.000,00 (cem mil reais).
>
> Parágrafo único. (Revogado)." (NR)

1.3.3.6 Empregador estrangeiro

A empresa estrangeira cuja atividade consiste em contratar trabalhador brasileiro para trabalhar no exterior é considerada empregador estrangeiro. Segundo a Lei nº 7.064/1982, Lei da Contratação por Empresa Estrangeira:

Art. 12. A contratação de trabalhador, por empresa estrangeira, para trabalhar no exterior está condicionada à prévia autorização do Ministério do Trabalho.

Art. 13. A autorização a que se refere o art. 12 somente poderá ser dada à empresa de cujo capital participe em pelo menos 5% (cinco por cento) pessoa jurídica domiciliada no Brasil.

Art. 14. Sem prejuízo da aplicação das leis do país da prestação dos serviços, no que respeite a direitos, vantagens e garantias trabalhistas e previdenciárias, a empresa estrangeira assegurará ao trabalhador os direitos a ele conferidos neste Capítulo.

Art. 15. Correrão obrigatoriamente por conta da empresa estrangeira as despesas de viagem de ida e volta do trabalhador ao exterior, inclusive a dos dependentes com ele residentes.

Art. 16. A permanência do trabalhador no exterior não poderá ser ajustada por período superior a 3 (três) anos, salvo quando for assegurado a ele e a seus dependentes o direito de gozar férias anuais no Brasil, com despesas de viagem pagas pela empresa estrangeira.

Art. 17. A empresa estrangeira assegurará o retorno definitivo do trabalhador ao Brasil quando:

I - houver terminado o prazo de duração do contrato ou for o mesmo rescindido;

II - por motivo de saúde do trabalhador devidamente comprovado por laudo médico oficial que o recomende.

Art. 18. A empresa estrangeira manterá no Brasil procurador bastante, com poderes especiais de representação, inclusive o de receber citação.

Art. 19. A pessoa jurídica domiciliada no Brasil a que alude o art. 13 será solidariamente responsável com a empresa estrangeira por todas as obrigações decorrentes da contratação do trabalhador.

Art. 20. O aliciamento de trabalhador domiciliado no Brasil para trabalhar no exterior fora do regime desta Lei configurará o crime previsto no art. 206 do Código Penal Brasileiro.

1.3.3.7 Empresa pública

Considera-se empregador público a União, os estados, os territórios, os municípios, as autarquias e as fundações que, assumindo os riscos de atividade econômica ou não, admitem, assalariam e dirigem a prestação pessoal de serviços.

O empregador público pode contratar um servidor público pela CLT assim como pelo Regime Jurídico dos Servidores Públicos (Estatuto), Lei nº 8.112/1990, ou por meio de contratos temporários.

1.3.3.8 Cooperativa

No Brasil, uma cooperativa é uma organização formada por um grupo de pessoas com interesses comuns, que se unem voluntariamente para buscar benefícios mútuos por meio da cooperação. As cooperativas têm como objetivo principal atender às necessidades econômicas, sociais e culturais de seus membros, e pode ter adesão intencional e aberta; gestão democrática; participação econômica dos membros; autonomia e independência; cooperação entre cooperativas:

As cooperativas também possume um papel importante na educação e formação dos seus membros, incentivando o aprendizado e o desenvolvimento de competências relevantes.

É comum que cooperativa trabalhem juntas, seja por meio da formação de federações, confederações ou outras formas de colaboração, para alcançar objetivos comuns e fortalecer o movimento cooperativista. Existem diferentes tipos de cooperativas no Brasil, abrangendo diversos setores, como agricultura, crédito, saúde, habitação, consumo, entre outros. Cada tipo de cooperativa tem suas próprias características específicas, mas todas seguem os princípios cooperativistas básicos.

As cooperativas desempenham um papel importante na economia brasileira, confiantes para a inclusão social, o desenvolvimento local e a geração de empregos, além de promoverem valores como solidariedade, participação e responsabilidade social. Elas são regulamentadas pela Lei nº 5.764/1971 e por regulamentações específicas de cada setor.A Lei nº 5.764/1971, em seu artigo 4º, define cooperativa da seguinte forma:

> Art. 4º As cooperativas são sociedades de pessoas, com forma e natureza jurídica próprias, de natureza civil, não sujeitas a falência, constituídas para prestar serviços aos associados [...].

CAPÍTULO 2

Recrutamento e seleção

Qual é a importância de um processo de recrutamento e seleção?

Selecionar é convidar para fazer parte, é atribuir ao novo colaborador a marca da organização, já que, quando, por exemplo, ele atende a um cliente, está representando a organização. O cliente geralmente não está interessado em saber se o atendente é novato, se o processo seletivo foi benfeito, o que ele quer é ser bem atendido, ter suas necessidades e expectativas não somente atendidas, mas, de preferência, superadas.

Quando o processo de seleção é feito sem o devido planejamento, dificilmente são analisadas com profundidade as atribuições do cargo e a interferência destas no alcance dos objetivos organizacionais, muito menos é feita de maneira apropriada a definição do perfil desejado para a vaga, e, com isso, corre-se o risco de convidar para representar a organização – para por vezes lidar diretamente com o cliente – alguém que não tem o perfil adequado.

O primeiro grande passo para obter um atendimento de qualidade é saber selecionar e capacitar corretamente as pessoas que fazem parte da organização. Quando um gestor não presta a devida atenção a essa parte, corre o risco, também, de ter, e sem ao menos saber, clientes insatisfeitos, clientes que não pretendem voltar a adquirir os produtos e serviços da instituição, pois a relação com esta foi insatisfatória.

Alguns, quando os clientes reclamam, tratam da questão de forma pontual. Por exemplo, se a reclamação foi sobre a conduta de um atendente, mandam-no embora, porém não realizam uma análise mais profunda da instituição – será que a capacitação é realizada de forma adequada? Será que o processo de recrutamento e seleção está realmente bem elaborado?

Selecionar é a arte de fazer a congruência entre o conhecimento, a habilidade e as atitudes do candidato com as necessidades do cargo. Para isso, é preciso conhecer bem tanto a empresa quanto as pessoas.

Qual é o risco que a empresa corre quando não pratica um bom processo seletivo? Conforme falamos, em resumo, é inserir na empresa alguém que não possui o conhecimento, as habilidades e as atitudes necessários para o cargo e, sem esses requisitos, obter um padrão de qualidade pode ser um processo muito demorado, penoso, para não dizer impossível.

2.1 Recrutamento

O recrutamento de pessoal pode ser definido como o método que uma organização utiliza quando tem necessidade de preencher um cargo, ou seja, a forma pela qual atrai e cadastra candidatos que possam preencher os requisitos da vaga.

Cabe lembrar que, antes de começar o processo de recrutamento, deve-se conhecer os requisitos necessários para o preenchimento eficaz do cargo. Uma pessoa, por exemplo, que possua um excelente conhecimento técnico mas pouca habilidade interpessoal dificilmente prestará um serviço de qualidade no atendimento direto ao público.

Como o processo de recrutamento normalmente atrai muitos candidatos, principalmente se utilizar como ferramenta o anúncio da vaga em jornais de grande circulação, quanto mais precisa for a descrição das exigências para ocupá-la, mais fácil se tornará o processo de análise dos candidatos, aumentando a possibilidade de encontrar a pessoa adequada para o cargo.

2.1.1 Ocorrência do recrutamento

O recrutamento ocorre diante das seguintes situações:

- necessidade de aumento do quadro de funcionários;
- demissão de empregado;
- morte;
- aposentadoria;
- transferência;
- promoção.

2.2 Etapas do processo de recrutamento

Para planejar e executar o recrutamento, são importantes as seguintes etapas:

- levantamento das reais necessidades de contratação de novos funcionários para a empresa;

- análise das atividades e das funções referentes ao cargo (identificação das características);

- identificação do perfil adequado para ocupar a vaga (conhecimentos, habilidades e atitudes);

- determinação do método de seleção dos candidatos e dos critérios de aprovação;

- identificação da região onde se pretende fazer o recrutamento;

- definição dos veículos de divulgação.

Para melhorar um processo de recrutamento, é importante contar com o apoio dos colaboradores, dado que eles poderão definir melhor o perfil do cargo que exercem. Por exemplo: quem atua na área de recursos humanos, embora nem sempre entenda de contabilidade, pode ter de contratar um contador para o setor de contabilidade; sendo assim, realizar um levantamento a fim de especificar o que faz cada setor, departamento ou secretaria e o tipo de conhecimento necessário para efetuar cada cargo, e atualizar continuamente tal levantamento, é um modo de traçar o perfil adequado para cada atribuição na organização, com o que será mais fácil escrever o anúncio e detalhar as competência e habilidades necessárias para a vaga em questão.

2.3 Tipos de recrutamento

2.3.1 Recrutamento interno

O recrutamento interno ocorre quando a vaga disponível na empresa pode ser preenchida por um de seus próprios funcionários, ou seja, é o recrutamento realizado entre os próprios componentes da organização.

Vantagens:

- custo menor em relação ao recrutamento externo;

- possibilidade de aumentar a motivação e a produtividade dos funcionários;

- reconhecimento da capacidade dos funcionários;

- seleção mais rápida em razão de os participantes serem pessoas conhecidas que já atuam na empresa.

Desvantagens:

- desmotivação dos não aproveitados;

- possibilidade de cometer injustiças.

2.3.2 Recrutamento externo

É o recrutamento realizado com pessoas externas à instituição, ou seja, de fora, não pertencentes à organização.

A sua principal vantagem reside na possibilidade de encontrar pessoas com experiências diferenciadas que venham a agregar novos hábitos, costumes e valores à empresa, otimizando a produção desta.

As desvantagens são:

- custo maior que o recrutamento interno, devido aos gastos necessários para a execução do processo, com, por exemplo, a contratação de agências especializadas, a veiculação de anúncios, entre outros;
- necessidade de adaptação do recém-contratado à empresa.

Entre os métodos de recrutamento externo, estão:

- Banco de dados: é onde se encontram os currículos recebidos pela empresa, tendo como objetivo o armazenamento de dados de candidatos para uma possível contratação.
- Agências de recrutamento: são empresas habilitadas para executar esse tipo de serviço. Tal procedimento é utilizado principalmente para cargos especializados, quando, por meio do recrutamento interno, não tenha sido possível encontrar o profissional desejado. As agências realizam o recrutamento, e a empresa executa apenas a seleção.
- Anúncios em jornais: esse recrutamento permite que um elevado número de candidatos tome conhecimento do cargo disponível. Um bom anúncio deve: especificar o cargo, relatar os requisitos, as habilidades e conhecimentos necessários, assim como especificar o horário do trabalho, se será necessário fazer viagens (ou seja, as condições do trabalho), a remuneração e os benefícios.

Lembre-se que as organizações são regidas por leis, entre elas a trabalhista. Isso implica dizer, entre outros, que, por mais que um empresário seja o dono de uma empresa, ele não deve tomar atitudes com os empregados ou futuros empregados que contrariem a legislação. Se o fizer, poderá responder a processos. Por essa razão, uma organização não pode:

- publicar ou fazer publicar anúncio de emprego no qual haja referência ao sexo, à idade, à cor ou à situação familiar do candidato, salvo quando a natureza da atividade a ser exercida assim o exigir, pública e notoriamente (artigo 373-A, I, da CLT);
- recusar emprego, promoção ou motivar a dispensa do trabalho em razão de sexo, idade, cor, situação familiar ou estado de gravidez, salvo quando a natureza da atividade seja notória e publicamente incompatível (artigo 373-A, II, da CLT);
- considerar o sexo, a idade, a cor ou a situação familiar como variável determinante para

fins de remuneração, formação profissional e oportunidades de ascensão profissional (artigo 373-A, III, da CLT);

- exigir atestado ou exame, de qualquer natureza, para comprovação de esterilidade ou gravidez, na admissão ou permanência no emprego (artigo 373-A, IV, da CLT).

2.3.3 Recrutamento misto

Ocorre quando a empresa opta por desenvolver ao mesmo tempo o recrutamento interno e o externo para preencher determinada vaga.

2.4 Seleção

A seleção tem por finalidade escolher o candidato certo para o cargo certo, para que dessa forma haja otimização dos recursos empregados na organização, pois o sucesso de uma empresa está diretamente relacionado às habilidades técnicas, interpessoais e intrapessoais das pessoas que nela atuam, ou seja, dos conhecimentos, habilidades e aptidões destas. Em função disso, é de vital importância saber selecionar corretamente os candidatos que vão representar a empresa nos cargos disponíveis para que assim possam contribuir de maneira eficaz para o crescimento da empresa e para a construção e a manutenção de uma imagem organizacional positiva para os clientes internos e externos.

De acordo com Neto (2006), o grande desafio não é, como muitos pensam, conquistar e manter os clientes, e sim conquistar o próprio pessoal e mantê-lo concentrado no trabalho, dando o melhor de si à organização.

A seguir, relacionam-se os recursos mais utilizados em processos de seleção:

- identificação de habilidades;
- características e aptidões específicas;
- testes relacionados a conhecimentos gerais, personalidades, inteligência emocional e racional;
- testes relacionados a conhecimento específico;
- testes vocacionais;
- dinâmicas de grupos;
- jogos e vivências.

Observa-se que, de acordo com o artigo 373, I, II e V, da CLT e com o artigo 1º da Lei nº 9.029/1995, as empresas não podem selecionar candidatos com critérios discriminatórios, tais como: idade, sexo, cor, estado civil (CHIAVENATO, 1999).

Um fator que influencia diretamente as organizações é a economia. Uma fase de crise econômica, por exemplo, causa impactos no mercado de trabalho, dado que nesses períodos as empresas não ampliam seus negócios, não oferecem novas vagas de emprego e, por vezes, precisam diminuir o número de funcionários. No quadro a seguir, é possível identificar o impacto do mercado de trabalho sobre as práticas de recursos humanos, ou seja, a interferência na área de recursos humanos quando existem mais ou menos pessoas disponíveis para o mercado (desempregadas).

O impacto do mercado de trabalho sobre as práticas de recursos humanos

Mercado de trabalho em oferta	Mercado de trabalho em procura
Investimento em recrutamento para atrair candidatos	Baixos investimentos em recrutamento devido à oferta de candidatos
Critérios de seleção mais flexíveis	Critérios de seleção mais rígidos em razão da abundância de candidatos
Investimento em treinamento para compensar a inadequação dos candidatos	Poucos investimentos em treinamento para aproveitar candidatos já treinados
Ofertas salariais estimulantes para atrair candidatos	Ofertas salariais mais baixas para aproveitar a competição entre candidatos
Investimentos em benefícios sociais para atrair candidatos e reter funcionários	Ênfase no recrutamento interno como meio de manter os funcionários atuais e dinamizar os planos de carreira
Poucos investimentos em benefícios sociais, pois não há necessidade de mecanismos para fixação do pessoal	Ênfase no recrutamento externo como meio de melhorar o potencial humano, substituindo funcionários por candidatos de melhor qualificação

Fonte: Chiavenato (1999, p. 83).

Conforme o quadro anterior, existem interferências na área de recursos humanos que não podem ser controladas, e justamente por esse motivo o gestor dessa área deve estar atento ao mercado para antever possíveis cenários e preparar-se da melhor forma.

Vale lembrar que a legislação estabelece regras sobre a proibição e a exigência de documentos no ato do recrutamento, da seleção, ou mesmo na contratação de qualquer empregado, para não configurar discriminação, tais como:

- Comprovação de experiência prévia por tempo superior a seis meses no mesmo tipo de atividade.

- Certidão de que não possui processo trabalhista ajuizado (certidão negativa trabalhista).

- Certidão negativa da Serasa, do SPC e assemelhados ou dos cartórios de protestos.

- Informações sobre antecedentes criminais, tais como certidão negativa criminal ou "folha corrida". Ressalta-se que o acesso à certidão de antecedentes criminais é assegurado a todos, desde que esclarecidos os fins e as razões do pedido, até porque a ausência de antecedentes criminais é pressuposto para o exercício de determinadas profissões, como transporte de valores (carro-forte) ou vigilância. No entanto, a eventual existência de registro em certidão de antecedentes criminais não pode, por si só, ser fator impeditivo para a recolocação do ex-condenado no mercado de trabalho se esta condenação não guardar alguma relação com a atividade laboral. Portanto é valioso salientar que é inaceitável a recusa de um candidato pela simples existência de antecedentes criminais, sob pena de se caracterizar, sim, discriminação.

- A exigência de teste, exame, perícia, laudo, atestado, declaração ou qualquer outro procedimento relativo a esterilização ou a estado de gravidez (Lei nº 9.029/1995).

- Exame de HIV (aids). A Lei nº 12.984/2014 define como crime punível com multa e reclusão de 1 a 4 anos a discriminação dos portadores do vírus da imunodeficiência humana (HIV) e doentes de aids.

CAPÍTULO 3

Admissão do empregado

3.1 Procedimentos para admissão do empregado

Terminado o processo de seleção, ou seja, escolhido o candidato que vai ocupar a vaga, deve-se preencher os documentos relativos à contratação para regularizar o vínculo do novo empregado, procedimento este que diferencia o trabalhador informal do que trabalha trabalhador formal (com carteira assinada), visto que, no segundo caso, o empregador realiza os procedimentos descritos a seguir.

3.2 Documentos pessoais obrigatórios

Ao admitir um empregado, a empresa poderá solicitar que ele entregue os seguintes documentos pessoais:

- Carteira de Trabalho e Previdência Social, obrigatória para o exercício de qualquer emprego, inclusive de natureza rural, e até mesmo em caráter temporário, sendo que a CTPS deve obedecer aos modelos que o Ministério da Economia adota, e cuja emissão atualmente ocorre preferencialmente em meio eletrônico;

- certidão de nascimento, casamento ou carteira de identidade (RG), conforme o caso;

- o comprovante de inscrição no Cadastro de Pessoas Físicas (CPF);

- certificado de reservista ou alistamento militar, como prova de quitação com o serviço militar, para os empregados brasileiros do sexo masculino maiores de 18 anos;

- título de eleitor e comprovante da última votação, para maiores de 18 anos;

- cópia de certidão de nascimento dos filhos menores de 14 anos, com o objetivo de verificar os dados para concessão do salário-família;

- Cartão da Criança (que, desde 1º de julho de 1991, substitui a caderneta de vacinação) dos filhos menores de 7 anos de idade;

- comprovante de frequência escolar dos filhos entre 7 e 14 anos;

- declaração de dependentes, para fins de imposto de renda na fonte;

- Atestado Médico Admissional ou Atestado de Saúde Ocupacional;

- documento de inscrição no PIS/PASEP ou anotação correspondente na CTPS;

- comprovante de residência;

- declaração rejeitando ou requerendo o vale-transporte;

- comprovante de escolaridade exigido para o cargo;

- carteira de habilitação profissional ou registro profissional expedido por órgãos de classe como Ordem dos Advogados do Brasil (OAB), Conselho Regional de Engenharia, Arquitetura e Agronomia (Crea), Conselho Regional de Contabilidade (CRC), Conselho Regional de Administração (CRA), entre outros, quando o cargo exigir o registro no órgão competente;

- Carteira Nacional de Habilitação (CNH), para os empregados que exercerão o cargo de motorista ou qualquer outra função que envolva a condução de veículo;

- fotografias 3 × 4 para ficha funcional;

- registro de habilitação na Delegacia Regional do Trabalho (DRT), anotado na CTPS, para os que exercerem as profissões de: agenciador de propaganda, publicitário, jornalista, atuário, arquivista, técnico de arquivo, radialista, sociólogo, vigilante, secretária executiva (com curso superior), técnico em secretariado (de segundo grau) e técnico de segurança do trabalho;

- carteira de identidade de estrangeiro, caso seja estrangeiro.

O Ministério do Trabalho e Emprego determinou que não é permitido, de forma direta ou indireta, nos exames médicos admissionais, mudança de função, avaliação periódica, retorno, demissionais ou outros exames em relação de emprego, submeter o empregado a teste para detecção do vírus HIV (Portaria MTE nº 1.246/2010).

Lei Nº 12.984 de 2 de junho de 2014. Define o crime de discriminação dos portadores do vírus da imunodeficiência humana (HIV) e doentes de aids.

De acordo com a Lei nº 11.644/2008, para fins de contratação, o empregador não exigirá do candidato a emprego comprovação de experiência prévia por tempo superior a seis meses no mesmo tipo de atividade.

No momento da contratação de empregados, é comum as empresas exigirem, além dos documentos de apresentação obrigatória para a contratação, o Atestado de Antecedentes Criminais. Entretanto, a licitude da exigência do mencionado documento pelas empresas em geral é discutível, pois, além de inexistir qualquer dispositivo na legislação que a ampare, há entendimentos, embora não pacíficos, de que ela fere os direitos individuais constitucionalmente assegurados, entre eles a dignidade da pessoa humana, a proteção contra a discriminação de qualquer espécie e a inviolabilidade da intimidade.

Nesse sentido, recentemente, a Quinta Turma do Tribunal Superior do Trabalho, ao julgar um recurso de revista, proferiu entendimento no sentido de que a exigência do Atestado de Antecedentes Criminais para fins de contratação de empregados configura ato discriminatório e fere o direito à dignidade da pessoa humana, princípio fundamental previsto no artigo 1º, III, da Constituição Federal.

Procedimentos após a entrega da documentação:

- anotar na Carteira de Trabalho e Previdência Social a data de admissão, a função exercida e a remuneração;
- preencher a ficha de salário-família;
- incluir a admissão no Cadastro Geral de Empregados e Desempregados (Caged) até o dia 7 de cada mês;
- efetuar o cadastro no PIS, caso o empregado não possua matrícula;
- anotar as informações pessoais e profissionais do funcionário no livro ou nas fichas de registro de empregados;
- se a empresa tiver mais de um estabelecimento, poderá centralizar o registro do funcionário em um único lugar, devendo, entretanto, deixar em cada estabelecimento o livro ou as fichas de registro à disposição da fiscalização.

O novo contratado pode entregar sua CTPS, ou informar o número do CPF, já que a carteira de trabalho emitida por meio eletrônico possui como identificação o número de inscrição no Cadastro de Pessoas Físicas.

Diz a CLT:

> Art. 29 - O empregador terá o prazo de 5 (cinco) dias úteis para anotar na CTPS, em relação aos trabalhadores que admitir, a data de admissão, a remuneração e as condições especiais, se houver, facultada a adoção de sistema manual, mecânico ou eletrônico, conforme instruções a serem expedidas pelo Ministério da Economia.
>
> [...]
>
> § 6º - A comunicação pelo trabalhador do número de inscrição no CPF ao empregador equivale à apresentação da CTPS em meio digital, dispensado o empregador da emissão de recibo.
>
> § 7º - Os registros eletrônicos gerados pelo empregador nos sistemas informatizados da CTPS em meio digital equivalem às anotações a que se refere esta Lei.
>
> § 8º - O trabalhador deverá ter acesso às informações da sua CTPS no prazo de até 48 (quarenta e oito) horas a partir de sua anotação.
>
> [...]
>
> Art. 36 - Recusando-se a empresa a fazer as anotações a que se refere o art. 29 ou a devolver a Carteira de Trabalho e Previdência Social recebida, o empregado poderá comparecer, pessoalmente ou por intermédio de seu sindicato, perante a Delegacia Regional do Trabalho ou órgão autorizado, para apresentar reclamação.[1]

3.2.1 Ausência de registro de empregados

Na reforma trabalhista, foi alterado o artigo 47 da CLT, que dispõe sobre multa referente à ausência de registro de trabalhador na empresa, que contraria o artigo 41 da CLT e que obriga cada empregador a manter os trabalhadores devidamente registrados em livros, fichas ou sistema eletrônico, conforme norma do Ministério do Trabalho e Emprego. A nova redação estipulou o valor da multa de R$ 3.000,00 (três mil reais) por empregado não registrado e de igual valor em caso de reincidência.

Porém, quando se tratar de microempresa ou empresa de pequeno porte, o valor da multa será de R$ 800,00 (oitocentos reais) por empregado não registrado e de igual valor em caso de reincidência.

Também, dentro deste assunto, foi acrescentado o artigo 47-A, que estipulou multa de R$ 600,00 (seiscentos reais) caso o empregador não informar os dados que se referem às atividades e à qualificação do profissional conforme o artigo 41.

---

1 Ver exemplo de documento de entrega da CTPS nos anexos.

Art. 47 - O empregador que mantiver empregado não registrado nos termos do art. 41 desta Consolidação ficará sujeito à multa no valor de R$ 3.000,00 (três mil reais) por empregado não registrado, acrescido de igual valor em cada reincidência.

§ 1º Especificamente quanto à infração a que se refere o caput deste artigo, o valor final da multa aplicada será de R$ 800,00 (oitocentos reais) por empregado não registrado, quando se tratar de microempresa ou empresa de pequeno porte.

§ 2º A infração de que trata o caput deste artigo constitui exceção ao critério da dupla visita.

Art. 47-A - Na hipótese de não serem informados os dados a que se refere o parágrafo único do art. 41 desta Consolidação, o empregador ficará sujeito à multa de R$ 600,00 (seiscentos reais) por empregado prejudicado.

Art. 48 - As multas previstas nesta Seção serão aplicadas pela autoridade de primeira instância no Distrito Federal, e pelas autoridades regionais do Ministério do Trabalho, Indústria e Comércio, nos Estados e no Território do Acre.

3.3 Contrato de trabalho

Para que exista um vínculo formal de trabalho entre empregado e empregador, além de assinar devidamente a carteira de trabalho, o empregador deve redigir um contrato de trabalho. Este é um compromisso recíproco no qual existe um acordo entre as partes que culmina em uma relação de trabalho, sendo bilateral, dado que implica direitos e obrigações recíprocas.

Art. 442. Contrato individual de trabalho é o acordo tácito ou expresso correspondente à relação de emprego.

Parágrafo único. Qualquer que seja o ramo de atividade da sociedade cooperativa, não existe vínculo empregatício entre ela e seus associados, nem entre estes e os tomadores de serviços daquela.

Lei nº 9.601, de 21 de janeiro de 1998. Dispõe sobre o contrato de trabalho por prazo determinado e dá outras providências.

3.3.1 Características fundamentais do contrato de trabalho

- Prestação de serviços continuados: a prestação de serviços do empregado para a empresa e vice-versa não deve ocorrer apenas eventualmente.

- Recebimento do salário: o empregador deverá efetuar um pagamento de salário em troca dos serviços prestados à empresa pelo empregado.

- Subordinação profissional: na execução do seu trabalho, o empregado deve obedecer às ordens do empregador. Porém, essa obediência é apenas de caráter profissional, e não pessoal. Isso significa que a subordinação do empregado diz respeito ao seu trabalho dentro da empresa e não à sua vida particular.

- Jornada de trabalho (horário de trabalho) do empregado: o empregador determinará a jornada de trabalho diária do empregado.

- Cargo ocupado: deverá constar no contrato de trabalho a função que o empregado vai exercer durante a sua prestação de serviços ao empregador.

- Local de trabalho: local onde o empregado deverá desempenhar as suas atividades ou tarefas dentro da empresa.

- Responsabilidade do empregado: o empregado será responsável pelo serviço que executa.

3.3.2 Formas de contrato

- Escrito ou expresso: contrato firmado por meio de documento no qual constam as cláusulas referentes à parte financeira e profissional.

- Tácito ou verbal: neste caso, não há documento escrito para formalizar o contrato. A forma de comprovar o vínculo empregatício é mediante testemunhas e a apresentação do comprovante de pagamento.

> Lei 13.467, de 13 de julho de 2017. Altera a Consolidação das Leis do Trabalho (CLT), aprovada pelo Decreto-Lei nº 5.452, de 1º de maio de 1943, e as Leis nº 6.019, de 3 de janeiro de 1974, 8.036, de 11 de maio de 1990, e 8.212, de 24 de julho de 1991, a fim de adequar a legislação às novas relações de trabalho.
>
> [...]
>
> Art. 443. O contrato individual de trabalho poderá ser acordado tácita ou expressamente, verbalmente ou por escrito, por prazo determinado ou indeterminado, ou para prestação de trabalho intermitente.

3.3.3 Artigos da legislação trabalhista sobre o contrato de trabalho

a. **Objeto de livre estipulação:** o empregado e o empregador poderão chegar a um acordo sobre o contrato de trabalho, desde que este respeite as normas trabalhistas e não contrarie os contratos coletivos (artigo 444 da CLT).

b. **Alteração do contrato de trabalho:** um contrato só pode ser alterado se tanto o empregado quanto o empregador estiverem de acordo e se o empregado não sofrer prejuízo nesta alteração (artigo 468 da CLT):

Lei 13.467, de 13 de julho de 2017. Altera a Consolidação das Leis do Trabalho (CLT), aprovada pelo Decreto-Lei nº 5.452, de 1º de maio de 1943, e as Leis nº 6.019, de 3 de janeiro de 1974, 8.036, de 11 de maio de 1990, e 8.212, de 24 de julho de 1991, a fim de adequar a legislação às novas relações de trabalho.

[...]

Art. 468. Nos contratos individuais de trabalho só é lícita a alteração das respectivas condições por mútuo consentimento, e ainda assim desde que não resultem, direta ou indiretamente, prejuízos ao empregado, sob pena de nulidade da cláusula infringente desta garantia.

§ 1º Não se considera alteração unilateral a determinação do empregador para que o respectivo empregado reverta ao cargo efetivo, anteriormente ocupado, deixando o exercício de função de confiança.

§ 2º A alteração de que trata o § 1º deste artigo, com ou sem justo motivo, não assegura ao empregado o direito à manutenção do pagamento da gratificação correspondente, que não será incorporada, independentemente do tempo de exercício da respectiva função.

c. **Alteração de horário de trabalho:** o horário de trabalho pode sofrer alterações, desde que o empregado concorde ou que haja uma convenção coletiva que aponha a mudança (artigo 7º, XIII, da CF).

d. **Alteração salarial – irredutibilidade do salário:** o salário só poderá ser reduzido se, por meio de um acordo ou de convenção coletiva, ficar negociada a redução, porém esta negociação não deve ser menor que o salário mínimo (artigo 7º, V, VI, VII da CF).

e. **Sucessão empresarial ou de empregadores:** a Lei nº 13.467/2017 incluiu na CLT o artigo 448-A, que dispõe sobre a responsabilidade das obrigações trabalhistas em caso da sucessão empresarial ou de empregadores:

Art. 448-A. Caracterizada a sucessão empresarial ou de empregadores prevista nos arts. 10 e 448 desta Consolidação, as obrigações trabalhistas, inclusive as contraídas à época em que os empregados trabalhavam para a empresa sucedida, são de responsabilidade do sucessor.

Parágrafo único. A empresa sucedida responderá solidariamente com a sucessora quando ficar comprovada fraude na transferência.

3.3.4 Prazo de duração do contrato de trabalho de acordo com a CLT

3.3.4.1 Contrato de trabalho por prazo determinado (duração preestabelecida)

É o contrato de trabalho que possui sua duração preestabelecida.

> Lei 13.467, de 13 de julho de 2017. Altera a Consolidação das Leis do Trabalho (CLT), aprovada pelo Decreto-Lei nº 5.452, de 1º de maio de 1943, e as Leis nº 6.019, de 3 de janeiro de 1974, 8.036, de 11 de maio de 1990, e 8.212, de 24 de julho de 1991, a fim de adequar a legislação às novas relações de trabalho.
>
> [...]
>
> Art. 443. O contrato individual de trabalho poderá ser acordado tácita ou expressamente, verbalmente ou por escrito, por prazo determinado ou indeterminado, ou para prestação de trabalho intermitente.

Características do contrato de trabalho:

a. Quanto à determinação do prazo: o contrato tem fixado o dia em que inicia e o dia em que termina, podendo ter duração máxima de dois anos.

> Art. 445 da CLT - O contrato de trabalho por prazo determinado não poderá ser estipulado por mais de 2 (dois) anos, observada a regra do art. 451.

b. Quanto à atividade de caráter transitório: é o contrato por obra ou por safra.

> Art. 443, § 2º O contrato por prazo determinado só será válido em se tratando:
>
> a) de serviço cuja natureza ou transitoriedade justifique a predeterminação do prazo;
>
> b) de atividades empresariais de caráter transitório;
>
> c) de contrato de experiência.

c. Quanto à prorrogação do contrato: pode ter a duração máxima de dois anos, prorrogável uma única vez neste período; caso seja prorrogado mais de uma vez, passará a vigorar sem determinação de prazo.

> Art. 451 da CLT - O contrato de trabalho por prazo determinado que tácita ou expressamente for prorrogado mais de uma vez passará a vigorar sem determinação de prazo.

d. Quanto ao intervalo de um contrato para outro contrato: para realizar outro contrato com o mesmo empregador, é necessário um intervalo de no mínimo seis meses.

> Art. 452 da CLT - Considera-se por prazo indeterminado todo contrato que suceder, dentro de seis meses, a outro contrato por prazo determinado, salvo se a expiração deste dependeu da execução de serviços especializados ou da realização de certos acontecimentos.

3.3.4.1.1 Contrato de trabalho intermitente

Considera-se contrato de trabalho intermitente o contrato no qual a prestação de serviços, com subordinação, não é contínua, ocorrendo com alternância de períodos de prestação de serviços e de inatividade, determinados em horas, dias ou meses, independentemente do tipo de atividade do empregado e do empregador, exceto para os aeronautas, regidos por legislação própria.

> Lei 13.467, de 13 de julho de 2017. Altera a Consolidação das Leis do Trabalho (CLT), aprovada pelo Decreto-Lei nº 5.452, de 1º de maio de 1943, e as Leis nº 6.019, de 3 de janeiro de 1974, 8.036, de 11 de maio de 1990, e 8.212, de 24 de julho de 1991, a fim de adequar a legislação às novas relações de trabalho.
>
> [...]
>
> Art. 443. O contrato individual de trabalho poderá ser acordado tácita ou expressamente, verbalmente ou por escrito, por prazo determinado ou indeterminado, ou para prestação de trabalho intermitente.
>
> ....
>
> § 3º Considera-se como intermitente o contrato de trabalho no qual a prestação de serviços, com subordinação, não é contínua, ocorrendo com alternância de períodos de prestação de serviços e de inatividade, determinados em horas, dias ou meses, independentemente do tipo de atividade do empregado e do empregador, exceto para os aeronautas, regidos por legislação própria." (NR)
>
> Art. 452-A. O contrato de trabalho intermitente deve ser celebrado por escrito e deve conter especificamente o valor da hora de trabalho, que não pode ser inferior ao valor horário do salário mínimo ou àquele devido aos demais empregados do estabelecimento que exerçam a mesma função em contrato intermitente ou não.

§ 1º O empregador convocará, por qualquer meio de comunicação eficaz, para a prestação de serviços, informando qual será a jornada, com, pelo menos, três dias corridos de antecedência.

§ 2º Recebida a convocação, o empregado terá o prazo de um dia útil para responder ao chamado, presumindo-se, no silêncio, a recusa.

§ 3º A recusa da oferta não descaracteriza a subordinação para fins do contrato de trabalho intermitente.

§ 4º Aceita a oferta para o comparecimento ao trabalho, a parte que descumprir, sem justo motivo, pagará à outra parte, no prazo de trinta dias, multa de 50% (cinquenta por cento) da remuneração que seria devida, permitida a compensação em igual prazo.

§ 5º O período de inatividade não será considerado tempo à disposição do empregador, podendo o trabalhador prestar serviços a outros contratantes.

§ 6º Ao final de cada período de prestação de serviço, o empregado receberá o pagamento imediato das seguintes parcelas:

I - remuneração;

II - férias proporcionais com acréscimo de um terço; III - décimo terceiro salário proporcional;

IV - repouso semanal remunerado; e V - adicionais legais.

§ 7º O recibo de pagamento deverá conter a discriminação dos valores pagos relativos a cada uma das parcelas referidas no § 6º deste artigo.

§ 8º O empregador efetuará o recolhimento da contribuição previdenciária e o depósito do Fundo de Garantia do Tempo de Serviço, na forma da lei, com base nos valores pagos no período mensal e fornecerá ao empregado comprovante do cumprimento dessas obrigações.

§ 9º A cada doze meses, o empregado adquire direito a usufruir, nos doze meses subsequentes, um mês de férias, período no qual não poderá ser convocado para prestar serviços pelo mesmo empregador."

3.3.4.2 Contrato de trabalho por prazo indeterminado

É o contrato que nasce com a admissão do empregado, sem que seja estabelecido previamente um final para sua existência.

3.3.4.2.1 Contrato de trabalho a título de experiência

O empregador pode, antes de efetivar a contratação, utilizar o prazo de até noventa dias para observar a aptidão do trabalhador para o cargo.

Art. 481 - Aos contratos por prazo determinado, que contiverem cláusula asseguratória do direito recíproco de rescisão antes de expirado o termo ajustado, aplicam-se, caso seja exercido tal direito por qualquer das partes, os princípios que regem a rescisão dos contratos por prazo indeterminado.

> Art. 445, § único da CLT - O contrato de experiência não poderá exceder 90 (noventa) dias.

3.3.4.2.1.1 Sucessão de novo contrato

Para um novo contrato de experiência, deve-se aguardar um prazo de no mínimo seis meses, sob pena de o contrato ser considerado por tempo indeterminado. Um novo contrato só pode ser justificado para uma nova função, uma vez que não há coerência alguma em se testar o desempenho da mesma pessoa na mesma função antes testada.[2]

3.3.4.2.1.2 Contrato de parceria entre profissionais

O contrato de parceria entre profissionais é um acordo celebrado entre salões de beleza e profissionais que exercem as atividades de cabeleireiro, barbeiro, esteticista, manicure, pedicure, depilador e maquiador e pessoas jurídicas registradas como salão de beleza, conforme disposto na Lei nº13.352/2016.

> Lei nº 13.352, de 27 de outubro de 2016. Altera a Lei nº 12.592, de 18 de janeiro 2012, para dispor sobre o contrato de parceria entre os profissionais que exercem as atividades de Cabeleireiro, Barbeiro, Esteticista, Manicure, Pedicure, Depilador e Maquiador e pessoas jurídicas registradas como salão de beleza.
>
> Art. 1º-A Os salões de beleza poderão celebrar contratos de parceria, por escrito, nos termos definidos nesta Lei, com os profissionais que desempenham as atividades de Cabeleireiro, Barbeiro, Esteticista, Manicure, Pedicure, Depilador e Maquiador.
>
> [...]
>
> § 11. O profissional-parceiro não terá relação de emprego ou de sociedade com o salão-parceiro enquanto perdurar a relação de parceria tratada nesta Lei."

> A reforma trabalhista estipulou o contrato de trabalho do empregado com curso superior e cuja remuneração supere duas vezes o teto remuneratório da previdência social.

> Art. 444 da CLT - As relações contratuais de trabalho podem ser objeto de

2 Ver exemplo de documento de contrato de trabalho a título de experiência nos anexos.

livre estipulação das partes interessadas em tudo quanto não contravenha às disposições de proteção ao trabalho, aos contratos coletivos que lhes sejam aplicáveis e às decisões das autoridades competentes.

Parágrafo único. A livre estipulação a que se refere o caput deste artigo aplica-se às hipóteses previstas no art. 611-A desta Consolidação, com a mesma eficácia legal e preponderância sobre os instrumentos coletivos, no caso de empregado portador de diploma de nível superior e que perceba salário mensal igual ou superior a duas vezes o limite máximo dos benefícios do Regime Geral de Previdência Social.

3.3.4.2.1.3 Contrato de trabalho em regime parcial

A reforma trabalhista definiu o trabalho em regime de tempo parcial como aquele cuja duração não exceda a trinta horas semanais, sem a possibilidade de horas suplementares semanais, ou, ainda, aquele cuja duração não exceda a 26 horas semanais, com a possibilidade de acréscimo de até seis horas suplementares semanais.

Lei 13.467, de 13 de julho de 2017. Altera a Consolidação das Leis do Trabalho (CLT), aprovada pelo Decreto-Lei nº 5.452, de 1º de maio de 1943, e as Leis nº 6.019, de 3 de janeiro de 1974, 8.036, de 11 de maio de 1990, e 8.212, de 24 de julho de 1991, a fim de adequar a legislação às novas relações de trabalho.

[...]

Art. 58-A. Considera-se trabalho em regime de tempo parcial aquele cuja duração não exceda a trinta horas semanais, sem a possibilidade de horas suplementares semanais, ou, ainda, aquele cuja duração não exceda a vinte e seis horas semanais, com a possibilidade de acréscimo de até seis horas suplementares semanais.

§ 3º As horas suplementares à duração do trabalho semanal normal serão pagas com o acréscimo de 50% (cinquenta por cento) sobre o salário-hora normal.

§ 4º Na hipótese de o contrato de trabalho em regime de tempo parcial ser estabelecido em número inferior a vinte e seis horas semanais, as horas suplementares a este quantitativo serão consideradas horas extras para fins do pagamento estipulado no § 3º, estando também limitadas a seis horas suplementares semanais.

§ 5º As horas suplementares da jornada de trabalho normal poderão ser compensadas diretamente até a semana imediatamente posterior à da sua execução, devendo ser feita a sua quitação na folha de pagamento do mês subsequente, caso não sejam compensadas.

3.3.4.2.1.4 Contrato de autônomo

Considera-se contrato de trabalhador autônomo o contrato sem exclusividade, de forma contínua ou não, não previsto no artigo 3º da CLT.

> Lei 13.467, de 13 de julho de 2017. Altera a Consolidação das Leis do Trabalho (CLT), aprovada pelo Decreto-Lei nº 5.452, de 1º de maio de 1943, e as Leis nº 6.019, de 3 de janeiro de 1974, 8.036, de 11 de maio de 1990, e 8.212, de 24 de julho de 1991, a fim de adequar a legislação às novas relações de trabalho.
>
> [...]
>
> Art. 442-B. A contratação do autônomo, cumpridas por este todas as formalidades legais, com ou sem exclusividade, de forma contínua ou não, afasta a qualidade de empregado prevista no art. 3º desta Consolidação.

3.3.4.2.1.5 Contrato por obra certa

Considera-se contrato de trabalho por obra certa o contrato que é efetivado quando o empregado é contratado para realizar determinada obra ou serviços enquanto estes durarem. Importante saber que este contrato somente se justifica se sua utilização acontecer em situações consideradas excepcionais à regra, uma vez que sua vigência depende do tempo de execução de serviços especificados.

Portanto, recomenda-se que seja estipulado o prazo para conclusão de cada tipo de serviço a ser executado, elaborado um memorial descritivo, especificando-se cada etapa da obra, como no caso de serviços de pedreiros, carpinteiros, azulejistas, eletricistas, encanadores, entre outros.

> Lei nº 2.959, de 17 de novembro de 1956. Altera a Consolidação das Leis do Trabalho (CLT), 1943, e dispõe sobre os contratos por obra o serviço certo.
>
> Art. 1º No contrato individual de trabalho por obra certa, as inscrições na carteira profissional do empregado serão feitas pelo construtor, desse modo constituído em empregador, desde que exerça a atividade em caráter permanente.
>
> Art. 2º Rescindido o contrato de trabalho em face do término da obra ou serviço, tendo o empregado mais de 12 (doze) meses de serviço, ficar-lhe-á assegurada a indenização por tempo de trabalho na forma do artigo 478 da Consolidação das Leis do Trabalho, com 30% (trinta por cento) de redução.
>
> Art. 3º O empregador que deixar de atender a exigência do art. 1º desta lei, ficará sujeito a multa de CR$ 500,00 (quinhentos cruzeiros) a CR$ 5.000,00 (cinco mil cruzeiros), além da suspensão de suas atividades até que satisfaça a obrigação legal.

3.3.4.3 Contrato de trabalho de estagiário

De acordo com a Lei nº 11.788/2008, o estágio não cria vínculo empregatício (desde que cumpra corretamente a lei) e precisa atender aos seguintes requisitos:

> I - matrícula e frequência regular do educando em curso de educação superior, de educação profissional, de ensino médio, da educação especial e nos anos finais do ensino fundamental; na modalidade profissional da educação de jovens e adultos e atestados pela Instituição de ensino;
>
> II - celebração de termo de compromisso entre o educando, a parte concedente do estágio e a Instituição de ensino;
>
> III - compatibilidade entre as atividades desenvolvidas no estágio e aquelas previstas no termo de compromisso;

De acordo com o artigo 17 da lei, o número máximo de estagiários em relação ao quadro de pessoal das entidades concedentes de estágio deverá atender às seguintes proporções:

> I - de 1 (um) a 5 (cinco) empregados: 1 (um) estagiário;
>
> II - de 6 (seis) a 10 (dez) empregados: até 2 (dois) estagiários;
>
> III - de 11 (onze) a 25 (vinte e cinco) empregados: até 5 (cinco) estagiários;
>
> IV - acima de 25 (vinte e cinco) empregados: até 20% (vinte por cento) de estagiários. Lei nº 11.788, de 25 de setembro de 2008 - Dispõe sobre o estágio de estudantes; altera a redação do art. 428 da Consolidação das Leis do Trabalho – CLT, aprovada pelo Decreto-Lei nº 5.452, de 1º de maio de 1943, e a Lei nº 9.394, de 20 de dezembro de 1996; revoga as Leis nº 6.494, de 7 de dezembro de 1977, e 8.859, de 23 de março de 1994, o parágrafo único do art. 82 da Lei nº 9.394, de 20 de dezembro de 1996, e o art. 6º da Medida Provisória nº 2.164-41, de 24 de agosto de 2001; e dá outras providências. Art. 16. O termo de compromisso deverá ser firmado pelo estagiário ou com seu representante ou assistente legal e pelos representantes legais da parte concedente e da instituição de ensino, vedada a atuação dos agentes de integração a que se refere o art. 5º desta Lei como representante de qualquer das partes.
>
>> Art. 17. O número máximo de estagiários em relação ao quadro de pessoal das entidades concedentes de estágio deverá atender às seguintes proporções:
>>
>> I - de 1 (um) a 5 (cinco) empregados: 1 (um) estagiário;
>>
>> II - de 6 (seis) a 10 (dez) empregados: até 2 (dois) estagiários;
>>
>> III - de 11 (onze) a 25 (vinte e cinco) empregados: até 5 (cinco) estagiários;

IV - acima de 25 (vinte e cinco) empregados: até 20% (vinte por cento) de estagiários.

§ 1º Para efeito desta Lei, considera-se quadro de pessoal o conjunto de trabalhadores empregados existentes no estabelecimento do estágio.

§ 2º Na hipótese de a parte concedente contar com várias filiais ou estabelecimentos, os quantitativos previstos nos incisos deste artigo serão aplicados a cada um deles.

§ 3º Quando o cálculo do percentual disposto no inciso IV do caput deste artigo resultar em fração, poderá ser arredondado para o número inteiro imediatamente superior.

§ 4º Não se aplica o disposto no caput deste artigo aos estágios de nível superior e de nível médio profissional.

§ 5º Fica assegurado às pessoas portadoras de deficiência o percentual de 10% (dez por cento) das vagas oferecidas pela parte concedente do estágio.

Art. 18. A prorrogação dos estágios contratados antes do início da vigência desta Lei apenas poderá ocorrer se ajustada às suas disposições.

Art. 19. O art. 428 da Consolidação das Leis do Trabalho - CLT, aprovada pelo DecretoLei nº 5.452, de 1º de maio de 1943, passa a vigorar com as seguintes alterações:

Art. 428...

§ 1º A validade do contrato de aprendizagem pressupõe anotação na Carteira de Trabalho e Previdência Social, matrícula e freqüência do aprendiz na escola, caso não haja concluído o ensino médio, e inscrição em programa de aprendizagem desenvolvido sob orientação de entidade qualificada em formação técnico-profissional metódica.

....

§ 3º O contrato de aprendizagem não poderá ser estipulado por mais de 2 (dois) anos, exceto quando se tratar de aprendiz portador de deficiência.

....

§ 7º Nas localidades onde não houver oferta de ensino médio para o cumprimento do disposto no § 1º deste artigo, a contratação do aprendiz poderá ocorrer sem a frequência à escola, desde que ele já tenha concluído o ensino fundamental." (NR)

3.3.4.4 Eleição de representante dos empregados

A Lei nº 13.467/2017 incluiu os artigos 510-A, 510-B, 510-C e 510-D, que dispõem sobre como as empresas com mais de duzentos empregados deverão garantir aos empregados a eleição de uma comissão que os represente junto aos empregadores.

Art. 510-A da CLT - Nas empresas com mais de duzentos empregados, é assegurada a eleição de uma comissão para representá-los, com a finalidade de promover-lhes o entendimento direto com os empregadores.

Art. 510-B. A comissão de representantes dos empregados terá as seguintes atribuições: I - representar os empregados perante a administração da empresa;

II - aprimorar o relacionamento entre a empresa e seus empregados com base nos princípios da boa-fé e do respeito mútuo;

III - promover o diálogo e o entendimento no ambiente de trabalho com o fim de prevenir conflitos;

IV - buscar soluções para os conflitos decorrentes da relação de trabalho, de forma rápida e eficaz, visando à efetiva aplicação das normas legais e contratuais;

V - assegurar tratamento justo e imparcial aos empregados, impedindo qualquer forma de discriminação por motivo de sexo, idade, religião, opinião política ou atuação sindical; VI - encaminhar reivindicações específicas dos empregados de seu âmbito de representação;

VII - acompanhar o cumprimento das leis trabalhistas, previdenciárias e das convenções coletivas e acordos coletivos de trabalho.

Art. 510-C. A eleição será convocada, com antecedência mínima de trinta dias, contados do término do mandato anterior, por meio de edital que deverá ser fixado na empresa, com ampla publicidade, para inscrição de candidatura.

Art. 510-D. O mandato dos membros da comissão de representantes dos empregados será de um ano.

3.3.5 Obrigatoriedade da anotação na Carteira de Trabalho e Previdência Social

O contrato de trabalho a título de experiência deve ser anotado na parte do Contrato de Trabalho, bem como nas folhas de Anotações Gerais.

3.3.6 Documentos preenchidos para contratação do empregado

3.3.6.1 PIS/Pasep[3]

O Programa de Integração Social é um fundo formado por depósitos mensais efetuados pelas empresas particulares.

O Programa de Formação do Patrimônio do Servidor Público consiste em uma contribuição mensal da União, dos estados, dos municípios, do Distrito Federal e dos territórios, das autarquias, das empresas públicas, das sociedades de economia mista e das fundações.

3 Ver exemplo de documento de Cadastro do PIS nos anexos.

Desde julho de 1976, os fundos do PIS e do Pasep foram unificados, por força do disposto na Lei Complementar nº 26/1975. Sendo o PIS/Pasep de natureza financeira destinado ao trabalhador, para participar dele é necessário que o empregado esteja devidamente cadastrado.

Lei Complementar nº 7, de 7 de setembro de 1970

> Art. 7º - A participação do empregado no Fundo far-se-á mediante depósitos efetuados em contas individuais abertas em nome de cada empregado, obedecidos os seguintes critérios:
>
> a) 50% (cinquenta por cento) do valor destinado ao Fundo será dividido em partes proporcionais ao montante de salários recebidos no período);
>
> b) os 50% (cinquenta por cento) restantes serão divididos em partes proporcionais aos quinquênios de serviços prestados pelo empregado.

> Art. 4º Lei Complementar nº 26/75 - As importâncias creditadas nas contas individuais dos participantes do PIS-PASEP são inalienáveis, impenhoráveis e, ressalvado o disposto nos parágrafos deste artigo, indisponíveis por seus titulares.
>
> § 1º Fica disponível a qualquer titular da conta individual dos participantes do PIS-Pasep o saque integral do seu saldo a partir de 19 de agosto de 2019.
>
> § 4º Na hipótese de morte do titular da conta individual do PIS-Pasep, o saldo da conta será disponibilizado aos seus dependentes, de acordo com a legislação da Previdência Social e com a legislação específica relativa aos servidores civis e aos militares.
>
> § 6º A disponibilização dos saldos das contas individuais de que trata o § 1º deste artigo será efetuada conforme cronogramas de atendimento, critérios e forma estabelecidos pela Caixa Econômica Federal, quanto ao PIS, e pelo Banco do Brasil S.A., quanto ao Pasep.
>
> Art. 4º-A. A Caixa Econômica Federal e o Banco do Brasil S.A. ficam autorizados a disponibilizar o saldo da conta individual do participante do PIS/Pasep em folha de pagamento ou mediante crédito automático em conta de depósito, conta-poupança ou outro arranjo de pagamento de titularidade do participante, quando este estiver enquadrado nas hipóteses normativas para saque e não houver sua prévia manifestação contrária.

> Art. 239 da Constituição Federal - A arrecadação decorrente das contribuições para o Programa de Integração Social, criado pela Lei Complementar nº 7, de 7 de setembro de 1970 e para o Programa de

Formação do Patrimônio do Servidor Público, criado pela Lei Complementar nº 8, de 3 de dezembro de 1970, passa, a partir da promulgação desta Constituição, a financiar, nos termos que a lei dispuser, o programa do seguro-desemprego, outras ações da previdência social e o abono de que trata o § 3º deste artigo.

Lei Complementar nº 26, de 11 de setembro de 1975 - Altera disposições da legislação que regula o Programa de Integração Social (PIS) e o Programa de Formação do Patrimônio do Servidor Público (PASEP).

Decreto nº 9.978, de 20 de agosto de 2019. Dispõe sobre o Fundo PIS-PASEP e institui o Conselho Diretor do Fundo PIS-PASEP.

Os objetivos principais do PIS/Pasep são: integrar o empregado na estrutura e no desenvolvimento das empresas; assegurar ao empregado e ao servidor público o usufruto de patrimônio individual progressivo; estimular a poupança e corrigir distorções na distribuição de renda; e possibilitar a paralela utilização dos recursos acumulados em favor do desenvolvimento econômico-social.

Também denominado de décimo quarto salário, o PIS foi criado pela Lei Complementar nº 7/1970 e reestruturado pela Lei Complementar nº 8/1970, com regulamento baixado por meio da Resolução do Banco Central nº 174/1971. Para permitir a redistribuição do PIS/Pasep aos participantes, a empresa deve providenciar e enviar as informações por meio da Relação Anual de Informações Sociais (Rais).

A partir de 28 de setembro de 2018, a Lei nº 13.677 disponibilizou o saque do PIS/Pasep para as pessoas que atendam a um dos critérios estabelecidos na lei, quais sejam:

- aposentadoria;
- idade igual ou superior a 60 anos;
- invalidez (do participante ou dependente);
- transferência para reserva remunerada ou reforma (no caso de militar);
- idoso e/ou portador de deficiência alcançado pelo Benefício da Prestação Continuada;
- neoplasia maligna (câncer), do participante ou dependente;
- sida/aids, do participante ou dependente;
- doenças listadas na Portaria Interministerial dos Ministérios da Previdência e Assistência Social e da Saúde nº 2.998/2001, do participante ou dependente;
- morte do participante (situação em que o saldo da conta será pago aos dependentes ou sucessores do titular).

Lei nº 7.998, de 11 de janeiro de 1990. Regula o Programa do Seguro-Desemprego, o Abono Salarial, institui o Fundo de Amparo ao Trabalhador (FAT), e dá outras providências. DO ABONO SALARIAL

Art. 9º É assegurado o recebimento de abono salarial anual, no valor máximo de 1 (um) salário-mínimo vigente na data do respectivo pagamento, aos empregados que: (Redação dada pela Lei nº 13.134, de 2015) (Produção de efeitos)

I - tenham percebido, de empregadores que contribuem para o Programa de Integração Social (PIS) ou para o Programa de Formação do Patrimônio do Servidor Público (Pasep), até 2 (dois) salários mínimos médios de remuneração mensal no período trabalhado e que tenham exercido atividade remunerada pelo menos durante 30 (trinta) dias no ano-base;

II - estejam cadastrados há pelo menos 5 (cinco) anos no Fundo de Participação PIS- Pasep ou no Cadastro Nacional do Trabalhador.

Parágrafo único. (Revogado pela Medida Provisória nº 665, de 2014)

§ 1º No caso de beneficiários integrantes do Fundo de Participação PIS-Pasep, serão computados no valor do abono salarial os rendimentos proporcionados pelas respectivas contas individuais. (Incluído pela Medida Provisória nº 665, de 2014)

§ 2º O valor do abono salarial anual de que trata o caput será calculado na proporção de 1/12 (um doze avos) do valor do salário-mínimo vigente na data do respectivo pagamento, multiplicado pelo número de meses trabalhados no ano correspondente. (Incluído pela Lei nº 13.134, de 2015) (Produção de efeitos)

§ 3º A fração igual ou superior a 15 (quinze) dias de trabalho será contada como mês integral para os efeitos do § 2º deste artigo. (Incluído pela Lei nº 13.134, de 2015) (Produção de efeitos)

§ 4º O valor do abono salarial será emitido em unidades inteiras de moeda corrente, com a suplementação das partes decimais até a unidade inteira imediatamente superior. (Incluído pela Lei nº 13.134, de 2015) (Produção de efeitos)

Art. 9º-A. O abono será pago pelo Banco do Brasil S.A. e pela Caixa Econômica Federal mediante: (Incluído pela Lei nº 13.134, de 2015)

I - depósito em nome do trabalhador; (Incluído pela Lei nº 13.134, de 2015)

II - saque em espécie; ou (Incluído pela Lei nº 13.134, de 2015)

III - folha de salários. (Incluído pela Lei nº 13.134, de 2015)

§ 1º Ao Banco do Brasil S.A. caberá o pagamento aos servidores e empregados dos contribuintes mencionados no art. 14 do Decreto-Lei nº 2.052, de 3 de agosto de 1983, e à Caixa Econômica Federal, aos empregados dos contribuintes a que se refere o art. 15 desse Decreto-Lei.

(Incluído pela Lei nº 13.134, de 2015)

§ 2º As instituições financeiras pagadoras manterão em seu poder, à disposição das autoridades fazendárias, por processo que possibilite sua imediata recuperação, os comprovantes de pagamentos efetuados. (Incluído pela Lei nº 13.134, de 2015)

Lei nº 13.677, de 13 de junho de 2018 - Altera a Lei Complementar nº 26, de 11 de setembro de 1975, para dispor sobre a possibilidade de movimentação da conta do Programa de Integração Social (PIS) e do Programa de Formação do Patrimônio do Servidor Público (Pasep).

Art. 1º A Lei Complementar nº 26, de 11 de setembro de 1975, passa a vigorar com as seguintes alterações:

Art. 4º...

§ 1º Fica disponível a qualquer titular da conta individual dos participantes do PIS/Pasep o saque do saldo até 29 de junho de 2018 e, após essa data, aos titulares enquadrados nos seguintes casos:

I - atingida a idade de 60 (sessenta) anos;

II - aposentadoria;

III - transferência para a reserva remunerada ou reforma;

IV - invalidez do titular ou de seu dependente;

V - titular do benefício de prestação continuada, de que trata a Lei nº 8.742, de 7 de dezembro de 1993; ou

VI - titular ou seu dependente com tuberculose ativa, hanseníase, alienação mental, neoplasia maligna, cegueira, paralisia irreversível e incapacitante, cardiopatia grave, doença de Parkinson, espondiloartrose anquilosante, nefropatia grave, estado avançado da doença de Paget (osteíte deformante), Síndrome de Imunodeficiência Adquirida (Aids) ou portador do vírus HIV, hepatopatia grave, contaminação por radiação, com base em conclusão da medicina especializada, ou outra doença grave indicada em ato do Poder Executivo.

....

§ 4º Na hipótese de morte do titular da conta individual do PIS/Pasep, o saldo da conta será disponibilizado a seus dependentes, de acordo com a legislação da Previdência Social e com a legislação específica relativa aos servidores civis e aos militares ou, na falta daqueles, aos sucessores do titular, nos termos da lei civil.

§ 5º Os saldos das contas individuais do PIS/Pasep ficam disponíveis aos participantes de que tratam o caput e os incisos I, II e III do § 1º deste artigo ou, na hipótese de morte do titular da conta individual, a seus dependentes, de acordo com a legislação da Previdência Social, independentemente de solicitação.

§ 6º Até 28 de setembro de 2018, a disponibilização dos saldos das contas individuais de que trata o § 5º deste artigo será efetuada conforme cronograma de atendimento, critério e forma estabelecidos pela Caixa Econômica Federal, quanto ao PIS, e pelo Banco do Brasil S.A., quanto ao Pasep.

§ 7º Ato do Poder Executivo reabrirá o prazo de saque do saldo do PIS/Pasep por qualquer titular de que trata o § 1º deste artigo, desde que a data final de saque não ultrapasse 28 de setembro de 2018." (NR)

Art. 4º-A. A Caixa Econômica Federal e o Banco do Brasil S.A. ficam autorizados a disponibilizar o saldo da conta individual do participante do PIS/Pasep em folha de pagamento ou mediante crédito automático em conta de depósito, conta-poupança ou outro arranjo de pagamento de titularidade do participante, quando este estiver enquadrado nas hipóteses normativas para saque e não houver sua prévia manifestação contrária.

§ 1º Comprovada a morte do titular da conta individual do PIS/Pasep, aplica-se o disposto no caput deste artigo a seus dependentes, de acordo com a legislação da Previdência Social, quando não houver prévia manifestação contrária dos dependentes.

§ 2º Na hipótese do crédito automático de que tratam o caput e o § 1º deste artigo, o interessado poderá solicitar a transferência do valor para outra instituição financeira, em até 3 (três) meses após o depósito, sem pagamento de tarifa, conforme procedimento a ser definido pela Caixa Econômica Federal, quanto ao PIS, e pelo Banco do Brasil S.A., quanto ao Pasep.

§ 3º O valor a ser disponibilizado nos termos deste artigo poderá ser emitido em unidades inteiras de moeda corrente, com a suplementação das partes decimais até a unidade inteira imediatamente superior."

Art. 2º Fica revogado o parágrafo único do art. 2º da Lei Complementar nº 26, de 11 de setembro de 1975.

3.3.6.2 Programa de Controle Médico de Saúde Ocupacional

De acordo com o artigo 168 da CLT e a Norma Regulamentadora nº 7 da Portaria nº 3.214/1978, ao ser contratado, o empregado é obrigado a fazer, no momento da admissão, um exame médico, que deverá ser renovado periodicamente. O objetivo desse exame é verificar se o empregado apresenta problemas de saúde que possam vir a comprometer o desempenho de suas atividades no cargo que vai ocupar.

O exame médico é de responsabilidade da empresa, devendo ser pago pelo empregador, o qual ficará responsável pela guarda do comprovante do custeio de todos os exames ou consultas realizados com o empregado (artigo 168 da CLT).

É obrigatório constar no atestado médico a função que o empregado exercerá, bem como a declaração de que foi considerado apto ao exercício da função declarada.

Art. 168 § 1º ao 5º da CLT, com alteração dada pela Lei nº 7.855, de 24/10/89, preceitua: Será obrigatório exame médico, por conta do empregador, nas condições estabelecidas neste artigo e nas instruções complementares a serem expedidas pelo Ministério do Trabalho:

I - na admissão;

II - na demissão;

III - periodicamente.

Outros exames médicos complementares poderão ser exigidos, a critério médico, para apuração da capacidade ou aptidão física e mental do trabalhador para a função que deverá exercer.

O resultado dos exames médicos, inclusive os exames complementares, deverá ser comunicado ao trabalhador, observando a ética da profissão médica.

O empregador deverá preencher a ficha referente ao Programa Controle Médico de Saúde Ocupacional (PCMSO), cujas anotações serão feitas por Médico do Trabalho com o objetivo de promoção e preservação da saúde do trabalhador (Portaria nº 24/1994).

A empresa é obrigada a renovar o exame médico dos empregados de seis em seis meses quando se tratar de atividades e operações insalubres; e deve fazê-lo anualmente ou a cada dois anos, dependendo da idade, nos demais casos.

O PCMSO estabelece a obrigatoriedade dos exames nas seguintes situações:

- admissional;
- periódico;
- retorno ao trabalho;
- mudança de riscos ocupacionais;
- demissional.

NR 7 - NORMA REGULAMENTADORA 7 - PROGRAMA DE CONTROLE MÉDICO DE SAÚDE OCUPACIONAL

7.1 OBJETIVO

7.1.1 Esta Norma Regulamentadora - NR estabelece diretrizes e requisitos para o desenvolvimento do Programa de Controle Médico de Saúde Ocupacional - PCMSO nas organizações, com o objetivo de proteger e preservar a saúde de seus empregados em relação aos riscos ocupacionais, conforme avaliação de riscos do Programa de Gerenciamento de Risco - PGR da organização.

[...]

7.3.2.1 O PCMSO deve incluir ações de:

a) vigilância passiva da saúde ocupacional, a partir de informações sobre a demanda espontânea de empregados que procurem serviços médicos;

b) vigilância ativa da saúde ocupacional, por meio de exames médicos dirigidos que incluam, além dos exames previstos nesta NR, a coleta de dados sobre sinais e sintomas de agravos à saúde relacionados aos riscos ocupacionais.

7.3.2.2 O PCMSO não deve ter caráter de seleção de pessoal.

7.4 RESPONSABILIDADES

7.4.1 Compete ao empregador:

a) garantir a elaboração e efetiva implantação do PCMSO;

b) custear sem ônus para o empregado todos os procedimentos relacionados ao PCMSO;

c) indicar médico do trabalho responsável pelo PCMSO.

[...]

7.5.6 O PCMSO deve incluir a realização obrigatória dos exames médicos:

a) admissional;

b) periódico;

c) de retorno ao trabalho;

d) de mudança de riscos ocupacionais;

e) demissional.

3.3.6.3 Termo de responsabilidade para concessão do salário-família

Documento em que o empregado que tenha filhos menores de 14 anos ou inválidos, de qualquer idade, fornece informações e por elas se responsabiliza com o intuito de receber o salário-família. É preenchido por ocasião da admissão e renovado sempre que ocorrer alteração quanto ao número de filhos. O salário-família começará a ser pago a partir da comprovação do nascimento da criança e da apresentação dos documentos necessários para pedir o benefício.[4]

Art. 12 da CLT. Os preceitos concernentes ao regime de seguro social são objeto de lei especial (CF, art.7º, II, Lei nº 8.213/1991, art. 65; RBPS, arts. 79 a 90).

Decreto nº 53.153, de 10 de dezembro de 1963, Salário Família do

4 O termo de responsabilidade do declarante da concessão de salário-família está disponível no site do Instituto Nacional do Seguro Social (INSS): https://www.gov.br/inss/pt-br/saiba-mais/seus-direitos-e-deveres/procuracao/TERMODERESPONSABILIDADE1472021.pdf.

Trabalhador - Regulamento.

Aprova o Regulamento do Salário Família do Trabalhador.

Art. 4º O Salário Família é devido na proporção do número de filhos menores, de qualquer condição, até 14 anos de idade.

Art. 6º Parágrafo único. Consideram-se filhos de qualquer condição os legítimos, os legitimados, os ilegítimos e os adotivos, nos termos da legislação civil.

3.3.6.4 Ficha de salário-família[5]

Tem a finalidade de controlar o pagamento do salário-família aos empregados. Para ter direito ao salário-família, o empregado deve apresentar os seguintes documentos:

- Certidão de nascimento do filho ou documentação relativa ao equiparado ou inválido;

- CTPS;

- caderneta de vacinação obrigatória para os filhos e equiparados menores de 7 anos de idade, sendo obrigatória nos meses de novembro, contados a partir de 2000;

- comprovação de frequência escolar do filho ou equiparado a partir dos 7 anos de idade, devendo ser apresentada nos meses de maio e novembro;

- comprovação de invalidez, a cargo da perícia médica do INSS, quando dependente maior de 14 anos.

3.3.6.5 Declaração de encargos de família para fins de imposto de renda

Ao ser admitido o empregado deve apresentar documentos que comprovem a relação de dependência legal. São considerados dependentes para fins de cálculo de desconto mensal do Imposto de Renda na Fonte:

- cônjuge: certidão de casamento e CPF do(a) cônjuge;

- companheiro(a) empregado(a): identidade e CPF do companheiro(a);

- filho(a) ou enteado(a) até o mês em que completar 22 anos: CPF, certidão de nascimento do(a) filho(a) ou enteado(a);

- filho(a) ou enteado(a) universitário(a) ou cursando escola técnica, de 22 até o mês em que completar 25 anos: comprovante de matrícula, CPF e certidão de nascimento do(a) filho(a) ou enteado(a);

- filho(a) ou enteado(a) de qualquer idade, quando incapacitado física e mentalmente para o trabalho: laudo médico atestando a incapacidade, CPF e certidão de nascimento do(a) filho(a) ou enteado(a);

- pais, avós e bisavós que recebem rendimentos tributáveis ou não até o limite do teto para isenção do Imposto sobre a Renda das Pessoas Físicas (IRPF): CPF, documento de identidade do(a) dependente;

---

5 Ver exemplo de documento de Termo de Responsabilidade de Concessão de Salário Família nos anexos.

- irmão(ã), neto(a), bisneto(a), sem arrimo dos pais, do(a) qual o(a) empregado(a) detém a guarda judicial, até o mês em que completar 22 anos ou, em qualquer idade, quando incapacitado física e mentalmente para o trabalho: laudo médico atestando a incapacidade (se for o caso), termo de guarda judicial, CPF e certidão de nascimento do(a) dependente;

- irmão(ã), neto(a), bisneto(a), sem arrimo dos pais, do(a) qual o(a) empregado(a) detém a guarda judicial, de 22 anos até o mês em que completar 25 anos, se ainda estiver cursando estabelecimento de ensino superior ou escola técnica: comprovante de matrícula, termo de guarda judicial, CPF e certidão de nascimento do(a) dependente;

- menor pobre, até o mês em que completar 22 anos, que o(a) servidor(a) crie e eduque e do qual detenha a guarda judicial: termo de guarda judicial, CPF e certidão de nascimento do(a) dependente;

- pessoa absolutamente incapaz, da qual o(a) empregado(a) seja tutor(a) ou curador(a): termo de tutela ou curatela, CPF, certidão de nascimento e/ou carteira de identidade do(a) dependente.

3.3.6.6 Termo de solicitação de vale-transporte[6]

O vale-transporte é um benefício concedido ao empregado para que seja realizado seu deslocamento no percurso residência-trabalho e vice-versa, no serviço de transporte que melhor se adequar, mediante todas as formas de transporte coletivo público urbano ou, ainda, intermunicipal e interestadual com características semelhantes ao urbano, operado diretamente pelo poder público ou mediante delegação, em linhas regulares e com tarifas fixadas pela autoridade competente. Não tem natureza salarial nem se incorpora à remuneração para quaisquer efeitos e não pode ser pago diretamente ao empregado sob a forma de numerário.

Em conformidade com o Decreto nº 10.854/2021, empregados, trabalhadores temporários, atletas profissionais, empregados domésticos e empregados a domicílio são beneficiários do vale-transporte para realizar o deslocamento entre sua residência e o local de trabalho. Sendo que, se a empresa fornece o devido transporte, não é obrigada a fornecer o benefício.

> Art. 106. São beneficiários do vale-transporte, nos termos do disposto na Lei nº 7.418, de 1985, os trabalhadores em geral, tais como:
>
> I - os empregados, assim definidos no art. 3º da Consolidação das Leis do Trabalho, aprovada pelo Decreto-Lei nº 5.452, de 1943;
>
> II - os empregados do subempreiteiro, o subempreiteiro e o empreiteiro principal, nos termos do disposto no art. 455 da Consolidação das Leis do Trabalho, aprovada pelo Decreto-Lei nº 5.452, de 1943;

6 Ver exemplo de documento de Solicitação de Vale Transporte nos anexos.

III - os trabalhadores temporários, assim definidos no art. 2º da Lei nº 6.019, de 1974;

IV - os atletas profissionais, de que trata a Lei nº 9.615, de 24 de março de 1998;

V - os empregados domésticos, assim definidos no art. 1º da Lei Complementar nº 150, de 1º de junho de 2015; e

VI - os empregados a domicílio, para os deslocamentos indispensáveis à prestação do trabalho e à percepção de salários e os necessários ao desenvolvimento das relações com o empregador.

Art. 107. O vale-transporte constitui benefício que o empregador antecipará ao trabalhador para a utilização efetiva em despesas de deslocamento residência-trabalho e vice-versa.

Parágrafo único. Entende-se como deslocamento a soma dos segmentos componentes da viagem do beneficiário, por um ou mais meios de transporte, entre a sua residência e o local de trabalho.

Art. 108. O vale-transporte é utilizável em todas as formas de transporte público coletivo urbano ou, ainda, intermunicipal e interestadual de caráter urbano, estabelecidas na forma prevista na Lei nº 12.587, de 3 de janeiro de 2012, operado diretamente pelo Poder Público ou por empresa por ele delegada, em linhas regulares e com tarifas estabelecidas pela autoridade competente.

Parágrafo único. O disposto no caput não se aplica aos serviços de transporte privado coletivo e transporte público individual.

Art. 109. O empregador que proporcionar, por meios próprios ou contratados, em veículos adequados ao transporte coletivo, o deslocamento residência-trabalho e vice-versa de seus trabalhadores fica desobrigado de fornecer-lhes vale-transporte.

Parágrafo único. Caso o empregador forneça ao trabalhador transporte próprio ou fretado que não cubra integralmente os seus deslocamentos, o vale-transporte deverá ser fornecido para os segmentos da viagem não abrangidos pelo referido transporte.

Art. 110. É vedado ao empregador substituir o vale-transporte por antecipação em dinheiro ou qualquer outra forma de pagamento, exceto quanto ao empregador doméstico, ressalvado o disposto no parágrafo único.

Parágrafo único. Nas hipóteses de indisponibilidade operacional da empresa operadora e de falta ou insuficiência de estoque de vale-transporte necessário ao atendimento da demanda e ao funcionamento do sistema, o beneficiário será ressarcido pelo empregador na folha de pagamento imediata quanto à parcela correspondente, quando tiver efetuado a despesa para o seu deslocamento por conta própria.

Para obter esse benefício, o empregado deve informar ao empregador, por escrito, seu endereço residencial (comprovante residencial), os serviços e os meios de transporte utilizados. Poderá ser descontado do empregado até 6% de seu salário-base, considerando-se os dias trabalhados.

O vale-transporte deverá ser adquirido nas empresas de transporte coletivo pelo empregador e poderá ser emitido na forma de bilhetes simples ou múltiplos, talões, cartelas, fichas, cartão digital ou quaisquer processos similares, eletrônicos ou digitais.

A quantidade de vales é fornecida de acordo com o número de dias semanais trabalhados pelo empregado, ou seja:

- trabalho semanal de cinco dias = 22 vales ao mês (considerando o trajeto de ida e volta, são 44 vales ao mês);

- trabalho semanal de seis dias = 25 vales ao mês (considerando o trajeto de ida e volta, são 50 vales ao mês).

> Lei nº 7.418/1985 e Decreto nº 95.247/1987. O vale transporte cobre as despesas do percurso da residência ao local de trabalho e vice-versa.

A empresa está obrigada a efetuar o registro de seus empregados assim que seja iniciada a prestação de serviços. Esse registro poderá ser feito em livro, ficha ou por sistema eletrônico.

> Art. 41 da CLT. Em todas as atividades será obrigatório ao empregador o registro dos respectivos trabalhadores, podendo ser adotados livros, fichas ou sistema eletrônico, conforme instruções a serem expedidas pelo Ministério do Trabalho. Alterado pela Lei nº 7.855, de 24/10/1989.
>
> Parágrafo único. Além da qualificação civil ou profissional de cada trabalhador, deverão ser anotados todos os dados relativos à sua admissão no emprego, duração e efetividade do trabalho, férias, acidentes e demais circunstâncias que interessem à proteção do trabalhador.
>
> Art. 42 da CLT. Revogado pela Lei nº 10.243 de 19/06/2001.

3.3.6.8 Livro de Inspeção do Trabalho[7]

De acordo com o artigo 41 da CLT, as empresas, independentemente de sua atividade econômica, precisarão ter o registro de seus trabalhadores (podendo para isso utilizar livros,

7 Ver exemplo de documento de livro de registros dos empregados; de ficha de registro de empregado; de dados para preenchimento da ficha para admissão de empregado; e de folha de ponto nos anexos.

fichas ou sistema eletrônico, conforme instruções a serem expedidas pelo Ministério do Trabalho), no qual deverão ser anotados os seguintes dados: qualificação civil ou profissional, informações sobre a admissão, duração e efetividade do trabalho, as férias, os acidentes de trabalho, caso ocorram, e os fatores utilizados para proteção do trabalhador. A ausência do registro, em conformidade com a Lei nº 13.467/2017, poderá impactar em multa de R$ 3 mil por empregado que não esteja registrado, podendo ser acrescida de igual valor em cada reincidência, porém conforme consta na Lei Complementar nº 123/2006, artigo 51, as microempresas e as empresas de pequeno porte são dispensadas tanto da anotação das férias dos empregados nos livros ou fichas de registro quanto da obrigação da posse do livro intitulado "Inspeção do trabalho".

Atualmente, o Livro de Inspeção do Trabalho, em conformidade com o artigo 11 do Decreto nº 10.854/2021, que regulamenta disposições relativas à legislação trabalhista e institui o Programa Permanente de Consolidação, Simplificação e Desburocratização de Normas Trabalhistas Infralegais e o Prêmio Nacional Trabalhista, e altera o Decreto nº 9.580/2018, será disponibilizado em meio eletrônico pelo Ministério do Trabalho e Previdência, a todas as empresas que tenham ou não empregados, sem ônus, e será denominado eLIT.

> § 1º O eLIT aplica-se, também, aos profissionais liberais, às instituições beneficentes, às associações recreativas ou a outras instituições sem fins lucrativos que admitirem trabalhadores como empregados.
>
> § 2º As microempresas e as empresas de pequeno porte, nos termos do disposto na Lei Complementar nº 123, de 14 de dezembro de 2006, poderão aderir ao eLIT por meio de cadastro, hipótese em que obedecerão ao disposto neste Capítulo.

3.3.6.9 Registro de ponto

A empresa que tiver mais de vinte empregados deverá ter a frequência de seus colaboradores registrada, diariamente, seja de forma mecânica, manual ou eletrônica, em conformidade com a jornada de trabalho estabelecida pela empresa no contrato de trabalho. Sendo que, de acordo com o parágrafo primeiro do artigo 58 da CLT (incluído pela Lei nº 10.243/2001), não serão descontadas nem computadas como jornada extraordinária as variações de horário no registro de ponto não excedentes de cinco minutos, observado o limite máximo de dez minutos diários, e, em conformidade com o parágrafo segundo, o tempo dedicado pelo empregado até o local de trabalho e para o seu retorno, por qualquer meio de transporte, não será considerado jornada de trabalho, salvo quando, tratando-se de local de difícil acesso ou não servido por transporte público, o empregador fornecer a condução.

Art. 74. O horário de trabalho será anotado em registro de empregados. (Redação dada pela Lei nº 13.874, de 2019)

§ 1º (Revogado). (Redação dada pela Lei nº 13.874, de 2019)

§ 2º Para os estabelecimentos com mais de 20 (vinte) trabalhadores será obrigatória a anotação da hora de entrada e de saída, em registro manual, mecânico ou eletrônico, conforme instruções expedidas pela Secretaria Especial de Previdência e Trabalho do Ministério da Economia, permitida a pré-assinalação do período de repouso. (Redação dada pela Lei nº 13.874, de 2019)

§ 3º Se o trabalho for executado fora do estabelecimento, o horário dos empregados constará do registro manual, mecânico ou eletrônico em seu poder, sem prejuízo do que dispõe o caput deste artigo. (Redação dada pela Lei nº 13.874, de 2019)

§ 4º Fica permitida a utilização de registro de ponto por exceção à jornada regular de trabalho, mediante acordo individual escrito, convenção coletiva ou acordo coletivo de trabalho. (Incluído pela Lei nº 13.874, de 2019)

3.3.6.9.1 Sistema de Registro Eletrônico de Ponto

Foi instituído por meio da Portaria nº 1.510/2009 o uso de Sistema de Registro Eletrônico de Ponto (SREP). De acordo com o parágrafo único do primeiro artigo, SREP é o conjunto de equipamentos e programas informatizados destinados à anotação por meio eletrônico da entrada e saída dos trabalhadores das empresas, previsto no artigo 74 da CLT.

3.3.6.10 Cadastro Geral de Empregados e Desempregados

Documento criado pelo governo federal para o cumprimento das determinações da Lei nº 4.923/1965, que estipula que os estabelecimentos são obrigados a registrar o movimento dos empregados (admissão e desligamento), sob o regime da CLT, devendo a contratante informar ao Ministério do Trabalho, até o dia 7 do mês seguinte, essa movimentação de funcionários.

Lei 4.923/1965 Art. 1º

§ 1º As empresas que dispensarem ou admitirem empregados ficam obrigadas a fazer a respectiva comunicação às Delegacias Regionais do Trabalho, mensalmente, até o dia sete do mês subsequente ou como estabelecido em regulamento, em relação nominal por estabelecimento, da qual constará também a indicação da Carteira de Trabalho e Previdência Social ou, para os que ainda não a possuírem, nos termos da lei, os dados indispensáveis à sua identificação pessoal. (Renumerado do parágrafo único pela Medida Provisória nº 2.164-41, de 24.8.2001).

Portaria do Ministério do Trabalho e Emprego - MTE nº 2.124 de 20 de dezembro de 2012

Art. 2º O Aplicativo do CAGED Informatizado - ACI deve ser utilizado para gerar e ou analisar o arquivo do CAGED, pelas empresas nas quais tenha ocorrido movimentação de empregados regidos pela Consolidação das Leis do Trabalho - CLT.

§ 1º O arquivo gerado deve ser enviado ao MTE via Internet. A cópia do arquivo, o recibo de entrega e o Extrato da Movimentação Processada, devem ser mantidos no estabelecimento a que se referem, pelo prazo de 5 anos a contar da data do envio, para fins de comprovação perante a fiscalização do trabalho.

§ 2º O Extrato da Movimentação Processada estará disponível para impressão, na Internet, após o dia 20 de cada mês no endereço www.mte.gov.br, opção CAGED.

§ 3º Art. 2º As empresas que possuem mais de um estabelecimento devem remeter ao MTE arquivos específicos a cada estabelecimento.

Art. 3º É obrigatória a utilização de certificado digital válido, padrão ICP Brasil, para a transmissão das informações de que trata o art. 1º, por todos os estabelecimentos que possuam vinte empregados ou mais no primeiro dia do mês de movimentação.

Parágrafo único. As declarações poderão ser transmitidas com o certificado digital de pessoa jurídica, emitido em nome do estabelecimento, ou com certificado digital do responsável pela entrega da declaração, sendo este o e-CPF ou o e-CNPJ.

Art. 4º As informações prestadas fora do prazo deverão ser declaradas obrigatoriamente com a utilização de certificado digital válido.

Art. 5º As informações de que trata o inciso I do art. 1º desta Portaria deverão ser prestadas ao Ministério do Trabalho e Emprego - MTE até o dia sete do mês subsequente àquele em que ocorreu a movimentação de empregados.

Art. 6º Para os fins a que se refere o inciso II do art. 1º, as informações relativas a admissões deverão ser prestadas:

I - na data de início das atividades do empregado, quando este estiver em percepção do Seguro-Desemprego ou cujo requerimento esteja em tramitação;

II - na data do registro do empregado, quando o mesmo decorrer de ação fiscal conduzida por Auditor-Fiscal do Trabalho.

§ 1º As informações a que se refere este artigo suprirão os fins referidos no inciso I do art. 1º, o que dispensará a obrigação a que se refere o art. 5º, relativamente às admissões informadas.

§ 2º O Ministério do Trabalho e Emprego disponibilizará, em seu sítio na

Internet, a situação do trabalhador relativa ao Seguro-Desemprego, para consulta pelo empregador e pelo responsável designado por este.

Art. 7º O empregador que não prestar as informações no prazo previsto nos arts. 5º e 6º, omitir informações ou prestar declaração falsa ou inexata, ficará sujeito às multas previstas nas leis de números 4.923, de 1965 e 7.998, de 1990.

Parágrafo único. Além das penalidades administrativas, os responsáveis por meios fraudulentos na habilitação ou na percepção do Seguro-Desemprego serão punidos civil e criminalmente, nos termos da lei.

O Caged serve como base para a elaboração de estudos, pesquisas, projetos e programas ligados ao mercado de trabalho, subsidia a tomada de decisões para ações governamentais, sendo utilizado, ainda, pelo Programa de Seguro-Desemprego para conferir os dados referentes aos vínculos trabalhistas, além de outros programas sociais.

O empregador, ao dispensar ou admitir um empregado, possui até o dia 7 do mês subsequente para emitir as devidas informações para as Delegacias Regionais do Trabalho. Caso não o faça, será automaticamente aplicada uma multa de um terço do salário mínimo regional, por empregado, porém será reduzida para um nono e um sexto do salário mínimo no caso de a comunicação ser realizada dentro de trinta ou sessenta dias após o término do prazo fixado.

A movimentação do Caged entregue fora do prazo deverá ser declarada obrigatoriamente com a utilização de certificado digital válido padrão infraestrutura de Chaves Públicas e Privadas (ICP) Brasil.

Portaria nº 945, de 1º de agosto de 2017 – Instruções de envio do Cadastro Geral de Empregados e Desempregados

Art. 1º Aprovar instruções para envio do Cadastro Geral de Empregados e Desempregados - CAGED, instituído pela Lei nº 4.923, de 23 de dezembro de 1965, referentes ao Exame Toxicológico e à Certificação Digital.

Art. 2º O empregador que admitir e desligar motoristas profissionais fica obrigado a declarar os campos denominados: Código Exame Toxicológico, Data Exame Médico (Dia/Mês/Ano), CNPJ do Laboratório, UFCRM e CRM relativo às informações do exame toxicológico no CAGED, conforme modelo, em anexo, e arquivo disponível no endereço https://caged.maisemprego.mte.gov.br/portalcaged/Parágrafo único - Os motoristas profissionais de que trata o caput deste artigo são os identificados pelas famílias ocupacionais 7823: Motoristas de veículos de pequeno e médio porte, 7824: Motoristas de ônibus urbanos, metropolitanos e rodoviários e 7825: Motoristas de veículos de cargas em geral, da Classificação Brasileira de Ocupações.

Art. 3º É obrigatória a utilização de certificado digital válida, padrão ICP Brasil, para a transmissão da declaração do CAGED por todos os estabelecimentos que possuem 10 (dez) ou mais trabalhadores no 1º dia do mês de movimentação.

Parágrafo único - As declarações poderão ser transmitidas com o certificado digital de pessoa jurídica, emitido em nome do estabelecimento, tipo eCNPJ, ou com certificado digital do responsável pela entrega da declaração, sendo que este pode ser eCPF ou eCNPJ.

Art. 4º. As movimentações do CAGED entregues fora do prazo deverão ser declaradas obrigatoriamente com a utilização de certificado digital válido padrão ICP Brasil.

3.3.6.11 Uso de crachá nas dependências da empresa

A Consolidação das Leis do Trabalho não relata a obrigatoriedade da utilização de crachá pelo empregado nas dependências da empresa. Essa questão é regida por cláusulas inseridas no documento coletivo de trabalho da categoria profissional ou pelo Regulamento Interno da Empresa, que encontra apoio no artigo 444 da CLT:

As relações contratuais de trabalho podem ser objeto de livre estipulação das partes interessadas em tudo quanto não contravenha as disposições de proteção ao trabalho, aos contratos coletivos que lhes sejam aplicáveis e às decisões das autoridades competentes.

Quando a empresa exige essa obrigação, deflui do poder de mando do empregador, de previsão no Regulamento Interno da Empresa ou, ainda, de cláusula constante do documento coletivo de trabalho da categoria profissional respectiva.

A utilização de crachá de identificação é um item de segurança normalmente adotado em empresas de médio e grande porte ou naquelas em que o trânsito de pessoas é grande. Para instituir o uso obrigatório de crachá de identificação, se este não constar do Regulamento Interno ou do documento coletivo de trabalho, deverá o empregador comunicar previamente o fato aos empregados, colhendo, no documento respectivo, suas assinaturas. O modelo do crachá dependerá das necessidades de cada empresa. Assim, poderão constar nele, entre outros, os seguintes elementos:

- foto do trabalhador;
- nome da empresa;
- nome pelo qual o funcionário gostaria de ser chamado;
- nome completo do trabalhador e cargo;

- estabelecimento ou setor onde trabalha;

- número e série da Carteira de Trabalho e Previdência Social e/ou da carteira de identidade.

3.3.6.12 Sistema Informatizado do Registro Profissional

O registro profissional é condição indispensável ao exercício da profissão, pois tem o objetivo de organizar e identificar todos os profissionais atuantes nas atividades regulamentadas por lei.

O Ministério do Trabalho e Emprego concede o registro profissional a catorze categorias: agenciador de propaganda, artista, atuário, arquivista, guardador e lavador de veículos, jornalista, publicitário, radialista, secretário, sociólogo, técnico em espetáculos de diversões, técnico de segurança do trabalho, técnico em arquivo e técnico em secretariado.

Assim, com o intuito de promover o gerenciamento e controle das informações dos profissionais que possuem registro em alguma das categorias profissionais citadas, o MTE desenvolveu a nova versão do Sistema Informatizado do Registro Profissional (Sirpweb).

Essa edição, além de armazenar dados do profissional, tem por objetivo dar transparência e agilidade aos processos de solicitação de registro profissional, adequando-se, assim, ao que dispõe a Lei de Acesso à Informação.

Com essa nova versão, o procedimento de solicitação do registro profissional foi modificado, de modo que o interessado deverá ingressar com o pedido na internet.[8]

Assim, o novo procedimento compreende seis passos:

1. preenchimento dos dados pessoais;

2. seleção da categoria profissional e dos documentos de capacitação;

3. resumo para conferência dos dados informados;

4. transmissão da solicitação;

5. impressão da solicitação; e

6. protocolo dos documentos na SRTE.

3.3.6.13 Vestimenta/uniforme laboral

Na reforma trabalhista, foi incluído o artigo 456-A, que estabelece critérios para que o empregador possa definir o padrão de vestimenta no ambiente laboral, sendo permitida a inclusão de logomarcas da empresa ou de empresas parceiras. A higienização do uniforme

8 Para auxiliar o solicitante no momento de ingressar com o pedido do registro profissional, foi elaborado um documento contendo alguns dos principais passos que o sistema contempla, em: http://sirpweb.mte.gov.br/sirpweb/Perguntas_frequentes.pdf.

é de responsabilidade do trabalhador, com exceção das hipóteses em que forem necessários procedimentos ou produtos diferentes dos utilizados para vestimentas de uso comum.

> Lei 13.467, de 13 de julho de 2017. Altera a Consolidação das Leis do Trabalho (CLT), aprovada pelo Decreto-Lei nº 5.452, de 1º de maio de 1943, e as Leis nº 6.019, de 3 de janeiro de 1974, 8.036, de 11 de maio de 1990, e 8.212, de 24 de julho de 1991, a fim de adequar a legislação às novas relações de trabalho.
>
> Art. 456-A. Cabe ao empregador definir o padrão de vestimenta no meio ambiente laboral, sendo lícita a inclusão no uniforme de logomarcas da própria empresa ou de empresas parceiras e de outros itens de identificação relacionados à atividade desempenhada. Parágrafo único. A higienização do uniforme é de responsabilidade do trabalhador, salvo nas hipóteses em que forem necessários procedimentos ou produtos diferentes dos utilizados para a higienização das vestimentas de uso comum.

CAPÍTULO 4

Jornada de trabalho

Todo empregado deve cumprir uma jornada de trabalho de acordo com as necessidades da empresa ou conforme sua atividade profissional como determinada pela CLT, sendo considerada uma jornada de trabalho normal a de 8 horas diárias e de 44 horas semanais.

O trabalho normal não pode ter uma jornada superior às 8 horas diárias, sendo permitidas, porém, a compensação de horários e a redução da jornada mediante acordo ou convenção coletiva de trabalho. Para o trabalho realizado em turnos ininterruptos de revezamento, a jornada é de 6 horas. A duração da jornada normal de trabalho pode ser: mensal (220 horas), semanal (44 horas) ou diária (8 horas).

Diz o artigo 7º da CF/1988:

> São direitos dos trabalhadores urbanos e rurais, além de outros que visem à melhoria de sua condição social:
>
> XIII - duração do trabalho normal não superior a 8 horas diárias e 44 semanais, facultada a compensação de horários e a redução da jornada, mediante acordo ou convenção coletiva de trabalho;

XIV - jornada de 6 horas para o trabalho realizado em turnos ininterruptos de revezamento, salvo negociação coletiva.

E o artigo 58 da CLT:

A duração normal do trabalho, para os empregados em qualquer atividade privada, não excederá de 8 horas diárias, desde que não seja fixado expressamente outro limite.

Jornada de trabalho normal							
Dias da semana	2ª	3ª	4ª	5ª	6ª	Sábado	Total de horas na semana
Normais	8h	8h	8h	8h	8h	4h	44 horas

Cabe ressaltar que um empregado pode trabalhar em mais de um local, desde que não haja nenhum empecilho por parte do empregador, ou seja, que não haja contrato de exclusividade ou outro dispositivo legal que o impeça de exercer outra atividade remunerada na empresa B após cumprir a jornada de trabalho especificada na empresa A, por exemplo.

A Lei nº 13.467/2017 acrescentou à CLT o artigo 59-A, que dispõe que, por meio de acordo individual escrito, convenção coletiva ou acordo coletivo, desde que sejam observados ou indenizados os intervalos para repouso e alimentação, será possível estabelecer o horário de trabalho de 12 horas seguidas por 36 horas ininterruptas de descanso, denominado 12 × 36.

A referida lei também acrescentou ao artigo 60 da CLT um parágrafo único que dispõe sobre a não exigência de licença prévia às jornadas de 12 horas de trabalho por 36 horas ininterruptas de descanso em atividades consideradas insalubres.

Também foi acrescido ao inciso III do artigo 62 da CLT, que aborda a jornada de trabalho dos empregados que exercem atividade externa incompatível com a fixação de horário, os teletrabalhadores.

Art. 59-A da CLT - Em exceção ao disposto no art. 59 desta Consolidação, é facultado às partes, mediante acordo individual escrito, convenção coletiva ou acordo coletivo de trabalho, estabelecer horário de trabalho de doze horas seguidas por trinta e seis horas ininterruptas de descanso, observados ou indenizados os intervalos para repouso e alimentação.

Parágrafo único. A remuneração mensal pactuada pelo horário previsto no caput deste artigo abrange os pagamentos devidos pelo descanso semanal remunerado e pelo descanso em feriados, e serão considerados compensados os feriados e as prorrogações de trabalho noturno, quando houver, de que tratam o art. 70 e o § 5º do art. 73 desta Consolidação.

Art. 60 da CLT - Nas atividades insalubres, assim consideradas as constantes dos quadros mencionados no capítulo "Da Segurança e da Medicina do Trabalho", ou que neles venham a ser incluídas por ato do Ministro do Trabalho, Industria e Comercio, quaisquer prorrogações só poderão ser acordadas mediante licença prévia das autoridades competentes em matéria de higiene do trabalho, as quais, para esse efeito, procederão aos necessários exames locais e à verificação dos métodos e processos de trabalho, quer diretamente, quer por intermédio de autoridades sanitárias federais, estaduais e municipais, com quem entrarão em entendimento para tal fim.

Parágrafo único. Excetuam-se da exigência de licença prévia as jornadas de doze horas de trabalho por trinta e seis horas ininterruptas de descanso.

Art. 62 - Não são abrangidos pelo regime previsto neste capítulo:

I - os empregados que exercem atividade externa incompatível com a fixação de horário de trabalho, devendo tal condição ser anotada na Carteira de Trabalho e Previdência Social e no registro de empregados;

II - os gerentes, assim considerados os exercentes de cargos de gestão, aos quais se equiparam, para efeito do disposto neste artigo, os diretores e chefes de departamento ou filial.

Lei nº 14.442, de 2 de setembro de 2022 - Dispõe sobre o pagamento de auxílio-alimentação ao empregado e altera a Lei nº 6.321, de 14 de abril de 1976, e a Consolidação das Leis do Trabalho, aprovada pelo Decreto-Lei nº 5.452, de 1º de maio de 1943. "Art. 62...

III - os empregados em regime de teletrabalho que prestam serviço por produção ou tarefa..." (NR)

Parágrafo único - O regime previsto neste capítulo será aplicável aos empregados mencionados no inciso II deste artigo, quando o salário do cargo de confiança, compreendendo a gratificação de função, se houver, for inferior ao valor do respectivo salário efetivo acrescido de 40% (quarenta por cento).

4.1 Jornadas especiais

Dependendo das características de certas profissões, o desgaste produzido, a forma, o local e o tipo de atividade, o limite máximo de horas é diversificado:

Atividade profissional	Período de jornada especial determinado pela lei	Legislação
Assistente Social	6 horas diárias e 30 horas semanais	Lei nº 8.662/1993 Lei nº 12.317/2010
Arquiteto, engenheiro, agrônomo, químico e veterinário	6 horas diárias e 36 semanais	Lei nº 4.950/1985
Bancário	6 horas diárias e 30 horas semanais	Arts. 224 e 273 da CLT
Médico e dentista	2 horas no mínimo e 4 horas no máximo diárias	

Motoristas profissional	Em 2015, a atividade dos motoristas profissionais foi disciplinada pela Lei nº 13.103, a qual dispôs sobre direitos e deveres, a saber: - garantido o livre exercício da profissão de motorista profissional, atendidas as condições e qualificações na citada Lei; - jornada de trabalho controlada e anotada; - acesso gratuito a programas de formação e aperfeiçoamento profissional; - seguro custeado pelo empregador, destinado à cobertura de morte natural, morte por acidente, invalidez total ou parcial decorrente de acidente, traslado e auxílio para funeral; - atendimento de saúde por intermédio do SUS; - Definidos tempo de descanso e repouso; - exigência de exames toxicológicos por ocasião da admissão e do desligamento Além disso, diversos dispositivos da CLT foram alterados, e foi regulamentada a medida que estabelece a realização de exames toxicológicos em motoristas profissionais do transporte rodoviário coletivo de passageiros e de cargas, os quais devem ser executados antes da admissão e no desligamento desses trabalhadores; a empresa contratante deverá encaminhar o trabalhador a uma entidade conveniada para a realização do exame, ou seja, é obrigação da empresa contratante pagar pelos exames admissional e demissional de qualquer trabalhador.	Lei nº 13.103/2015 Portaria MTPS nº 116/2015
Jornalistas, revisores, fotógrafos, ilustradores	5 horas diárias e 30 horas semanais	Arts. 302 e 303 da CLT Profissão de jornalista – regulamentada pelo Decreto nº 83.284/1979
Professores	4 horas por aula consecutivas por dia ou 6 horas intercaladas, 36 horas semanais	
Digitadores	6 horas diárias e 36 horas semanais	
Radiologistas	4 horas diárias	
Telefonistas, cabineiros de elevador (ascensoristas), mineiros, operadores cinematográficos, revisores	6 horas diárias e 36 horas semanais	

4.1.1 Jornadas de trabalho flexíveis

Existem ainda as jornadas flexíveis, nas quais os empregados não possuem um horário fixo para iniciar ou terminar o trabalho, ou seja, possuem autonomia para determinar o horário de comparecimento ao local de serviço. Essa jornada não é prevista pela lei brasileira, mas não existem empecilhos para a sua prática.

A jornada de trabalho flexível ou móvel é aquela em que o empregador estabelece previamente um limite inicial e final do horário de trabalho, e os empregados, dentro desse limite, cumprem integralmente a sua jornada de trabalho. Por exemplo: o empregador determina que o horário de trabalho seja cumprido dentro do período das 8 às 20h; nesse período, o trabalhador cumprirá a sua jornada normal de até 8 horas diárias, podendo, em determinado dia, cumprir a jornada das 9 às 18h, com uma hora de intervalo para almoço, assim como, em outro dia, das 10 às 19h, e assim sucessivamente.

Base legal: Constituição Federal de 1988, artigo 7º, inciso XIII; Art. 71 da CLT; artigo 35º, nº 1 p) e artigos 56º e 57º da Lei nº 7 /2009.

4.1.2 Teletrabalho

Considera-se teletrabalho a prestação de serviços, exercida a distância e de forma autônoma, em que se utiliza ferramentas de: telecomunicação, internet e de informação, a fim de assegurar que o contato entre o trabalhador e o empregador seja de forma direta.

A partir da Reforma Trabalhista, por meio da Lei nº 13.467/2017, acrescentou-se o tema teletrabalho, porém estabeleceu-se que os gastos do empegado pelo trabalho em casa, como equipamentos e custos com internet, devem ser acordados entre trabalhador e patrão.

Uma das características marcantes do teletrabalho ou trabalho remoto é a possibilidade de ser realizado fora dos limites físicos da organização; logo, o trabalho pode ser realizado de casa, de um hotel ou até mesmo de fora do Brasil, sendo que neste último caso prevalecerá a lei brasileira, a menos que haja um acordo entre as partes. O fato de o teletrabalhador realizar atividades do trabalho fora das dependências da organização não o proíbe de ir à organização, seja por ser chamado ou não para uma reunião, por exemplo.

O teletrabalho pode ser exercido por empregados, estagiários e aprendizes, sendo que deverão estar previstos em contrato fatores como aquisição, manutenção e fornecimento das tecnologias de comunicação e informação pertinentes à realização do trabalho. Está prevista na CLT a alteração do regime presencial para o de teletrabalho desde que haja mútuo acordo entre as partes e seja registrado um aditivo contratual. Também consta que os empregadores deverão dar prioridade aos empregados com deficiência e aos empregados com filhos ou com criança sob guarda judicial de até 4 anos de idade na alocação em vagas para atividades que possam ser efetuadas por meio do teletrabalho ou trabalho remoto.

Existe também a possibilidade da mudança do regime de teletrabalho para o presencial por determinação do empregador, sendo que neste caso é garantido um prazo de transição mínimo de quinze dias, além do registro em contrato aditivo.

Ao empregador, cabe o dever de instruir os empregados, de maneira expressa e ostensiva, quanto às precauções que devem ser tomadas para evitar doenças e acidentes de trabalho; e cabe ao empregado assinar termo de responsabilidade no qual conste que ele se compromete a seguir as instruções fornecidas pelo empregador.

> Art. 75-B. Considera-se teletrabalho ou trabalho remoto a prestação de serviços fora das dependências do empregador, de maneira preponderante ou não, com a utilização de tecnologias de informação e de comunicação, que, por sua natureza, não configure trabalho externo.
>
> § 1º O comparecimento, ainda que de modo habitual, às dependências do empregador para a realização de atividades específicas que exijam a presença do empregado no estabelecimento não descaracteriza o regime de teletrabalho ou trabalho remoto.
>
> § 2º O empregado submetido ao regime de teletrabalho ou trabalho remoto poderá prestar serviços por jornada ou por produção ou tarefa.
>
> § 5º O tempo de uso de equipamentos tecnológicos e de infraestrutura necessária, bem como de softwares, de ferramentas digitais ou de aplicações de internet utilizados para o teletrabalho, fora da jornada de trabalho normal do empregado não constitui tempo à disposição ou regime de prontidão ou de sobreaviso, exceto se houver previsão em acordo individual ou em acordo ou convenção coletiva de trabalho.
>
> § 6º Fica permitida a adoção do regime de teletrabalho ou trabalho remoto para estagiários e aprendizes.
>
> § 7º Aos empregados em regime de teletrabalho aplicam-se as disposições previstas na legislação local e nas convenções e nos acordos coletivos de trabalho relativas à base territorial do estabelecimento de lotação do empregado.

4.1.3 Trabalho noturno

Na legislação brasileira, o trabalho noturno possui uma regulação especial, ou seja, o trabalho realizado entre as 22 horas de um dia e as 5 horas do dia seguinte possui uma duração de hora diferente: 52 minutos e 30 segundos. Durante esse período, o trabalhador recebe um adicional de 20% sobre a hora normal, sendo proibido ao menor de 18 anos trabalhar no horário noturno.

Quando o trabalhador tem jornada mista, isto é, quando sua jornada de trabalho engloba o horário diurno e o noturno, o adicional noturno será calculado sobre a quantidade de horas em que trabalhou no período noturno.

Art. 73 da CLT. Salvo nos casos de revezamento semanal ou quinzenal, o trabalho noturno terá remuneração superior à do diurno, e, para esse efeito, sua remuneração terá um acréscimo de 20%, pelo menos, sobre a hora diurna.

§ 1º A hora do trabalho noturno será computada como de 52 minutos e 30 segundos.

§ 2º Considera-se noturno, para os efeitos deste artigo, o trabalho executado entre as 22 horas de um dia e as 5 horas do dia seguinte.

§ 3º O acréscimo a que se refere o presente artigo, em se tratando de empresas que não mantêm, pela natureza de suas atividades, trabalho noturno habitual, será feito tendo em vista os quantitativos pagos por trabalhos diurnos de natureza semelhante. Em relação às empresas cujo trabalho noturno decorra da natureza de suas atividades, o aumento

será calculado sobre o salário mínimo geral vigente na região, não sendo devido quando exceder desse limite, já acrescido da percentagem.

§ 4º Nos horários mistos, assim entendidos os que abrangem períodos diurnos e noturnos, aplica-se às horas de trabalho noturno o disposto neste artigo e seus parágrafos.

§ 5º Às prorrogações do trabalho noturno aplica-se o disposto neste capítulo.

4.1.4 Hora extra

A duração normal de trabalho não pode ser superior a 8 horas. Além desse limite, as horas serão consideradas extraordinárias, devendo ser pagas com acréscimo de 50%. Não é permitido ao empregado executar mais de duas horas extras por dia.

Jornada de trabalho com acordo de prorrogação de horas extras

Dias da semana / Quantidade de horas	2ª	3ª	4ª	5ª	6ª	Sáb.	Total de horas durante a semana
Quantidade horas normais	8 h	8 h	8 h	8 h	8 h	4 h	44 horas
Máximo de horas extras por dia	2 h	2 h	2 h	2 h	2 h	2 h	12 horas

Um trabalhador pode trabalhar até oito horas por dia, podendo realizar até duas horas extras, se assim estiver previsto na convenção coletiva, acordo coletivo ou acordo individual, sendo que a remuneração da hora extra deve ser pelo menos 50% superior à hora normal, embora também seja possível que a hora extra venha a fazer parte de um banco de horas e, nesse caso, não haveria pagamento, mas sim compensação da carga horária.

> Art. 7º da Constituição Federal - São direitos dos trabalhadores urbanos e rurais, além de outros que visem à melhoria de sua condição social: XIII - duração do trabalho normal não superior a oito horas diárias e quarenta e quatro semanais, facultada a compensação de horários e a redução da jornada, mediante acordo ou convenção coletiva de trabalho;
>
> HORA SUPLEMENTAR. CÁLCULO (mantida) - Res. 121/2003, DJ 19, 20 e 21.11.2003
>
> A remuneração do serviço suplementar é composta do valor da hora normal, integrado por parcelas de natureza salarial e acrescido do adicional previsto em lei, contrato, acordo, convenção coletiva ou sentença normativa.

4.1.4.1 Limite de horas extras

A reforma trabalhista alterou o artigo 59 da CLT. Na nova redação, foi acrescentada a possibilidade de realização de horas extras, desde que não exceda a duas horas, e de conversão, mediante acordo individual, coletivo ou convenção coletiva, bem como abordou a questão da reversão das horas suplementares em banco de horas e a compensação destas.

> Art. 59. da CLT A duração diária do trabalho poderá ser acrescida de horas extras, em número não excedente de duas, por acordo individual, convenção coletiva ou acordo coletivo de trabalho.
>
> § 1º A remuneração da hora extra será, pelo menos, 50% (cinquenta por cento) superior à da hora normal.
>
> § 2º Poderá ser dispensado o acréscimo de salário se, por força de acordo ou convenção coletiva de trabalho, o excesso de horas em um dia for compensado pela correspondente diminuição em outro dia, de maneira que não exceda, no período máximo de um ano, à soma das jornadas semanais de trabalho previstas, nem seja ultrapassado o limite máximo de dez horas diárias.
>
> § 3º Na hipótese de rescisão do contrato de trabalho sem que tenha havido a compensação integral da jornada extraordinária, na forma dos §§ 2º e 5º deste artigo, o trabalhador terá direito ao pagamento das horas extras não compensadas, calculadas sobre o valor da remuneração na data da rescisão.

§ 5º O banco de horas de que trata o § 2º deste artigo poderá ser pactuado por acordo individual escrito, desde que a compensação ocorra no período máximo de seis meses.

§ 6º É lícito o regime de compensação de jornada estabelecido por acordo individual, tácito ou escrito, para a compensação no mesmo mês.

4.1.4.2 Acordo para prorrogação de jornada de trabalho[1]

A prorrogação da jornada de trabalho tem de ser definida por meio de acordo escrito ou convenção coletiva de trabalho. Em casos excepcionais, a prorrogação poderá ir além de duas horas, desde que não ultrapasse quatro horas diárias.

Somente nos casos de necessidade extrema, poderá a duração do trabalho ultrapassar os limites fixados anteriormente. Essas exceções só se justificam nos seguintes casos:

- Por motivo de força maior: força maior é o acontecimento inevitável em relação à vontade do empregador e para o qual este não contribuiu de modo direto ou indireto. Havendo excesso de horário por motivo de força maior, a remuneração da hora excedente não poderá ser inferior à da hora normal.

Art. 61, § 2º da CLT. Nos casos de excesso de horário por motivo de força maior, a remuneração da hora excedente não será inferior à da hora normal.

- Por motivo de realização de serviço inadiável: é considerado serviço inadiável aquele cuja não execução provocaria prejuízo manifesto. Nestes casos, a remuneração da hora extra será pelo menos 25% superior à da hora normal, não podendo o total das horas extras ultrapassar quatro horas.

Art. 61, § 2º da CLT. Nos demais casos de excesso previstos neste artigo, a remuneração será pelo menos 25% superior à da hora normal, e o trabalho não poderá exceder 12 horas, desde que a lei fixe expressamente outro limite.

c. Por interrupção de serviços: no caso de recuperação de horas perdidas em decorrência de causas acidentais ou força maior, a empresa poderá estabelecer a prorrogação da jornada em até no máximo duas horas diárias, por período não superior a 45 dias por ano.

---

1 Ver exemplo de documento de acordo de prorrogação de jornada de trabalho nos anexos.

Art. 61 - Ocorrendo necessidade imperiosa, poderá a duração do trabalho exceder do limite legal ou convencionado, seja para fazer face a motivo de força maior, seja para atender à realização ou conclusão de serviços inadiáveis ou cuja inexecução possa acarretar prejuízo manifesto.

§ 1º - O excesso, nos casos deste artigo, pode ser exigido independentemente de convenção coletiva ou acordo coletivo de trabalho.

§ 2º - Nos casos de excesso de horário por motivo de força maior, a remuneração da hora excedente não será inferior à da hora normal. Nos demais casos de excesso previstos neste artigo, a remuneração será, pelo menos, 25% (vinte e cinco por cento) superior à da hora normal, e o trabalho não poderá exceder de 12 (doze) horas, desde que a lei não fixe expressamente outro limite.

§ 3º - Sempre que ocorrer interrupção do trabalho, resultante de causas acidentais, ou de força maior, que determinem a impossibilidade de sua realização, a duração do trabalho poderá ser prorrogada pelo tempo necessário até o máximo de 2 (duas) horas, durante o número de dias indispensáveis à recuperação do tempo perdido, desde que não exceda de 10 (dez) horas diárias, em período não superior a 45 (quarenta e cinco) dias por ano, sujeita essa recuperação à prévia autorização da autoridade competente.

4.1.4.3 Tempo à disposição da empresa

Ao artigo 4º da CLT, que descreve sobre tempo à disposição da empresa, foram acrescentados os parágrafos 1º e 2º, modificando o entendimento do que deve ou não ser pago pelo tempo em que o colaborador está a serviço do empregador.

De acordo com a reforma trabalhista, ainda que o empregado, por escolha própria, permaneça na empresa após o horário de trabalho para garantia da sua segurança, práticas religiosas, descanso, lazer, estudo, alimentação, interação com os colegas, higiene pessoal ou troca de uniforme (quando não houver obrigatoriedade de realizar a troca na empresa), tal período não será considerado como tempo à disposição do empregador, não havendo, portanto, direito às horas extras.

Lei nº 13.467, de 13 de julho de 2017. Altera a Consolidação das Leis do Trabalho (CLT), aprovada pelo Decreto-Lei nº 5.452, de 1º de maio de 1943, e as Leis nº 6.019, de 3 de janeiro de 1974, 8.036, de 11 de maio de 1990, e 8.212, de 24 de julho de 1991, a fim de adequar a legislação às novas relações de trabalho.

Art. 4º......................................

§ 1º Computar-se-ão, na contagem de tempo de serviço, para efeito de indenização e estabilidade, os períodos em que o empregado estiver afastado do trabalho prestando serviço militar e por motivo de acidente do trabalho.

§ 2º Por não se considerar tempo à disposição do empregador, não será computado como período extraordinário o que exceder a jornada normal, ainda que ultrapasse o limite de cinco minutos previsto no § 1º do art. 58 desta Consolidação, quando o empregado, por escolha própria, buscar proteção pessoal, em caso de insegurança nas vias públicas ou más condições climáticas, bem como adentrar ou permanecer nas dependências da empresa para exercer atividades particulares, entre outras:

I - práticas religiosas;

II - descanso;

III - lazer;

IV - estudo;

V - alimentação;

VI - atividades de relacionamento social;

VII - higiene pessoal;

VIII - troca de roupa ou uniforme, quando não houver obrigatoriedade de realizar a troca na empresa. (NR).

4.1.3 Horas *in itinere*

Entende-se por horas *in itinere* o tempo que o empregado precisa para sair de casa e ir ao trabalho, assim como para sair do trabalho e voltar para casa.

Em relação ao deslocamento do trabalhador da sua residência até o local de trabalho, que era computado como horas *in itinere*, com a reforma trabalhista foi extinto, conforme artigo 58 da CLT. Foi alterado o parágrafo 2º, que dispõe sobre a computação de horas à jornada do tempo despendido pelo empregado desde a sua residência até a efetiva ocupação do posto de trabalho e o retorno ao seu lar, além de revogado o parágrafo terceiro.

Lei nº 13.467, de 13 de julho de 2017. Altera a Consolidação das Leis do Trabalho (CLT), aprovada pelo Decreto-Lei nº 5.452, de 1º de maio de 1943, e as Leis nº 6.019, de 3 de janeiro de 1974, 8.036, de 11 de maio de 1990, e 8.212, de 24 de julho de 1991, a fim de adequar a legislação às novas relações de trabalho.

Art. 58..

§ 2º O tempo despendido pelo empregado desde a sua residência até a efetiva ocupação do posto de trabalho e para o seu retorno, caminhando ou por qualquer meio de transporte, inclusive o fornecido pelo empregador, não será computado na jornada de trabalho, por não ser tempo à disposição do empregador.

§ 3º (Revogado)." (NR)

4.1.3.1 Horas de sobreaviso

O trabalhador que utilizar o telefone celular ou computador fora do expediente de trabalho tem direito a hora extra apenas se estiver de sobreaviso.

Mas somente será efetuado o pagamento para o trabalhador que tiver celular corporativo ou computador da empresa e que tiver acordado estar de sobreaviso, mesmo que não tenha utilizado esses equipamentos para trabalhar.

O trabalhador que estiver aguardando convocação tem direito a um terço de trabalho nestas horas e, caso seja chamado ao serviço, tem direito ao pagamento integral da hora.

Art. 244, § 2º, CLT. Considera-se de "sobreaviso" o empregado efetivo que permanecer em sua própria casa aguardando a qualquer momento o chamado para o serviço. Cada escala de "sobreaviso" será, no máximo, de 24 horas. As horas de "sobreaviso", para todos os efeitos, serão contadas à razão de 1/3 do salário normal.

Súmula nº 428. Sobreaviso. Aplicação analógica do art. 244, § 2º da CLT (redação alterada na sessão do Tribunal Pleno realizada em 14.09.2012)
I - O uso de instrumentos telemáticos ou informatizados fornecidos pela empresa ao empregado, por si só, não caracteriza o regime de sobreaviso.
II - Considera-se em sobreaviso o empregado que, à distância e submetido a controle patronal por instrumentos telemáticos ou informatizados, permanecer em regime de plantão ou equivalente, aguardando a qualquer momento o chamado para o serviço durante o período de descanso.

4.1.3.2 Horas de prontidão

O trabalhador que ficar em regime de plantão sob controle a distância do empregador, por meio de celular, *e-mail* ou outro instrumento, aguardando para ser chamado para o serviço, tem direito a um terço da hora normal.

Art. 244, § 3º, CLT. Considera-se de "prontidão" o empregado que ficar nas dependências da estrada aguardando ordens. A escala de prontidão será, no máximo, de 12 horas. As horas de prontidão serão, para todos os efeitos, contadas à razão de 2/3 do salário-hora normal.

4.1.4 Acordo para compensação de horas

Documento preenchido no ato da admissão do empregado e que fica sob o poder do empregador e à disposição da fiscalização, tendo como finalidade fazer anotações de prorrogação de jornada de compensação, cujas horas prorrogadas não serão acrescidas de adicionais, pois se aumenta a jornada em um dia para reduzir em outro. Exemplo: sábados e feriados.

Jornada de trabalho com acordo para compensação do sábado							
Dias da semana	2ª	3ª	4ª	5ª	6ª	Sábado	Total de horas durante a semana
Aumento da jornada de 48 minutos todos os dias	8h48m	8h48m	8h48m	8h48m	8h48m	Compensado	44 horas
Aumento da jornada de uma hora de 2ª a 5ª	9h	9h	9h	9h	8h	Compensado	44 horas

Jornada de trabalho com acordo de prorrogação e compensação simultânea							
	2ª	3ª	4ª	5ª	6ª	Sábado	Total de horas na semana
Normais	8h48m	8h48m	8h48m	8h48m	8h48m	Compensado	44 horas
Extras	1h12m	1h12m	1h12m	1h12m	1h12m	Compensado	6 horas

A empresa poderá exigir a reposição das horas durante as quais o serviço não pôde ser prestado, desde que haja concordância da Delegacia Regional do Trabalho e que tal reposição não perfaça mais de 45 dias em um ano e duas horas extras por dia.

4.1.4.1 Banco de horas

Considera-se banco de horas, no direito trabalhista, sistema de flexibilização da jornada de trabalho diária, a fim de permitir a compensação de horas trabalhadas fora da jornada contratada.

A reforma trabalhista estipulou que o banco de horas poderá ser pactuado por acordo individual escrito (feito entre o empregado e o empregador), desde que a compensação ocorra no período máximo de seis meses. Sendo assim, o trabalhador deverá, de seis em seis meses, renovar o acordo de banco de horas.

> Lei nº 13.467, de 13 de julho de 2017. Altera a Consolidação das Leis do Trabalho (CLT), aprovada pelo Decreto-Lei nº 5.452, de 1º de maio de 1943, e as Leis nº 6.019, de 3 de janeiro de 1974, 8.036, de 11 de maio de 1990, e 8.212, de 24 de julho de 1991, a fim de adequar a legislação às novas relações de trabalho.
>
> Art. 59. A duração diária do trabalho poderá ser acrescida de horas extras, em número não excedente de duas, por acordo individual, convenção coletiva ou acordo coletivo de trabalho.
>
> ....
>
> § 5º O banco de horas de que trata o § 2º deste artigo poderá ser pactuado por acordo individual escrito, desde que a compensação ocorra no período máximo de seis meses. Art. 59-B. O não atendimento das exigências legais para compensação de jornada, inclusive quando estabelecida mediante acordo tácito, não implica a repetição do pagamento das horas excedentes à jornada normal diária se não ultrapassada a duração máxima semanal, sendo devido apenas o respectivo adicional.
>
> Parágrafo único. A prestação de horas extras habituais não descaracteriza o acordo de compensação de jornada e o banco de horas."

4.1.5 Redução da jornada de trabalho

Por meio de acordo ou convenção coletiva, torna-se possível a redução da jornada de trabalho.

4.1.6 Intervalos e períodos de descanso

São os intervalos existentes durante a jornada de trabalho que se destinam ao repouso e à alimentação do trabalhador. Tais pausas são obrigatórias por lei e, como não são remuneradas, não são computadas na jornada. Dessa forma, para trabalho contínuo que exceda seis horas, é obrigatória a concessão de intervalo não superior a duas horas e não inferior a uma hora.

Em relação ao limite mínimo do intervalo de intrajornada, foi acrescentada a possibilidade de redução do intervalo mínimo previsto no artigo 71 da CLT, trazida como exceção à regra normativa geral, a saber:

> Art. 71 - Em qualquer trabalho contínuo, cuja duração exceda de 6 (seis) horas, é obrigatória a concessão de um intervalo para repouso ou alimentação, o qual será, no mínimo, de 1 (uma) hora e, salvo acordo escrito ou contrato coletivo em contrário, não poderá exceder de 2 (duas) horas.
>
> § 1º - Não excedendo de 6 (seis) horas o trabalho, será, entretanto, obrigatório um intervalo de 15 (quinze) minutos quando a duração ultrapassar 4 (quatro) horas.
>
> § 2º - Os intervalos de descanso não serão computados na duração do trabalho.
>
> § 3º O limite mínimo de uma hora para repouso ou refeição poderá ser reduzido por ato do Ministro do Trabalho, Indústria e Comércio, quando ouvido o Serviço de Alimentação de Previdência Social, se verificar que o estabelecimento atende integralmente às exigências concernentes à organização dos refeitórios, e quando os respectivos empregados não estiverem sob regime de trabalho prorrogado a horas suplementares.
>
> § 4º A não concessão ou a concessão parcial do intervalo intrajornada mínimo, para repouso e alimentação, a empregados urbanos e rurais, implica o pagamento, de natureza indenizatória, apenas do período suprimido, com acréscimo de 50% (cinquenta por cento) sobre o valor da remuneração da hora normal de trabalho. estritamente os motoristas, cobradores, fiscalização de campo e afins nos serviços de operação de veículos rodoviários, empregados no setor de transporte coletivo de passageiros, mantida a remuneração e concedidos intervalos para descanso menores ao final de cada viagem.
>
> Art. 611-A - A convenção coletiva e o acordo coletivo de trabalho têm prevalência sobre a lei quando, entre outros, dispuserem sobre: III - intervalo intrajornada, respeitado o limite mínimo de trinta minutos para jornadas superiores a seis horas.

Durante a jornada de trabalho, todo trabalhador deverá ter um período de descanso estabelecido por lei ou por acordo coletivo.

> Art. 66 da CLT. Entre duas jornadas de trabalho haverá um período mínimo de 11 horas consecutivas para descanso.

- Em qualquer trabalho contínuo cuja duração exceda a seis horas, é obrigatória a concessão de um intervalo para repouso ou alimentação, o qual será no mínimo de uma hora.

- Nas jornadas de trabalho de quatro a seis horas, será obrigatório um intervalo de 15 minutos. Nas jornadas de trabalho menores de quatro horas, não haverá intervalo para descanso.

- Nas jornadas de trabalho de digitação, o intervalo será compreendido de dez minutos a cada noventa minutos de trabalho.

Súmula do TST nº 346. Os digitadores, por aplicação analógica do art. 72 da CLT, equiparam-se aos trabalhadores nos serviços de mecanografia (datilografia, escrituração ou cálculo), razão pela qual têm direito a intervalos de descanso de dez minutos a cada noventa de trabalho consecutivo.

4.1.7 Período especial de descanso

Existem algumas profissões que requerem por lei tempos diferentes de intervalo. Veja alguns exemplos:

Profissão	Consolidação das Leis Trabalhistas
Bancários	Art. 224 - A duração normal do trabalho estabelecida neste artigo ficará compreendida entre sete e vinte e duas horas, assegurando-se ao empregado, no horário diário, um intervalo de quinze minutos para alimentação.
Operadores cinematográficos	Art. 235 - Nos estabelecimentos cujo funcionamento normal seja noturno, será facultado aos operadores cinematográficos e seus ajudantes, mediante acordo ou contrato coletivo de trabalho e com um acréscimo de 25% (vinte e cinco por cento) sobre o salário da hora normal, executar o trabalho em sessões diurnas extraordinárias e, cumulativamente, nas noturnas, desde que isso se verifique até 3 (três) vezes por semana e entre as sessões diurnas e as noturnas haja o intervalo de 1 (uma) hora, no mínimo, de descanso. § 2º - Em seguida a cada período de trabalho haverá um intervalo de repouso no mínimo de 12 (doze) horas.
Motorista profissional empregado	Art. 235-C, § 13 - Salvo previsão contratual, a jornada de trabalho do motorista empregado não tem horário fixo de início, de final ou de intervalos.

Serviço ferroviário	Art. 238, § 4º - Para o pessoal da equipagem de trens, só será considerado esse trabalho efetivo, depois de chegado ao destino, o tempo em que o ferroviário estiver ocupado ou retido à disposição da Estrada. Quando, entre dois períodos de trabalho, não mediar intervalo superior a uma hora, será esse intervalo computado como de trabalho efetivo.
Serviços frigoríficos	Art. 253 - Para os empregados que trabalham no interior das câmaras frigoríficas e para os que movimentam mercadorias do ambiente quente ou normal para o frio e vice-versa, depois de 1 (uma) hora e 40 (quarenta) minutos de trabalho contínuo, será assegurado um período de 20 (vinte) minutos de repouso, computado esse intervalo como de trabalho efetivo.
Jornalistas profissionais	Art. 308 - Em seguida a cada período diário de trabalho haverá um intervalo mínimo de 10 (dez) horas, destinado ao repouso.
Professores	Art. 318. - O professor poderá lecionar em um mesmo estabelecimento por mais de um turno, desde que não ultrapasse a jornada de trabalho semanal estabelecida legalmente, assegurado e não computado o intervalo para refeição

Quem tem direito	Período de descanso previsto por lei
Médico	10 minutos a cada 90 minutos de trabalho
Mulher em período de amamentação	Dois descansos de 30 minutos cada até a criança completar seis meses
Quem exerce serviço de digitador	10 minutos a cada 90 minutos de trabalho*
Quem exerce serviços em frigoríficos	20 minutos a cada uma hora de trabalho*
Quem exerce serviços em telefonia	20 minutos após três horas de esforço contínuo
Quem exerce serviços em minas e subsolos	15 minutos a cada três horas
Radialista	20 minutos após três horas de esforço contínuo

Determinadas funções possuem características próprias de sua natureza e vinculam-se a uma proteção maior de segurança e saúde no trabalho, por essa razão a lei determina que tenham pequenos intervalos. Exemplo dessas funções são: digitadores, datilógrafos e assemelhados. A legislação é clara e determina que a cada noventa minutos haja dez minutos de intervalo, não deduzido de sua jornada de trabalho.

De acordo com o artigo 71 da CLT, o empregado que trabalhar mais de seis horas deverá ter pelo menos uma hora seja ela utilizada para repouso ou alimentação, não podendo ultrapassar a duas horas e em conformidade com a norma regulamentadora – NR 17 Ergonomia, devem ser concedidas pausas fora do posto de trabalho.

> Art. 71 - Em qualquer trabalho contínuo, cuja duração exceda de 6 (seis) horas, é obrigatória a concessão de um intervalo para repouso ou alimentação, o qual será, no mínimo, de 1 (uma) hora e, salvo acordo escrito ou contrato coletivo em contrário, não poderá exceder de 2 (duas) horas. § 1º - Não excedendo de 6 (seis) horas o trabalho, será, entretanto, obrigatório um intervalo de 15 (quinze) minutos quando a duração ultrapassar 4 (quatro) horas.
>
> NR 17 - ERGONOMIA
>
> 5.2 São garantidas saídas do posto de trabalho, mediante comunicação, a qualquer momento da jornada, para que os operadores atendam às suas necessidades fisiológicas, ressalvado o intervalo para refeição previsto na CLT.
>
> 6. Organização do Trabalho
>
> 6.4.1 As pausas devem ser concedidas: a) fora do posto de trabalho; b) em 02 (dois) períodos de 10 (dez) minutos contínuos; e c) após os primeiros e antes dos últimos 60 (sessenta) minutos de trabalho em atividade de teleatendimento/telemarketing.
>
> 6.4.1.1 A instituição de pausas não prejudica o direito ao intervalo obrigatório para repouso e alimentação previsto no §1º do art. 71 da CLT.
>
> 6.4.2 O intervalo para repouso e alimentação para a atividade de teleatendimento/telemarketing deve ser de 20 (vinte) minutos.
>
> 6.4.3 Para tempos de trabalho efetivo de teleatendimento/telemarketing de até 4 (quatro) horas diárias, deve ser observada a concessão de 1 (uma) pausa de descanso contínua de 10 (dez) minutos.
>
> 6.4.4 As pausas para descanso devem ser consignadas em registro impresso ou eletrônico.

Em relação ao a quem exerce serviço de digitador, o art. 72 da CLT dispõe sobre o descanso de 10 minutos a cada 90 minutos de trabalho.

> Art. 72 - Nos serviços permanentes de mecanografia (datilografia, escrituração ou cálculo), a cada período de 90 (noventa) minutos de trabalho consecutivo corresponderá um repouso de 10 (dez) minutos não deduzidos da duração normal de trabalho.

Já em relação aos trabalhadores de frigoríficos art. 253 da CLT, dispõe que estes têm o direito ao intervalo se trabalharem em ambiente artificialmente frio, nos termos do parágrafo único do dispositivo e item 36.13.1.1 da NR 36, e se não se enquadrarem nesta condição, eles terão direito às pausas remuneradas previstas no item 36.13.2 da NR 36.

> Art. 253 - Para os empregados que trabalham no interior das câmaras frigoríficas e para os que movimentam mercadorias do ambiente quente ou normal para o frio e vice-versa, depois de 1 (uma) hora e 40 (quarenta) minutos de trabalho contínuo, será assegurado um período de 20 (vinte) minutos de repouso, computado esse intervalo como de trabalho efetivo.
>
> Parágrafo único - Considera-se artificialmente frio, para os fins do presente artigo, o que for inferior, nas primeira, segunda e terceira zonas climáticas do mapa oficial do Ministério do Trabalho, Industria e Comercio, a 15º (quinze graus), na quarta zona a 12º (doze graus), e nas quinta, sexta e sétima zonas a 10º (dez graus).

4.1.8 Período de amamentação

Até que o filho complete seis meses, toda mulher terá direito a dois descansos de meia hora cada um para amamentar. Essa exigência pode ser suprida na forma de creches distritais mantidas diretamente ou mediante convênios com outras entidades públicas ou privadas pelas próprias empresas, em regime comunitário ou a cargo do Serviço Social da Indústria (Sesi), do Serviço Social do Comércio (Sesc), ou de entidades sindicais.

> Art. 396. Para amamentar seu filho, inclusive se advindo de adoção, até que este complete 6 (seis) meses de idade, a mulher terá direito, durante a jornada de trabalho, a 2 (dois) descansos especiais de meia hora
>
> § 1o Quando o exigir a saúde do filho, o período de 6 (seis) meses poderá ser dilatado, a critério da autoridade competente. (Redação dada pela Lei nº 13.467, de 2017).
>
> § 2o Os horários dos descansos previstos no caput deste artigo deverão ser definidos em acordo individual entre a mulher e o empregador. (Incluído pela Lei nº 13.467, de 2017).
>
> Art. 397 - O SESI, o SESC, a LBA e outras entidades públicas destinadas à assistência à infância manterão ou subvencionarão, de acordo com suas possibilidades financeiras, escolas maternais e jardins de infância,

distribuídos nas zonas de maior densidade de trabalhadores, destinados especialmente aos filhos das mulheres empregadas. (Redação dada pelo Decreto-lei nº 229, de 28.2.1967).

4.1.9 Repouso semanal remunerado

O direito ao repouso semanal remunerado é assegurado por lei e garante que todo trabalhador possa se abster de trabalhar durante 24 horas consecutivas, preferencialmente aos domingos, recebendo a remuneração correspondente a tal dia. Também está garantido na lei o direito à cessação do trabalho, sem prejuízo da remuneração, nos feriados civis e religiosos, assim definidos nos termos da lei.

Art. 7º da CF/1988. São direitos dos trabalhadores urbanos e rurais, além de outros que visem à melhoria de sua condição social:

Inciso XV - repouso semanal remunerado, preferencialmente aos domingos.

4.1.10 Tempo à disposição do empregador

Em 2017, por meio da Lei nº 13.467, ocorreu uma alteração no artigo 4º da CLT, que dispõe no § 2º que, quando o empregado fica na organização por vontade própria, ainda que seja, por exemplo, para trocar de roupa ou fazer sua higienização, este tempo não será considerado à disposição do empregador.

Art. 4º da CLT - Considera-se como de serviço efetivo o período em que o empregado esteja à disposição do empregador, aguardando ou executando ordens, salvo disposição especial expressamente consignada.

§ 1º Computar-se-ão, na contagem de tempo de serviço, para efeito de indenização e estabilidade, os períodos em que o empregado estiver afastado do trabalho prestando serviço militar e por motivo de acidente do trabalho.

§ 2º Por não se considerar tempo à disposição do empregador, não será computado como período extraordinário o que exceder a jornada normal, ainda que ultrapasse o limite de cinco minutos previsto no § 1º do art. 58 desta Consolidação, quando o empregado, por escolha própria, buscar proteção pessoal, em caso de insegurança nas vias públicas ou más condições climáticas, bem como adentrar ou permanecer nas dependências da empresa para exercer atividades particulares, entre outras:

I - práticas religiosas;

II - descanso;

III - lazer;

IV - estudo;

V - alimentação;

VI - atividades de relacionamento social;

VII - higiene pessoal;

VIII - troca de roupa ou uniforme, quando não houver obrigatoriedade de realizar a troca na empresa.

4.1.11 Faltas

Quando o empregado, sem motivo justificado, faltar ou chegar atrasado ao trabalho, o empregador poderá descontar-lhe do salário a quantia correspondente à sua falta. Pelas mesmas razões, pode descontar o repouso semanal remunerado se o empregado não cumprir integralmente o horário de trabalho da semana anterior.

- **Faltas legais:** são aquelas com amparo na lei ou em convenção coletiva de trabalho.

- **Faltas abonadas:** fica a critério do empregador não descontar o período ausente.

> Art. 58, § 1º da CLT. Não serão descontadas nem computadas como jornada extraordinária as variações de horário no registro de ponto não excedentes de cinco minutos, observado o limite máximo de dez minutos diários. (Acrescentado pela Lei nº 10.243/2001.)

- **Faltas injustificadas:** quando o empregado, sem motivo justificado, faltar ou chegar atrasado ao trabalho.

- **Faltas justificadas:** o empregado poderá deixar de comparecer ao serviço sem prejuízo do salário nos seguintes casos:

- acidente de trabalho: por motivo de acidente de trabalho ou de incapacidade que propicie a concessão de auxílio-doença;

- alistamento eleitoral: até dois dias, consecutivos ou não, para se alistar como eleitor;

- alistamento militar: durante o período em que tiver de cumprir com as obrigações militares (alistamento, exames médicos etc.);

- atestados médicos: conforme Portaria do Ministério de Estado da Previdência e Assistência Social nº 3.370/1984, todos os atestados médicos, para terem sua eficácia plena, deverão conter: a) tempo de dispensa concedida ao segurado, por extenso e numericamente; b) diagnóstico codificado, conforme o Código Internacional de Doenças (CID), com a expressa concordância do paciente, de acordo com a Resolução nº 1.190/1984, do Conselho Federal de Medicina; e c) assinatura do médico ou odontólogo sobre carimbo do qual conste nome completo e registro no respectivo conselho profissional.

- atestados odontológicos: são válidos para fins de abono de falta no trabalho, conforme dispõe o inciso III do artigo 6º da Lei nº 6.215/1975.

O empregado que apresentar comprovante falso comete mau procedimento, passível de justa causa.

> Art. 482 da CLT - Constituem justa causa para rescisão do contrato de trabalho pelo empregador: b) incontinência de conduta ou mau procedimento;
>
> Art. 299 do Código Penal - Omitir, em documento público ou particular, declaração que dele devia constar, ou nele inserir ou fazer inserir declaração falsa ou diversa da que devia ser escrita, com o fim de prejudicar direito, criar obrigação ou alterar a verdade sobre fato juridicamente relevante: Pena - reclusão, de um a cinco anos, e multa, se o documento é público, e reclusão de um a três anos, e multa, de quinhentos mil réis a cinco contos de réis, se o documento é particular. Parágrafo único - Se o agente é funcionário público, e comete o crime prevalecendo-se do cargo, ou se a falsificação ou alteração é de assentamento de registro civil, aumenta-se a pena de sexta parte.

- casamento: até três dias consecutivos em virtude de casamento;
- certificado de reservista: por um dia anual para carimbar o Certificado de Reservista;
- Determinação da empresa: quando a empresa justificar a ausência do empregado (por exemplo, viagens, treinamentos etc.);
- doação voluntária de sangue: um dia em cada 12 meses de trabalho para doação voluntária de sangue, devidamente comprovada;
- falecimento de parentes: até dois dias consecutivos em caso de falecimento de cônjuge, ascendente, descendente, irmão ou pessoa que, declarada em sua CTPS, viva sob sua dependência econômica;
- greve: desde que tenha havido acordo, convenção, laudo arbitral ou decisão da Justiça do Trabalho que disponha sobre a manutenção dos direitos trabalhistas dos grevistas durante a paralisação das atividades (Lei nº 7.783/1989; leia mais sobre a falta por greve no Capítulo 8).

De acordo com o artigo 473 da CLT, também são previstos outros casos em que o empregado pode deixar de comparecer ao serviço, sem que haja descontos, como: cinco dias no caso de nascimento de filho, de adoção ou de guarda compartilhada; nos dias destinados a realizar as provas para o vestibular; quando for representante de entidade sindical e estiver participando de reunião oficial de organismo internacional do qual o Brasil seja membro;

para acompanhar sua esposa ou companheira grávida em até seis consultas ou exames; um dia anualmente para acompanhar filho de até 6 anos em consulta médica; até três dias anualmente para realizar exames preventivos de câncer.

Já em conformidade com o artigo 131 da CLT, também não serão considerados falta ao serviço casos como: uso de licença em razão de maternidade ou aborto; acidente do trabalho ou enfermidade atestada pelo INSS; falta justificada pela empresa; durante a suspensão preventiva para responder a inquérito administrativo ou de prisão preventiva, quando for impronunciado ou absolvido; e quando não houver serviço em razão de paralisação dos serviços da empresa.

No caso de licença-maternidade, serão concedidos 120 dias (artigo 7, XVIII, da CF), sendo que, em conformidade com o Programa Empresa Cidadã, é possível conceder prorrogação e chegar até 180 dias (artigo 1º, I, da Lei nº 11.770/2008). Já no caso da licença-paternidade, serão concedidos cinco dias (artigo 7º, XIX, e artigo 10º, § 1º, Ato das Disposições Constitucionais Transitórias da CF), porém o Programa Empresa Cidadã, Lei nº 11.770/2008, concede um período de 15 dias além dos 5 dias estabelecidos.

Nos processos judiciais, de acordo com a Súmula do Tribunal Superior do Trabalho (TST) nº 155, não pode ser descontado o tempo em que o empregado, em razão de comparecimento necessário à Justiça do Trabalho, faltar ao serviço; já o Código Penal, no artigo 441, dispõe que nenhum desconto pode ser feito no caso de o empregado ser escalado como jurado sorteado.

4.1.11.1 Feriados

São dias específicos ao longo do calendário, destacando-se por datas comemorativas cívicas ou religiosas, mediante uma legislação específica (municipal, estadual ou federal), em que o trabalhador pode suspender a prestação de serviço, sem prejuízo para a sua remuneração.

Há quem considere os dias de Carnaval como "feriado de Carnaval", por causa da tradição de alguns municípios de não haver expediente de trabalho nas empresas, bancos ou repartições públicas. Estes dias destinados à festa popular denominada Carnaval, inclusive a Quarta-Feira de Cinzas, não são considerados feriados nacionais, e sim ponto facultativo, visto que não há lei específica que os considere feriados.

Entretanto, essas datas não foram criadas por lei, mas representam um costume trazido pelos colonizadores, permanecendo até os dias de hoje.

Conforme a Lei nº 10.607/2002, sancionada pelo então presidente Fernando Henrique Cardoso, são feriados nacionais:

- 1º de janeiro (Confraternização Universal – Ano Novo);

- 21 de abril (Tiradentes);

- 1º de maio (Dia do Trabalho);

- 7 de setembro (Independência do Brasil);

- 2 de novembro (Finados);

- 15 de novembro (Proclamação da República);

- 25 de dezembro (Natal).

4.1.11.2 Eleições

No Brasil, podemos selecionar nossos representantes. Para isso, a Lei nº 4.737/1965, que institui o código eleitoral, no segundo artigo, afirma que:

Todo poder emana do povo e será exercido em seu nome, por mandatários escolhidos, direta e secretamente, dentre candidatos indicados por partidos políticos nacionais, ressalvada a eleição indireta nos casos previstos na Constituição e leis específicas.

Para garantir que sejam realizadas as eleições de forma nacional, o artigo 380 do Código Eleitoral determina que:

Será feriado nacional o dia em que se realizarem eleições de data fixada pela Constituição Federal; nos demais casos, serão as eleições marcadas para um domingo ou dia já considerado feriado por lei anterior.

Para obter o número necessário de pessoas para trabalharem nas eleições, de acordo com o artigo 98 da Lei nº 9.504/1997, os eleitores nomeados para compor as Mesas Receptoras ou Juntas Eleitorais e os requisitados para auxiliar seus trabalhos serão dispensados do serviço, mediante declaração expedida pela Justiça Eleitoral, sem prejuízo do salário, vencimento ou qualquer outra vantagem, pelo dobro dos dias de convocação.

Observações:

- De acordo com a CLT, a saída para levar familiares ao médico é falta justificada, porém não abonada, entretanto pode haver previsão sobre o abono dessas ausências, desde que esteja estipulada em convenção coletiva de trabalho. Não existe qualquer legislação que obrigue o empregador a abonar as faltas do trabalhador para acompanhar algum familiar, seja ele descendente, cônjuge ou ascendente. O abono ficará a critério do empregador, de modo que, se houver algum regulamento interno da empresa ou no documento coletivo de trabalho da categoria profissional respectiva que justifique o abono dessas faltas ao serviço, o empregador ficará obrigado a cumprir esse mandamento.

- De acordo com o artigo 58, § 1º, da CLT, não serão descontadas nem computadas como jornada extraordinária as variações de horário no registro de ponto não excedentes de cinco minutos, observado o limite máximo de dez minutos diários.

- No artigo 67 da CLT, consta que o trabalhador deve ter um descanso semanal de 24 horas consecutivas, sendo que nos serviços que envolvem o trabalho aos domingos, com exceção de elencos teatrais, torna-se necessário haver uma escala de revezamento.

> Art. 67 - Será assegurado a todo empregado um descanso semanal de 24 (vinte e quatro) horas consecutivas, o qual, salvo motivo de conveniência pública ou necessidade imperiosa do serviço, deverá coincidir com o domingo, no todo ou em parte.
>
> Parágrafo único - Nos serviços que exijam trabalho aos domingos, com exceção quanto aos elencos teatrais, será estabelecida escala de revezamento, mensalmente organizada e constando de quadro sujeito à fiscalização.

- Empresas com mais de vinte empregados são obrigadas a ter um registro de controle de ponto, seja ele manual, mecânico ou eletrônico.

> Art. 74 da CLT. O horário de trabalho será anotado em registro de empregados.
>
> § 2º Para os estabelecimentos com mais de 20 (vinte) trabalhadores será obrigatória a anotação da hora de entrada e de saída, em registro manual, mecânico ou eletrônico, conforme instruções expedidas pela Secretaria Especial de Previdência e Trabalho do Ministério da Economia, permitida a pré-assinalação do período de repouso.
>
> § 3º Se o trabalho for executado fora do estabelecimento, o horário dos empregados constará do registro manual, mecânico ou eletrônico em seu poder, sem prejuízo do que dispõe o caput deste artigo.
>
> § 4º Fica permitida a utilização de registro de ponto por exceção à jornada regular de trabalho, mediante acordo individual escrito, convenção coletiva ou acordo coletivo de trabalho.

- A Portaria do Ministério do Trabalho e Previdência nº 671/2021, que regulamenta disposições relativas à legislação trabalhista, à inspeção do trabalho, às políticas públicas e às relações de trabalho, dispõe que, sendo as atividades inadiáveis, havendo uma grande necessidade ou no caso de a falta do trabalho poder acarretar prejuízos, torna-se possível a realização ou conclusão de serviços mesmo que seja em dia de domingo ou feriado religioso.

Art. 56 da Portaria/MTP nº 671/21 - A autorização transitória para trabalho aos domingos e feriados civis e religiosos a que se refere o parágrafo único do art. 68 do Decreto-Lei nº 5.452, de 1943 - CLT, será regida de acordo com os procedimentos previstos nesta Seção.

Parágrafo único. A autorização a que se refere o caput poderá ser concedida nas seguintes hipóteses:

I - para atender à realização ou conclusão de serviços inadiáveis ou necessidade imperiosa de serviço; e

II - quando a inexecução das atividades puder acarretar prejuízo manifesto.

- Quando o empregado, por vontade própria desejar ficar na empresa mesmo após o expediente, seja para estudar, trocar de roupa, para se proteger da chuva, participar de alguma atividade social ou de lazer, esse tempo não deve ser considerado como horas trabalhadas.

Art. 4, § 2º da CLT - Por não se considerar tempo à disposição do empregador, não será computado como período extraordinário o que exceder a jornada normal, ainda que ultrapasse o limite de cinco minutos previsto no § 1º do art. 58 desta Consolidação, quando o empregado, por escolha própria, buscar proteção pessoal, em caso de insegurança nas vias públicas ou más condições climáticas, bem como adentrar ou permanecer nas dependências da empresa para exercer atividades particulares, entre outras: I - práticas religiosas; II - descanso; III - lazer; IV - estudo; V - alimentação; VI - atividades de relacionamento social; VII - higiene pessoal; VIII - troca de roupa ou uniforme, quando não houver obrigatoriedade de realizar a troca na empresa.

- O Programa Seguro-Emprego (PSE) procura desenvolver ações para ajudar trabalhadores a permanecerem empregados. Empresas de todos os setores que estiverem em dificuldade econômico-financeira poderão participar do programa e pleitear uma redução de até 30% na jornada de trabalho e no salário dos empregados.

Lei nº 13.189/2015

Art. 1º - Fica instituído o Programa Seguro-Emprego (PSE), com os seguintes objetivos: I - possibilitar a preservação dos empregos em momentos de retração da atividade econômica; II - favorecer a recuperação econômico-financeira das empresas; III - sustentar a demanda agregada durante momentos de adversidade, para facilitar a recuperação da economia; IV - estimular a produtividade do trabalho por meio do aumento da duração do vínculo empregatício; e V - fomentar a negociação coletiva e aperfeiçoar as relações de emprego.

Art. 2º Podem aderir ao PSE as empresas de todos os setores em situação de dificuldade econômico-financeira que celebrarem acordo coletivo de trabalho específico de redução de jornada e de salário.

Art. 5º O acordo coletivo de trabalho específico para adesão ao PSE, celebrado entre a empresa e o sindicato de trabalhadores representativo da categoria da atividade econômica preponderante da empresa, pode reduzir em até 30% (trinta por cento) a jornada e o salário.

CAPÍTULO 5

Folha de pagamento

Para elaboração de uma folha de pagamento, é necessário ter conhecimento sobre salários, direitos trabalhistas, benefícios, remunerações e descontos dos funcionários.

> De acordo com o art. 225 do Decreto nº 3.048 de 06 de maio de 1999 A empresa é também obrigada a:
>
> I - preparar folha de pagamento da remuneração paga, devida ou creditada a todos os segurados a seu serviço, devendo manter, em cada estabelecimento, uma via da respectiva folha e recibos de pagamentos;
>
> II - lançar mensalmente em títulos próprios de sua contabilidade, de forma discriminada, os fatos geradores de todas as contribuições, o montante das quantias descontadas, as contribuições da empresa e os totais recolhidos;

5.1 Origem da palavra "salário"

De acordo com o *Dicionário Aurélio*: "[Do lat. *salariu*, 'ração de sal', 'soldo'.] Substantivo masculino. 1. Remuneração paga pelo empregador ao empregado, de forma regular, em retribuição a trabalho prestado" .

A palavra "salário" vem do latim *salarium*. Sua origem é derivada de "sal", pois nos primórdios da civilização era costume remunerar as pessoas com certa quantidade dessa substância pelos serviços prestados. Na civilização romana, por exemplo, os soldados recebiam sal como parte de seu soldo.

Atualmente a palavra "salário" é usada para indicar a remuneração ao trabalho realizado. Porém, existe distinção na forma como tal remuneração é chamada entre as diversas profissões existentes. Vejamos. de acordo com Sergio Pinto Martins (2009). seus significados:

- **Vencimentos:** denomina a remuneração de professores e funcionários públicos.

- **Soldo:** palavra designada aos militares.

- **Proventos:** palavra empregada para estabelecer o recebimento dos aposentados ou de funcionários públicos aposentados.

- **Honorários:** palavra designada aos profissionais liberais.

- **Ordenado:** palavra usada quando prepondera o esforço intelectual do trabalhador em relação aos esforços físicos.

- **Remuneração:** conjunto de pagamentos provenientes do empregador ou de terceiros em decorrência da prestação de serviços (para melhor compreender que a remuneração pode ser proveniente de terceiros, podemos citar o exemplo da gorjeta do garçom, que é paga pelo cliente).

- **Salário:** conjunto de pagamentos feitos pelo empregador em decorrência do contrato de trabalho.

Com tantas classificações, será que a Consolidação das Leis Trabalhistas poderia considerar cada denominação?

Bem, ficaria difícil, correto? Pois bem, na CLT encontramos as palavras: "remuneração" e "salário", porém, não existe a definição específica para "salário". No artigo 29 da CLT, que aborda as anotações da Carteira de Trabalho e Previdência Social, consta em sua redação que deve ser anotada a remuneração do trabalhador. E o § 1º do mesmo artigo diz que:

> As anotações concernentes à remuneração devem especificar o salário, qualquer que seja sua forma de pagamento, seja ele em dinheiro ou em utilidades, bem como a estimativa da gorjeta.

Em conformidade com o artigo 457 da CLT, a remuneração compreende tanto o salário quanto as gorjetas; já prêmios são os bens, serviços ou dinheiro que o empregador escolhe dar seja a um empregado ou a um grupo de empregados em função de desempenho.

> Art. 457 - Compreendem-se na remuneração do empregado, para todos os efeitos legais, além do salário devido e pago diretamente pelo empregador, como contraprestação do serviço, as gorjetas que receber.
>
> § 1º Integram o salário a importância fixa estipulada, as gratificações legais e as comissões pagas pelo empregador.
>
> § 2º As importâncias, ainda que habituais, pagas a título de ajuda de custo, auxílio-alimentação, vedado seu pagamento em dinheiro, diárias para viagem, prêmios e abonos não integram a remuneração do empregado, não se incorporam ao contrato de trabalho e não constituem base de incidência de qualquer encargo trabalhista e previdenciário.
>
> § 3º Considera-se gorjeta não só a importância espontaneamente dada pelo cliente ao empregado, como também o valor cobrado pela empresa, como serviço ou adicional, a qualquer título, e destinado à distribuição aos empregados.
>
> § 4º Consideram-se prêmios as liberalidades concedidas pelo empregador em forma de bens, serviços ou valor em dinheiro a empregado ou a grupo de empregados, em razão de desempenho superior ao ordinariamente esperado no exercício de suas atividades.

5.2 Proventos e descontos

5.2.1 Proventos ou remuneração

São considerados proventos ou remuneração:

- adicional de periculosidade;
- adicional de transferência;
- adicional noturno;
- ajuda de custo;
- diárias para viagens;
- gorjetas;
- horas extras;
- integração das horas extras ao repouso semanal e a feriados;
- repouso semanal remunerado;
- salário;
- salário-família.

5.2.2 Descontos

Ao empregador, é vedado efetuar qualquer desconto nos salários do empregado, salvo quando este resultar de adiantamentos, de dispositivos de lei ou de contrato coletivo (artigo 462 da CLT), mas, se houver um caso de dano causado pelo empregado, poderá haver desconto se isso for previamente acordado (§ 1º, artigo 462 da CLT).

Porém, existem alguns descontos que são autorizados, regulamentados e obrigatórios por lei. Por exemplo:

- Previdência Social, conforme artigo 12 da Lei nº 8.212/1991:

> São segurados obrigatórios da Previdência Social as seguintes pessoas físicas:
>
> I - como empregado:
>
> a) aquele que presta serviço de natureza urbana ou rural à empresa, em caráter não eventual, sob sua subordinação e mediante remuneração, inclusive como diretor empregado;
>
> [...]
>
> g) o servidor público ocupante de cargo em comissão, sem vínculo efetivo com a União, Autarquias, inclusive em regime especial, e Fundações Públicas Federais;
>
> II - como empregado doméstico: aquele que presta serviço de natureza contínua a pessoa ou família, no âmbito residencial desta, em atividades sem fins lucrativos;

- Imposto de Renda Retido na Fonte, conforme artigo 7º da Lei nº 7.713/1988:

> Ficam sujeito à incidência do imposto de renda na fonte, calculado de acordo com o disposto no art. 25 desta Lei:
>
> I - os rendimentos do trabalho assalariado, pagos ou creditados por pessoas físicas ou jurídicas;
>
> II - os demais rendimentos percebidos por pessoas físicas, que não estejam sujeitos à tributação exclusiva na fonte, pagos ou creditados por pessoas jurídicas.
>
> § 1º O imposto a que se refere este artigo será retido por ocasião de cada pagamento ou crédito e, se houver mais de um pagamento ou crédito, pela mesma fonte pagadora, aplicar-se-á a alíquota correspondente à soma dos rendimentos pagos ou creditados à pessoa física no mês, a qualquer título.

- Vale-transporte, conforme artigo 114 do Decreto nº 10.354/2021:

> O vale-transporte será custeado:
>
> I - pelo beneficiário, na parcela equivalente a seis por cento de seu salário básico ou vencimento, excluídos quaisquer adicionais ou vantagens; e
>
> II - pelo empregador, no que exceder à parcela de que trata o inciso I.
>
> Parágrafo único. O empregador fica autorizado a descontar mensalmente o valor da parcela de que trata o inciso I do caput do salário básico ou vencimento do empregado que utilizar o vale-transporte.

Existem descontos que antes eram obrigatórios e posteriormente se tornaram facultativos, como é o caso da contribuição sindical, já que, para realizar o devido desconto, é preciso autorização do empregado. Outros descontos também podem ser realizados se houver interesse do empregado, como empréstimo consignado, previdência privada e plano de saúde.

Artigo 582 da CLT:

> Os empregadores são obrigados a descontar da folha de pagamento de seus empregados relativa ao mês de março de cada ano a contribuição sindical dos empregados que autorizaram prévia e expressamente o seu recolhimento aos respectivos sindicatos.

E existem outros descontos que são optativos e dependem de acordo com a organização, como: planos de saúde, previdência privada e empréstimo consignado.

5.2.3 Não fazem parte do salário

- Ajudas de custo para cobrir despesas do trabalho.

- Pagamentos de natureza previdenciária.

- Pagamentos realizados por direitos intelectuais (direito do autor).

- Participação nos lucros.

- Gratificações pagas por liberalidade sem habitualidade.

- Diárias para viagem que não excedam 50% do salário percebido pelo empregado.

5.3 Distinção entre salário e remuneração

5.3.1 Salário

Contraprestação devida e paga pelo empregador ao empregado pela sua prestação de serviço, e que pode ser mensal, quinzenal, semanal, diária, por peça ou tarefa, mas, em qualquer uma dessas situações, deve respeitar o salário mínimo ou o salário profissional da categoria. Sendo assim, o salário é:

- irredutível: o seu valor não pode ser diminuído, só pode ser alterado por convenção ou acordo coletivo (CF/1988, artigo 7º, VI);

- intangível: os descontos só podem ocorrer por autorização legal, autorização judicial, norma coletiva, adiantamento; em caso de dolo, o desconto pode ser feito e, em caso de culpa, depende da autorização expressa do empregado;

- impenhorável: salvo para efeito de prestação alimentícia (cujo não pagamento injustificado pode resultar até em prisão);

- inalterável: tanto na forma como no modo de pagamento; a legislação prevê que somente se pode alterar as condições de trabalho mediante mútuo consentimento e desde que não haja prejuízo salarial para o empregado (artigo 468 da CLT).

5.3.2 Remuneração

Soma do salário com outras vantagens percebidas pelo empregado em decorrência do contrato. A reforma trabalhista alterou a redação do artigo 457 da CLT, sobre a remuneração do empregado, a saber:

> Lei nº 13.467, de 13 de julho de 2017. Altera a Consolidação das Leis do Trabalho (CLT), aprovada pelo Decreto-Lei nº 5.452, de 1º de maio de 1943, e as Leis nº 6.019, de 3 de janeiro de 1974, 8.036, de 11 de maio de 1990, e 8.212, de 24 de julho de 1991, a fim de adequar a legislação às novas relações de trabalho.
>
> § 1º Integram o salário a importância fixa estipulada, as gratificações legais e as comissões pagas pelo empregador.
>
> § 2º As importâncias, ainda que habituais, pagas a título de ajuda de custo, auxílio-alimentação, vedado seu pagamento em dinheiro, diárias para viagem,
>
> prêmios e abonos não integram a remuneração do empregado, não se incorporam ao contrato de trabalho e não constituem base de incidência de qualquer
>
> encargo trabalhista e previdenciário.

§ 3º Considera-se gorjeta não só a importância espontaneamente dada pelo cliente ao empregado, como também aquela que for cobrada pela empresa ao cliente, como adicional nas contas, a qualquer título, e destinada à distribuição aos empregados.

§ 4º Consideram-se prêmios as liberalidades concedidas pelo empregador em forma de bens, serviços ou valor em dinheiro a empregado ou a grupo de empregados, em razão de desempenho superior ao ordinariamente esperado no exercício de suas atividades.

5.4 Dissídio, convenção ou acordo coletivo de trabalho

Os dissídios ou acordos ocorrem por ocasião das revisões salariais da categoria a que pertencem os empregados. As revisões partem da conversão entre empregador (sindicato patronal) e empregado (sindicato da classe). Havendo "acordo" entre as partes, este é formalizado e enviado ao Tribunal Regional do Trabalho para homologação. Caso haja dissidência entre as partes (empregador e empregado), representadas pelos seus sindicatos, isso acarretará uma decisão judicial do Tribunal Regional do Trabalho denominada "dissídio".

5.4.1 Prevalência do negociado

Os acordos e convenções coletivas terão prevalência sobre as normas estabelecidas na CLT, com exceção das questões que envolvam as regras: identificação profissional, salário mínimo, remuneração do trabalho noturno superior ao diurno, repouso semanal remunerado, remuneração do serviço extraordinário no mínimo 50% superior ao normal, número de dias de férias, saúde, segurança e higiene do trabalho, FGTS, 13º salário, seguro-desemprego, salário-família, licença-maternidade de 120 dias, aviso prévio proporcional ao tempo de serviço, entre outros.

Assim, não é aplicável a regra de que os acordos coletivos seriam preponderantes somente naquilo em que fossem mais favoráveis.

Também ficou estabelecido que os empregados portadores de diploma de nível superior e que recebam salário igual ou superior a duas vezes o limite máximo dos benefícios do Regime Geral de Previdência Social poderão estipular livremente as condições de trabalho de forma individual, sendo que tais estipulações terão eficácia legal e preponderância sobre eventuais normas coletivas, observadas certas limitações.

Lei nº 13.467, de 13 de julho de 2017. Altera a Consolidação das Leis do Trabalho (CLT), aprovada pelo Decreto-Lei nº 5.452, de 1º de maio de 1943, e as Leis nº 6.019, de 3 de janeiro de 1974, 8.036, de 11 de maio de 1990, e 8.212, de 24 de julho de 1991, a fim de adequar a legislação às novas relações de trabalho.

Art. 611-A. A convenção coletiva e o acordo coletivo de trabalho têm prevalência sobre a lei quando, entre outros, dispuserem sobre:

I - pacto quanto à jornada de trabalho, observados os limites constitucionais;
II - banco de horas anual;

III - intervalo intrajornada, respeitado o limite mínimo de trinta minutos para jornadas superiores a seis horas;

IV - adesão ao Programa Seguro-Emprego (PSE), de que trata a Lei nº 13.189, de 19 de novembro de 2015;

V - plano de cargos, salários e funções compatíveis com a condição pessoal do empregado, bem como identificação dos cargos que se enquadram como funções de confiança;

VI - regulamento empresarial;

VII - representante dos trabalhadores no local de trabalho;

VIII - teletrabalho, regime de sobreaviso, e trabalho intermitente;

IX - remuneração por produtividade, incluídas as gorjetas percebidas pelo empregado, e remuneração por desempenho individual;

X - modalidade de registro de jornada de trabalho;

XI - troca do dia de feriado;

XII - enquadramento do grau de insalubridade;

XIII - prorrogação de jornada em ambientes insalubres, sem licença prévia das autoridades competentes do Ministério do Trabalho;

XIV - prêmios de incentivo em bens ou serviços, eventualmente concedidos em programas de incentivo;

XV - participação nos lucros ou resultados da empresa.

§ 1º No exame da convenção coletiva ou do acordo coletivo de trabalho, a Justiça do Trabalho observará o disposto no § 3º do art. 8º desta Consolidação.

§ 2º A inexistência de expressa indicação de contrapartidas recíprocas em convenção coletiva ou acordo coletivo de trabalho não ensejará sua nulidade por não caracterizar um vício do negócio jurídico.

§ 3º Se for pactuada cláusula que reduza o salário ou a jornada, a convenção coletiva ou o acordo coletivo de trabalho deverão prever a proteção dos empregados contra dispensa imotivada durante o prazo de vigência do instrumento coletivo.

§ 4º Na hipótese de procedência de ação anulatória de cláusula de convenção coletiva ou de acordo coletivo de trabalho, quando houver a cláusula compensatória, esta deverá ser igualmente anulada, sem repetição do indébito.

§ 5º Os sindicatos subscritores de convenção coletiva ou de acordo coletivo de trabalho deverão participar, como litisconsortes necessários, em ação individual ou coletiva, que tenha como objeto a anulação de cláusulas desses instrumentos."

Art. 611-B. Constituem objeto ilícito de convenção coletiva ou de acordo coletivo de trabalho, exclusivamente, a supressão ou a redução dos seguintes direitos:

I - normas de identificação profissional, inclusive as anotações na Carteira de Trabalho e Previdência Social;

II - seguro-desemprego, em caso de desemprego involuntário;

III - valor dos depósitos mensais e da indenização rescisória do Fundo de Garantia do Tempo de Serviço (FGTS);

IV - salário mínimo;

V - valor nominal do décimo terceiro salário;

VI - remuneração do trabalho noturno superior à do diurno;

VII - proteção do salário na forma da lei, constituindo crime sua retenção dolosa; VIII - salário-família;

IX - repouso semanal remunerado;

X - remuneração do serviço extraordinário superior, no mínimo, em 50% (cinquenta por cento) à do normal;

XI - número de dias de férias devidas ao empregado;

XII - gozo de férias anuais remuneradas com, pelo menos, um terço a mais do que o salário normal;

XIII - licença-maternidade com a duração mínima de cento e vinte dias; XIV - licença-paternidade nos termos fixados em lei;

XV - proteção do mercado de trabalho da mulher, mediante incentivos específicos, nos termos da lei;

XVI - aviso prévio proporcional ao tempo de serviço, sendo no mínimo de trinta dias, nos termos da lei;

XVII - normas de saúde, higiene e segurança do trabalho previstas em lei ou em normas regulamentadoras do Ministério do Trabalho;

XVIII - adicional de remuneração para as atividades penosas, insalubres ou perigosas;

XIX - aposentadoria;

XX - seguro contra acidentes de trabalho, a cargo do empregador;

XXI - ação, quanto aos créditos resultantes das relações de trabalho, com prazo prescricional de cinco anos para os trabalhadores urbanos e rurais, até o limite de dois anos após a extinção do contrato de trabalho;

XXII - proibição de qualquer discriminação no tocante a salário e critérios de admissão do trabalhador com deficiência;

XXIII - proibição de trabalho noturno, perigoso ou insalubre a menores de dezoito anos e de qualquer trabalho a menores de dezesseis anos, salvo na condição de aprendiz, a partir de quatorze anos;

XXIV - medidas de proteção legal de crianças e adolescentes;

XXV - igualdade de direitos entre o trabalhador com vínculo empregatício permanente e o trabalhador avulso;

XXVI - liberdade de associação profissional ou sindical do trabalhador, inclusive o direito de não sofrer, sem sua expressa e prévia anuência, qualquer cobrança ou desconto salarial estabelecidos em convenção coletiva ou acordo coletivo de trabalho;

XXVII - direito de greve, competindo aos trabalhadores decidir sobre a oportunidade de exercê-lo e sobre os interesses que devam por meio dele defender;

XXVIII - definição legal sobre os serviços ou atividades essenciais e disposições legais sobre o atendimento das necessidades inadiáveis da comunidade em caso de greve;

XXIX - tributos e outros créditos de terceiros;

XXX - as disposições previstas nos arts. 373-A, 390, 392, 392-A, 394, 394-A, 395, 396 e 400

desta Consolidação.

Parágrafo único. Regras sobre duração do trabalho e intervalos não são consideradas como normas de saúde, higiene e segurança do trabalho para os fins do disposto neste artigo."

Art. 614.

§ 3º Não será permitido estipular duração de convenção coletiva ou acordo coletivo de trabalho superior a dois anos, sendo vedada a ultratividade." (NR)

Art. 620. As condições estabelecidas em acordo coletivo de trabalho sempre prevalecerão sobre as estipuladas em convenção coletiva de trabalho." (NR)

5.5 Tipos de salários

ATENÇÃO:

sobre os cálculos de todos os benefícios (salário, 13º salário, férias, rescisão de contrato, entre outros), recomendamos observar os respectivos valores vigentes.

5.5.1 Salário mínimo

Conforme o artigo 76 da Consolidação das Leias Trabalhistas, salário mínimo é a contraprestação mínima devida e paga diretamente pelo empregador a todo trabalhador, inclusive ao trabalhador rural, sem distinção de sexo, por dia normal de serviço, e capaz de satisfazer, em determinada época e região do país, as suas necessidades normais de alimentação, habitação, vestuário, higiene e transporte.

De acordo com o artigo 7º da CF/1988:

> São direitos dos trabalhadores urbanos e rurais, além de outros que visem à melhoria de sua condição social:
>
> Inciso IV – salário mínimo, fixado em lei, nacionalmente unificado, capaz de atender às suas necessidades vitais básicas e às de sua família com moradia, alimentação, educação, saúde, lazer, vestuário, higiene, transporte e previdência social, com reajustes periódicos que lhe preservem o poder aquisitivo, sendo vedada sua vinculação para qualquer fim.

Em relação ao salário mínimo, foi revogado o artigo 84 da CLT, que dispunha sobre o tratamento dispensado ao estado do Acre, que ainda constava como território, e no qual constavam 22 regiões, sendo que atualmente o país contém 26 estados federativos, além do Distrito Federal. Também foi revogado o artigo 86 da CLT, que dispunha sobre a possibilidade de o salário mínimo ser diferente em algumas regiões do Brasil.

> Lei nº 13.467, de 13 de julho de 2017. Altera a Consolidação das Leis do Trabalho (CLT), aprovada pelo Decreto-Lei nº 5.452, de 1º de maio de 1943, e as Leis nº 6.019, de 3 de janeiro de 1974, 8.036, de 11 de maio de 1990, e 8.212, de 24 de julho de 1991, a fim de adequar a legislação às novas relações de trabalho.
>
> Art. 84 – revogado
>
> Art. 86 – revogado

5.5.1.1 Salário mínimo no Brasil[1]

O salário mínimo no Brasil foi estipulado no governo de Getúlio Vargas por meio de decreto-lei, o qual estipulou uma quantia mínima que o empregador teria de pagar ao empregado.

O salário mínimo deveria ser capaz de atender às necessidades vitais básicas do trabalhador e de sua família, tais como: moradia, alimentação, educação, saúde, lazer, vestuário, higiene, transporte e previdência social. Para isso, ele deveria ser reajustado periodicamente com o intuito de preservar-lhe o poder aquisitivo.

Porém, somente em 1988, com a Constituição da República Federativa do Brasil, ao declarar que todos são iguais perante a lei, é que foi analisada com maior veemência a diferença de salários, de exercícios de funções, dos direitos do portador de deficiências e de critérios de admissão por motivo de sexo, idade ou estado civil.

De acordo com o governo federal, atualmente nenhum empregado poderá receber menos que o previsto pelo salário mínimo por trabalho executado nas horas regulares da empresa, a não ser que tal atitude seja prevista em convenção ou acordo coletivo.

Para alguns profissionais, tais como médicos, engenheiros e professores, foi estipulado o salário mínimo profissional, também chamado de piso salarial, sendo esses valores previstos por lei sempre maiores que o salário mínimo.

5.5.1.2 Valor do salário mínimo no Brasil

O valor do salário de qualquer empregado contratado a partir de 1º de janeiro de 2022 não poderá ser inferior ao salário mínimo de R$ 1.212,00; o valor diário do salário mínimo corresponde a R$ 40,40; e o valor horário, a R$ 5,51, conforme disposto na Lei nº 14.358/2022.

5.5.2 Salário profissional

É o salário fixado como o mínimo que pode ser pago a determinadas profissões, proporcional à extensão e à complexidade do trabalho. Considera-se a remuneração mínima, geralmente estabelecida em lei ou convenção coletiva de sindicato, denominado também piso salarial para trabalhadores de certas categorias profissionais.

> Art. 7º da CF/1988. São direitos dos trabalhadores urbanos e rurais, além de outros que visem à melhoria de sua condição social:
>
> XXXII - proibição de distinção de trabalho manual, técnico e intelectual ou entre os profissionais respectivos.

1 Ver nos anexos tabela de evolução do salário mínimo no Brasil. Leia mais sobre o salário mínimo no site do Ministério do Trabalho e Emprego: https://www.gov.br/pt-br/@@search?SearchableText=Sal%C3%A1rio%20M%C3%ADnimo.

Lei nº 4.950-A de 22 de abril de 1966. Dispõe sobre a remuneração de profissionais diplomados em Engenharia, Química, Arquitetura, Agronomia e Veterinária.

5.5.3 Salário normativo

Salário normativo, também denominado piso salarial, pode ser diferente tanto nas regiões brasileiras quanto nos estados e no Distrito Federal, já que, em conformidade com a Lei Complementar nº 103/2000, onde não houver piso salarial definido em lei federal, convenção ou acordo coletivo é possível, em razão da lei de iniciativa do poder executivo, instituí-lo:

> Art. 1º - Os Estados e o Distrito Federal ficam autorizados a instituir, mediante lei de iniciativa do Poder Executivo, o piso salarial de que trata o inciso V do art. 7º da Constituição Federal para os empregados que não tenham piso salarial definido em lei federal, convenção ou acordo coletivo de trabalho.
>
> § 2º O piso salarial a que se refere o caput poderá ser estendido aos empregados domésticos.

> Art. 7º, V da CF - piso salarial proporcional à extensão e à complexidade do trabalho;

5.5.4 Salário *in natura*

Além do pagamento em dinheiro, compreende-se no salário, para todos os efeitos legais, a alimentação, habitação, vestuário ou outras prestações *in natura* que a empresa, por força do contrato ou do costume, fornecer habitualmente ao empregado. Em caso algum, será permitido o pagamento com bebidas alcoólicas ou drogas nocivas (artigo 458 da CLT).

5.5.5 Salário família[2]

Benefício previdenciário pago diretamente pela empresa aos segurados empregados que possuam filhos ou a eles equiparados de 0 a 14 anos ou inválidos. O valor do salário-família é fixado por lei e estabelecido em moeda, sendo reajustado periodicamente. Se a mãe e o pai são segurados e estão nas categorias e na faixa salarial que contêm o salário-família, os dois recebem o benefício. O salário-família não corresponde a uma percentagem do salário de benefício, como nos outros benefícios, sendo também devido ao empregado ou ao trabalhador avulso que está recebendo auxílio-doença, aposentadoria por invalidez ou por idade.

---

2 Ver tabela do salário família nos anexos.

Diz o artigo 7º da CF/1988:

> São direitos dos trabalhadores urbanos e rurais, além de outros que visem à melhoria de sua condição social:
>
> XII - salário família pago em razão do dependente do trabalhador de baixa renda nos termos da lei.

A cota do salário-família corresponde proporcionalmente aos dias trabalhados nos meses de admissão e demissão do empregado. No caso de trabalhador avulso, é o sindicato ou o órgão gestor de mão de obra que paga, mediante convênio com o INSS, o valor da cota, que será integral independentemente do total de dias trabalhados. O salário-família não se incorpora ao salário, e, por isso, não incide sobre ele o desconto da contribuição para a previdência social.

5.5.6 Salário-maternidade[3]

Benefício a que tem direito a segurada da previdência social por ocasião do parto. Porém, o INSS exige uma carência de dez contribuições para conceder o salário-maternidade.

O período de afastamento previsto para a segurada é de 120 dias a partir do parto, ou, se preferir, 28 dias antes e 92 dias após o parto. Nesse período, a empregada tem direito ao salário integral, e, caso este seja variável, o cálculo deverá ser feito com base na média dos últimos seis meses de trabalho. O afastamento poderá ser prorrogado por até duas semanas, antes e depois do parto, caso haja problemas de saúde da mãe ou da criança. Havendo aborto não criminoso, comprovado mediante atestado médico fornecido pelo Sistema Único de Saúde, a funcionária terá direito a um descanso de duas semanas.

A Lei nº 11.770/2008 criou o Programa Empresa Cidadã, que visa a prorrogação da licença-maternidade mediante concessão de incentivo fiscal, já que, de acordo com o artigo 5º, a pessoa jurídica tributada com base no lucro real poderá deduzir do imposto devido, em cada período de apuração, o total da remuneração integral da empregada e do empregado pago nos dias de prorrogação de sua licença-maternidade e de sua licença-paternidade, sendo vedada a dedução como despesa operacional. A prorrogação da licença-maternidade, seja em razão de ter gerado ou adotado uma criança, é de 60 dias, o que, somados os 120 instituídos por lei, faz com que a licença, por meio da adoção do Programa Empresa Cidadã, seja de 180 dias, porém o período de prorrogação pode ser substituído pela adoção de uma redução de jornada de trabalho em 50% pelo período de 120 dias.

3 Saiba como solicitar o salário-maternidade no site: https://www.gov.br/pt-br/servicos/solicitar-salario-maternidade-urbano. Leia também a cartilha do Ministério da Previdência Social no link: https://www.gov.br/inss/pt-br/centrais-de-conteudo/publicacoes/cartilhas-e-folders/pep-cartilha-aprendendo-previdencia-social-compressed-pdf.

Art. 1º É instituído o Programa Empresa Cidadã, destinado a prorrogar:

I - por 60 (sessenta) dias a duração da licença-maternidade prevista no inciso XVIII do caput do art. 7º da Constituição Federal;

§ 2º A prorrogação será garantida, na mesma proporção, à empregada e ao empregado que adotar ou obtiver guarda judicial para fins de adoção de criança.

Art. 1º-A. Fica a empresa participante do Programa Empresa Cidadã autorizada a substituir o período de prorrogação da licença-maternidade de que trata o inciso I do caput do art. 1º desta Lei pela redução de jornada de trabalho em 50% (cinquenta por cento) pelo período de 120 (cento e vinte) dias.

I - pagamento integral do salário à empregada ou ao empregado pelo período de 120 (cento e vinte) dias;

Art. 4º o No período de prorrogação da licença-maternidade e da licença-paternidade de que trata esta Lei, a empregada e o empregado não poderão exercer nenhuma atividade remunerada, e a criança deverá ser mantida sob seus cuidados.

Art. 5º A pessoa jurídica tributada com base no lucro real poderá deduzir do imposto devido, em cada período de apuração, o total da remuneração integral da empregada e do empregado pago nos dias de prorrogação de sua licença-maternidade e de sua licença-paternidade, vedada a dedução como despesa operacional.

5.5.7 Salário completivo ou complessivo

É a verba paga sem discriminação das verbas componentes de seu valor, como salário, horas extras, adicionais etc. Existe caso em que o empregador estipula desde o começo um valor extra, fixo ou proporcional, englobando algumas verbas acessórias, como as horas extras, as horas noturnas etc.

5.6 Equiparação salarial

Não pode haver diferença salarial entre trabalhadores que desenvolvam com a mesma produtividade e perfeição técnica uma atividade igualitária se a diferença de tempo de serviço não for superior a dois anos na mesma empresa.

Assim, a equiparação salarial requer a observância dos seguintes pré-requisitos:

- identidade de função: não se deve confundir função com cargo, já que há empregados com o mesmo cargo e funções diferentes;

- a prestação de serviço deve ter o mesmo valor: produtividade igual e perfeição técnica igual;

- a prestação de serviço deve ser executada pelo mesmo empregador;
- a prestação de serviço deve ser realizada na mesma localidade: município.

Que não haja diferença do tempo de serviço entre os empregados da mesma função superior a dois anos – isto é, se o tempo de serviço na função for superior a dois anos – impossibilita a equiparação.

> Decreto-Lei nº 5.452 de 1º de maio de 1943. Aprova a Consolidação das Leis do Trabalho.
>
> Art. 460 - Na falta de estipulação do salário ou não havendo prova sobre a importância ajustada, o empregado terá direito a perceber salário igual ao daquela que, na mesma empresa, fizer serviço equivalente ou do que for habitualmente pago para serviço semelhante.

Em 2017, com a reforma trabalhista, foram acrescentadas regras para a configuração salarial, a saber:

> Lei nº 13.467, de 13 de julho de 2017. Altera a Consolidação das Leis do Trabalho (CLT), aprovada pelo Decreto-Lei nº 5.452, de 1º de maio de 1943, e as Leis nº 6.019, de 3 de janeiro de 1974, 8.036, de 11 de maio de 1990, e 8.212, de 24 de julho de 1991, a fim de adequar a legislação às novas relações de trabalho.
>
> Art. 461. Sendo idêntica a função, a todo trabalho de igual valor, prestado ao mesmo empregador, no mesmo estabelecimento empresarial, corresponderá igual salário, sem distinção de sexo, etnia, nacionalidade ou idade.
>
> § 1º Trabalho de igual valor, para os fins deste Capítulo, será o que for feito com igual produtividade e com a mesma perfeição técnica, entre pessoas cuja diferença de tempo de serviço para o mesmo empregador não seja superior a quatro anos e a diferença de tempo na função não seja superior a dois anos.
>
> § 2º Os dispositivos deste artigo não prevalecerão quando o empregador tiver pessoal organizado em quadro de carreira ou adotar, por meio de norma interna da empresa ou de negociação coletiva, plano de cargos e salários, dispensada qualquer forma de homologação ou registro em órgão público.
>
> § 3º No caso do § 2º deste artigo, as promoções poderão ser feitas por

merecimento e por antiguidade, ou por apenas um destes critérios, dentro de cada categoria profissional.

[...]

§ 5º A equiparação salarial só será possível entre empregados contemporâneos no cargo ou na função, ficando vedada a indicação de paradigmas remotos, ainda que o paradigma contemporâneo tenha obtido a vantagem em ação judicial própria.

§ 6º No caso de comprovada discriminação por motivo de sexo ou etnia, o juízo determinará, além do pagamento das diferenças salariais devidas, multa, em favor do empregado discriminado, no valor de 50% (cinquenta por cento) do limite máximo dos benefícios do Regime Geral de Previdência Social.

5.7 Adicionais

5.7.1 Adicional de hora extra

O trabalhador brasileiro, de forma geral, deve trabalhar no máximo 8 horas, com limite máximo de 44 horas semanais. Por dia, podem ser acrescidas no máximo duas horas, mediante acordo por escrito entre empregado e empregador ou contrato coletivo de trabalho. É possível compensação de horário, porém as horas que excedem à jornada normal serão consideradas extraordinárias, ou seja, horas extras.

A Constituição Federal de 1988 determinou que os valores para cálculo das horas extraordinárias serão de 50% (dias normais) e 100% (domingos e feriados).

Art. 7º São direitos dos trabalhadores urbanos e rurais, além de outros que visem à melhoria de sua condição social:

XIII - duração do trabalho normal não superior a oito horas diárias e quarenta e quatro semanais, facultada a compensação de horários e a redução da jornada, mediante acordo ou convenção coletiva de trabalho.

De acordo com a Lei nº 7.415/1985, computam-se no cálculo do repouso semanal remunerado as horas extras habitualmente prestadas.

Considerando que um empregado trabalha diariamente no período de segunda a sexta-feira durante 8h48 para a compensação do sábado, poderá trabalhar mais 1h12 por dia, sendo esse período considerado hora extra.

Caso um empregado seja contratado para trabalhar a uma jornada inferior à máxima permitida, não poderá trabalhar além das duas horas extras diárias, ainda que não seja atingido o limite máximo de dez horas diárias.

ATENÇÃO

O empregado que executa serviços externos não tem direito a horas extras.

Vejamos a seguir alguns exemplos do cálculo de horas extras:

- Bento Paulino é um empregado que recebe por hora R$ 9,00. Calcular-se-á o valor do adicional de horas extras que ele deverá receber em dias normais (pré-combinados) e nos domingos e feriados.

Salário normal por hora trabalhada: R$ 9,00

Adicional de hora extra em dias normais: R$ 9,00 × 50% = R$ 4,50

Valor da hora extra: R$ 9,00 + R$ 4,50 = R$ 13,50

Adicional de horas extras realizadas nos domingos e nos feriados: R$ 9,00 × 100% = R$ 9,00

Valor da hora extra: R$ 9,00 + R$ 9,00 = R$ 18,00

O valor do adicional de hora extra que Bento receberá em dias normais será de R$ 4,50 e, nos domingos e feriados, de R$ 18,00.

- Maria Luiza trabalha 220 horas no mês e recebe R$ 5,00 por cada hora trabalhada. Supondo-se que em um mês ela faça uma hora extra em uma segunda-feira (dia normal) e duas horas extras em dia de feriado, calcular-se-á o total recebido por ela nesse referido mês.

Salário normal por hora trabalhada: R$ 5,00

Salário normal de Maria Luiza: 220 horas × R$ 5,00 = R$ 1.100,00

Adicional de hora extra da segunda feira: R$ 5,00 × 50% = R$ 2,50 (por hora)

Como ela trabalhou uma hora: 1 × R$ 2,50 = R$ 2,50 + R$ 5,00 = R$ 7,50

Adicional de hora no feriado: R$ 5,00 × 100% = R$ 5,00 (por hora)

Como ela trabalhou duas horas:

2 × R$ 5,00 = R$ 10,00 = R$ 10,00 + R$ 10,00 = R$ 20,00

Somando tudo: R$ 1.100 + R$ 7,50 + R$ 20,00 = R$ 1.127,50

Maria Luiza receberá esse mês R$ 1.127,50.

5.7.2 Adicional de periculosidade

Os funcionários que trabalham em lugares em que há índices de periculosidade, como, por exemplo, os funcionários que estão em permanente contato com inflamáveis ou explosivos, de acordo com o artigo 193 da CLT, receberão um adicional de 30% sobre o salário-base.

Caso o empregado receba prêmios, gratificações, participações nos lucros e adicionais, estes não serão computados para efeito do adicional de periculosidade.

Quando o empregado trabalhar em condições insalubres e perigosas, poderá optar por apenas um dos adicionais (periculosidade ou insalubridade). O direito à periculosidade cessa com a eliminação do risco à integridade física do empregado.

CF/1988

Art. 7º São direitos dos trabalhadores urbanos e rurais, além de outros que visem à melhoria de sua condição social:

XXIII - adicional de remuneração para as atividades penosas, insalubres ou perigosas, na forma da lei.

Art. 193. São consideradas atividades ou operações perigosas, na forma da regulamentação aprovada pelo Ministério do Trabalho e Emprego, aquelas que, por sua natureza ou métodos de trabalho, impliquem risco acentuado em virtude de exposição permanente do trabalhador a:

I - inflamáveis, explosivos ou energia elétrica;

II - roubos ou outras espécies de violência física nas atividades profissionais de segurança pessoal ou patrimonial.

§ 1º O trabalho em condições de periculosidade assegura ao empregado um adicional de 30% (trinta por cento) sobre o salário, sem os acréscimos resultantes de gratificações nos lucros da empresa.

§ 2º O empregado poderá optar pelo adicional de insalubridade que porventura lhe seja devido.

§ 4º São também consideradas perigosas as atividades de trabalhador em motocicleta.

Lei nº 12.740, de 8 de dezembro de 2012. Altera o art. 193 da Consolidação das Leis do Trabalho - CLT, aprovada pelo Decreto-Lei nº 5.452, de 1º de maio de 1943, a fim de redefinir os critérios para caracterização das atividades ou operações perigosas, e revoga a Lei nº 7.369, de 20 de setembro de 1985.

Art. 1º O art. 193 da Consolidação das Leis do Trabalho - CLT, aprovada pelo Decreto-Lei nº 5.452, de 1º de maio de 1943, passa a vigorar com as seguintes alterações:

> Art. 193. São consideradas atividades ou operações perigosas, na forma da regulamentação aprovada pelo Ministério do Trabalho e Emprego, aquelas que, por sua natureza ou métodos de trabalho, impliquem risco acentuado em virtude de exposição permanente do trabalhador a:
>
> I - inflamáveis, explosivos ou energia elétrica;
>
> II - roubos ou outras espécies de violência física nas atividades profissionais de segurança pessoal ou patrimonial.
>
> § 3º Serão descontados ou compensados do adicional outros da mesma natureza eventualmente já concedidos ao vigilante por meio de acordo coletivo." (NR)

Em 13 de outubro de 2014, o Ministério do Trabalho e Emprego publicou no Diário Oficial da União o Anexo V da Norma Regulamentadora nº 16, que regulamenta o trabalho com utilização de motocicleta e gera o direito ao adicional de periculosidade em 30% sobre o salário-base, conforme disposto na Lei nº 12.997/2014.

> Lei nº 12.997, de 18 junho de 2014. Acrescenta § 4º ao art. 193 da Consolidação das Leis do Trabalho - CLT, aprovada pelo Decreto-Lei nº 5.452, de 1º de maio de 1943, para considerar perigosas as atividades de trabalhador em motocicleta.
>
> Art. 193.
>
> § 4º São também consideradas perigosas as atividades de trabalhador em motocicleta." (NR)

Exemplo do cálculo do adicional de periculosidade:

Ricardo trabalha com produtos explosivos. Sua jornada de trabalho é de 220 horas. Seu salário contratual é de R$ 2.000,00. Quanto Ricardo deverá receber de adicional de periculosidade?

Salário contratual × 30% = R$ 2.000,00 × 30% = R$ 600,00

Resposta: Ricardo deverá receber R$ 600,00 de adicional de periculosidade.

5.7.3 Adicional de insalubridade

Quando o trabalhador exerce uma atividade em lugares insalubres, ou seja, em lugares onde ele é exposto a agentes nocivos à saúde acima dos limites de tolerância regidos pela CLT, recebe um percentual de adicional que incide sobre o salário mínimo (artigos 189 e

192 da CLT), sendo que, de acordo com a Súmula do Tribunal Superior do Trabalho (TST) nº 228/2008, o adicional de insalubridade será calculado sobre o salário básico, salvo critério mais vantajoso fixado em instrumento coletivo.

CF/1988

Art. 7º São direitos dos trabalhadores urbanos e rurais, além de outros que visem à melhoria de sua condição social:

XIII - adicional de remuneração para as atividades penosas, insalubres ou perigosas, na forma da lei.

Lei nº 6.514, de 22 de dezembro de 1977. Altera o Capítulo V do Título II da Consolidação das Leis do Trabalho, relativo à segurança e medicina do trabalho e dá outras providencias.

Art. 189 - Serão consideradas atividades ou operações insalubres aquelas que, por sua natureza, condições ou métodos de trabalho, exponham os empregados a agentes nocivos à saúde, acima dos limites de tolerância fixados em razão da natureza e da intensidade do agente e do tempo de exposição aos seus efeitos.

Art. 190 - O Ministério do Trabalho aprovará o quadro das atividades e operações insalubres e adotará normas sobre os critérios de caracterização da insalubridade, os limites de tolerância aos agentes agressivos, meios de proteção e o tempo máximo de exposição do empregado a esses agentes.

Parágrafo único - As normas referidas neste artigo incluirão medidas de proteção do organismo do trabalhador nas operações que produzem aerodispersóides tóxicos, irritantes, alérgicos ou incômodos.

Art. 191- A eliminação ou a neutralização da insalubridade ocorrerá:

I - com a adoção de medidas que conservem o ambiente de trabalho dentro dos limites de tolerância;

II - com a utilização de equipamentos de proteção individual ao trabalhador, que diminuam a intensidade do agente agressivo a limites de tolerância.

Parágrafo único - Caberá às Delegacias Regionais do Trabalho, comprovada a insalubridade, notificar as empresas, estipulando prazos para sua eliminação ou neutralização, na forma deste artigo.

Art. 192 - O exercício de trabalho em condições insalubres, acima dos limites de tolerância estabelecidos pelo Ministério do Trabalho, assegura a percepção de adicional respectivamente de 40% (quarenta por cento), 20% (vinte por cento) e 10% (dez por cento) do salário-mínimo da região, segundo se classifiquem nos graus máximo, médio e mínimo.

Art. 193 - São consideradas atividades ou operações perigosas, na forma da regulamentação aprovada pelo Ministério do Trabalho, aquelas que, por sua natureza ou métodos de trabalho, impliquem o contato permanente com inflamáveis ou explosivos em condições de risco acentuado.

§ 1º - O trabalho em condições de periculosidade assegura ao empregado um adicional de 30% (trinta por cento) sobre o salário sem os acréscimos resultantes de gratificações, prêmios ou participações nos lucros da empresa.

§ 2º - O empregado poderá optar pelo adicional de insalubridade que porventura lhe seja devido.

Art. 194 - O direito do empregado ao adicional de insalubridade ou de periculosidade cessará com a eliminação do risco à sua saúde ou integridade física, nos termos desta Seção e das normas expedidas pelo Ministério do Trabalho.

Art. 195 - A caracterização e a classificação da insalubridade e da periculosidade, segundo as normas do Ministério do Trabalho, far-se-ão através de perícia a cargo de Médico do Trabalho ou Engenheiro do Trabalho, registrados no Ministério do Trabalho.

§ 1º - É facultado às empresas e aos sindicatos das categorias profissionais interessadas requererem ao Ministério do Trabalho a realização de perícia em estabelecimento ou setor deste, com o objetivo de caracterizar e classificar ou delimitar as atividades insalubres ou perigosas.

§ 2º - Arguida em juízo insalubridade ou periculosidade, seja por empregado, seja por Sindicato em favor de grupo de associado, o juiz designará perito habilitado na forma deste artigo, e, onde não houver, requisitará perícia ao órgão competente do Ministério do Trabalho.

§ 3º - O disposto nos parágrafos anteriores não prejudica a ação fiscalizadora do Ministério do Trabalho, nem a realização ex officio da perícia.

Lei nº 13.287, de 11 de maio de 2016. Acrescenta dispositivo à Consolidação das Leis do Trabalho - CLT, aprovada pelo Decreto-Lei nº 5.452, de 1º de maio de 1943, para proibir o trabalho da gestante ou lactante em atividades, operações ou locais insalubres.

Art. 394-A. A empregada gestante ou lactante será afastada, enquanto durar a gestação e a lactação, de quaisquer atividades, operações ou locais insalubres, devendo exercer suas atividades em local salubre.

O valor percentual desse adicional segue as seguintes proporções:

- 40% sobre o salário mínimo para a insalubridade de grau máximo;

- 20% sobre o salário mínimo para a insalubridade de grau médio;

- 10% sobre o salário mínimo para a insalubridade de grau mínimo.

> Art. 192. O exercício de trabalho em condições insalubres, acima dos limites de tolerância estabelecidos pelo Ministério do Trabalho, assegura a percepção de adicional respectivamente de 40%, 20 % e 10% do salário-base da região, segundo se classifiquem nos graus máximo, médio e mínimo.

Conforme a Norma Reguladora nº 15, no item 15.3, caso haja mais de um fator de insalubridade, para efeito de acréscimo salarial, será considerado apenas o de grau mais elevado, sendo vedada a percepção cumulativa, ou seja, mesmo que o empregado esteja exposto, por exemplo, a atividades com o grau máximo e ao grau mínimo, receberá somente o acréscimo referente ao grau máximo.

> 15.2 O exercício de trabalho em condições de insalubridade, de acordo com os subitens do item anterior, assegura ao trabalhador a percepção de adicional, incidente sobre o salário mínimo da região, equivalente a:
>
> 15.2.1 40% (quarenta por cento), para insalubridade de grau máximo;
>
> 15.2.2 20% (vinte por cento), para insalubridade de grau médio;
>
> 15.2.3 10% (dez por cento), para insalubridade de grau mínimo;
>
> 15.3 Atividades e Operações Insalubres - No caso de incidência de mais de um fator de insalubridade, será apenas considerado o de grau mais elevado, para efeito de acréscimo salarial, sendo vedada a percepção cumulativa.
>
> 15.4 A eliminação ou neutralização da insalubridade determinará a cessação do pagamento do adicional respectivo.
>
> 15.4.1 A eliminação ou neutralização da insalubridade deverá ocorrer: a) com a adoção de medidas de ordem geral que conservem o ambiente de trabalho dentro dos limites de tolerância; b) com a utilização de equipamento de proteção individual.
>
> 15.4.1.1 Cabe à autoridade regional competente em matéria de segurança e saúde do trabalhador, comprovada a insalubridade por laudo técnico de engenheiro de segurança do trabalho ou médico do trabalho, devidamente habilitado, fixar adicional devido aos empregados expostos à insalubridade quando impraticável sua eliminação ou neutralização.
>
> 15.4.1.2 A eliminação ou neutralização da insalubridade ficará caracterizada através de avaliação pericial por órgão competente, que comprove a inexistência de risco à saúde do trabalhador.

Caso o trabalhador desenvolva atividades que se insiram no perfil de insalubridade e periculosidade, ele deverá optar pelo adicional que lhe for mais favorável.

Exemplo do cálculo do adicional de insalubridade:

Rejane trabalha em um local altamente insalubre (grau máximo de insalubridade). Sua jornada de trabalho é de 220 horas. O salário contratual é de R$ 2.000,00. Quanto Rejane deverá receber de adicional de insalubridade?

O adicional de insalubridade é 40% sobre o salário mínimo, portanto: R$ 1.212,00 (referência em janeiro de 2022) × 40% = 484,20

Resposta: Rejane receberá de adicional de insalubridade o valor de R$ 484,20.

5.7.4 Adicional noturno

5.7.4.1 Trabalhador urbano

Considera-se noturno o trabalho realizado entre as 22 horas de um dia e as 5 horas do dia seguinte. A hora noturna tem a duração normal de 52 minutos e 30 segundos. Para o trabalhador urbano, além da redução da hora normal, há um acréscimo de pelo menos 20% sobre o valor da hora normal diurna.

5.7.4.2 Trabalhador rural[4]

O período que compreende o trabalho norturno, com algumas exceções, ocorre das 21 horas de um dia às 5 horas do dia seguinte.. Este período é considerado o horário de descanso do trabalhador; por isso, todo trabalhador nessa faixa de tempo deve receber benefício especial: o adicional noturno. A cada hora de trabalho prestada no período, deve ser adicionado 20% do valor da hora no salário ao final do mês.

A duração da hora noturna não equivale à hora diurna normal. Para os profissionais que trabalham entre 22 horas e 5 horas, a hora corresponde somente a 52min30, e não a 60 minutos. Isso não quer dizer, no entanto, que o funcionário vai trabalhar menos durante seu expediente, e sim que vai trabalhar normalmente e ganhar como se tivesse trabalhado os 60 minutos.[5]

Existe uma diferença entre o trabalhador rural da lavoura e o trabalhador rural da pecuária:

---

4 O acréscimo a que se refere o presente artigo, em se tratando de empresas que não mantêm, pela natureza de suas atividades, trabalho noturno habitual, será feito tendo em vista os quantitativos pagos por trabalhos diurnos de natureza semelhante. Em relação às empresas cujo trabalho noturno decorra da natureza de suas atividades, o aumento será calculado sobre o salário mínimo geral vigente na região, não sendo devido quando exceder desse limite, já acrescido da percentagem (§ 3º do art. 73 da CLT). Em todos os locais de trabalho, deverá haver iluminação adequada, natural ou artificial, apropriada à natureza da atividade, sendo que a iluminação deverá ser uniformemente distribuída, geral e difusa, a fim de evitar ofuscamento, reflexos incômodos, sombras e contrastes excessivos. Leia o § 1º do art. 175 da CLT.

5 Leia o art. 73 da CLT.

- lavoura: o trabalho noturno está compreendido das 21 horas de um dia às 5 horas do dia seguinte;

- pecuária: o trabalho noturno está compreendido das 20 horas de um dia às 4 horas do dia seguinte.

> **Lei nº 5.889, de 8 de junho de 1973.**
>
> ....
>
> Art. 7º - Para os efeitos desta Lei, considera-se trabalho noturno o executado entre as vinte e uma horas de um dia e as cinco horas do dia seguinte, na lavoura, e entre as vinte horas de um dia e as quatro horas do dia seguinte, na atividade pecuária.
>
> Parágrafo único. Todo trabalho noturno será acrescido de 25% (vinte e cinco por cento) sobre a remuneração normal.
>
> Art. 8º Ao menor de 18 anos é vedado o trabalho noturno.

A transferência para o período diurno de trabalho implica a perda do direito ao adicional noturno (Súmula do Tribunal Superior do Trabalho nº 265).

Para calcular o valor do adicional noturno de uma pessoa que trabalhe no turno da noite, basta adicionar os 20% às horas que se faz no período noturno; ver quantas horas são realizadas neste horário em um mês e somar o resultado ao pagamento.

Cálculo da hora noturna:

Transformando a hora noturna em minutos: 52 min + 30 s

Usando regra de três: se um minuto tem 60 segundos, 30 segundos tem quantos minutos?

1 — 160

x — 30

60x = 1 × 30

60x = 30

x = 30 ÷ 60

x = 0,5

Então: 52 minutos + 0,5 minuto = 52,5 minutos.

Transformação de 5 horas de 60 minutos em horas noturnas:

Transformação da hora diurna em minutos: 5 × 60 = 300 minutos

Divisão dos minutos encontrados pelos minutos da hora noturna: 300 ÷ 52,5 = 5,7142857

Transformação dessa fração de hora em minutos: 0,7142857 × 60 = 42,857142

42 + 0,857142 = 42 minutos e 0,857142 minuto

Transformação da fração de minuto em segundos: 0,857142 × 60 = 51,42852

Juntando tudo: 5 horas, 42 minutos e 51 segundos.

Veja o exemplo de como calcular o adicional noturno:

Salário: R$ 2.000.00

Horas mensais: 220 horas

Valor da hora trabalhada: R$ 9,09

Valor da hora + adicional noturno: 9,09 × 20% = R$ 10,90

Valor da hora com adicional noturno: R$ 10,90

5.7.5 Adicional de transferência

A transferência caracteriza-se pela mudança de domicílio. Nos termos da legislação civil, domicílio é o lugar onde a pessoa reside com ânimo definitivo. A mudança do local de trabalho que não acarrete mudança de domicílio não configura transferência, mas simples deslocamento do empregado. O adicional de transferência só é devido se houver mudança de domicílio do empregado e a transferência for provisória. Inexistindo mudança de domicílio do autor e sendo a transferência definitiva, o adicional é indevido. Se a empresa pagava o adicional e depois deixou de fazê-lo, procedeu de forma acertada, pois o adicional era indevido, não ferindo o artigo 468 da CLT.

Em relação aos contratos individuais, quando houver necessidade de alteração das condições vigentes, a mudança só poderá ocorrer se tanto o empregado quanto o empregador concordarem com as novas condições, as quais não podem resultar, seja de forma direta ou indireta, em prejuízos para o empregado. Considerando-se, por exemplo, que a empresa queira transferir um empregado para outro estado e essa possibilidade não constar no contrato de trabalho estabelecido, a mudança só poderá ocorrer com a anuência do empregado, porém, se este ocupar cargo de confiança ou se a transferência for em razão de extinção da empresa naquela localidade, a transferência será lícita.

Existem casos de transferências por motivo de saúde que deverão ser analisados:

- **Prestação de Serviços em subsolo para a superfície:**

> Art. 300. Sempre que, por motivo de saúde, for necessária a transferência do empregado, a juízo da autoridade competente em matéria da segurança e da medicina do trabalho, dos serviços no subsolo para os de superfície, é a empresa obrigada a realizar essa transferência, assegurando ao transferido a remuneração atribuída ao trabalhador de superfície em serviço equivalente, respeitada a capacidade profissional do interessado.

(Redação dada pela Lei nº 2.924, de 21.10.1956)

Parágrafo único - No caso de recusa do empregado em atender a essa transferência, será ouvida a autoridade competente em matéria de higiene e segurança do trabalho, que decidirá a respeito. (Redação dada pela Lei nº 2.924, de 21.10.1956)

Art. 301. O trabalho no subsolo somente será permitido a homens, com idade compreendida entre 21 (vinte e um) e 50 (cinquenta) anos, assegurada a transferência para a superfície nos termos previstos no artigo anterior.

- **Condições de saúde de gestante:**

Art. 392. A empregada gestante tem direito à licença-maternidade de 120 (cento e vinte) dias, sem prejuízo do emprego e do salário. (Redação dada pela Lei nº 10.421, 15.4.2002) (Vide Lei nº 13.985, de 2020)

[...]

§ 4º É garantido à empregada, durante a gravidez, sem prejuízo do salário e demais direitos: (Redação dada pela Lei nº 9.799, de 26.5.1999)

I - transferência de função, quando as condições de saúde o exigirem, assegurada a retomada da função anteriormente exercida, logo após o retorno ao trabalho; (Incluído pela Lei nº 9.799, de 26.5.1999)

[...]

Art. 468. Nos contratos individuais de trabalho só é lícita a alteração das respectivas condições por mútuo consentimento, e ainda assim desde que não resultem, direta ou indiretamente, prejuízos ao empregado, sob pena de nulidade da cláusula infringente desta garantia.

Conforme o artigo 469 da CLT, nenhum empregado poderá ser transferido, salvo se demonstrada a necessidade do serviço em outra localidade, e somente aquele que tiver cargo de confiança e cujo contrato já preveja a transferência como condição implícita ou explícita. Mas nem nesta condição o empregador está desobrigado de pagar ao empregado o adicional de transferência:

Art. 469. É vedado transferir o empregado sem a sua anuência para localidade diversa da que resultar do contrato, não se considerando transferência a que não acarretar necessariamente a mudança do seu domicílio.

5.7.5.1 Transferência temporária

A transferência temporária ocorre quando, por necessidade da organização, o empregado vai exercer sua prestação de serviço longe da região originária de sua contratação e de seu domicílio. A transferência temporária do trabalhador para outro local de trabalho acarretará à organização o pagamento de suplementar, denominado adicional de transferência, o qual não deverá ser inferior a 25% do salário, pelo objetivo de auxiliar o trabalhador a melhorar sua condição.

> Art. 469 - Ao empregador é vedado transferir o empregado, sem a sua anuência, para localidade diversa da que resultar do contrato, não se considerando transferência a que não acarretar necessariamente a mudança do seu domicílio.
>
> § 1º - Não estão compreendidos na proibição deste artigo: os empregados que exerçam cargo de confiança e aqueles cujos contratos tenham como condição, implícita ou explícita, a transferência, quando esta decorra de real necessidade de serviço. (Redação dada pela Lei nº 6.203, de 17.4.1975)
>
> § 2º - É lícita a transferência quando ocorrer extinção do estabelecimento em que trabalhar o empregado.
>
> § 3º - Em caso de necessidade de serviço o empregador poderá transferir o empregado para localidade diversa da que resultar do contrato, não obstante as restrições do artigo anterior, mas, nesse caso, ficará obrigado a um pagamento suplementar, nunca inferior a 25% (vinte e cinco por cento) dos salários que o empregado percebia naquela localidade, enquanto durar essa situação. (Parágrafo incluído pela Lei nº 6.203, de 17.4.1975)
>
> Art. 470 - As despesas resultantes da transferência correrão por conta do empregador. (Redação dada pela Lei nº 6.203, de 17.4.1975).

5.7.5.2 Transferência definitiva

Havendo mudança de domicílio, as despesas que resultarem (por exemplo, passagens, frete da mudança, taxas de armazenagem de móveis, hotel ou aluguel provisório) ficarão a cargo do empregador, mas não é devido o adicional de transferência.

O empregador poderá transferir o empregado sem seu consentimento nos seguintes casos:

- quando o empregado exercer cargo de confiança, entendendo-se como tal aquele investido de mandato em forma legal; exercer poder de mando amplamente, representando o empregador nos atos de sua administração. Essa transferência se dará pelo padrão mais elevado de vencimentos.
- quando, nos contratos de trabalho, a transferência for condição implícita ou explícita e decorrer de real necessidade de serviço. Condição implícita é inerente à função,

como, por exemplo, no caso de vendedor viajante. Condição explícita é a que consta expressamente no contrato de trabalho, devendo, para tanto, ser apontada na ficha ou no livro de registro e na CTPS;

- quando ocorrer a extinção do estabelecimento em que trabalhar o empregado. Nessa hipótese, é lícito ao empregador transferir o empregado para outra filial ou para novo estabelecimento.

De acordo com o artigo 543 da CLT, o empregado eleito para cargo de administração sindical ou representação profissional, inclusive em órgão de deliberação coletiva, não poderá ser impedido do exercício de suas funções nem transferido para lugar que impossibilite o desempenho das suas atribuições sindicais.

Lei nº 7.064, de 6 de dezembro de 1982. Dispõe sobre a situação de trabalhadores contratados ou transferidos para prestar serviços no exterior, o que abrange, conforme o artigo primeiro, o empregado que trabalhava em solo brasileiro e foi removido para o exterior, o que foi cedido para uma empresa com atuação no exterior, mas com vínculo trabalhista com empregador brasileiro e que contratado por empresa sediada no Brasil para trabalhar a seu serviço no exterior.

Art. 3º - A empresa responsável pelo contrato de trabalho do empregado transferido assegurar-lhe-á, independentemente da observância da legislação do local da execução dos serviços:

I - os direitos previstos nesta Lei;

II - a aplicação da legislação brasileira de proteção ao trabalho, naquilo que não for incompatível com o disposto nesta Lei, quando mais favorável do que a legislação territorial, no conjunto de normas e em relação a cada matéria.

Parágrafo único. Respeitadas as disposições especiais desta Lei, aplicar-se-á a legislação brasileira sobre Previdência Social, Fundo de Garantia por Tempo de Serviço - FGTS e Programa de Integração Social - PIS/PASEP.

Art. 4º - Mediante ajuste escrito, empregador e empregado fixarão os valores do salário-base e do adicional de transferência.

Art. 5º - O salário-base do contrato será obrigatoriamente estipulado em moeda nacional, mas a remuneração devida durante a transferência do empregado, computado o adicional de que trata o artigo anterior, poderá, no todo ou em parte, ser paga no exterior, em moeda estrangeira.

5.7.6 Adicional de atividade penosa

Trabalhadores urbanos, rurais e servidores públicos fazem jus a adicional de periculosidade.

Art. 7º da CF - São direitos dos trabalhadores urbanos e rurais, além de outros que visem à melhoria de sua condição social: XXIII - adicional de remuneração para as atividades penosas, insalubres ou perigosas, na forma da lei.

Art.611-B da CLT - Constituem objeto ilícito de convenção coletiva ou de acordo coletivo de trabalho, exclusivamente, a supressão ou a redução dos seguintes direitos: XVIII adicional de remuneração para as atividades penosas, insalubres ou perigosas.

Art. 71 da Lei nº 8.112/90 - O adicional de atividade penosa será devido aos servidores em exercício em zonas de fronteira ou em localidades cujas condições de vida o justifiquem, nos termos, condições e limites fixados em regulamento.

5.7.7 Comissão

Trata-se de uma forma de salário segundo a qual o empregado recebe um percentual da atividade desenvolvida.

A comissão deve ser paga após concluída a transação à qual faz jus, mas, no caso do empregado vendedor, conforme a Lei nº 3.207/1957, deve ser realizada ao final de cada mês.

Art. 459 da CLT - O pagamento do salário, qualquer que seja a modalidade do trabalho, não deve ser estipulado por período superior a um mês, salvo no que concerne a comissões, percentagens e gratificação.

Art. 466 - O pagamento de comissões e percentagens só é exigível depois de ultimada a transação a que se referem.

§ 1º - Nas transações realizadas por prestações sucessivas, é exigível o pagamento das percentagens e comissões que lhes disserem respeito proporcionalmente à respectiva liquidação

Art. 2º da Lei nº 3.207/1957 - O empregado vendedor terá direito à comissão avençada sobre as vendas que realizar. No caso de lhe ter sido reservada expressamente, com exclusividade, uma zona de trabalho, terá esse direito sobre as vendas ali realizadas diretamente pela empresa ou por um preposto desta.

5.7.8 Repouso semanal remunerado

De acordo com Martins (2009), a origem do repouso semanal remunerado (RSR) é religiosa, dado que, por exemplo, os hebreus descansavam aos sábados. Após a morte de Cristo, o dia de descanso foi direcionado para o domingo, por ser este o dia da ressurreição de Jesus Cristo.

No ano 321, Constantino proibiu o trabalho aos domingos (salvo as atividades agrícolas); já no ano 366, o Concílio de Laodiceia determinou que os cristãos deveriam deixar o domingo como dia de repouso.

No Brasil, é assegurado a todo empregado um descanso semanal de 24 horas consecutivas, sendo este remunerado e devendo coincidir, preferencialmente, aos domingos (artigo 67 da CLT e artigo 7, XV, da CF/88). Sendo que, de acordo com o artigo 66 da CLT, entre duas jornadas (dias) de trabalho, haverá um período mínimo de onze horas consecutivas para descanso.

> Art. 7º da CF/1988. São direitos dos trabalhadores urbanos e rurais, além de outros que visem à melhoria de sua condição social:
>
> XV – repouso semanal remunerado, preferencialmente aos domingos.

> Art. 1º da Lei nº 605, de 5 de janeiro de 1949. Todo empregado tem direito ao repouso semanal remunerado de vinte e quatro horas consecutivas, preferencialmente aos domingos, e, nos limites das exigências técnicas das empresas, nos feriados civis e religiosos de acordo com a tradição local.

Para os empregados contratados por mês ou quinzena, o repouso está incluso no valor total pago, mas, para os contratados por semana, dia ou hora, o descanso semanal é equivalente a um dia normal de trabalho.

O repouso semanal remunerado é devido inclusive aos comissionistas (trabalhadores que recebem seu salário em comissão fixada em percentuais sobre vendas e negócios que efetuam), correspondendo neste caso o RSR à soma das comissões percebidas durante a semana, dividida pelo número de dias de serviço da respectiva semana. Porém, se o cálculo for feito por mês, deve-se somar as comissões mensais, dividir pelo número de dias de serviço e multiplicar pelo número de domingos e feriados do mês.

O empregado que faltar injustificadamente ao serviço por um ou mais dias perderá o repouso semanal. O pagamento do trabalho realizado em dia de repouso será efetuado em dobro, a não ser que seja determinado outro dia de folga.

Quando o feriado recair em domingo ou em dia de repouso durante a semana, o pagamento do RSR corresponderá a um só dia, não sendo cumulativas as remunerações (feriados e domingos).

5.7.9 Repouso semanal remunerado – integração do adicional noturno

A seguir, exemplificaremos o cálculo do valor do adicional noturno integrado ao repouso semanal remunerado de um trabalhador urbano que fez cinco horas noturnas durante a semana, sendo o valor do adicional noturno de cada hora R$ 2,00, considerando a não existência de feriado.

Horas noturnas trabalhadas na semana: 5 horas

Valor do adicional noturno por hora: R$ 2,00

Juntando *a* e *b*: 5 × R$ 2,00 = R$ 10,00

Calculando o repouso: R$ 10,00 ÷ 6 dias = R$ 1,67

Total: R$ 10,00 + R$ 1,67 = R$ 11,67

O trabalhador teve direito a receber R$ 11,67 em função da integração do adicional noturno ao RSR.

5.7.10 Repouso semanal remunerado – integração das horas extras

As horas extraordinárias habitualmente prestadas devem ser computadas no cálculo do repouso semanal remunerado, como vemos no exemplo a seguir.

Érika recebe por hora normal R$ 5,00 e fez 39 horas extras no mês de maio/x1 . O adicional da sua categoria é de 50%. A seguir, vejamos o cálculo de quanto ela recebeu de RSR nesse mês.

Cálculo do valor das horas extras

Valor da hora normal: R$ 5,00

Adicional da hora extra: R$ 5,00 × 50% = R$ 2,50

Valor da hora extra: R$ 5,00 + R$ 2,50 = R$ 7,50

Divisão do resultado pelo número de dias úteis do mês

Número de horas extras realizadas: 39

39 ÷ 26 = R$ 1,50

Multiplicação pelo número de domingos e feriados do mês: R$ 1,50 × 5 = R$ 7,50 horas extras

Multiplicação do cálculo da letra a pelo valor da hora extra: R$ 7,50 × R$ 7,50 = R$ 56,25

Resposta: o valor do RSR é R$ 56,25.

5.7.11 Repouso semanal remunerado – horista

Lei nº 605, de 5 de janeiro de 1949

Art. 7º A remuneração do repouso semanal corresponderá:

a) para os que trabalham por dia, semana, quinzena ou mês, à de um dia de serviço, computadas as horas extraordinárias habitualmente prestadas; (Redação dada pela Lei nº 7.415, de 09/12/1985)

b) para os que trabalham por hora, à sua jornada norma de trabalho, computadas as horas extraordinárias habitualmente prestadas; (Redação dada pela Lei nº 7.415, de 09/12/1985)

c) para os que trabalham por tarefa ou peça, o equivalente ao salário correspondente às tarefas ou peças feitas durante a semana, no horário normal de trabalho, dividido pelos dias de servico efetivamente prestados ao empregador;

d) para o empregado em domicílio, o equivalente ao quociente da divisão por 6 (seis) da importância total da sua produção na semana.

Exemplo do cálculo de remuneração do repouso semanal:

João Victor é colaborador horista e trabalhou 192 horas no mês de maio/x1. Sendo o valor da hora normal R$ 10,00, calcular-se-á a seguir o valor do RSR.

Somatório das horas normais trabalhadas no mês: 192

Divisão do resultado pelo número de dias úteis: 192 ÷ 26 = 7,38

Multiplicação pelo número de domingos e feriados:

7,38 × 5 (4 domingos e 1 feriado) = 36,9

Multiplicação pelo valor da hora normal: 36,9 × R$ 10,00 = R$ 369,00

Resposta: o valor que João Victor receberá de RSR será R$ 369,00.

5.7.12 Repouso semanal remunerado para trabalhadores comissionados

O empregado comissionado tem direito ao repouso semanal remunerado de 24 horas, preferencialmente aos domingos.

Exemplo do cálculo de RSR de empregado comissionado:

Jônatas é um empregado comissionado e obteve no mês de maio/x1 um total de comissões de R$ 1.300,00. A seguir, será calculado o valor de seu RSR.

Comissões obtidas no mês: R$ 1.300,00

Divisão pelo número de dias úteis: R$ 1.300,00 ÷ 26 = R$ 50,00

Multiplicação pelo número de domingos e feriados: R$ 50,00 × 5 (4 domingos e 1 feriado) = R$ 250,00

Resposta: o valor que Jônatas receberá de RSR é R$ 250,00.

5.7.13 Ajuda de custo

Importância paga ao empregado visando a proporcionar condições para a execução do serviço, tendo características de natureza indenizatória e não salarial, seja qual for a importância paga.

> Art. 457, § 2º, da CLT. Não se incluem nos salários as ajudas de custo, assim como as diárias para viagem que não excedam de cinquenta por cento do salário percebido pelo empregado.

5.7.14 Gorjeta

Considera-se gorjeta não só a importância espontaneamente dada pelo cliente ao empregado como também o valor cobrado pela empresa, como serviço ou adicional, a qualquer título, e destinado à distribuição aos empregados.

> Art. 457 da CLT - Compreendem-se na remuneração do empregado, para todos os efeitos legais, além do salário devido e pago diretamente pelo empregador, como contraprestação do serviço, as gorjetas que receber.
>
> § 1º Integram o salário a importância fixa estipulada, as gratificações legais e as comissões pagas pelo empregador.
>
> § 2º As importâncias, ainda que habituais, pagas a título de ajuda de custo, auxílio-alimentação, vedado seu pagamento em dinheiro, diárias para viagem, prêmios e abonos não integram a remuneração do empregado, não se incorporam ao contrato de trabalho e não constituem base de incidência de qualquer encargo trabalhista e previdenciário.
>
> § 3º Considera-se gorjeta não só a importância espontaneamente dada pelo cliente ao empregado, como também o valor cobrado pela empresa, como serviço ou adicional, a qualquer título, e destinado à distribuição aos empregados.

5.7.15 Abono

O abono, ainda que pago com regularidade, não integra a remuneração do empregado; também não é incorporado ao contrato de trabalho e não serve de base para a incidência de encargo trabalhista e previdenciário.

> Art. 457 da CLT - Compreendem-se na remuneração do empregado, para todos os efeitos legais, além do salário devido e pago diretamente pelo empregador, como contraprestação do serviço, as gorjetas que receber.
>
> § 1º Integram o salário a importância fixa estipulada, as gratificações legais e as comissões pagas pelo empregador.
>
> § 2º As importâncias, ainda que habituais, pagas a título de ajuda de custo,

auxílio-alimentação, vedado seu pagamento em dinheiro, diárias para viagem, prêmios e abonos não integram a remuneração do empregado, não se incorporam ao contrato de trabalho e não constituem base de incidência de qualquer encargo trabalhista e previdenciário.

5.7.16 Prêmios

Em conformidade com a Consolidação das Leis Trabalhistas, prêmio está relacionado a bens, serviços ou valor em dinheiro que o empregador decide dar ao empregado em razão de um bom desempenho.

> Art. 457, § 2º, da CLT - As importâncias, ainda que habituais, pagas a título de ajuda de custo, auxílio-alimentação, vedado seu pagamento em dinheiro, diárias para viagem, prêmios e abonos não integram a remuneração do empregado, não se incorporam ao contrato de trabalho e não constituem base de incidência de qualquer encargo trabalhista e previdenciário.
>
> Art. 457, § 4º Consideram-se prêmios as liberalidades concedidas pelo empregador em forma de bens, serviços ou valor em dinheiro a empregado ou a grupo de empregados, em razão de desempenho superior ao ordinariamente esperado no exercício de suas atividades.
>
> Art. 611-A. A convenção coletiva e o acordo coletivo de trabalho têm prevalência sobre a lei quando, entre outros, dispuserem sobre: XIV - prêmios de incentivo em bens ou serviços, eventualmente concedidos em programas de incentivo.

5.7.17 Diárias para viagem

Se um trabalhador precisar viajar a trabalho, normalmente a empresa pagará a diária, ou seja, disponibilizará um dinheiro para que o empregado possa pagar as despesas necessárias em razão dos serviços a serem realizados em outra localidade. No artigo 457 da CLT, consta que:

> Compreendem-se na remuneração do empregado, para todos os efeitos legais, além do salário devido e pago diretamente pelo empregador, como contraprestação do serviço, as gorjetas que receber.
>
> § 2º As importâncias, ainda que habituais, pagas a título de ajuda de custo, auxílio-alimentação, vedado seu pagamento em dinheiro, diárias para viagem, prêmios e abonos não integram a remuneração do empregado, não se incorporam ao contrato de trabalho e não constituem base de incidência de qualquer encargo trabalhista e previdenciário.
>
> O Decreto nº 10.193/19, que estabelece limites e instâncias de governança para a contratação de bens e serviços e para a realização de gastos com

diárias e passagens no âmbito do Poder Executivo federal no artigo segundo que cabe ao Ministro de Estado da Economia estipular anualmente tanto os limites quanto os critérios da despesa anual a ser empenhada com a contratação de bens e serviços e a concessão de diárias e passagens.

5.7.18 Reembolso-creche

É o benefício que consiste no ressarcimento das despesas com contratação de uma instituição particular credenciada para guardar/cuidar de filhos (0 a 7 anos), qual seja: berçário, creche, jardim de infância ou pré-escola.

Em conformidade com a CLT, os estabelecimentos nos quais trabalham pelo menos trinta mulheres que tenham mais de 16 anos precisam ter em suas dependências um espaço com berçário, saleta de amamentação, cozinha dietética e instalação sanitária, devidamente vigiado, para as empregadas deixarem seus filhos no período em que estes estiverem em amamentação.

Porém, de acordo com o § 2º do artigo 389 da CLT, essa exigência pode ser suprida por creches e, em conformidade com o artigo 5º da Medida Provisória nº 1.116/2022, os empregadores que adotam o reembolso-creche não são obrigados a ter um local apropriado para a guarda e a assistência de filhos de empregadas no período da amamentação.

Ainda de acordo com a Medida Provisória nº 1.116/2022, o reembolso-creche pode ser dado tanto à empregada quanto ao empregado que possua filhos entre 4 meses e 5 anos de idade, e sua implementação é realizada por meio de acordo individual, acordo coletivo ou convenção coletiva de trabalho.

O benefício reembolso-creche não integra o salário de contribuição, não possui natureza salarial, não se incorpora à remuneração, não se configura como rendimento tributável, e sobre ele não incide contribuição previdenciária ou do FGTS.

Conforme consta na Portaria do Ministério do Trabalho e Previdência nº 671/2021, artigo 121, II, o benefício deverá ser concedido a toda empregada-mãe, independentemente do número de mulheres do estabelecimento, e sem prejuízo do cumprimento dos demais preceitos de proteção à maternidade.

> Art. 389 da CLT - Toda empresa é obrigada:
>
> § 1º - Os estabelecimentos em que trabalharem pelo menos 30 (trinta) mulheres com mais de 16 (dezesseis) anos de idade terão local apropriado onde seja permitido às empregadas guardar sob vigilância e assistência os seus filhos no período da amamentação.
>
> § 2º - A exigência do § 1º poderá ser suprida por meio de creches distritais mantidas, diretamente ou mediante convênios, com outras entidades públicas ou privadas, pelas próprias empresas, em regime comunitário, ou

a cargo do SESI, do SESC, da LBA ou de entidades sindicais.

Art. 400 - Os locais destinados à guarda dos filhos das operárias durante o período da amamentação deverão possuir, no mínimo, um berçário, uma saleta de amamentação, uma cozinha dietética e uma instalação sanitária.

Art. 2º da Medida Provisória nº 1.116/22 - Ficam os empregadores autorizados a adotar o benefício de reembolso-creche, de que trata a alínea "s" do § 9º do art. 28 da Lei nº 8.212, de 24 de julho de 1991, desde que cumpridos os seguintes requisitos:

I - o benefício será destinado ao pagamento de creche ou de pré-escola de livre escolha da empregada ou do empregado, ou outra modalidade de prestação de serviços de mesma natureza, comprovadas as despesas realizadas;

II - o benefício poderá ser concedido à empregada ou ao empregado que possua filhos entre quatro meses e cinco anos de idade, sem prejuízo dos demais preceitos de proteção à maternidade;

Art. 3º A implementação do reembolso-creche ficará condicionada à formalização de acordo individual, acordo coletivo ou convenção coletiva de trabalho.

Art. 4º Os valores pagos a título de reembolso-creche:

I - não possuem natureza salarial;

II - não se incorporam à remuneração para quaisquer efeitos;

III - não constituem base de incidência de contribuição previdenciária ou do FGTS; e

IV - não se configuram como rendimento tributável da empregada ou do empregado.

Art. 5º Os empregadores que adotarem o benefício do reembolso-creche ficam desobrigados da instalação de local apropriado para a guarda e a assistência de filhos de empregadas no período da amamentação, nos termos do disposto no § 1º do art. 389 da Consolidação das Leis do Trabalho, aprovada pelo Decreto-Lei nº 5.452, de 1943.

Art. 28. da Lei nº 8.212/91 - Entende-se por salário-de-contribuição: § 9º Não integram o salário-de-contribuição para os fins desta Lei, exclusivamente:

s) o ressarcimento de despesas pelo uso de veículo do empregado e o reembolso creche pago em conformidade com a legislação trabalhista, observado o limite máximo de seis anos de idade, quando devidamente comprovadas as despesas realizadas;

Art. 121 da Portaria MTP nº 671/2021 - Ficam as empresas e empregadores autorizados a adotar o sistema de reembolso-creche, em substituição à exigência contida no § 1º do art. 389 do Decreto-Lei nº 5.452, de 1943 - CLT, desde que obedeçam às seguintes exigências:

I - o reembolso-creche deverá cobrir, integralmente, as despesas efetuadas com o pagamento da creche de livre escolha da empregada-mãe, ou outra modalidade de prestação de serviços desta natureza, pelo menos até os seis meses de idade da criança, nas condições, prazos e valor estipulados em acordo ou convenção coletiva, sem prejuízo do cumprimento dos demais preceitos de prestação à maternidade;

II - o benefício deverá ser concedido a toda empregada-mãe, independentemente do número de mulheres do estabelecimento, e sem prejuízo do cumprimento dos demais preceitos de proteção à maternidade;

III - as empresas e empregadores deverão dar ciência às empregadas da existência do sistema e dos procedimentos necessários para a utilização do benefício, com a afixação de avisos em locais visíveis e de fácil acesso para os empregados, ou por meio de comunicação escrita ou por meio eletrônico; e

IV - o reembolso-creche deverá ser efetuado até o terceiro dia útil da entrega do comprovante das despesas efetuadas, pela empregada-mãe, com a mensalidade da creche.

Art. 122. A implantação do sistema de reembolso-creche dependerá de prévia estipulação em acordo ou convenção coletiva.

5.7.19 Participação nos lucros e nos resultados[6]

A participação nos lucros e nos resultados (PLR) é a distribuição, aos empregados, de parcela dos lucros da empresa como forma de incentivar a produtividade, a lucratividade e a qualidade dos serviços oferecidos à sociedade. Apesar de constar na legislação brasileira desde 1946 e na Constituição Federal, essa participação não é obrigatória, sendo objeto de negociação entre a empresa e os empregados.

Art. 7º da CF/1988. São direitos dos trabalhadores urbanos e rurais, além de outros que visem à melhoria de sua condição social:

XI - participação nos lucros, ou resultados, desvinculada da remuneração, e, excepcionalmente, participação na gestão da empresa, conforme definido em lei.

Art. 621 da CLT - As Convenções e os Acordos poderão incluir entre suas cláusulas disposição sobre a constituição e o funcionamento de comissões

6 Ver exemplo de tabela tributária nos anexos.

mistas de consulta e colaboração, no plano da empresa e sobre participação nos lucros. Estas disposições mencionarão a forma de constituição, o modo de funcionamento e as atribuições das comissões, assim como o plano de participação, quando for o caso.

Art. 1º da Lei nº 10.101, de 19 de dezembro de 2000. Esta Lei regula a participação dos trabalhadores nos lucros ou resultados da empresa como instrumento de integração entre o capital e o trabalho e como incentivo à produtividade, nos termos do art. 7º, inciso XI, da Constituição.

Art. 3º A participação de que trata o art. 2º não substitui ou complementa a remuneração devida a qualquer empregado, nem constitui base de incidência de qualquer encargo trabalhista, não se lhe aplicando o princípio da habitualidade.

Medida Provisória nº 597, de 26 de dezembro de 2012. Dá nova redação ao § 5º do art. 3º da Lei nº 10.101, de 19 de dezembro de 2000, e dá outras providências. Art. 1ºA Lei nº 10.101, de 19 de dezembro de 2000, passa a vigorar com as seguintes alterações:

Artigo 3º [...]

[...]

§ 5º A participação de que trata este artigo será tributada pelo imposto sobre a renda exclusivamente na fonte, em separado dos demais rendimentos recebidos, no ano do recebimento ou crédito, com base na tabela progressiva anual constante do Anexo e não integrará a base de cálculo do imposto devido pelo beneficiário na Declaração de Ajuste Anual.

§ 6º Para efeito da apuração do imposto sobre a renda, a participação dos trabalhadores nos lucros ou resultados da empresa será integralmente tributada, com base na tabela progressiva constante do Anexo.

§ 7º Na hipótese de pagamento de mais de uma parcela referente a um mesmo ano-calendário, o imposto deve ser recalculado, com base no total da participação nos lucros recebida no ano-calendário, mediante a utilização da tabela constante do Anexo, deduzindo-se do imposto assim apurado o valor retido anteriormente.

§ 8º Os rendimentos pagos acumuladamente a título de participação dos trabalhadores nos lucros ou resultados da empresa serão tributados exclusivamente na fonte, em separado dos demais rendimentos recebidos, sujeitando-se, também de forma acumulada, ao imposto sobre a renda com base na tabela progressiva constante do Anexo.

§ 9º Considera-se pagamento acumulado, para fins do § 8º, o pagamento da participação nos lucros relativa a mais de um ano-calendário.

§ 10. Na determinação da base de cálculo da participação dos trabalhadores nos lucros ou resultados, poderão ser deduzidas as importâncias pagas em dinheiro a título de pensão alimentícia em face das normas do Direito de Família, quando em cumprimento de decisão judicial, de acordo homologado judicialmente ou de separação ou divórcio consensual realizado por escritura pública, desde que correspondentes a esse rendimento, não podendo ser utilizada a mesma parcela para a determinação da base de cálculo dos demais rendimentos. (NR)

Lei nº 12.832, de 20 de junho de 2013. Altera dispositivos das Leis nos 10.101, de 19 de dezembro de 2000, que dispõe sobre a participação dos trabalhadores nos lucros ou resultados da empresa, e 9.250, de 26 de dezembro de 1995, que altera a legislação do imposto de renda das pessoas físicas.

SAIBA MAIS

Empregados desligados devem receber PLR proporcional ao ano-base: a parcela da Participação nos Lucros e Resultados é calculada sobre o lucro da empresa, podendo ser apurada proporcionalmente, com base no tempo em que o trabalhador prestou serviço durante o período de apuração, que é, geralmente, anual. De acordo com as observações do relator, não existe na cláusula 7ª do ACT 08/09 a previsão alegada pela indústria de bebidas. Além disso, o julgador aplica ao caso o entendimento expresso na OJ 390 da SBDI-I do TST, que assim dispõe: "fere o princípio da isonomia instituir vantagem mediante acordo coletivo ou norma regulamentar que condiciona a percepção da parcela participação nos lucros e resultados ao fato de estar o contrato de trabalho em vigor na data prevista para distribuição dos lucros. Assim, inclusive na rescisão contratual antecipada, é devido o pagamento da parcela de forma proporcional aos meses trabalhados, pois o ex-empregado concorreu para os resultados positivos da empresa". Acompanhando esse entendimento, a turma negou provimento ao recurso da empresa. Ver: *https://www3.tst.jus.br/jurisprudencia/Sumulas_com_indice/Sumulas_Ind_451_600.html*

5.7.20 Adicional de refeição/alimentação

O adicional de refeição/alimentação é um benefício oferecido pela empresa, mas não é obrigatório por lei. Pode ser caracterizado como salário *in natura* quando a empresa concede o benefício por meio de dinheiro creditado no pagamento do mês.

Empresas podem participar dos programas de alimentação do trabalhador aprovados pelo Ministério do Trabalho, em que distribuem alimentos ou, por meio de entidades de alimentação coletiva ou não, oferecem refeições a fim de deduzir do lucro tributável, para fins de apuração do imposto sobre a renda, o dobro das despesas comprovadamente realizadas no período-base em programas de alimentação do trabalhador previamente aprovados.

O benefício não pode ser pago em dinheiro, não tem natureza salarial, não se incorpora à remuneração para quaisquer efeitos e não constitui base de incidência do FGTS.

> Art. 1º da Lei nº 6.321/1976 - As pessoas jurídicas poderão deduzir do lucro tributável, para fins de apuração do imposto sobre a renda, o dobro das despesas comprovadamente realizadas no período-base em programas de alimentação do trabalhador previamente aprovados pelo Ministério do Trabalho e Previdência, na forma e de acordo com os limites dispostos no decreto que regulamenta esta Lei.
>
> § 3º As despesas destinadas aos programas de alimentação do trabalhador deverão abranger exclusivamente o pagamento de refeições em restaurantes e estabelecimentos similares e a aquisição de gêneros alimentícios em estabelecimentos comerciais.
>
> Art. 3º Não se inclui como salário de contribuição a parcela paga in natura, pela empresa, nos programas de alimentação aprovados pelo Ministério do Trabalho.
>
> Art. 3º-A. A execução inadequada, o desvio ou o desvirtuamento das finalidades dos programas de alimentação do trabalhador pelas pessoas jurídicas beneficiárias ou pelas empresas registradas no Ministério do Trabalho e Previdência, sem prejuízo da aplicação de outras penalidades cabíveis pelos órgãos competentes, acarretarão:
>
> I - a aplicação de multa no valor de R$ 5.000,00 (cinco mil reais) a R$ 50.000,00 (cinquenta mil reais), a qual será aplicada em dobro em caso de reincidência ou de embaraço à fiscalização;
>
> II - o cancelamento da inscrição da pessoa jurídica beneficiária ou do registro das empresas vinculadas aos programas de alimentação do trabalhador cadastradas no Ministério do Trabalho e Previdência, desde a data da primeira irregularidade passível de cancelamento, conforme estabelecido em ato específico; e
>
> III - a perda do incentivo fiscal da pessoa jurídica beneficiária, em consequência do cancelamento previsto no inciso II deste caput.

> Art. 169 do Decreto nº 10.854/2021 - Para fins de execução do PAT, a pessoa jurídica beneficiária poderá:

I - manter serviço próprio de refeições;

II - distribuir alimentos; ou

III - firmar contrato com entidades de alimentação coletiva.

Art. 178. A parcela paga in natura pela pessoa jurídica beneficiária, no âmbito do PAT, ou disponibilizada na forma de instrumentos de pagamento, vedado o seu pagamento em dinheiro:

I - não tem natureza salarial;

II - não se incorpora à remuneração para quaisquer efeitos; e

III - não constitui base de incidência do FGTS.

Lei nº 14.442/2022 - Dispõe sobre o pagamento de auxílio-alimentação ao empregado e altera a Lei nº 6.321, de 14 de abril de 1976, e a Consolidação das Leis do Trabalho, aprovada pelo Decreto-Lei nº 5.452, de 1º de maio de 1943.

Art. 1º Esta Lei dispõe sobre o pagamento de auxílio-alimentação ao empregado, bem como altera a Lei nº 6.321, de 14 de abril de 1976, e a Consolidação das Leis do Trabalho, aprovada pelo Decreto-Lei nº 5.452, de 1º de maio de 1943.

Art. 2º As importâncias pagas pelo empregador a título de auxílio-alimentação de que trata o § 2º do art. 457 da Consolidação das Leis do Trabalho, aprovada pelo Decreto-Lei nº 5.452, de 1º de maio de 1943, deverão ser utilizadas para o pagamento de refeições em restaurantes e estabelecimentos similares ou para a aquisição de gêneros alimentícios em estabelecimentos comerciais.

5.7.20.1 Diferenças entre o vale alimentação e o vale refeição

O vale alimentação (VA) é usado única e exclusivamente para a compra de alimentos (arroz, feijão, macarrão, carne etc.) em mercados parceiros do cartão de vale alimentação.

O vale-refeição (VR) é utilizado para o pagamento de refeições na rede de parceiros do cartão. Este cartão não compra produtos alimentícios em mercados.

De acordo com o artigo 457, § 2º, da CLT, o valor pago referente a auxílio-alimentação não integra a remuneração do empregado, não se incorpora ao contrato de trabalho e não constitui base de incidência de qualquer encargo trabalhista e previdenciário; e, em conformidade com o artigo 458, compreende-se no salário, para todos os efeitos legais, a alimentação, sendo que, quando ela for fornecida como salário-utilidade, deverá atender aos fins a que se destina e não poderá exceder 20% do salário-contratual.

Art. 457 da CLT

§ 2º As importâncias, ainda que habituais, pagas a título de ajuda de custo, auxílio-alimentação, vedado seu pagamento em dinheiro, diárias para viagem, prêmios e abonos não integram a remuneração do empregado, não se incorporam ao contrato de trabalho e não constituem base de incidência de qualquer encargo trabalhista e previdenciário.

Art. 458 Além do pagamento em dinheiro, compreende-se no salário, para todos os efeitos legais, a alimentação, habitação, vestuário ou outras prestações "in natura" que a empresa, por força do contrato ou do costume, fornecer habitualmente ao empregado. Em caso algum será permitido o pagamento com bebidas alcoólicas ou drogas nocivas.

§ 3º - A habitação e a alimentação fornecidas como salário-utilidade deverão atender aos fins a que se destinam e não poderão exceder, respectivamente, a 25% (vinte e cinco por cento) e 20% (vinte por cento) do salário-contratual.

A Lei nº 14.442/2022 estabeleceu alguns critérios quanto à concessão do auxílio-alimentação:

- o vale-alimentação/refeição não poderá ser gasto em outras atividades, a não ser para pagamento de refeição em restaurantes ou gêneros alimentícios comprados no comércio, proibida a compra de produtos como cigarros, bebidas alcoólicas ou outros produtos não alimentícios;

- garante a portabilidade gratuita da operadora do cartão alimentação/refeição, caso o empregado anseie;

- proíbe o pagamento posterior ao benefício de VR e VA, que deverá ser pré-pago;

- o saque do saldo não utilizado poderá ser tirado após 60 dias;

- estabelecimentos terão de aceitar todas as operadoras de VA/VF.

5.7.21 Adicional por tempo de serviço – anuênio/quinquênio

O adicional por tempo de serviço anuênio/quinquênio não é objeto de direito da CLT. Portanto, as empresas só estão obrigadas a efetuar este pagamento quando constar em convenção ou acordo coletivo ou até mesmo nas normas internas.

5.7.21.1 Anuênio

São considerados de efetivo exercício para contagem de anuênio os períodos de afastamento/ausência constante ao trabalho. De acordo com a Lei nº 9.624/1998, servidores públicos civis da União, das autarquias e das fundações públicas federais que adquiriram o anuênio até 5 de julho de 1996 terão seus direitos preservados.

> **Art. 6º da Lei nº 9.624/1998 - Fica resguardado o direito à percepção do anuênio aos servidores que, em 5 de julho de 1996, já o tiveram adquirido, bem como o cômputo do tempo de serviço residual para a concessão do adicional de que trata o art. 67 da Lei nº 8.112, de 1990.**

O cálculo do anuênio para o exercício da função sujeita à remuneração singular será feito sobre o salário-base do cargo efetivo, acrescido do valor correspondente à complementação da remuneração singular. Vejamos o exemplo a seguir.

Thaís recebe um salário de R$ 1.000,00. Calcular-se-á o valor do anuênio sabendo-se que a instituição paga o valor de 1% sobre o salário.

Anuênio: R$ 1.000,00 × 1% = R$ 10,00

Resposta: o valor que Thaís receberá como anuênio é R$ 10,00.

5.7.21.2 Quinquênio

É um adicional de 5% do salário ao fim de cada período de cinco anos, contínuos ou não, de efetivo exercício. Desse período, são descontadas as faltas justificadas, as injustificadas e as licenças para tratamento de saúde. O quinquênio é calculado da seguinte forma.

Carlos Procópio foi admitido em 5 de fevereiro de 2012 e seu salário é de R$ 1.000,00. A partir de cinco anos de exercício efetivo, ele terá um percentual de 5% sobre seu salário.

Salário referência: 1.000,00 × 5% = R$ 50,00

Resposta: Carlos Procópio receberá de quinquênio o valor de R$ 50,00.

5.7.22 Quebra de caixa

É uma verba geralmente paga a empregados que manuseiam constantemente numerários, tais como caixas de bancos, de lojas, de agências lotéricas, de supermercados etc., e destina-se a cobrir possíveis riscos assumidos por eles, isto é, ressarcir eventuais prejuízos sofridos pelos empregados/funcionários no exercício da atividade, visto que as diferenças a menor apuradas no seu movimento diário podem ser deduzidas do seu salário.

São lícitos os descontos feitos a título de diferenças contábeis resultantes de dolo ou culpa do empregado e quando efetivados durante o período de recebimento da gratificação instituída para esse fim como indenização.

Não existe obrigatoriedade na legislação quanto ao pagamento do adicional, portanto é comum que os acordos ou convenções coletivas de trabalho fixem tal obrigatoriedade em relação àqueles empregados sujeitos ao risco de erros de contagem ou a enganos relativos às transações de valores monetários.

O adicional é fixado em função de acordo coletivo entre sindicato e empresas. O Normativo do Tribunal Superior do Trabalho nº 103 dispõe sobre a gratificação de caixa fixando o valor de 10% sobre o salário do trabalhador que exerce permanentemente a função de caixa, excluídos do cálculo os adicionais, os acréscimos e as vantagens pessoais.

Portanto, se pago com habitualidade, sem depender da ocorrência de prejuízo, o adicional de quebra de caixa tem natureza salarial, devendo constar nas verbas trabalhistas, como férias, 13º salário, verbas rescisórias etc.

O Enunciado do Tribunal Superior do Trabalho nº 247 dispõe:

A parcela paga aos bancários sob a denominação de quebra de caixa possui natureza salarial, integrando o salário do prestador dos serviços para os efeitos legais.

5.7.23 Gratificação por função

É uma verba devida em relação à maior responsabilidade que é atribuída ao empregado no desempenho de sua função, sendo destinada aos empregados que ocupam cargos de confiança. Em conformidade com a CLT, o bancário que desempenha função de direção, gerência, fiscalização, chefia e equivalentes tem direito a pelo menos um terço a mais de seu salário a título de gratificação.

5.7.23.1 Incorporação de gratificação por função

Em relação à incorporação de função, a partir de novembro de 2017, a Lei nº 13.467, com a reforma trabalhista, suprimiu a incorporação da gratificação de função de confiança, com ou sem justo motivo para a retirada da função de gestão.

> Art. 468
>
> § 2º A alteração de que trata o § 1º deste artigo, com ou sem justo motivo, não assegura ao empregado o direito à manutenção do pagamento da gratificação correspondente, que não será incorporada, independentemente do tempo de exercício da respectiva função." (NR)

A gratificação de função só pode ser incorporada ao salário do empregado quando for percebida por, no mínimo, dez anos ininterruptos, com interstício de 180 dias.

O artigo 468, §2º, da CLT assegura a possibilidade de o empregador reverter o empregado ao exercício do cargo efetivo se, por qualquer motivo, a confiança deixa de existir. "Não há estabilidade no exercício da função de confiança em si".

Súmula nº 372 - TST - Res. 129/2005 - DJ 20, 22 e 25.04.2005 - Conversão das Orientações Jurisprudenciais nº 45 e 303 da SDI-1

Gratificação de Função - Supressão ou Redução - Limites

I- Percebida a gratificação de função por dez ou mais anos pelo empregado, se o empregador, sem justo motivo, revertê-lo a seu cargo efetivo, não poderá retirar-lhe a gratificação tendo em vista o princípio da estabilidade financeira. (ex-OJ nº 45 - Inserida em 25.11.1996)

II- Mantido o empregado no exercício da função comissionada, não pode o empregador reduzir o valor da gratificação. (ex-OJ nº 303 - DJ 11.08.2003)

5.7.24 Gueltas

A palavra "gueltas", surgida no direito alemão, foi introduzida no Brasil, mais precisamente no setor farmacêutico, por volta dos anos 1960.

Gueltas são gratificações, prêmios ou valores pagos habitualmente pelos fabricantes de produtos aos empregados de determinada empresa ou por ela representados, com o objetivo de estimular a venda de um produto ou marca. Por exemplo: são as gratificações pagas por uma empresa farmacêutica ao balconista da farmácia que sugere aos clientes o medicamento da empresa em vez de um genérico; ou as gratificações pagas por uma marca ao frentista que oferece aos clientes do posto o produto aditivo desta.

A guelta pode ser considerada como remuneração quando se tratar de valores pagos por terceiros pois é decorrente da prestação dos serviços realizados pelo empregado dentro de sua jornada de trabalho, sob contrato de trabalho e comando empresarial.

Estas gratificações não influem na relação empregatícia, porém estas (gueltas) recebidas habituais podem fazer parte integrante a remuneração do empregado, conforme o artigo 457 da CLT remuneração são valores pagos diretamente pelo empregador, e também aqueles recebidos em razão do contrato de trabalho.

5.7.25 Benefícios que não são considerados salário

De acordo com a Lei nº 10.243/2001:

> Art. 458 [...]
>
> § 2º Para os efeitos previstos neste artigo, não serão consideradas como salário as seguintes utilidades concedidas pelo empregador:
>
> I - vestuários, equipamentos e outros acessórios fornecidos aos empregados e utilizados no local de trabalho para a prestação do serviço;
>
> II - educação, em estabelecimento de ensino próprio ou de terceiros, compreendendo os valores relativos a matrícula, mensalidade, anuidade, livros e material
>
> didático;
>
> III - transporte destinado ao deslocamento para o trabalho e retorno em percurso servido ou não por transporte público;
>
> IV - assistência médica, hospitalar e odontológica prestada diretamente ou mediante seguro saúde;
>
> V - seguros de vida e de acidentes pessoais;
>
> VI – previdência privada.
>
> VII - (VETADO) (Incluído pela Lei nº 10.243, de 19.6.2001)
>
> VIII - o valor correspondente ao vale-cultura. (Incluído pela Lei nº 12.761, de 2012)

5.7.25.1 Truck system

É o sistema pelo qual o empregador mantém o empregado em trabalho de servidão por dívidas com ele contraídas, ou seja, é a condição de trabalho similar à de escravizado, tendo em vista que o empregador obriga seu empregado a gastar seu salário dentro da empresa.

São exemplos casos como o do fazendeiro ou empregador que impõe aos empregados a compra de seus utensílios para que possam subsistir na própria fazenda ou em sua empresa; ou o do empregador que desconta de seu empregado o uniforme utilizado para cumprir suas funções.

> Art. 462 - Ao empregador é vedado efetuar qualquer desconto nos salários do empregado, salvo quando este resultar de adiantamentos, de dispositivos de lei ou convenção coletiva.
>
> § 1º - Em caso de dano causado pelo empregado, o desconto será lícito, desde que esta possibilidade tenha sido acordada ou na ocorrência de dolo do empregado.

§ 2º - É vedado à empresa que mantiver armazém para venda de mercadorias aos empregados ou serviços destinados a proporcionar-lhes prestações in natura exercer qualquer coação ou induzimento no sentido de que os empregados se utilizem do armazém ou dos serviços.

§ 3º - Sempre que não for possível o acesso dos empregados a armazém ou serviços não mantidos pela empresa, é lícito à autoridade competente determinar a adoção de medidas adequadas, visando a que as mercadorias sejam vendidas e os serviços prestados a preços razoáveis, sem intuito de lucro e sempre em benefício dos empregados.

§ 4º - Observado o disposto neste Capítulo, é vedado às empresas limitar, por qualquer forma, a liberdade dos empregados de dispor do seu salário.

5.7.25.2 Stock Options

De acordo com Chiavenato (2004), trata-se de um modelo comum nos Estados Unidos, em que se concede ao funcionário o direito de comprar um lote de ações da empresa por determinado preço.

É, assim, a distribuição gratuita de ações da empresa a determinados funcionários, como forma de compensação, sendo que o dinheiro do bônus é substituído por papéis da companhia.

5.7.25.3 Vale-cultura

O vale-cultura é um benefício instituído pela Lei nº 12.761/2012, que deverá ser gerenciado pelo Ministério da Cultura, por meio do Programa de Cultura do Trabalhador, a fim de fornecer aos trabalhadores meios para o exercício dos direitos culturais e acesso às fontes da cultura.

O programa tem como objetivos:

- possibilitar o acesso e a fruição dos produtos e serviços culturais;
- estimular a visitação a estabelecimentos culturais e artísticos;
- incentivar o acesso a eventos e espetáculos culturais e artísticos.

O vale-cultura deverá ser:

- de caráter pessoal e intransferível, válido em todo o território nacional, para acesso e fruição de produtos e serviços culturais, no âmbito do Programa de Cultura do Trabalhador;
- confeccionado e comercializado por empresas operadoras e disponibilizado aos usuários pelas empresas beneficiárias para ser utilizado nas empresas recebedoras.

VALE-CULTURA		
Trabalhadores que recebem	**Valor**	**Descontos**
Até 5 salários mínimos mensais	R$ 50,00	0,00
Os trabalhadores com renda superior a 5 salários mínimos poderão receber o vale-cultura, desde que garantido o atendimento à totalidade dos empregados com a remuneração prevista no caput, na forma que dispuser o regulamento	R$ 50,00	Poderão ter descontados de sua remuneração, em percentuais entre 20% e 90% do valor do vale-cultura, de acordo com a respectiva faixa salarial, obedecido o disposto no parágrafo único do art. 7º e na forma que dispuser o regulamento

Lei nº 12.761, de 27 de dezembro de 2012. Institui o Programa de Cultura do Trabalhador; cria o vale-cultura; altera as Leis nº 8.212, de 24 de julho de 1991, e 7.713, de 22 de dezembro de 1988, e a Consolidação das Leis do Trabalho (CLT), aprovada pelo Decreto-Lei nº 5.452, de 1 de maio de 1943; e dá outras providências.

5.8 Pagamento do salário

5.8.1 Data-limite para pagamento do salário

O empregador deverá efetuar o pagamento do salário mensal até o quinto dia útil do mês seguinte, sendo considerado o sábado como dia útil. Todos os meses do ano, para fins de cálculo, são considerados como tendo trinta dias, não importando se o mês tem 28 ou 31 dias.

Súmula do TST nº 381

O pagamento dos salários até o 5º dia útil do mês subsequente ao vencido não está sujeito à correção monetária. Se essa data limite for ultrapassada, incidirá o índice da correção monetária do mês subsequente ao da prestação dos serviços, a partir do dia 1º.

Caso o pagamento seja realizado quinzenalmente ou semanalmente, deverá ser efetuado também até o quinto dia após o vencimento do mês anterior. O pagamento do salário deverá ser em dinheiro, em moeda corrente no Brasil.

5.8.2 Moeda de pagamento do salário

O pagamento não poderá ser feito em moeda estrangeira. Qualquer pagamento que desobedeça a essa norma será considerado como não feito. Mesmo no caso em que o empregado estiver prestando serviços no exterior, a conversão deverá obedecer à taxa de câmbio da data da contratação (aplicam-se a partir daí os reajustes legais ou convencionais que tenham sido concedidos).

Também no caso em que o empregado contratado seja transferido para prestar serviços no exterior, será obrigatória a estipulação em moeda nacional, mas a remuneração devida durante a transferência do empregado, computando o adicional de transferência, poderá no todo ou em parte ser paga no exterior em moeda estrangeira.

5.8.3 Comprovação do pagamento do salário

A comprovação do pagamento deverá ser feita mediante prova documental. No caso de comprovante de depósito bancário, este tem força de recibo. Se o trabalhador for analfabeto, o salário somente poderá ser pago em dinheiro. Não se admite a prova do pagamento por meio de testemunhas. Porém, se o trabalhador confessar que recebeu o salário, estará suprida a falta de recibo.

5.8.3.1 Depósito de salários em conta bancária

De acordo com a Lei nº 9.528/1997, que incluiu o parágrafo único do artigo 464 da CLT: terá força de recibo o comprovante de depósito em conta bancária, aberta para esse fim em nome de cada empregado, com o consentimento deste, em estabelecimento de crédito próximo ao local de trabalho. Segundo a CLT:

> Art. 459. O pagamento do salário, qualquer que seja a modalidade do trabalho, não deve ser estipulado por período superior a um mês, salvo no que concerne a comissões, percentagens e gratificações.
>
> Parágrafo único. Quando o pagamento houver sido estipulado por mês, deverá ser efetuado, o mais tardar, até o quinto dia útil do mês subsequente ao vencido.
>
> [...]
>
> Art. 463. A prestação, em espécie, do salário será paga em moeda corrente do país.
>
> Parágrafo único. O pagamento do salário realizado com inobservância deste artigo considera-se como não feito.
>
> Art. 464. O pagamento do salário deverá ser efetuado contra recibo,

assinado pelo empregado; em se tratando de analfabeto, mediante sua impressão digital; ou, não sendo esta possível, a seu rogo.

Art. 465. O pagamento dos salários será efetuado em dia útil e no local do trabalho, dentro do horário do serviço ou imediatamente após o encerramento deste, salvo quando efetuado por depósito em conta bancária, observado o disposto no artigo anterior."

5.8.3.1.1 Conta salário: vedação de tarifas bancárias

Considera-se conta salário a conta para recebimento de salário, portanto, na prestação de serviços de pagamento de salários, vencimentos, aposentadorias, pensões e similares, fica vedado às instituições financeiras cobrar dos beneficiários, a qualquer título, tarifas destinadas ao ressarcimento pela realização dos serviços.

5.9 Descontos

O empregador também não poderá efetuar nenhum desconto no salário de seu empregado que não seja previsto em contrato coletivo e nos dispositivos de lei.

> Art. 462 da CLT. Ao empregador é vedado efetuar qualquer desconto nos salários do empregado, salvo quando este resultar de adiantamentos, de dispositivos de lei ou de contrato coletivo.
>
> § 1º Em caso de dano causado pelo empregado, o desconto será lícito, desde que esta possibilidade tenha sido acordada ou na ocorrência do dolo do empregado.

5.9.1 Descontos obrigatórios

5.9.1.1 Contribuição previdenciária[7]

Todo empregado contribui para a previdência de acordo com uma escala progressiva que leva em consideração o salário recebido. A contribuição previdenciária obedece à escala definida pelo governo.

O empregado que por motivo de saúde tenha de ficar afastado do trabalho por mais de 15 dias receberá o benefício pago pelo INSS e, se houver algum reajuste salarial durante esse período, ele o receberá quando voltar a trabalhar.

---

7 Ver nos anexos tabelas de contribuição da previdência social de segurados empregados, empregado doméstico e trabalhador avulso.

5.9.1.1.1 Relação de dependência para fins da contribuição da previdência social – união homoafetiva

A Portaria Interministerial MPS nº 513/2010 dispõe sobre os dispositivos da Lei 8.213/1991 que tratam de dependentes para fins previdenciários relativamente a união estável entre pessoas do mesmo sexo.

Lei nº 8.213, de 24 de julho de 1991

Art. 101. O segurado em gozo de auxílio por incapacidade temporária, auxílio-acidente ou aposentadoria por incapacidade permanente e o pensionista inválido, cujos benefícios tenham sido concedidos judicial ou administrativamente, estão obrigados, sob pena de suspensão do benefício, a submeter-se a:

I - exame médico a cargo da Previdência Social para avaliação das condições que ensejaram sua concessão ou manutenção;

II - processo de reabilitação profissional prescrito e custeado pela Previdência Social; e

III - tratamento oferecido gratuitamente, exceto o cirúrgico e a transfusão de sangue, que são facultativos.

Decreto nº 5.699, de 13 de fevereiro de 2006

Art. 76-A. É facultado à empresa protocolar requerimento de auxílio-doença ou documento dele originário de seu empregado ou de contribuinte individual a ela vinculado ou a seu serviço, na forma estabelecida pelo INSS.

CF/1988

Art. 24. Compete à União, aos Estados e ao Distrito Federal legislar concorrentemente sobre:

[...]

XII – previdência social, proteção e defesa da saúde.

[...]

Art. 194. A seguridade social compreende um conjunto integrado de ações de iniciativa dos poderes públicos e da sociedade destinadas a assegurar os direitos relativos à saúde, à previdência e à assistência social.

Art. 195. A seguridade social será financiada por toda a sociedade, de forma direta e indireta, nos termos da lei, mediante recursos provenientes dos orçamentos da União, dos Estados, do Distrito Federal e dos Municípios, e das seguintes contribuições sociais:

I - do empregador, da empresa e da entidade a ela equiparada na forma da lei, incidentes sobre:

a) a folha de salários e demais rendimentos do trabalho pagos ou creditados, a qualquer título, à pessoa física que lhe preste serviço, mesmo sem vínculo empregatício;

II - do trabalhador e dos demais segurados da previdência social, podendo ser adotadas alíquotas progressivas de acordo com o valor do salário de contribuição, não incidindo contribuição sobre aposentadoria e pensão concedidas pelo Regime Geral de Previdência Social

Exemplo do cálculo de contribuição previdenciária:

Vanessa recebe um salário de R$ 1.500,00. A seguir, está calculado o valor líquido que ela recebe após o desconto da contribuição da previdência social.

Salário: R$ 1.500,00

Contribuição previdenciária: salário × (tabela do INSS): R$ 1.500,00 × 9,00% = R$ 135,00

O valor líquido descontado será de R$ 135,00.

Valor líquido 1.500,00 – 135,00 = 1.365,00

O valor líquido do salário, descontado o INSS, é de R$ 1.365,00.

5.9.1.2 Imposto de Renda[8]

O imposto sobre as remunerações pagas aos empregados deve ser retido na fonte, de acordo com a tabela divulgada mensalmente pela Receita Federal, e ser recolhido mensalmente pelo empregador.

A conta do INSS deve ser feita antes, porque esse valor deve ser incluído nos cálculos do imposto de renda. Para fazer o cálculo do Imposto de Renda Retido na Fonte, tenha em mãos a tabela de incidência do IRRF. (Lembrando que pode ser dependente o marido, a mulher, o filho, a filha, enteados com até 21 anos, ou, se forem universitários ou estiverem cursando escola técnica de segundo grau, até os 24 anos, todos não declarantes de IR.) Depois dessas contas, subtraia os benefícios diferentes que você tem a mais para chegar ao valor de seu salário líquido.

De acordo com a legislação, serão contribuintes do Imposto de Renda pessoas físicas domiciliadas ou residentes no Brasil.

Art. 1º do Decreto nº 9.580/2018 - As pessoas físicas que perceberem

8 Ver nos anexos tabelas progressivas para o cálculo mensal do Imposto de Renda de Pessoa Física.

renda ou proventos de qualquer natureza, inclusive rendimentos e ganhos de capital, são contribuintes do imposto sobre a renda, sem distinção de nacionalidade, sexo, idade, estado civil ou profissão.

§ 1º São também contribuintes as pessoas físicas que perceberem rendimentos de bens de que tenham a posse como se lhes pertencessem, de acordo com a legislação em vigor.

§ 2º As pessoas físicas residentes no exterior terão suas rendas e seus proventos de qualquer natureza, inclusive os ganhos de capital, percebidos no País tributados de acordo com as disposições contidas nos Capítulos V e VI do Título I do Livro III.

Art. 2º O imposto sobre a renda será devido à medida que os rendimentos e os ganhos de capital forem percebidos, observado o disposto no art. 78 (Lei nº 8.134, de 27 de dezembro de 1990, art. 2º).

5.9.1.2.1 Isenção do Imposto de Renda

Ficam isentos do Imposto de Renda os seguintes rendimentos, na sua totalidade, percebidos por pessoas físicas:

- os proventos de aposentadoria ou reforma motivada por acidente em serviço e os percebidos pelos portadores de moléstia profissional, tuberculose ativa, alienação mental, esclerose múltipla, neoplasia maligna, cegueira, hanseníase, paralisia irreversível e incapacitante, cardiopatia grave, doença de Parkinson, espondiloartrose anquilosante, nefreopatia grave, hipatopatia grave, estados avançados da doença de Paget (osteíte deformante), contaminação por radiação, síndrome da imunodeficiência adquirida, fibrose cística (mucoviscidose), com base em conclusão da medicina especializada, mesmo que a doença tenha sido contraída depois da aposentadoria ou reforma;

b) os valores recebidos a título de pensão quando o beneficiário desse rendimento for portador de uma das doenças relacionadas no item anterior, exceto as decorrentes de moléstia profissional, com base em conclusão da medicina especializada, mesmo que a doença tenha sido contraída após a concessão da pensão;

c) os valores recebidos a título de auxílio-doença e auxílio-acidente.

Exemplo do cálculo do valor líquido salarial após o desconto do INSS e do IR:

Dico recebe uma remuneração tributável de R$ 3.000,00 e possui uma dependente. Calcular-se-á o valor líquido a receber após o desconto da contribuição da previdência social (INSS) e do imposto de renda.

Salário R$ 3.000,00

Contribuição previdenciária: salário × (tabela de janeiro 2022): R$ 3.000,00 × 12% = R$ 360,00

Calculando o Imposto de Renda: Salário – INSS – dependente: R$ 3.000,00 – R$ 360,00 – R$ 189,59 = R$ 2.450,41

Base de cálculo: R$ 2.450,41 × 7,5% (tabela do IR de janeiro 2022) = R$ 183,78

Imposto devido: R$ 183,78 – R$ 142,80 = R$ 40,98

Salário – INSS – IR: R$ 3.000,00 – R$ 360,00 – R$ 40,98 = R$ 2.599,02

O valor líquido que Dico receberá será de R$ 2.599,02.

5.9.1.3 Contribuição sindical

Antes da reforma trabalhista, todo trabalhador, fosse ele empregado, trabalhador avulso, autônomo ou profissional liberal, teria de contribuir obrigatoriamente para o sindicato da sua categoria, sendo que esta contribuição sindical equivalia a um dia de trabalho.

Com a reforma, o artigo 545 da CLT foi alterado e desobrigou aos empregadores efetuar o devido desconto, estabelecendo que esta contribuição só deverá ser realizada caso haja autorização expressa do trabalhador.

Também em relação ao recolhimento de contribuição sindical, a reforma trabalhista alterou os artigos 578, 579, 582, 583 e 587, que tratam da autorização prévia e expressa para desconto e recolhimento de contribuições sindicais.

Ainda, na reforma trabalhista, ocorreram as seguintes modificações em relação ao imposto sindical:

- revogação do artigo 601 da CLT, que dispunha sobre a obrigatoriedade do empregado em apresentar a comprovação de quitação do imposto sindical quando admitido;

- alteração do termo do artigo 602 da CLT sobre o desconto da contribuição sindical em relação ao mês referido, desde que seja autorizado de forma prévia e expressa o recolhimento desta;

- revogação do artigo 604 da CLT, que estabelecia a obrigação de agentes ou trabalhadores autônomos ou profissionais liberais a prestar aos encarregados da fiscalização os esclarecimentos que lhes fossem solicitados.

> Lei nº 13.467, de 13 de julho de 2017. Altera a Consolidação das Leis do Trabalho (CLT), aprovada pelo Decreto-Lei nº 5.452, de 1º de maio de 1943, e as Leis nº 6.019, de 3 de janeiro de 1974, 8.036 de 11 de maio de 1990, e 8.212, de 24 de julho de 1991, a fim de adequar a legislação às novas relações de trabalho.
>
> Art. 545. Os empregadores ficam obrigados a descontar da folha de pagamento dos seus empregados, desde que por eles devidamente autorizados, as contribuições devidas ao sindicato, quando por este notificados." (NR)

Art. 578. As contribuições devidas aos sindicatos pelos participantes das categorias econômicas ou profissionais ou das profissões liberais representadas pelas referidas entidades serão, sob a denominação de contribuição sindical, pagas, recolhidas e aplicadas na forma estabelecida neste Capítulo, desde que prévia e expressamente autorizadas." (NR)

Art. 579. O desconto da contribuição sindical está condicionado à autorização prévia e expressa dos que participarem de uma determinada categoria econômica ou profissional, ou de uma profissão liberal, em favor do sindicato representativo da mesma categoria ou profissão ou, inexistindo este, na conformidade do disposto no art. 591 desta Consolidação." (NR)

Art. 582. Os empregadores são obrigados a descontar da folha de pagamento de seus empregados relativa ao mês de março de cada ano a contribuição sindical dos empregados que autorizaram prévia e expressamente o seu recolhimento aos respectivos sindicatos." (NR)

Art. 583. O recolhimento da contribuição sindical referente aos empregados e trabalhadores avulsos será efetuado no mês de abril de cada ano, e o relativo aos agentes ou trabalhadores autônomos e profissionais liberais realizar-se-á no mês de fevereiro, observada a exigência de autorização prévia e expressa prevista no art. 579 desta Consolidação." (NR)

Art. 587. Os empregadores que optarem pelo recolhimento da contribuição sindical deverão fazê-lo no mês de janeiro de cada ano, ou, para os que venham a se estabelecer após o referido mês, na ocasião em que requererem às repartições o registro ou a licença para o exercício da respectiva atividade." (NR)

Art. 602. Os empregados que não estiverem trabalhando no mês destinado ao desconto da contribuição sindical e que venham a autorizar prévia e expressamente o recolhimento serão descontados no primeiro mês subsequente ao do reinício do trabalho." (NR)

5.9.1.3.1 Contribuição assistencial ou confederativa

O sindicato, por meio de acordo coletivo de trabalho, pode estabelecer a contribuição assistencial, cuja arrecadação servirá para, por exemplo, sanear gastos do sindicato durante as negociações de acordo coletivas ou convenção em que forem negociadas condições de trabalho. Porém, de acordo com a Portaria do Ministério do Trabalho e Emprego nº 160/2004, complementada pela Portaria MTE nº 180/2004, a contribuição assistencial, debitada na folha de pagamento, só poderá ser efetuada se o empregado for oficialmente sindicalizado, ou seja, se ele autorizar por escrito o débito, tendo ele o direito de revogar a qualquer momento esse débito.

5.9.1.4 Pensão alimentícia

Valor descontado na remuneração estabelecido por meio de sentença judicial transitada em julgado. Para determinação de pensão alimentícia, o desconto, a quem por direito for obrigado a pagá-la, respeitará os termos judicialmente determinados pelo juiz em ofício endereçado à empresa.

São duas formas de calcular a pensão alimentícia, de acordo com a sentença judicial: pelo rendimento bruto ou pelo rendimento líquido:

- **Pelo rendimento bruto:** o valor a ser calculado é determinado pela remuneração total do empregado, por meio de sentença judicial, expedida pelo juiz.

Exemplo do cálculo da pensão alimentícia pelo rendimento bruto: Ulisses, cujo salário é de R$ 1.500,00, terá de pagar uma pensão alimentícia determinada pelo juiz pelo percentual de 20% sobre o rendimento bruto. Calcular o valor líquido a receber após o desconto da contribuição da previdência social (INSS) e do Imposto de Renda.

Salário: R$ 1.500,00

Contribuição previdenciária: salário × (tabela de janeiro de 2022): R$ 1.500,00 × 9% = R$ 135,00

Calculando o Imposto de Renda: Salário – INSS – dependente = R$ 1.000,00 – R$ 135,00 = R$ 1.365,00

Base de cálculo = R$ 1.365,00 × 0% (tabela do IR de janeiro de 2022) = R$ 0,00

Imposto devido = R$ 0,00

O cálculo da pensão alimentícia é cálculo com base no rendimento bruto:

Pensão: rendimento bruto × 20% = R$ 1.500,00 × 20% = R$ 300,00

O valor que será descontado de Ulisses para pagamento de pensão alimentícia é de R$ 300,00. Portanto, o rendimento líquido será de:

Salário – INSS – IR – pensão alimentícia = R$ 1.500,00 – R$ 135,00 – R$ 0,00 – R$ 300,00 = R$ 1.065,00

O valor líquido que Ulisses recebe é R$ 1.065,00.

- **Pelo rendimento líquido:** neste caso, o valor é calculado deduzindo-se todos os descontos legais, tais como: INSS, IRRF, contribuição sindical, assistencial e confederativa, entre outros determinados por convenção ou acordo coletivo da categoria.

Exemplo do cálculo da pensão alimentícia pelo rendimento líquido: Lucius recebe uma remuneração tributável de R$ 3.000,00, possui um dependente e terá de pagar uma pensão alimentícia estipulada pelo juiz em 30% sobre o rendimento líquido. Calcular-se-á o valor líquido a receber após o desconto da contribuição da previdência social, do Imposto de Renda e Pensão Alimentícia.

Contribuição previdenciária = salário × (tabela de janeiro de 2022): R$ 3.000,00 × 12% = R$ 360,00

Imposto de Renda: salário – INSS – dependente = R$ 3.000,00 – R$ 360,00 – R$ 189,59 = R$ 2.450,41

Base de cálculo para IR: R$ 2.450,41 × 7,5% = R$ 83,78 – R$ 142,80 = R$ 40,98

Imposto de Renda devido = R$ 40,98

Portanto:

Salário – INSS – IR = R$ 3.000,00 – R$ 360,00 – R$ 40,98 = R$ 2.599,02

Pensão alimentícia: (Salário – INSS – IR) × 30% = (R$ 3000,00 - R$ 360,00 - R$ 40,98) × 30% = R$ 2.599,02 × 30% = R$ 779,70

O valor que será descontado de Lucius em pensão alimentícia será R$ 779,70.

Portanto, o valor líquido que Lucius deverá receber é: Salário – INSS – IR – pensão alimentícia = R$ 3000,00 – R$ 360,00 – R$ 40,98 = R$ 2.599,02 – R$ 779,70 = R$ 1.819,32

5.9.1.5 Vale transporte[9]

O trabalhador tem o direito ao recebimento de vale-transporte para seu deslocamento da residência até o local de trabalho.

- Custo do vale-transporte para o empregado: o valor é de 6% sobre seu salário básico, excluído de qualquer adicional de vantagem.

- Custo do vale-transporte para o empregador: corresponde à parte que exceder a parcela paga pelo empregado.

> Art. 1º da Lei nº 7.418/1985. Fica instituído o vale transporte (vetado) que o empregador, pessoa física ou jurídica, antecipará ao empregado para utilização efetiva em despesas de deslocamento residência-trabalho e vice-versa, através do sistema de transporte coletivo público, urbano ou intermunicipal e/ou interestadual com características semelhantes aos urbanos, geridos diretamente ou mediante concessão ou permissão de linhas regulares e com tarifas fixadas pela autoridade competente, excluídos os serviços seletivos e os especiais.

9 Lembrete: o que fazer quando o empregado faltar? A legislação do vale-transporte estabelece que a sua utilização é exclusiva para o deslocamento residência-trabalho e vice-versa do empregado, vedando o seu uso para qualquer outro fim. Portanto, a legislação permite ao empregador descontar do empregado o período em que este não comparecer ao trabalho por motivo particular, de atestado médico, férias, por compensação de dias em haver ou dias abonados em banco de horas, licenças (maternidade, paternidade, remunerada, não remunerada etc.), não tendo o empregado o direito ao vale-transporte referente a esses períodos. Se o empregador já adiantou o vale-transporte para o período, poderá descontar ou compensar no período seguinte, numa das formas a seguir: exigir que o empregado devolva os vales-transportes não utilizados; no mês seguinte, quando da concessão do vale, a empresa poderá deduzir os vales não utilizados no mês anterior; multiplicar os vales não utilizados pelo valor real destes e descontá-lo integralmente do salário do empregado. É válido ressaltar que o desconto ou a devolução do vale só poderão ocorrer nos períodos integrais (o dia inteiro) em que o empregado não comparecer ao trabalho, ou seja, o comparecimento mesmo que parcial ou em meio período dá ao empregado o direito do recebimento do vale-transporte.

Exemplo de desconto de vale-transporte do empregado:

Noêmia foi admitida em uma empresa, com salário de R$ 1.000,00. Para o seu trajeto residência-trabalho e vice-versa, ela utiliza por dia duas passagens do transporte público coletivo, o qual tem preço tabelado pela Secretaria de Transporte Urbano, com valor de R$ 2,00. Durante o mês, ela utilizou 46 passes. Calcular-se-á, de acordo com a legislação trabalhista, quanto deve ser descontado da empregada.

Salário: R$ 1.000,00

Salário × 6% = R$ 1.000,00 × 6% = R$ 60,00

Total de passes no mês × valor da passagem = 46 × R$ 2,00 = R$ 92,00

Resposta: o valor das passagens é maior que os 6% aplicados sobre o salário. Portanto, o correto é descontar o menor valor. Sendo de R$ 60,00.

Observação: o limite máximo do valor do vale-transporte é o valor total das passagens cobrado pelo transporte coletivo.

5.9.2 Descontos optativos

5.9.2.1 Programa de Alimentação do Trabalhador

De acordo com a Lei nº 6.321/1976:

> Art. 1º As pessoas jurídicas poderão deduzir do lucro tributável, para fins de apuração do imposto sobre a renda, o dobro das despesas comprovadamente realizadas no período-base em programas de alimentação do trabalhador previamente aprovados pelo Ministério do Trabalho e Previdência, na forma e de acordo com os limites dispostos no decreto que regulamenta esta Lei.
>
> § 1º A dedução a que se refere o caput deste artigo não poderá exceder em cada exercício financeiro, isoladamente, a 5% (cinco por cento) e cumulativamente com a dedução de que trata a Lei nº 6.297, de 15 de dezembro de 1975, a 10% (dez por cento) do lucro tributável.
>
> § 2º As despesas não deduzidas no exercício financeiro correspondente poderão ser transferidas para dedução nos dois exercícios financeiros subsequentes.
>
> Art. 2º Os programas de alimentação a que se refere o artigo anterior deverão conferir prioridade ao atendimento dos trabalhadores de baixa renda e limitar-se-ão aos contratados pela pessoa jurídica beneficiária.

De acordo com o Decreto nº 9.580/2018:

> Art. 641. A pessoa jurídica poderá deduzir do imposto sobre a renda devido o valor equivalente à aplicação da alíquota do imposto sobre a soma das despesas de custeio realizadas no período de apuração, no PAT, instituído pela Lei nº 6.321, de 14 de abril de 1976 , nos termos estabelecidos nesta Seção (Lei nº 6.321, de 1976, art. 1º).
>
> Parágrafo único. As despesas de custeio admitidas na base de cálculo do incentivo são aquelas que vierem a constituir o custo direto e exclusivo do serviço de alimentação, e poderão ser considerados, além da matéria-prima, da mão de obra, dos encargos decorrentes de salários, do asseio e dos gastos de energia diretamente relacionados ao preparo e à distribuição das refeições.
>
> Art. 642. A dedução de que trata o art. 641 fica limitada a quatro por cento do imposto sobre a renda devido em cada período de apuração e o excesso poderá ser transferido para dedução nos dois anos-calendário subsequentes (Lei nº 6.321, de 1976, art. 1º, § 1º e § 2º ; e Lei nº 9.532, de 1997, art. 5º).
>
> Art. 643. Para a execução dos PAT, a pessoa jurídica beneficiária poderá manter serviço próprio de refeições, distribuir alimentos e firmar convênio com entidades fornecedoras de alimentação coletiva, sociedades civis, sociedades comerciais e sociedades cooperativas.
>
> [...]
>
> Art. 645. Os programas de que trata esta Seção deverão conferir prioridade ao atendimento dos trabalhadores de baixa renda e ficarão limitados àqueles contratados pela pessoa jurídica beneficiária
>
> § 1º A dedução de que trata o art. 641:
>
> I - será aplicável em relação aos valores despendidos para os trabalhadores que recebam até cinco salários mínimos e poderá englobar todos os trabalhadores da empresa beneficiária, nas hipóteses de serviço próprio de refeições ou de distribuição de alimentos por meio de entidades fornecedoras de alimentação coletiva; e (Incluído pelo Decreto nº 10.854, de 2021) Vigência
>
> II - deverá abranger apenas a parcela do benefício que corresponder ao valor de, no máximo, um salário-mínimo.

5.9.2.2 Adiantamentos

Grande parte das empresas que pagam mensalmente seus funcionários fazem um adiantamento salarial, também chamado de "vale" do salário, quando necessário. Geralmente, são permitidos adiantamentos de até 50% do salário.

5.9.2.3 Faltas e atrasos

Quando o empregado, sem motivo justificado, faltar ou chegar atrasado ao trabalho, o empregador poderá descontar do salário a quantia referente à falta, inclusive o repouso semanal remunerado correspondente à semana em que ocorrer a falta.[10]

5.9.2.4 Empréstimo consignado

Empréstimo consignado (também chamado de crédito consignado), obtido em bancos ou financeiras, é um empréstimo com pagamento indireto, pois suas parcelas são deduzidas diretamente da folha de pagamento do empregado. O percentual do desconto das parcelas não pode ultrapassar 30%, e sua duração não deve ser superior a 72 meses.

A Lei nº 1.3172/2015 alterou a Lei nº 10.820/2003 ao ampliar o percentual de descontos efetuados em folha de pagamento em até 35%, incluir as operadoras de cartão de crédito, além das instituições financeiras que já estavam autorizadas pela citada lei, e também estabelecer que 5% são destinados exclusivamente para a amortização de despesas contraídas por meio de cartão de crédito ou para a utilização com a finalidade de saque por meio do cartão de crédito.

> Lei nº 13.172, de 21 de outubro de 2015. Altera as Leis nº 10.820, de 17 de dezembro de 2003, 8.213, de 24 de julho de 1991, e 8.112, de 11 de dezembro de 1990, para dispor sobre desconto em folha de pagamento de valores destinados ao pagamento de cartão de crédito.
>
> Art. 1º Os empregados regidos pela Consolidação das Leis do Trabalho - CLT, aprovada pelo Decreto-Lei nº 5.452, de 1º de maio de 1943, poderão autorizar, de forma irrevogável e irretratável, o desconto em folha de pagamento ou na sua remuneração disponível dos valores referentes ao pagamento de empréstimos, financiamentos, cartões de crédito e operações de arrendamento mercantil concedidos por instituições financeiras e sociedades de arrendamento mercantil, quando previsto nos respectivos contratos.
>
> § 1º O desconto mencionado neste artigo também poderá incidir sobre verbas rescisórias devidas pelo empregador, se assim previsto no respectivo contrato de empréstimo, financiamento, cartão de crédito ou arrendamento mercantil, até o limite de 35% (trinta e cinco por cento), sendo 5% (cinco por cento) destinados exclusivamente para:
>
> I - a amortização de despesas contraídas por meio de cartão de crédito; ou
> II - a utilização com a finalidade de saque por meio do cartão de crédito.

---

10 Leia no Capítulo 4 as situações em que o empregado poderá deixar de comparecer ao serviço sem prejuízo do salário ou do repouso semanal.

...." (NR)

Art. 2º..

II - instituição consignatária, a instituição autorizada a conceder empréstimo ou financiamento ou realizar operação com cartão de crédito ou de arrendamento mercantil mencionada no caput do art. 1º;

IV - mutuário, empregado que firma com instituição consignatária contrato de empréstimo, financiamento, cartão de crédito ou arrendamento mercantil regulado por esta Lei;

....

VII - desconto, ato de descontar na folha de pagamento ou em momento anterior ao do crédito devido pelo empregador ao empregado como remuneração disponível ou verba rescisória o valor das prestações assumidas em operação de empréstimo, financiamento, cartão de crédito ou arrendamento mercantil; e

....

§ 2º..

I - a soma dos descontos referidos no art. 1º não poderá exceder a 35% (trinta e cinco por cento) da remuneração disponível, conforme definido em regulamento, sendo 5% (cinco por cento) destinados exclusivamente para:

a) a amortização de despesas contraídas por meio de cartão de crédito; ou

b) a utilização com a finalidade de saque por meio do cartão de crédito; e

...." (NR)

Art. 3º..

....

§ 3º Cabe ao empregador informar, no demonstrativo de rendimentos do empregado, de forma discriminada, o valor do desconto mensal decorrente de cada operação de empréstimo, financiamento, cartão de crédito ou arrendamento mercantil e os custos operacionais referidos no § 2º.

...." (NR)

Art. 4º A concessão de empréstimo, financiamento, cartão de crédito ou arrendamento mercantil será feita a critério da instituição consignatária, sendo os valores e as demais condições objeto de livre negociação entre ela e o mutuário, observadas as demais disposições desta Lei e seu regulamento.

§ 1º Poderá o empregador, com a anuência da entidade sindical representativa da maioria dos empregados, sem ônus para estes, firmar, com instituições consignatárias, acordo que defina condições gerais e demais critérios a serem observados nas operações de empréstimo, financiamento, cartão de crédito ou arrendamento mercantil que venham a ser realizadas com seus empregados.

§ 2º Poderão as entidades e centrais sindicais, sem ônus para os empregados, firmar, com instituições consignatárias, acordo que defina condições gerais e demais critérios a serem observados nas operações de empréstimo, financiamento, cartão de crédito ou arrendamento mercantil que venham a ser realizadas com seus representados.

§ 3º Na hipótese de ser firmado um dos acordos a que se referem os §§ 1º ou 2º e sendo observados e atendidos pelo empregado todos os requisitos e condições nele previstos, inclusive as regras de concessão de crédito, não poderá a instituição consignatária negar-se a celebrar a operação de empréstimo, financiamento, cartão de crédito ou arrendamento mercantil.

...." (NR)

Art. 5º..

§ 1º O empregador, salvo disposição contratual em contrário, não será corresponsável pelo pagamento dos empréstimos, financiamentos, cartões de crédito e arrendamentos mercantis concedidos aos seus empregados, mas responderá como devedor principal e solidário perante a instituição consignatária por valores a ela devidos em razão de contratações por ele confirmadas na forma desta Lei e de seu regulamento que deixarem, por sua falha ou culpa, de ser retidos ou repassados.

§ 2º Na hipótese de comprovação de que o pagamento mensal do empréstimo, financiamento, cartão de crédito ou arrendamento mercantil tenha sido descontado do mutuário e não tenha sido repassado pelo empregador, ou pela instituição financeira mantenedora, na forma do § 5º, à instituição consignatária, fica esta proibida de incluir o nome do mutuário em cadastro de inadimplentes.

...." (NR)

Art. 6º Os titulares de benefícios de aposentadoria e pensão do Regime Geral de Previdência Social poderão autorizar o Instituto Nacional do Seguro Social - INSS a proceder aos descontos referidos no art. 1º e autorizar, de forma irrevogável e irretratável, que a instituição financeira na qual recebam seus benefícios retenha, para fins de amortização, valores referentes ao pagamento mensal de empréstimos, financiamentos, cartões de crédito e operações de arrendamento mercantil por ela concedidos, quando previstos em contrato, nas condições estabelecidas em regulamento, observadas as normas editadas pelo INSS.

....

§ 5º Os descontos e as retenções mencionados no caput não poderão ultrapassar o limite de 35% (trinta e cinco por cento) do valor dos benefícios, sendo 5% (cinco por cento) destinados exclusivamente para:

I - a amortização de despesas contraídas por meio de cartão de crédito; ou
II - a utilização com a finalidade de saque por meio do cartão de crédito.

...." (NR)

Art. 2º O art. 115 da Lei nº 8.213, de 24 de julho de 1991, passa a vigorar com as seguintes alterações:

Art. 115..

....

VI - pagamento de empréstimos, financiamentos, cartões de crédito e operações de arrendamento mercantil concedidos por instituições financeiras e sociedades de arrendamento mercantil, públicas e privadas, quando expressamente autorizado pelo beneficiário, até o limite de 35% (trinta e cinco por cento) do valor do benefício, sendo 5% (cinco por cento) destinados exclusivamente para:

a) a amortização de despesas contraídas por meio de cartão de crédito; ou

b) a utilização com a finalidade de saque por meio do cartão de crédito.

...." (NR)

Art. 3º O art. 45 da Lei nº 8.112, de 11 de dezembro de 1990, passa a vigorar com as seguintes alterações:

Art. 45...

§ 1º Mediante autorização do servidor, poderá haver consignação em folha de pagamento em favor de terceiros, a critério da administração e com reposição de custos, na forma definida em regulamento.

§ 2º O total de consignações facultativas de que trata o § 1º não excederá a 35% (trinta e cinco por cento) da remuneração mensal, sendo 5% (cinco por cento) reservados exclusivamente para:

I - a amortização de despesas contraídas por meio de cartão de crédito; ou

II - a utilização com a finalidade de saque por meio do cartão de crédito." (NR) Art. 4º Esta Lei entra em vigor na data de sua publicação.

5.10 Fundo de Garantia do Tempo de Serviço[11]

O Fundo de Garantia do Tempo de Serviço (FGTS) foi criado pela Lei nº 5.107/1966 com a finalidade de formar uma reserva para casos de aposentadoria, morte, invalidez e desemprego do trabalhador. O FGTS é uma espécie de pecúlio disponibilizado como indenização para o trabalhador como direito pelo tempo de serviço prestado na empresa.

Os empregadores são obrigados a depositar no mês subsequente, na conta vinculada do trabalhador, a importância correspondente a 8% da remuneração paga ou devida no mês anterior a cada trabalhador. Em se tratando de contrato temporário de trabalho com

11 Saiba mais sobre o FGTS acesse nos sites: http://www.fgts.gov.br/ ou www.cef.gov.br.

prazo determinado, o percentual é de 2%, conforme dispõe o inciso II do artigo 2º da Lei nº 9.601/1998. O valor depositado mensalmente deve constar na folha e no recibo individual de pagamento.

> Art. 7º da CF/1988. São direitos dos trabalhadcres urbanos e rurais, além de outros que visem à melhoria de sua condição social:
>
> III - Fundo de Garantia do Tempo de Serviço.

> Art. 1º da Lei nº 8.036, de 11 de maio de 1990. O Fundo de Garantia do Tempo de Serviço (FGTS), instituído pela Lei nº 5.107/1966 passa a reger-se por Lei.
>
> Art 2º. O FGTS é constituído pelos saldos das contas vinculadas a que se refere esta Lei e outros recursos a ele incorporados, atualização monetária e juros, de modo a assegurar a cobertura de suas obrigações.
>
> § 1º Constituem recursos incorporados ao FGTS, nos termos do caput deste artigo:
>
> a) eventuais saldos apurados nos termos do art. 12, § 4º;
>
> b) dotações orçamentárias específicas;
>
> c) resultados das aplicações dos recursos do FGTS;
>
> d) multas, correção monetária e juros moratórios devidos;
>
> e) demais receitas patrimoniais e financeiras.

Ficou estabelecido pelo Decreto nº 3.914, de 28 de setembro de 2001 até setembro de 2006, que os empregadores teriam de pagar o acréscimo de 0,5% sobre os depósitos mensais do FGTS, que foram utilizados pelo governo para o pagamento das diferenças de correção monetária devido aos trabalhadores na conta vinculada de FGTS, em decorrência dos expurgos praticados na ocasião dos Planos Verão e Collor I.

> Decreto nº 3.914, de 11 de setembro de 2001. Dispõe sobre a regulamentação das contribuições sociais instituídas pela Lei Complementar nº 110, de 29 de junho de 2001.
>
> Art. 3º A contribuição social incidente sobre a remuneração do trabalhador é devida a partir da remuneração relativa ao mês de outubro de 2001 até a remuneração relativa ao mês de setembro de 2006.
>
> § 1º A contribuição incide sobre a remuneração paga ou devida, no mês anterior, a cada trabalhador.
>
> § 2º A base de cálculo da contribuição é o valor da remuneração paga ou

devida a cada trabalhador, computadas as parcelas de que trata o art. 15 da Lei nº 8.036, de 1990.

§ 3º O valor do pagamento antecipado de remuneração ou de gratificação de Natal integra a base de cálculo da contribuição social relativa ao mês em que ocorrer o pagamento antecipado.

§ 4º O valor da contribuição será determinado pela aplicação da alíquota de cinco décimos por cento sobre a base de cálculo especificada nos §§ 2º e 3º.

§ 5º A contribuição incidente sobre a remuneração paga ou devida em cada mês deve ser paga até o dia 7 do mês subsequente ou, não havendo expediente bancário no dia 7, até o último dia útil que o anteceder.

Essa conta é chamada de vinculada. Esse depósito deverá ser feito por meio de uma guia, que não poderá ultrapassar a todo o dia 7 do mês seguinte ao trabalhado. O empregado não pode sofrer nenhum tipo de desconto no seu salário para pagamento do FGTS; a responsabilidade é exclusiva do empregador.

O levantamento dos depósitos do FGTS ocorrerá durante e ao término do contrato de trabalho. Todos os trabalhadores, com exceção dos eventuais, dos autônomos e dos servidores públicos civis e militares, estão sujeitos a regime próprio. Para os empregados domésticos, o FGTS é opcional, de acordo com a Lei nº 11.324/2006.

Os vendedores pracistas e os representantes comerciais, quando contratados pela CLT, estarão sujeitos a uma conta vinculada do FGTS. Os trabalhadores rurais foram incluídos no FGTS na Constituição Federal de 1988. Os aposentados por tempo de serviço que voltam a trabalhar têm direito ao FGTS, pois passam a ser empregados com todos os direitos trabalhistas.

Exemplo de cálculo de depósito do FGTS:

Nilo recebe um salário de R$ 1.000,00. Durante o mês, ele fez 22 horas extras. Calcular-se-á quanto será depositado de FGTS para ele.

30 dias de salário: R$ 1.000,00

R$ 1.000,00 ÷ 220 horas = R$ 4,54

22 horas extras (50%): (R$ 4,54 × 22) × 50% = R$ 99,88 (22 horas) + R$ 49,94 (50% das horas) = R$ 149,82

Resposta: o total é de R$ 1.149,82. O depósito na conta vinculada do empregado do FGTS será de R$ 91,58, o que representa os 8% sobre os R$ 1.149,82 que lhe foram pagos no mês subsequente à elaboração da folha de pagamento.

Parcelas que integram a remuneração do trabalhador para efeito de cálculo do FGTS:

- horas extras;
- adicionais de insalubridade, periculosidade e adicional noturno;
- adicional por tempo de serviço;
- salário-família, somente o que exceder o valor legal obrigatório;
- adicional de transferência de local de trabalho;
- abono ou gratificação de férias, no valor que exceder a vinte dias do salário (CLT, artigo 144), concedido em virtude de cláusula contratual, regulamento da empresa, convenção ou acordo coletivo;
- valor do terço constitucional das férias;
- comissões;
- diárias para viagem, quando excederem a 50% do salário do empregado;
- gorjetas;
- gratificações ajustadas de balanço, produtividade, função ou cargo de confiança;
- licença prêmio, inclusive quando convertida em pecúnia;
- repouso semanal e feriados civis e religiosos;
- aviso prévio trabalhado (saldo de salários).

Parcelas que não integram a remuneração do trabalhador para efeito do cálculo do FGTS:

- participação dos trabalhadores nos lucros da empresa;
- abono de emergência;
- abono pecuniário de férias correspondente à conversão de um terço das férias em pecúnia (conhecido como venda de dez dias de férias);
- abono ou gratificação de férias concedido em virtude de contrato de trabalho, regulamento da empresa, convenção ou acordo coletivo de trabalho, não excedente de vinte dias de salário;
- auxílio-doença que complete o pagamento pela previdência social;
- ajuda de custo de viagem;
- diárias de viagem que não ultrapassarem 50% do salário do empregado;
- prêmios;
- salário-família no limite legal;
- valores da alimentação em decorrência de credenciamento no Programa de Alimentação do Trabalhador (PAT);
- vale-transporte;
- aviso prévio indenizado, férias indenizadas, indenização por tempo de serviço;

- multa pelo atraso no pagamento das verbas rescisórias;

- dobra das férias, quando indenizadas (na rescisão do contrato de trabalho).

5.11 PIS/PASEP – abono salarial[12]

Benefício pago ao empregado que percebeu até dois salários mínimos de remuneração mensal durante o ano. O abono salarial é pago ao trabalhador em uma única parcela por ano. O valor do benefício é o salário mínimo vigente no período do recebimento.

> Art. 239 da CF - A arrecadação decorrente das contribuições para o Programa de Integração Social, criado pela Lei Complementar nº 7, de 7 de setembro de 1970, e para o Programa de Formação do Patrimônio do Servidor Público, criado pela Lei Complementar nº 8, de 3 de dezembro de 1970, passa, a partir da promulgação desta Constituição, a financiar, nos termos que a lei dispuser, o programa do seguro-desemprego, outras ações da previdência social e o abono de que trata o § 3º deste artigo.
>
> § 3º Aos empregados que percebam de empregadores que contribuem para o Programa de Integração Social ou para o Programa de Formação do Patrimônio do Servidor Público, até dois salários mínimos de remuneração mensal, é assegurado o pagamento de um salário mínimo anual, computado neste valor o rendimento das contas individuais, no caso daqueles que já participavam dos referidos programas, até a data da promulgação desta Constituição.
>
> Art. 9º da Lei nº 7.998/1990 - É assegurado o recebimento de abono salarial anual, no valor máximo de 1 (um) salário-mínimo vigente na data do respectivo pagamento, aos empregados que: (Redação dada pela Lei nº 13.134, de 2015)
>
> I - tenham percebido, de empregadores que contribuem para o Programa de Integração Social (PIS) ou para o Programa de Formação do Patrimônio do Servidor Público (Pasep), até 2 (dois) salários mínimos médios de remuneração mensal no período trabalhado e que tenham exercido atividade remunerada pelo menos durante 30 (trinta) dias no ano-base;
>
> II - estejam cadastrados há pelo menos 5 (cinco) anos no Fundo de Participação PIS-Pasep ou no Cadastro Nacional do Trabalhador.

5.12 Parte prática

Vamos calcular e elaborar a folha de pagamento do mês de janeiro 2022.

12 Ver nos anexos: tabela prática de incidência do INSS, do FGTS e do IR/Fonte; exemplo de folha de pagamento; exemplo de recibo de pagamento individual.

Empregados:

1. Cíntia Santos

Valores a receber:

Salário-base: R$ 2.000,00

Adicional de insalubridade grau médio: 20% do salário mínimo nacional (ver tabela vigente em janeiro de 2022): 20% sobre R$ 1.212,00 = R$ 242,40

Horas extras: 5 horas extras: [(R$ 2.000,00 ÷ 220h) 9,09 + 50%] = 13,63 × 5 horas = R$ 68,15

Adicional de insalubridade sobre horas extras: [(R$ 242,40 ÷ 220h) + 50%] × 5 horas = R$ 8,26

Repouso remunerado [(horas extras + adicional sobre horas extras R$): 27 dias úteis do mês] × (4 domingos + 0 feriado) = R$ 11,32

Remuneração total: R$ 2.330,13

Descontos:

INSS: 9% sobre o salário total (ver tabela vigente em janeiro de 2022): R$ 209,12

Vale-transporte: 6% sobre o salário-base: R$ 120,00 (deve ser analisado se este valor é menor que o valor do transporte)

Total de desconto: R$ 329,12

Valor líquido a receber: R$ 2.001,01

2. Emília Silva

Salário-base: R$ 1.900,00

Adicional de insalubridade grau médio: 20% do salário mínimo nacional (ver tabela vigente em janeiro de 2022): 20% sobre R$ 1.212,00 = R$ 242,40

Remuneração total: R$ 2.142,40

Salário família: não há

Descontos:

INSS: 9% sobre o salário total (ver tabela vigente em janeiro de 2022) = R$ 192,82

Vale-transporte: 6% sobre o salário-base = R$ 114,00 (deve ser analisado se este valor é menor que o valor do transporte)

Total de desconto: R$ 306,82

Valor líquido a receber R$ 1.835,58

3. Maria Goretti Souza

Salário-base: R$ 2.000,00

Adicional de insalubridade grau alto: 40% do salário mínimo nacional (ver tabela vigente em janeiro de 2022) = 40% sobre R$ 1.212,00 = R$ 484,80

Remuneração total: R$ 2.484,80

Salário-família (ver tabela vigente em janeiro de 2022): R$ 0,00

Descontos:

INSS: 9% sobre o salário total (ver tabela de janeiro de 2022): R$ 223,63

Vale-transporte: 6% sobre o salário-base = R$ 120,00

Total de desconto: R$ 343,63

Valor líquido a receber: R$ 2.141,17

4. Marcílio Pereira

Valores a receber:

Salário-base R$ 1.850,00

Adicional de insalubridade grau mínimo: 10% do salário mínimo nacional (ver tabela vigente em janeiro de 2022) = 10% sobre R$ 1.212,00 = R$ 121,20

Salário-família (ver tabela vigente em janeiro de 2022): 0,00

Remuneração total: R$ 1.971,20

Descontos:

INSS: 9% sobre o salário total (ver tabela vigente em janeiro de 2022): R$ 177,40

Vale-transporte: 6% sobre o salário-base = R$ 111,00

IRRF (ver tabela vigente em janeiro de 2022): não há

Total de desconto: R$ 288,40

Remuneração total – total de descontos = R$ 1.971,20 – R$ 288,40

Valor líquido a receber: R$ 1.682,80

5. Thaís França

Valores a receber:

Salário-base: R$ 2.000,00

Salário total: R$ 2.000,00

Descontos:

INSS: 9% sobre o salário total (ver tabela vigente em janeiro de 2022): R$ 180,00 IRRF (ver tabela vigente em janeiro de 2022): não há

Total de desconto: R$ 180,00

Valor líquido a receber: R$ 1.820,00

Exemplo de cálculo da folha de pagamento de janeiro 2022

Cálculo da folha de pagamento (janeiro 2015): empregados	Valores
CÍNTIA SANTOS	
Valores a receber	
Salário-base	R$ 2.000,00
Adicional de insalubridade: grau médio	R$ 242,40
Horas extras: 5	R$ 68,18
Adicional de insalubridade sobre horas extras	R$ 8,26
Repouso remunerado	R$ 11,32
Remuneração total	R$ 2.330,13
Descontos	
INSS	R$ 209,12
Vale-transporte	R$ 120,00
Total de desconto	R$ 329,12
Valor líquido a receber	R$ 2.001,01
EMÍLIA SILVA	
Valores a receber	
Salário-base	R$ 1.900,00
Adicional de insalubridade: grau médio	R$ 242,40
Remuneração total	R$ 2.142,40
Salário-família	0,00
Descontos	
INSS	R$ 188,96
Vale-transporte	R$ 114,00
Total de desconto	R$ 306,82
Valor líquido a receber	R$ 1.835,58

MARIA GORETTI SOUZA	
Valores a receber	
Salário-base	R$ 2.000,00
Adicional de insalubridade: grau alto	R$ 484,80
Remuneração total	R$ 2.484,80
Salário-família	R$ 0,00
Descontos	
INSS	R$ 223,63
Vale-transporte	R$ 120,00
Total de desconto	R$ 343,63
Valor líquido a receber	R$ 2.141,17

MARCÍLIO PEREIRA	
Valores a receber	
Salário-base	R$ 1.850,00
Adicional de insalubridade: grau mínimo	R$ 121,20
Salário-família	R$ 0,00
Remuneração total	R$ 1.971,20
Descontos	
INSS	R$ 177,40
Vale-transporte	R$ 111,00
Total de desconto	R$ 288,40
Valor líquido a receber	R$ 1.682,80

THAÍS FRANÇA	
Valores a receber	
Salário-base	R$ 2.000,00
Salário total	R$ 2.000,00
Descontos	
INSS	R$ 180,00

IRRF	R$ 0,00
Total de desconto	**R$ 180,00**
Valor líquido a receber	R$ 1.820,00

Recebedor	Salário-base/ retirada pró-labore/serviços prestados (R$)	Adicional insalubridade (R$)	Adicional periculosidade (R$)	Horas extras (R$)	Adicional de insalubridade sobre horas extras (R$)	Rep sem remu (R$)
Empregados						
Cíntia Santos	2.000,00	242,40	0,00	**68,15**	8,26	11,32
Emília Silva	**R$ 1.900,00**	**242,40**	**0,00**	**0,00**	**0,00**	**0,00**
Maria Goretti Souza	**2.000,00**	**484,20**	**0,00**	**0,00**	**0,00**	**0,00**
Marcílio Pereira	**1.850,00**	**121,20**	**0,00**	**0,00**	**0,00**	**0,00**
Thaís Franca	**2.000,00**	**0,00**	**0,00**	**0,00**	**0,00**	**0,00**
Total geral	**9.750,00**	**1.090,20**	**0,00**	**68,15**	**8,26**	**11,32**
Empregadores						
Maurílio Rocha	**5.000,00**	**0,00**	**0,00**	**0,00**	**0,00**	**0,00**
Margarete Freire	**5.000,00**	**0,00**	**0,00**	**0,00**	**0,00**	**0,00**
Total de retirada	**10.000,00**	**0,00**	**0,00**	**0,00**	**0,00**	**0,00**
Serviço profissional						
Flavia Rocha	**500,00**	**0,00**	**0,00**	**0,00**	**0,00**	**0,00**
Total serviço autônomo	**500,00**	**0,00**	**0,00**	**0,00**	**0,00**	**0,00**

neração (R$)	Salário-família (R$)	INSS (R$)	IRF (R$)	Vale-transporte (R$)	Total de desconto (R$)	Líquido a receber (R$)
3	0,00	209,12	0,00	120,00	329,12	2.001,01
40	0,00	192,82	0,00	114,00	306,82	1.335,58
80	0,00	223,63	0,00	120,00	343,63	2.141,17
0	0,00	177,40	0,00	111,00	288,40	1.682,80
00	0,00	180,00	0,00	0,00	0,00	1.820,00
,53	0,00	982,97	0,00	465,00	1.447,97	9.480,56
	0,00	550,00	0,00	0,00	0,00	0,00
	0,00	550,00	0,00	0,00	0,00	0,00
	0,00	1.100,00	0,00	0,00	0,00	0,00
	0,00	55,00	0,00	0,00	0,00	0,00
	0,00	55,00	0,00	0,00	0,00	0,00

CAPÍTULO 6

Férias

6.1 O direito às férias: um pouco da história

O direito às férias tornou-se bandeira histórica de reivindicação nas lutas operárias que se estenderam pela Europa a partir de 1848. Em 1872, a Inglaterra foi o primeiro país a promulgar uma lei tornando obrigatória a concessão de férias. Somente no século XX esse direito consolidou-se como norma legal na maior parte dos países.

No Brasil, o fortalecimento do movimento operário a partir das greves de 1917 resultou na primeira Lei de Férias, em 1925. A Lei nº 4.982/1925 garantia 15 dias de descanso aos trabalhadores das indústrias, do comércio e dos bancos.

Em 1934, as férias anuais tornaram-se um direito constitucional. Em 1943, a CLT fixou em 30 dias sua duração mínima. Com a Constituição de 1988, os trabalhadores conquistaram o direito a receber o salário de férias acrescido do adicional de um terço. Para os professores, as férias estão também garantidas e regulamentadas nas convenções coletivas.

Todo empregado tem direito a gozar férias após completar 12 meses de trabalho, ou seja, ao descanso anual remunerado.

6.1.1 O que são férias?

De acordo com a Constituição Federal e a CLT, o empregado, após trabalhar 12 meses, terá direito a um período de férias sem prejuízo da remuneração, ou seja, receberá neste período a devida remuneração.

> Art. 7º da CF/1988. São direitos dos trabalhadores urbanos e rurais, além de outros que visem à melhoria de sua condição social:
>
> XVII - gozo de férias anuais remuneradas com, pelo menos, um terço a mais do que o salário normal.
>
> [...]
>
> Art. 129 da CLT. Todo empregado terá direito anualmente ao gozo de um período de férias, sem prejuízo da remuneração.

6.2 Concessão de férias

Após trabalhar por um período de um ano, o empregado passa a ter o direito a gozar férias entre os próximos 12 meses subsequentes sem prejuízo ao salário, devendo receber pelo menos um terço a mais do que o salário normal, a título de abono de férias, e também o direito a vender até um terço de suas férias ao empregador.

> Art. 134 da CLT. As férias serão concedidas por ato do empregador, em um só período, nos 12 (doze) meses subsequentes à data em que o empregado tiver adquirido o direito.

O "aviso de férias" deve ser comunicado ao empregado por escrito, com antecedência de, no mínimo, trinta dias, em duas vias, mencionando-se o período aquisitivo a que se referem as férias, e anotado na CTPS do empregado e na ficha ou folha do livro ou ficha de registro de empregados.

> Art. 130 da CLT. Após cada período de 12 (doze) meses de vigência do contrato de trabalho, o empregado terá direito a férias, na seguinte proporção:
>
> I - 30 (trinta) dias corridos, quando não houver faltado ao serviço mais de 5 (cinco) dias;
>
> II - 24 (vinte e quatro) dias corridos, quando houver tido de 6 (seis) a 14

(quatorze) faltas;

III - 18 (dezoito) dias corridos, quando houver tico de 15 (quinze) a 23 (vinte e três) faltas;

IV - 12 (doze) dias corridos, quando houver tido de 24 (vinte e quatro) a 32 (trinta e duas) faltas.

§ 1º É vedado descontar, do período de férias, as faltas do empregado ao serviço.

§ 2º O período das férias será computado, para todos os efeitos, como tempo de serviço.

Exemplo de contagem de dias de férias a gozar.

Deise, durante o período aquisitivo, teve 15 faltas injustificadas. Calcular-se-á a seguir quantos dias de férias ela terá direito a gozar.

Gozará apenas 18 dias corridos de férias em virtude do número de faltas injustificadas.

Com a reforma trabalhista, ampliou-se a possibilidade de negociação entre empregado e empregador no que se refere ao período de gozo das férias, o qual poderá ser dividido em até três momentos, desde que um não ultrapasse 14 dias e os demais não sejam inferiores a 5 dias, e que tal período não comece em dois dias que antecedam a um feriado ou em dia de repouso semanal remunerado. Também revogou-se o parágrafo que não permitia aos menores de 18 anos e aos maiores de 50 anos dividir suas férias em períodos.

Lei nº 13.467, de 13 de julho de 2017. Altera a Consolidação das Leis do Trabalho (CLT), aprovada pelo Decreto-Lei nº 5.452, de 1º de maio de 1943, e as Leis nº 6.019, de 3 de janeiro de 1974, 8.036, de 11 de maio de 1990, e 8.212, de 24 de julho de 1991, a fim de adequar a legislação às novas relações de trabalho.

Art. 134...

§ 1º Desde que haja concordância do empregado, as férias poderão ser usufruídas em até três períodos, sendo que um deles não poderá ser inferior a quatorze dias corridos e os demais não poderão ser inferiores a cinco dias corridos, cada um.

§ 2º (Revogado).

§ 3º É vedado o início das férias no período de dois dias que antecede feriado ou dia de repouso semanal remunerado." (NR)

A reforma trabalhista revogou o artigo 130-A da CLT, que estabelecia o direito a férias e sua duração especificamente para a modalidade do regime de tempo parcial. Com isso, o direito às férias do empregado em regime de tempo parcial será regido pelo artigo 130 da CLT.

> Lei nº 13.467, de 13 de julho de 2017. Altera a Consolidação das Leis do Trabalho (CLT), aprovada pelo Decreto-Lei nº 5.452, de 1º de maio de 1943, e as Leis nº 6.019, de 3 de janeiro de 1974, 8.036, de 11 de maio de 1990, e 8.212, de 24 de julho de 1991, a fim de adequar a legislação às novas relações de trabalho.
>
> Art. 130-A - Revogado.

6.3 Perda do direito às férias[1]

O empregado estará sujeito à perda do direito quando:

- permanecer em licença remunerada por mais de trinta dias;

- deixar de trabalhar por mais de trinta dias, com percepção de salários, em decorrência de paralisação total ou parcial dos serviços da empresa;

- pedir demissão e não for readmitido dentro de sessenta dias subsequentes à sua saída;

- permanecer recebendo auxílio-doença da previdência social por mais de 180 dias;

- deixar de trabalhar por mais de 32 dias, sendo faltas injustificadas no período aquisitivo.

> Art. 133 da CLT. Não terá direito a férias o empregado que, no curso do período aquisitivo:
>
> I - deixar o emprego e não for readmitido dentro dos 60 (sessenta) dias subsequentes à sua saída;
>
> II - permanecer em gozo de licença, com percepção de salários, por mais de 30 (trinta) dias;
>
> III - deixar de trabalhar, com percepção do salário, por mais de 30 (trinta) dias em virtude de paralisação parcial ou total dos serviços da empresa;
>
> IV - tiver percebido da previdência social prestações de acidente de trabalho ou de auxílio doença por mais de 6 (seis) meses, embora descontínuos.
>
> § 1º A interrupção da prestação de serviços deverá ser anotada na Carteira de Trabalho e Previdência Social.
>
> § 2º Iniciar-se-á o decurso de novo período aquisitivo quando o empregado, após o implemento de qualquer das condições previstas neste artigo, retornar ao serviço.

1 Leia no Capítulo 4 a diferença entre faltas justificadas e não justificadas.

§ 3º Para os fins previstos no inciso III deste artigo, a empresa comunicará ao órgão local do Ministério do Trabalho, com antecedência mínima de quinze dias, as datas de início e fim da paralisação total ou parcial dos serviços da empresa, e, em igual prazo, comunicará, nos mesmos termos, ao sindicato representativo da categoria profissional, bem como afixará avisos nos respectivos locais de trabalho.

6.4 Acumulação de períodos – férias em dobro

Sempre que as férias forem concedidas após o prazo legal (período concessivo), serão remuneradas em dobro, lembrando que a dobra ocorre apenas em relação à remuneração, isto é, o empregado tem direito à remuneração correspondente a sessenta dias, descansando apenas trinta.

Art. 137 da CLT. Sempre que as férias forem concedidas após o prazo de que trata o art. 134, o empregador pagará em dobro a respectiva remuneração.

6.5 Férias coletivas

Férias coletivas são as concedidas a todos os empregados da empresa ou de determinado estabelecimento ou setor. Podem ser concedidas em dois períodos, porém nenhum deles deverá ser inferior a dez dias. Para tanto, a empresa precisará:

- comunicar à Delegacia Regional do Trabalho as datas de início e fim das férias, com antecedência mínima de 15 dias, indicando quais os setores ou estabelecimentos atingidos;
- enviar ao sindicato representante da categoria profissional cópia da comunicação feita à DRT no mesmo prazo;
- afixar, nos locais de trabalho, aviso da medida tomada.

A microempresa encontra-se dispensada do cumprimento das obrigações anteriormente elencadas.

Os empregados contratados há menos de doze meses gozarão, na oportunidade, férias proporcionais, iniciando-se novo período aquisitivo a partir do primeiro dia de gozo. Se, eventualmente, as férias coletivas forem superiores ao direito do empregado, a empresa deverá pagar-lhe os dias excedentes como complemento de pagamento de férias, evitando-se, assim, o prejuízo salarial.

Art. 139 da CLT. Poderão ser concedidas férias coletivas a todos os empregados de uma empresa ou de determinados estabelecimentos ou setores da empresa.

§ 1º As férias poderão ser gozadas em dois períodos anuais, desde que nenhum deles seja inferior a 10 (dez) dias corridos.

§ 2º Para os fins previstos neste artigo, o empregador comunicará ao órgão local do Ministério do Trabalho, com a antecedência mínima de 15 (quinze) dias, as datas de início e fim das férias, precisando quais os estabelecimentos ou setores abrangidos pela medida.

§ 3º Em igual prazo o empregador enviará cópia da aludida comunicação aos sindicatos representativos da respectiva categoria profissional e providenciará a afixação de aviso nos locais de trabalho.

Art. 140. Os empregados contratados há menos de 12 (doze) meses gozarão na oportunidade férias proporcionais, iniciando-se, então, novo período aquisitivo.

6.6 Abono pecuniário

O empregado tem direito a converter um terço de suas férias em abono pecuniário, ou seja, aquele que tiver direito a trinta dias de férias poderá optar em descansar todo o período ou durante apenas vinte dias, recebendo os dias restantes (um terço de trinta dias) em dinheiro. Observa-se que, no mês em que o empregado sair de férias, tendo optado pelo abono, a remuneração equivalerá a quarenta dias:

- vinte dias: férias em descanso;

- dez dias: férias pecuniárias;

- dez dias: salário pelos dias trabalhados no mês.

O abono deverá ser requerido pelo empregado, por escrito, até 15 dias antes do término do período aquisitivo. Após esse prazo, a concessão do abono ficará a critério do empregador.

Exemplo do valor de concessão de abono.

Denise recebe R$ 1.500,00 por mês. Gozará férias somente por vinte dias e receberá os dez dias restantes em abono pecuniário. Calcular-se-á o valor desse abono pecuniário.

Remuneração: R$ 1.500,00

Férias: R$ 1.500,00

Abono de um terço das férias: R$ 166,67

R$ 1.500,00/30 dias = R$ 50,00 × 10 dias = R$ 500,00

Resposta: o abono pecuniário (dez dias) será de R$ 666,67.

> Art. 144 da CLT. O abono de férias de que trata o artigo anterior, bem como o concedido em virtude de cláusula do contrato de trabalho, do regulamento da empresa, de convenção ou acordo coletivo, desde que não excedente de 20 (vinte) dias do salário não integrarão a remuneração do empregado para os efeitos da legislação do trabalho e da previdência social.

A reforma trabalhista revogou o parágrafo 3º do artigo 143 da CLT, que dispunha sobre a não aplicação da possibilidade de converter um terço do período de férias em abono pecuniário para empregados sob o regime de tempo parcial.

> Lei nº 13.467, de 13 de julho de 2017. Altera a Consolidação das Leis do Trabalho (CLT), aprovada pelo Decreto-Lei nº 5.452, de 1º de maio de 1943, e as Leis nº 6.019, de 3 de janeiro de 1974, 8.036, de 11 de maio de 1990, e 8.212, de 24 de julho de 1991, a fim de adequar a legislação às novas relações de trabalho.
>
> Art. 143 É facultado ao empregado converter 1/3 (um terço) do período de férias a que tiver direito em abono pecuniário, no valor da remuneração que lhe seria devida nos dias correspondentes.
>
> § 1º O abono de férias deverá ser requerido até 15 (quinze) dias antes do término do período aquisitivo.
>
> § 2º Tratando-se de férias coletivas, a conversão a que se refere este artigo deverá ser objeto de acordo coletivo entre o empregador e o sindicato representativo da respectiva categoria profissional, independendo de requerimento individual a concessão do abono.
>
> § 3º revogado.

6.7 Abono de um terço constitucional

Todo trabalhador deverá receber um adicional de um terço sobre a remuneração de férias por ocasião do gozo destas. Aplica-se o pagamento desse dispositivo também sobre as férias indenizadas nas rescisões de contrato de trabalho.

Art. 7º da CF/1988. São direitos dos trabalhadores urbanos e rurais, além de outros que visem à melhoria de sua condição social:

XVII - gozo de férias anuais remuneradas com, pelo menos, um terço a mais do que o salário normal.

Art. 143 da CLT. É facultado ao empregado converter 1/3 (um terço) do período de férias a que tiver direito em abono pecuniário, no valor da remuneração que lhe seria devida nos dias correspondentes.

6.8 Férias de professores

O procedimento é normal a qualquer outro empregado celetista, ou seja, gozará férias após os 12 meses de trabalho, embora não se possa confundir as férias com o recesso escolar, o qual pode ocorrer no mesmo período.

6.9 Férias e o período de licença-maternidade

Se durante as férias da empregada gestante ocorrer o nascimento da criança, o gozo delas ficará suspenso e será concedida a licença-maternidade. Quando do término da licença-maternidade, a empregada gozará o restante das férias.

6.10 Férias e o empregado menor de 18 anos

Na Lei nº 13.467/2017 ficou revogado o parágrafo 2º do artigo 134, que dava ao empregado estudante menor de 18 anos direito a fazer coincidir suas férias com as férias escolares.

6.11 Férias de membros de uma família que trabalhem na mesma empresa

Os membros de uma família que trabalhem em um mesmo estabelecimento ou empresa terão direito a gozar férias no mesmo período, desde que não haja prejuízo para o serviço.

Art. 136 da CLT. A época de concessão das férias será a que melhor consulte os interesses do empregador.

§1º Os membros da família que trabalharem no mesmo estabelecimento ou empresa terão direito a gozar férias no mesmo período, se assim o desejarem e se disto não resultar prejuízo para o serviço.

§2º O empregado estudante menor de 18 (dezoito) anos terá direito a fazer coincidir suas férias com as férias escolares.

6.12 Férias e o serviço militar obrigatório

> Art. 4º da CLT. Considera-se como de serviço efetivo o período em que o empregado esteja à disposição do empregador, aguardando ou executando ordens, salvo disposição especial expressamente consignada.
>
> § 1º Computar-se-ão, na contagem de tempo de serviço, para efeito de indenização e estabilidade, os períodos em que o empregado estiver afastado do trabalho prestando serviço militar e por motivo de acidente do trabalho.
>
> [...]
>
> Art. 132. O tempo de trabalho anterior à apresentação do empregado para serviço militar obrigatório será computado no período aquisitivo, desde que ele compareça ao estabelecimento dentro de 90 (noventa) dias da data em que se verificar a respectiva baixa.

6.13 Prestação de serviço durante o período de férias

Art. 138 da CLT. Durante as férias, o empregado não poderá prestar serviço a outro empregador, salvo se estiver obrigado a fazê-lo em virtude de contrato de trabalho regularmente mantido com aquele.

6.14 Férias e parto/férias e doença

O empregado que ficar doente durante as férias não terá seu período de gozo suspenso ou interrompido. Após o término das férias, se o empregado continuar doente, começarão a contar daí os 15 dias para a empresa efetuar o pagamento, competindo à previdência social conceder o auxílio-doença previdenciário após o referido período.

6.15 Férias e aviso prévio

O empregador deverá computar como tempo de serviço para efeito de férias o prazo do aviso prévio trabalhado e do indenizado.

O aviso prévio não poderá ser concedido durante o período de férias, em razão da incompatibilidade entre os objetivos, uma vez que férias são um período para descanso do empregado, e aviso prévio é um período para que o empregado procure um novo emprego no caso de demissão sem justa causa, ou, no caso de pedido de demissão, um prazo para que o empregador encontre novo profissional para substituí-lo.

Art. 130, § 2º da CLT. O período das férias será computado para todos os efeitos como tempo de serviço.

[...]

Art. 146. Na cessação do contrato de trabalho, qualquer que seja a sua causa, será devida ao empregado a remuneração simples ou em dobro, conforme o caso, correspondente ao período de férias cujo direito tenha adquirido.

Parágrafo único. Na cessação do contrato de trabalho, após 12 (doze) meses de serviço, o empregado, desde que não haja sido demitido por justa causa, terá direito à remuneração relativa ao período incompleto de férias, de acordo com o art. 130, na proporção de 1/12 (um doze avos) por mês de serviço ou fração superior a 14 (quatorze) dias.

Art. 147. O empregado que for despedido sem justa causa, ou cujo contrato de trabalho se extinguir em prazo predeterminado antes de completar 12 (doze) meses de serviço, terá direito à remuneração relativa ao período incompleto de férias, de conformidade com o disposto no artigo anterior.

6.16 Empregados com menos de doze meses de serviço

O empregado só fará jus às férias após cada período completo de 12 meses de vigência do contrato de trabalho.

Súmula 261 do TST. O empregado que espontaneamente pede demissão antes de completar 12 (doze) meses de serviço tem direito a férias proporcionais.

6.17 Férias proporcionais

O empregado terá direito a trinta dias de férias, desde que não tenha faltas injustificadas.

Férias proporcionais				
	Número de faltas			
	Até 5 dias	**De 6 a 14 dias**	**De 15 a 23 dias**	**De 24 a 32 dias**
1/12	2,5 dias	2 dias	1,5 dia	1 dia
2/12	5 dias	4 dias	3 dias	2 dias
3/12	7,5 dias	6 dias	4,5 dias	3 dias

4/12	10 dias	8 dias	6 dias	4 dias
5/12	12,5 dias	10 dias	7,5 dias	5 dias
6/12	15 dias	12 dias	9 dias	6 dias
7/12	17,5 dias	14 dias	10,5 dias	7 dias
8/12	20 dias	16 dias	12 dias	8 dias
9/12	22,5 dias	18 dias	13,5 dias	9 dias
10/12	25,5 dias	20 dias	15 dias	10 dias
11/12	27,5 dias	22 dias	16,5 dias	11 dias
12/12	30 dias	24 dias	18 dias	12 dias

6.18 Fracionamento das férias

A reforma trabalhista alterou a regulamentação sobre as férias, que poderão ser fracionadas em até três períodos, porém um destes deve ter, no mínimo, 14 dias, e os demais, pelo menos cinco dias. Também estabeleceu a permissão de fracionamento para empregado de qualquer idade, sendo revogada a proibição para menores de 18 anos e maiores de 50 anos.

> Decreto-Lei nº 1.535, de 15 de abril de 1977. Altera o Capítulo IV do Título II da Consolidação das Leis do Trabalho, relativo a Férias, e dá outras providências.
>
> Art. 129. Todo empregado terá direito anualmente ao gozo de um período de férias, sem prejuízo da remuneração.
>
> Art. 136 - A época da concessão das férias será a que melhor consulte os interesses do empregador. (Redação dada pelo Decreto-lei nº 1.535, de 13.4.1977)

> Art. 134 da CLT. As férias serão concedidas por ato do empregador, em um só período, nos 12 (doze) meses subsequentes à data em que o empregado tiver adquirido o direito.
>
> § 1º Desde que haja concordância do empregado, as férias poderão ser usufruídas em até três períodos, sendo que um deles não poderá ser inferior a quatorze dias corridos e os demais não poderão ser inferiores a cinco dias corridos, cada um.

6.19 Contrato de trabalho suspenso

Caso, durante o período aquisitivo, tenha ocorrido suspensão do contrato de trabalho (exemplo: concessão de licença não remunerada), o empregado não perde o direito às férias, pois o período de suspensão cessa a contagem.

> Art. 146 da CLT. Na cessação do contrato de trabalho, qualquer que seja a sua causa, será devida ao empregado a remuneração simples ou em dobro, conforme o caso, correspondente ao período de férias cujo direito tenha adquirido.
>
> Parágrafo único. Na cessação do contrato de trabalho, após 12 (doze) meses de serviço, o empregado, dede que não haja sido demitido por justa causa, terá direito à remuneração relativa ao período incompleto de férias, de acordo com o art. 130, na proporção de 1/12 (um doze avos) por mês de serviço ou fração superior a 14 (quatorze) dias.

Exemplos de períodos aquisitivos de férias:

a) Felipe foi admitido em 1/7/x 1, afastando-se para o serviço militar obrigatório em 1/3/x2, retornando no dia 1/12/x2 (dentro do prazo legal). Neste caso, o empregado já tinha adquirido 8/12 de férias quando se afastou. Como retornou dentro do prazo legal, trabalhará mais quatro meses para adquirir o direito às férias, ou seja, até 31/3/x3, iniciando-se novo período aquisitivo no dia 1/4/x3.

b) Paulo obtém seis meses de licença não remunerada em 1º/1/x1. Se ele tinha dez meses de emprego na época de concessão da licença (portanto, suas férias proporcionais equivaliam a 10/12), quando voltar da licença (1/7/x1) trabalhará dois meses para completar o período aquisitivo de férias, em 31/8/x1. Nesta data, (31/8/x1), inicia-se um novo período aquisitivo (baseado no artigo 133 da CLT).

c) Guilherme foi admitido em 10/2/x1 e não tirou férias referentes ao período aquisitivo x1/x2. Observe o que ocorrerá:

Período aquisitivo: 10/2/x1 a 9/2/x2

Período concessivo: 10/2/x2 a 9/2/x3

Contagem da prescrição:

de 10/2/x3 a 9/2/x4 = 1 ano

de 10/2/x4 a 9/2/x5 = 2 anos

de 10/2/x5 a 9/2/x6 = 3 anos

de 10/2/x6 a 9/2/x7 = 4 anos

de 10/2/x7 a 9/2/x8 = 5 anos

Resposta: o direito ao período aquisitivo x1/x2 prescreveu em 10/2/x8.

d) Márcia foi admitida em 10/2/x1 e não tirou férias referentes ao período aquisitivo x1/x2. Observe o que ocorrerá:

Período aquisitivo: 10/2/x1 a 9/2/x2

Período concessivo: 10/2/x2 a 9/02/x3

Contagem da prescrição:

de 10/2/x3 a 9/2/x4 = 1 ano

de 10/2/x4 a 9/2/x5 = 2 anos

de 10/2/x5 a 9/2/x6 = 3 anos

de 10/2/x6 a 9/2/x7 = 4 anos

de 10/2/x7 a 9/2/x8 = 5 anos

Resposta: o direito ao período aquisitivo x1/x2 prescreverá em 10/2/x8.

6.19.1 Substituição no período de férias

Ao empregado por conta de cobertura de férias de outro (artigo 450 da CLT e Súmula do TST nº 159), deve ser garantido o recebimento da mesma remuneração do empregado substituído.

> Art. 450 - Ao empregado chamado a ocupar, em comissão, interinamente, ou em substituição eventual ou temporária, cargo diverso do que exercer na empresa, serão garantidas a contagem do tempo naquele serviço, bem como volta ao cargo anterior.

> SUM-159 SUBSTITUIÇÃO DE CARÁTER NÃO EVENTUAL E VACÂNCIA DO CARGO (incorporada a Orientação Jurisprudencial nº 112 da SBDI-1) - Res. 129/2005, DJ 20, 22 e 25.04.2005 I - Enquanto perdurar a substituição que não tenha caráter meramente eventual, inclusive nas férias, o empregado substituto fará jus ao salário contratual do substituído.

6.20 Descontos obrigatórios

6.20.1 Contribuição previdenciária

A contribuição previdenciária incide sobre as importâncias recebidas, sobre o valor das férias, abono e um terço sobre as férias. A contribuição previdenciária descontada será a soma das importâncias recebidas e aplicadas à alíquota, obedecendo-se ao teto máximo para desconto, de acordo com a tabela fixada pelo governo, referente ao mês das férias.

Exemplo de desconto de contribuição previdenciária:

Táila recebe um salário mensal de R$ 1.800,00 e vai gozar férias no período de 01/11/x1 a 30/11/x2. Calcular-se-á o total líquido a ser recebido considerando que não ocorreram faltas injustificadas no período aquisitivo.

Remuneração: R$ 1.800,00

Um terço de férias: R$ 1.800,00 ÷ 3 = R$ 600,00

Total bruto: R$ 2.400,00

Descontos:

Contribuição previdenciária (janeiro de 2019): 9% = R$ 216,00

Total líquido: R$ 2.184,00

Resposta: o valor líquido que Táila receberá será R$ 2.184,00.

6.20.2 Imposto de Renda Retido na Fonte

O IRRF incide sobre a soma das férias, o abono e o adicional de um terço sobre as férias, descontando-se a contribuição previdenciária e dependentes, de acordo com a tabela vigente na data do pagamento fixada pelo governo federal.

Exemplo de desconto de IRRF:

Rui recebe um salário de R$ 1.500,00 e possui um dependente. Ele vai gozar férias no período de 1º a 30 de março. Calcular-se-á o valor líquido das férias que ele receberá.

Remuneração

Férias: R$ 1.500,00

Um terço de férias: R$ 500,00

Total bruto: R$ 2.000,00

Descontos:

INSS (tabela de janeiro de 2022): salário – alíquota = R$ 2.000,00 × 9% = R$ 180,00

IRRF (tabela de janeiro de 2022): Salário – INSS – dependente – dedução = R$ 2.000,00 – R$ 180,00

Férias = R$ 2.000,00

INSS = R$ 180,00

IR = R$ 0,00

Valor líquido das férias = R$ 1.820,00

Resposta: o valor líquido das férias de Rui é R$ 1.820,00.

6.20.3 Fundo de Garantia do Tempo de Serviço

O FGTS foi criado pela Lei nº 5.107/1966 com a finalidade de proteger o trabalhador (que possua um contrato de trabalho formal, regido pela CLT) demitido sem justa causa, ou seja, de formar uma reserva para casos de aposentadoria, morte, invalidez e desemprego do trabalhador. O fundo é uma espécie de pecúlio disponibilizado como indenização para o trabalhador como direito pelo tempo de serviço prestado na empresa.

Incide sobre as férias o FGTS, ou seja, o empregador é obrigado a depositar na conta vinculada do empregado a importância de 8%, calculada sobre o valor das férias e um terço de férias. O valor do abono pecuniário não incide sobre o FGTS.

Exemplo de cálculo do FGTS para depósito:

Edvaldo, que recebe salário de R$ 1.200,00, gozou férias de 1º/6/x1 a 30/6/x1. Calcular-se-á o valor do FGTS para depósito.

Remuneração de férias: R$ 1.200,00

Adicional de um terço de férias: R$ 400,00

Total bruto: R$ 1.600,00

FGTS: R$ 1.600,00 × 8% = R$ 128,00

Resposta: o valor de depósito do FGTS de Edvaldo será de R$ 128,00.

6.21 Pagamento das férias[2]

O pagamento das férias deverá acontecer até dois dias antes do gozo das férias.

> Art. 135 da CLT. A concessão das férias será participada, por escrito, ao empregado, com antecedência de, no mínimo, 30 (trinta) dias. Dessa participação o interessado dará recibo.
>
> Art. 145. O pagamento da remuneração das férias e, se for o caso, o do abono referido no art. 143 será efetuado até 2 (dois) dias antes do início do respectivo período. Parágrafo único. O empregado dará quitação do pagamento, com indicação do início e do término das férias.

2 Ver exemplo de documento de aviso e recibo de férias nos anexos.

CAPÍTULO 7

Décimo terceiro salário

Décimo terceiro salário é a remuneração anual que a empresa paga ao empregado como gratificação natalina. Faz jus ao 13º salário o trabalhador urbano, o rural, o avulso e o doméstico.

O 13º salário também pode ser chamado de gratificação de Natal. Antigamente, as empresas tinham por hábito efetuar o pagamento espontâneo de uma gratificação ao final de cada ano, para que os empregados pudessem fazer as compras de Natal. Diante desse costume, o legislador resolveu estabelecer a gratificação natalina por meio de lei, que foi regulamentada pela primeira vez pelo Decreto nº 57.155/1965 (MARTINS, 2009).

O valor do adiantamento do 13º salário corresponderá à metade do salário recebido pelo empregado no mês anterior, sendo pago proporcionalmente ao tempo de serviço prestado pelo empregado ao empregador, considerando-se a fração de 15 dias de trabalho como mês integral.

Quanto aos empregados vendedores, a empresa deverá verificar com o sindicato da categoria se os valores das comissões deverão ser atualizados e por qual índice.

Art. 7º da CLT. São direitos dos trabalhadores urbanos e rurais, além de outros que visem à melhoria de sua condição social:

VIII - décimo terceiro salário com base na remuneração integral ou no valor da aposentadoria.

Art. 1º da Lei nº 4.090/1962. No mês de dezembro de cada ano, a todo empregado será paga, pelo empregador, uma gratificação salarial, independentemente da remuneração a que fizer jus.

§ 1º A gratificação corresponderá a 1/12 avos da remuneração devida em dezembro, por mês de serviço, do ano correspondente.

§2º A fração igual ou superior a 15 (quinze) dias de trabalho será havida como mês integral para os efeitos do parágrafo anterior.

§3º A gratificação será proporcional:

I - na extinção dos contratos a prazo, entre estes incluídos os de safra, ainda que a relação de emprego haja findado antes de dezembro;

II - na cessação da relação de emprego resultante da aposentadoria do trabalhador, ainda que verificada antes de dezembro.

7.1 O pagamento do 13º salário

A primeira parcela do 13º salário deverá ser paga entre 1º de fevereiro e 30 de novembro ou por ocasião das férias (se solicitado pelo empregado).

Art. 2º da Lei nº 4.749/1965. Entre os meses de fevereiro e novembro de cada ano, o empregador pagará, como adiantamento da gratificação referida no artigo precedente, de uma só vez, metade do salário recebido pelo respectivo empregado no mês anterior.

A primeira parcela poderá ser paga na ocasião das férias do empregado, desde que este o requeira no mês de janeiro do ano correspondente. Caso o empregado não faça essa requisição, compete à empresa efetuar o adiantamento entre os meses de fevereiro e novembro de cada ano.

Exemplo de valor referente ao 13º salário:

O salário de Eládia Rosa é de R$ 1.500,00. Ela trabalhou de janeiro até novembro. Qual será o valor da primeira parcela do 13º salário?

A primeira parcela é de 50% sobre R$ 1.500,00 o que equivale a R$ 750,00.

A segunda parcela corresponde aos outros 50%, ou seja, aos R$ 750,00, diminuídos os descontos de INSS e IRRF.

Resposta: o valor da primeira parcela do 13º salário que Eládia Rosa receberá será R$ 750,00. Já a segunda parcela será de R$ 750,00 menos INSS e IRRF, se houver.

Quando não solicitado, a parcela será paga até o dia 30 de novembro, a título de adiantamento da gratificação natalina. Os outros 50% deverão ser pagos até o dia 20 de dezembro, quando, então, sofrerão todos os descontos devidos, levando-se em consideração o total da gratificação.

> Art. 1º da Lei nº 4.749/1965. A gratificação salarial instituída pela Lei nº 4.090/1962 será paga pelo empregador até o dia 20 de dezembro de cada ano, compensada a importância que, a título de adiantamento, o empregado houver recebido na forma do artigo seguinte.

7.2 Recibo do 13º salário

É o comprovante do empregador dando quitação ao pagamento de 13º salário, que é pago no período de 30 de novembro a 20 de dezembro como uma gratificação natalina.

7.3 Faltas e sua interferência no 13º salário

Para fins de pagamento do 13º salário, as faltas legais e as justificadas ao serviço não serão deduzidas.[1]

As faltas injustificadas só interferirão se, em cada mês do ano correspondente ao pagamento do 13º salário, ocorrer de o empregado somar mais de 15 faltas.

> Art. 2º da Lei nº 4.090/1962. As faltas legais e justificadas ao serviço não serão deduzidas para os fins previstos no § 1º desta lei.

7.4 Horas extras e noturnas

As horas extras integram o 13º salário.

1 Veja sobre este assunto de faltas legais e justificadas (dias úteis) no Capítulo 4.

Súmula do TST nº 45. A remuneração do serviço suplementar, habitualmente prestado, integra o cálculo da gratificação natalina prevista na Lei nº 4.090/1962.

O adicional noturno também integra o 13º salário.

Súmula do TST nº 60

I - O adicional noturno, pago com habitualidade, integra o salário do empregado para todos os efeitos.

II - Cumprida integralmente a jornada no período noturno e prorrogada esta, devido é também o adicional quanto às horas prorrogadas.

Quando o empregado realizar várias horas noturnas ou extras durante o ano, o empregador deverá fazer a média das horas, a qual serve tanto para horas extras quanto para horas noturnas.

Quando o empregado realizar um determinado número de horas extras ou horas noturnas sem que haja variação, o empregador não precisará fazer a média, apenas incluir os valores.

7.5 Descontos obrigatórios

Os descontos de INSS e IRRF deverão ser feitos em separado do pagamento da segunda parcela do 13º salário. Quando o aviso prévio for indenizado, sobre a parte do 13º salário que se refere ao aviso prévio não haverá incidência do INSS. No pagamento da segunda parcela, há incidência do INSS sobre o valor total do 13º salário.

Exemplo de desconto do INSS no 13º salário:

Jeferson recebe um salário no valor de R$ 1.000,00 por mês. A seguir, tem-se o cálculo do 13º salário, descontando-se o INSS.

Primeira parcela: R$ 500,00

Segunda parcela: R$ 500,00

INSS (janeiro de 2019): R$ 80,00

Valor líquido: R$ 920,00

Resposta: o valor líquido que Jeferson receberá de 13º salário será R$ 920,00.

7.6 Imposto de Renda Retido na Fonte

No pagamento da segunda parcela do 13º salário, há incidência do IRRF sobre o total.

Exemplo de desconto do IRRF no 13º salário:

Rachel Silva recebe um salário no valor de R$ 2.000,00 por mês e não tem dependente. Calcular-se-ão o valor do 13º salário e o valor do desconto do IRRF.

Primeira parcela: R$ 1.000,00

Segunda parcela: R$ 1.000,00

INSS (janeiro de 2022): R$ 180,00

IRRF (janeiro de 2022): R$ 0,00

Remuneração:

13º salário: R$ 2.000,00

INSS: R$ 180,00

Total: R$ 1.820,00

Segunda parcela = salário – primeira parcela – INSS – IR = R$ 2.000,00 – R$ 1.000,00 – R$ 180,00 – 0,00 = R$ 820,00

Resposta: o valor líquido que Rachel Silva receberá da segunda parcela do 13º salário será R$ 820,00.

7.7 Décimo terceiro pago na rescisão contratual

Havendo rescisão contratual e já tendo sido paga a primeira parcela da gratificação natalina (13º salário), esta será compensada com o valor devido na rescisão.

Súmula do TST nº 45. A remuneração do serviço suplementar, habitualmente prestado, integra o cálculo da gratificação natalina prevista na Lei nº 4.090/1962.

> Art. 76 do Decreto nº 10.854/21. O pagamento da gratificação de Natal, nos termos do disposto na Lei nº 4.090, de 1962, e na Lei nº 4.749, de 1965, será efetuado pelo empregador até o dia vinte de dezembro de cada ano, e terá como base a remuneração devida nesse mês, de acordo com o tempo de serviço do empregado no ano em curso.
>
> § 1º A gratificação corresponderá a um doze avos da remuneração devida em dezembro, por mês de serviço, do ano correspondente.

§ 2º Para fins do disposto no § 1º, será considerada como mês completo a fração igual ou superior a quinze dias.

7.8 Adicional de insalubridade e de periculosidade

Os adicionais de insalubridade e de periculosidade integram o pagamento do 13º salário, uma vez que fazem parte da remuneração do empregado. Esses adicionais, como são percentuais aplicados sobre valores determinados (salário mínimo ou salário-base, conforme o caso), não integram a média.

Exemplos de cálculo do 13º salário com adicional de periculosidade e de insalubridade:

a) Robson foi admitido em 2 de janeiro com um salário mensal de R$ 1.800,00. Ele recebe adicional de periculosidade. Calcular-se-á o valor da primeira parcela do 13º salário que ele receberá.

Adicional de periculosidade: R$ 1.800,00 × 30% = R$ 540,00

R$ 1.800,00 + R$ 540,00 = R$ 2.340,00

Resposta: o valor que Robson receberá da primeira parcela do 13º salário será R$ 1.170,00.

b) Ilma foi admitida em 2 de janeiro com um salário mensal de R$ 1.900,00. Sabendo-se que o pagamento da segunda parcela do 13º salário será em 20 de dezembro e que a primeira parcela que ela recebeu foi de R$ 1.235,00, calcular-se-á o valor do 13º salário, considerando que ela recebe adicional de periculosidade.

Adicional de periculosidade: R$ 900,00 × 30% = R$ 270,00

R$ 900,00 + R$ 270,00 = R$ 1.170,00

R$ 1.170,00 – R$ 585,00 (primeira parcela) = segunda parcela = R$ 585,00

Resposta: o valor que Ilma receberá da segunda parcela de 13º salário será R$ 585,00. Nota: deve-se descontar o INSS e o IR, se houver.

c) Djalma Júnior foi admitido em 10 de janeiro com um salário mensal de R$ 1.400,00. Ele recebe adicional de insalubridade sobre grau médio (20%). Sabendo-se que o pagamento da segunda parcela do 13º salário será em 20 de dezembro e que o valor da primeira parcela do 13º salário foi de R$ 778,80, calcular-se-á o valor da segunda parcela do 13º salário.

Adicional de insalubridade: salário mínimo × 20% = R$ 1.212,00 × 20% = R$ 242,40

Salário + adicional de insalubridade = R$ 1.400,00 + R$ 242,40 = R$ 1.642,40

Portanto,

13º salário: R$ 1.642,40 – R$ 821,20 (primeira parcela) = R$ 821,20

Resposta: o valor que Djalma Junior receberá da segunda parcela será R$ 821,20. Nota: deve-se descontar o INSS e o IR, se houver.

7.9 Salário fixo

7.9.1 Empregados admitidos até 17 de janeiro

Para os empregados admitidos até 17 de janeiro, inclusive, o valor da primeira parcela será de 50% do salário do mês anterior ao do seu pagamento.

> Lei nº 4.090/1962. A remuneração do serviço suplementar, habitualmente prestado, integra o cálculo da gratificação natalina.
>
> Art. 1º do Decreto no 57.155/1965. O pagamento da gratificação salarial, instituída pela Lei nº 4.090/1962, com as alterações constantes da Lei nº 4.749/1965, será efetuado pelo empregador até o dia 20 de dezembro de cada ano, tomando-se por base a remuneração devida nesse mês, de acordo com o tempo de serviço do empregado no ano em curso. Parágrafo único. A gratificação corresponderá a 1/12 (um doze avos) da remuneração devida em dezembro por mês de serviço, do ano correspondente, sendo que a fração igual ou superior a 15 (quinze) dias será havida como mês integral.

Exemplos de cálculo de 13º salário:

Mensalista:

Sidney recebe R$ 1.780,00 de salário por mês. Considerando que ele foi admitido em 10 de janeiro de x1, sabendo-se que o pagamento da primeira parcela será em 30 de novembro, calcular-se-á o valor da primeira parcela de 13º salário.

Salário: R$ 1.780,00

Primeira parcela do 13º salário: R$ 1.780,00 × 50% = R$ 890,00

Portanto:

R$ 1.780,00 – R$ 890,00 = R$ 890,00

O valor que Sidney receberá referente à primeira parcela do 13º será R$ 890,00.

Horista:

Michelly é horista e foi admitida em 12 de janeiro. Sabendo-se que o pagamento da primeira parcela será em 30 de novembro, calcular-se-á o valor da primeira parcela de

13º salário.

Salário-hora de outubro: R$ 4,80

Número de horas trabalhadas durante o ano até outubro: 1.862,8 ÷ 10 = 186,28 horas[2]

Número de horas correspondentes ao descanso semanal remunerado (DSR): 366,50 ÷ 10 = 36,65 horas

R$ 4,80 × 186,28 horas trabalhadas = R$ 894,14

R$ 4,80 × 36,65 horas de descanso semanal remunerado = R$ 175,92

R$ 894,14 ÷ 2 + 175,92 ÷ 2 = 535,03

Resposta: o valor que Michelly receberá da primeira parcela do 13º salário será R$ 535,03.

Nota: esses valores de número de horas são apenas exemplificativos, devendo cada empregador verificar o número exato de horas trabalhadas, assim como as horas do respectivo DSR em cada mês. Consideramos a média como 10, pois há variação de número de horas de mês para mês, não se podendo estimar exatamente o número do mês em curso (novembro). Convém salientar que, nos meses em que o empregado foi admitido no curso do mês, deve-se considerar para efeito do cálculo o número de horas como se ele tivesse trabalhado o mês todo, para que o empregado não seja prejudicado.

Para os empregados admitidos até 17 de janeiro, inclusive, o valor da segunda parcela será o do salário do mês de dezembro, deduzidos o valor da primeira parcela e os encargos.

Mais exemplos de cálculo do 13º salário:

Mensalista:

Marina foi admitida em 10 de janeiro com um salário de 2.000,00 por mês. Sabendo-se que o pagamento da segunda parcela será em 20 de dezembro e que o valor da primeira parcela foi de R$ 1.000,00, calcular-se-á o valor do 13º salário.

Salário: R$ 2.000,00

R$ 2.000,00 (salário) – R$ 1.000,00 (primeira parcela) = R$ 1.000,00

Resposta: Marina receberá R$ 1.000,00 (descontando-se INSS e IR se houver) de segunda parcela do 13º salário.

Horista:

Alice foi admitida em 10 de janeiro, recebendo por hora R$ 4,70. Sabendo-se que o pagamento da segunda parcela será em 20 de dezembro e que ela recebeu o valor de

2 Nota: o número de horas está sendo considerado em sistema centesimal.

R$ 523,89 referente à primeira parcela de 13º salário, calcular-se-á o valor do 13º salário.

Número de horas trabalhadas durante o ano até novembro: 2.045,12 ÷ 11 = 185,92 horas

Número de horas correspondente ao descanso semanal remunerado: 404,14 ÷ 11 = 36,74 horas

R$ 4,70 × 185,92 horas trabalhadas = R$ 873,82

R$ 4,70 × 36,74 horas de descanso semanal remunerado = R$ 172,68

R$ 873,82 + R$ 172,68 = R$ 1.046,50

R$ 873,82 + R$ 172,68 – R$ 523,89 = R$ 522,61 (segunda parcela do 13º salário)

Resposta: o valor que Alice receberá da segunda parcela do 13º salário será R$ 522,61. Nota: deve-se descontar o INSS.

Nota: esses valores de número de horas são apenas exemplificativos, devendo cada empregador verificar o número exato de horas trabalhadas, assim como as horas do respectivo DSR em cada mês. Consideramos a média como 11 pois há variação de número de horas de mês para mês, não podendo se estimar exatamente o número do mês em curso (dezembro). Convém salientar que, nos meses em que o empregado foi admitido no curso do mês, deve-se considerar para efeito do cálculo o número de horas como se ele tivesse trabalhado o mês todo, para que o empregado não seja prejudicado.

7.9.2 Empregados admitidos após 17 de janeiro

Para os empregados admitidos no curso do ano, o adiantamento do 13º salário corresponderá à metade de 1/12 da remuneração por mês de serviço ou fração igual ou superior a 15 dias.

Exemplos de cálculo do 13º salário:

Mensalista:

Marthina é mensalista e foi admitida em 12 de julho. Sabendo-se que o pagamento da primeira parcela será em 30 de novembro e que o seu salário é de R$ 1.400,00, calcular-se-á o valor que Marthina receberá pela primeira parcela do 13º salário.

Cálculo:

Marthina faz jus a 5/12

R$ 1.400,00 ÷ 12 × 5 = R$ 583,33

R$ 583,33 ÷ 2 = R$ 291,66 (primeira parcela do 13º salário)

Resposta: Marthina receberá R$ 291,66 da primeira parcela do 13º salário.

Horista:

Carmelinda é horista e foi admitida em 16 de julho. Sabendo-se que o pagamento da primeira parcela será em 30 de novembro e que o salário por hora é de R$ 3,50, calcular-se-á o valor da primeira parcela do 13º salário.

Número de horas trabalhadas de julho até outubro: 755,4 ÷ 4 = 188,85 horas

Número de horas de descanso semanal remunerado de julho a outubro: 146,6 ÷ 4 = 36,65 horas

A empregada faz jus a 5/12

R$ 3,50 × 188,85 horas trabalhadas = R$ 660,98

R$ 3,50 × 36,65 horas de descanso semanal remunerado = R$ 128,28

R$ 660,98 + 128,28 = R$ 789,26

R$ 789,26 ÷ 12 × 5 = R$ 328,86

R$ 328,86 ÷ 2 = 164,43

Resposta: o valor que Carmelinda receberá da primeira parcela de 13º salário será R$ 164,43.

Nota: esses valores de número de horas são apenas exemplificativos, devendo cada empregador verificar o número exato de horas trabalhadas, assim como as horas do respectivo DSR em cada mês. Consideramos a média como 4 pois há variação de número de horas de mês para mês, não podendo se estimar exatamente o número do mês em curso. Convém salientar que, nos meses em que o empregado foi admitido no curso do mês, deve-se considerar para efeito do cálculo o número de horas como se ele tivesse trabalhado o mês todo, para que o empregado não seja prejudicado.

7.10 Salário variável

7.10.1 Empregados admitidos até 17 de janeiro

Para os empregados que recebem salário variável, a gratificação será calculada com base na soma das importâncias variáveis devidas nos meses trabalhados até o anterior àquele em que se realizar o adiantamento. Os empregados que receberem parte fixa terão o respectivo valor somado à parte variável.

Exemplos de cálculo de 13º salário:

Comissionista sem parte fixa:

Tainá foi admitida em 10 de janeiro. Sabendo-se que o pagamento da primeira parcela será em 30 de novembro e que ela tem comissões para receber, calcular-se-á a primeira parcela do seu 13º salário.

Comissões recebidas no período de janeiro a outubro: R$ 5.800,00

RSR sobre comissões no período de janeiro a outubro: R$ 1.183,20

Comissões:

Média das comissões: R$ 5.800,00 ÷ 10 = R$ 580,00 ÷ 2 = R$ 290,00

RSR:

Média do RSR sobre comissões: R$ 1.183,20 ÷ 10 = R$ 118,32 ÷ 2 = R$ 59,16 R$ 290,00 + R$ 59,16 = R$ 349,16

Resposta: o valor que Tainá receberá da primeira parcela do 13º salário será R$ 349,16.

Comissionista com parte fixa:

Lucas foi admitido em 13 de janeiro com um salário fixo de R$ 1.500,00. Sabendo-se que o pagamento da primeira parcela do 13º salário será em novembro, calcular-se-á o valor da primeira parcela do 13º salário.

Comissões recebidas no período de janeiro a outubro: R$ 10.500,00

RSR sobre comissões no período de janeiro a outubro: R$ 3.200,00

Comissões:

Média das comissões: R$ 10.500,00 ÷ 10 = R$ 1.050,00 ÷ 2 (duas parcelas) = R$ 525,00

RSR:

Média do RSR: R$ 3.200,00 ÷ 10 = R$ 320,00 ÷ 2 (duas parcelas) = R$ 160,00

Salário fixo: 2 = R$ 1.500,00 ÷ 2 (duas parcelas) = R$ 750,00 (50% do salário fixo)

Portanto:

Primeira parcela do 13º salário: salário fixo + média das comissões + média do RSR = R$ 750,00 + R$ 525,00 + R$ 160,00 = R$ 1.435,00

Resposta: Lucas receberá pela primeira parcela o valor de R$ 1.435,00.

Comissionista sem parte fixa:

Mateus foi admitido em 5 de janeiro, recebendo por comissões. Sabendo-se que o pagamento da segunda parcela será em 20 de dezembro e que ele recebeu o valor de R$ 362,70 referente à primeira parcela do 13º salário, calcular-se-á o valor do 13º salário.

Comissões recebidas no período de janeiro a novembro: R$ 7.100,00

RSR sobre comissões no período de janeiro a novembro: R$ 1.313,00

Comissões:

Média das comissões: R$ 7.100,00 ÷ 11 = R$ 645,45

RSR:

Média do RSR sobre comissões: R$ 1.313,00 ÷ 11 = R$ 119,36

13º: R$ 645,45 + R$ 119,36 = R$ 764,81

R$ 764,81 – R$ 362,70 = segunda parcela do 13º salário = R$ 402,11

Resposta: o valor que Mateus receberá da segunda parcela do 13º salário será R$ 402,11. Nota: deve-se descontar o INSS e o IRRF, se houver.

Comissionista com parte fixa:

Giovanni foi admitido em 12 de janeiro com um salário fixo de R$ 1.200,00 por mês. Sabendo-se que o pagamento da segunda parcela do 13º salário será em dezembro e que a primeira parcela foi de R$ 727,60, calcular-se-á a segunda parcela do 13º salário.

Comissões recebidas no período de janeiro a novembro: R$ 6.580,00

RSR sobre comissões no período de janeiro a novembro: R$ 1.218,00

Comissões:

Média das comissões: R$ 6.580,00 ÷ 11 = R$ 598,18

RSR sobre comissões:

Média do RSR sobre comissões: R$ 1.218,00 ÷ 11 = R$ 110,73

R$ 1.2000,00 + R$ 598,18 + R$ 110,73 = R$ 1.908,91

R$ 1.908,91 – R$ 727,60 = segunda parcela do 13º salário = R$ 1.181,31

Resposta: o valor que Giovanni receberá da segunda parcela do 13º salário será R$ 1.181,31. Nota: deve-se descontar o INSS e o IRRF, se houver.

13º sobre horas extras

Onofre foi admitido em 3 de janeiro com um salário fixo de R$ 1.660,00, tendo realizado 170 horas extras no período a 50% e 32 horas extras correspondentes ao RSR. Ele recebeu a primeira parcela do 13º no valor de R$ 900,00. Sabendo-se que o pagamento da segunda parcela será no dia 20 de dezembro, calcular-se-á o valor do 13º salário.

Horas extras realizadas no período de janeiro a novembro: 170 horas

RSR sobre horas extras no período de janeiro a novembro: 32 horas

Horas extras:

Média das horas extras: 170 ÷ 11 meses = 15,45 horas

Valor da hora extra com 50%: (R$ 1.660,00 ÷ 220) + (R$ 7,54 × 50%) = R$ 11,31

Valor da média das horas extras: 15,45 horas × R$ 11,31 = R$ 174,74

RSR:

Média do RSR sobre hora extra: 32 ÷ 11 meses = 2,91 horas

Valor do RSR sobre hora extra com 50%: 2,91 × R$ 11,31 = R$ 32,91

13º salário: R$ 1.660,00 + R$ 174,74 + R$ 32,91 – R$ 900,00 = segunda parcela do 13º salário = R$ 967,65

Resposta: o valor da segunda parcela do 13º salário que Onofre receberá será R$ 967,65. Nota: deve-se descontar o INSS e o IRRF, se houver.

Comissionista sem parte fixa:

Renato foi admitido em 2 de agosto. Sabendo-se que o pagamento da segunda parcela do 13º será em 20 de dezembro e que o valor da primeira parcela foi de R$ 136,51, calcular-se-á o valor do 13º salário.

Comissões recebidas no período de agosto a novembro: R$ 2.600,00

RSR sobre comissões no período de agosto a novembro: R$ 440,00

Comissões:

Média das comissões: R$ 2.600,00 ÷ 4 = R$ 650,00

R$ 650,00 ÷ 12 x 5 = R$ 270,83

RSR:

Média do RSR: R$ 440,00 ÷ 4 = R$ 110,00 R$ 110,00 ÷ 12 × 5 = R$ 45,83

13º salário: R$ 270,83 + R$ 45,83 – R$ 136,51 = segunda parcela do 13º salário = R$ 180,15

O valor que Renato receberá da segunda parcela do 13º salário será R$ 180,15. Nota: deve-se descontar o INSS e o IRRF, se houver.

Horas extras:

Flávia foi admitida em 2 de julho com um salário fixo de R$ 1.704,00, tendo realizado 68 horas extras no período a 50% e 12 horas extras correspondentes ao RSR. Sabendo-se que o pagamento da segunda parcela do 13º será no dia 20 de dezembro e que o valor da primeira parcela foi de R$ 766,67, calcular-se-á o valor do 13º salário.

Horas extras realizadas no período: 68 horas

RSR sobre horas extras: 12 horas

Valor da hora normal: (R$ 1.704,00 ÷ 220) = R$ 7,75

Horas extras:

Média das horas extras: 68 ÷ 5 meses = 13,6

Valor da hora extra a 50%: R$ 7,75 + 50% (R$ 7,75 × 50%) = R$ 11,63

13,6 horas × R$ 11,63 = R$ 158,17 ÷ 12 × 6 = R$ 79,09

RSR:

Média do RSR sobre hora extra: 12 ÷ 5 = 2,4 horas

Valor do RSR sobre hora extra a 50%: 2,4 × R$ 11,63 = R$ 27,91

R$ 11,52 ÷ 12 × 6 = R$ 13,96

Salário fixo:

R$ 1.704,00 ÷ 12 × 6 = R$ 852,00

13º salário:

R$ 79,09 + R$ 13,96 + R$ 852,00 − R$ 766,67 = segunda parcela do 13º salário = R$ 178,38

Resposta: o valor que Flávia receberá da segunda parcela do 13º salário será R$ 178,38.
Nota: deve-se descontar o INSS e o IRRF, se houver.

7.11 Auxílio-doença previdenciário

É o afastamento por motivo de doença ou outra incapacidade não decorrente de acidente de trabalho, cujo tratamento se estende por mais de 15 dias.

Compete à empresa remunerar o empregado nos 15 primeiros dias, assim como ela é responsável pelo pagamento do 13º salário até o 15º dia do afastamento e posterior retorno. A partir do 16º dia até o retorno ao trabalho, a previdência social assume pagando o 13º salário em forma de abono anual.

Exemplos de cálculo do 13º salário:

Linda foi admitida em 1º de junho com um salário mensal de R$ 800,00. Por motivo de doença, foi afastada em 3 de agosto, retornando no dia 24 de agosto. Sabendo-se que o pagamento da primeira parcela do 13º salário será no dia 30 de novembro, calcular-se-á o valor da primeira parcela do 13º salário.

Afastamento: 3/8

Retorno: 24/8

Número de avos a que faz jus: 50% de 6/12, porque o afastamento por motivo de doença não interferiu na contagem dos avos, uma vez que os primeiros 15 dias do afastamento, que são de responsabilidade da empresa, foram suficientes para determinar o avo correspondente a agosto.

R$ 800,00 ÷ 12 × 6 = R$ 400,00

R$ 400,00 ÷ 2 = R$ 200,00

O valor que Linda receberá da primeira parcela do 13º salário será R$ 137,50.

Maurílio foi admitido em 1º de junho com um salário mensal de R$ 860,00. Por motivo de doença, foi afastado a partir do dia 3 de agosto, retornando no dia 22 de setembro. Sabendo-se que o pagamento da primeira parcela do 13º salário será no dia 30 de novembro, calcular-se-á o valor da primeira parcela do 13º salário.

Afastamento: 3/8

Retorno: 22/9

Adiantamento a que faz jus: 5/12 avos, porque, no mês de agosto, os 15 primeiros dias do afastamento resultaram numa fração, e no mês de setembro não foi preenchida a fração, ficando o encargo deste mês para o INSS.

R$ 860,00 ÷ 12 × 5 = R$ 358,33

R$ 358,33 ÷ 2 = R$ 179,17

Resposta: o valor que Maurílio receberá da primeira parcela do 13º salário será R$ 179,17.

Lúcia foi admitida em 5 de junho, porém afastou-se por doença no dia 6 de agosto, retornando no dia 31 de agosto. Calcular-se-á a quantidade de dias sobre a qual incidirá o 13º salário.

Afastamento: 6/8

Retorno: 31/8

Resposta: o número de avos a que Lúcia faz jus é 7/12, porque o afastamento por motivo de doença não interferiu na contagem dos avos, uma vez que os primeiros 15 dias do afastamento, que são de responsabilidade da empresa, foram suficientes para determinar o avo correspondente a agosto.

7.12 Auxílio-doença acidentário

A Justiça do Trabalho entende que as faltas ou ausências decorrentes de acidente do trabalho não são consideradas para efeito de cálculo da gratificação natalina (13º salário).

> Súmula do TST nº 46. As faltas ou ausências decorrentes de acidente do trabalho não são consideradas para os efeitos de duração de férias e cálculo da gratificação natalina.

Em virtude do exposto, as faltas decorrentes de acidente de trabalho não influem no cálculo do 13º salário. A empresa calculará o valor integral, diminuindo o valor que o empregado recebeu de abono anual, complementando o valor a pagar caso a soma dos valores não resulte no valor a que teria direito o empregado caso não se tivesse afastado pela previdência social.

Exemplos de cálculo do 13º salário:

Carol foi admitida em 4 de janeiro com um salário mensal de R$ 1.620,00. Porém, acidentou-se no trabalho no dia 4 de maio, afastando-se no mesmo momento, retornando somente no dia 20 de julho. Sabendo-se que o pagamento da segunda parcela do 13º salário será em 20 de dezembro e que o valor da primeira parcela do 13º salário foi de R$ 932,50, calcular-se-á o valor do 13º salário.

Afastamento: 4/5

Retorno: 20/7

Abono anual recebido do INSS: R$ 390,00 (valor aleatório; o valor exato deve ser consultado pelo empregado no INSS)

R$ 1.620,00 ÷ 12 × 12 = R$ 1.620,00

R$ 1.620,00 – R$ 390,00 (abono anual) = 1.230,00

R$ 1.230,00 – R$ 932,50 = segunda parcela do 13º salário = R$ 297,50

Resposta: o valor que Carol receberá da segunda parcela do 13º salário será R$ 297,50.
Nota: deve-se descontar o INSS e o IRRF, se houver.

Juliana foi admitida em 4 de janeiro com um salário mensal de R$ 1.320,00. Ela se acidentou no trabalho no dia 4 de maio, afastando-se no mesmo momento, retornando no dia 21 de julho. Sabendo-se que o pagamento da primeira parcela do 13º salário será em novembro, calcular-se-á o valor dela.

Afastamento: 4/5

Auxílio-doença acidentário: 20/5 a 20/7

Retorno: 21/7

Adiantamento a que faz jus: 50% de 9/12, porque no mês de maio ocorreu fração de 15 dias e, nos meses de junho e julho, ela foi inferior a 15 dias. Como a empregada não esteve à disposição do empregador durante todos os meses do ano, as frações são consideradas até o mês de pagamento da primeira parcela, neste caso novembro.

R$ 1.320,00 ÷12 × 9 = R$ 990,00

R$ 990,00 ÷ 2 = R$ 495,00

Resposta: Juliana receberá R$ 495,00 da primeira parcela do 13º salário.

7.13 Serviço militar obrigatório

O empregado afastado para o serviço militar obrigatório faz jus ao 13º salário, correspondente ao período anterior e posterior (se houver) ao afastamento, não sendo computado para fins do 13º salário o período de ausência, pois durante esse tempo o empregador não precisa efetuar pagamentos de salários, embora sejam mantidos os recolhimentos dos depósitos do Fundo de Garantia do Tempo de Serviço.

Exemplos de cálculo do 13º salário:

Paul foi admitido em 3/9/x1, afastando-se para o serviço militar obrigatório no dia 4/3/x2 e não tendo retornado no mesmo ano. Calcular-se-á a quantos dias ele fará jus ao 13º salário.

Afastamento: 4/3/x2

Resposta: Paul fará jus a 2/12 avos (janeiro e fevereiro).

Pedro foi admitido em 3 de janeiro, afastando-se do seu trabalho para serviço militar obrigatório no dia 1º de março, não tendo retornado ao trabalho. Seu salário é de R$ 4.000,00. Sabendo-se que o pagamento da primeira parcela do 13º salário será no dia 30 de novembro, calcular-se-á o valor da primeira parcela do 13º salário.

Afastamento: 1/3

A primeira parcela do 13º salário a que ele fará jus é: 50% de 2/12

R$ 4.000,00 (salário) ÷ 12 × 2 = R$ 666,67

R$ 666,67 ÷ 2 = R$ 333,33

Resposta: Pedro receberá R$ 333,33 da primeira parcela do 13º salário.

7.14 Salário-maternidade

Para pagamento do 13º salário à empregada que entrou em licença-maternidade durante o ano, desconsidera-se no cálculo o período em que a empregada esteve afastada recebendo o benefício pela previdência social, uma vez que ela, quando do pagamento da última parcela do salário-maternidade dentro do ano (exercício), pagará o 13º salário correspondente.

Exemplos de cálculo do 13º salário:

Taisa foi admitida em 11/11/x1 e recebe atualmente um salário de R$ 1.600,00 por mês. Foi afastada por licença-maternidade no período de 1º/11/x3 a 28/2/x4. Referente à primeira parcela do 13º salário, recebeu R$ 666,67. Sabendo-se que o pagamento da segunda parcela será em 20 de dezembro, calcular-se-á o valor do 13º salário.

R$ 1.600,00 ÷ 12 × 12 = R$ 1.600,00 (este será o valor sobre o qual incidirá a contribuição previdenciária da parte patronal e o FGTS)

R$ 1.600,00 – R$ 270,84 (13º pago pelo INSS, vide cálculo e comentário a seguir)* = R$ 1.329,16

R$ 1.329,16 – R$ 666,67 (primeira parcela do 13º) = segunda parcela do 13º salário = R$ 662,49

Resposta: o valor que Taisa receberá da segunda parcela do 13º salário será R$ 662,49.
Nota: deve-se descontar o INSS e o IRRF, se houver.

*** A previdência social até o momento não determinou a forma de cálculo que ela utilizará para pagar a empregada, mas, como a legislação determina que o salário-maternidade corresponda a dias (120), e não a meses, utilizaremos o mesmo cálculo usado anteriormente para o reembolso, visto que facilita a determinação do valor exato.**

R$ 1.600,00 ÷ 12 = R$ 133,33

R$ 133,33 ÷ 30 = R$ 4,44

R$ 4,44 × 61 = R$ 270,84 (valor pago pelo INSS referente ao 13º salário)

Observação: os 59 dias restantes da licença-maternidade serão pagos pelo INSS com a última parcela paga no exercício de x4.

Eliana foi admitida em 10 de janeiro, afastando-se em licença-maternidade a partir do dia 1º de novembro, devendo retornar no dia 1º de março do ano subsequente. Sendo seu salário mensal de R$ 1.200,00 e sabendo-se que o pagamento da primeira parcela do 13º salário será no dia 30 de novembro, calcular-se-á o valor da primeira parcela do 13º salário.

Afastamento: 1/11 a 28/2

Adiantamento a que faz jus: 50% de 10/12

R$ 1.200,00 ÷ 12 × 10 = R$ 1.000,00

R$ 1.000,00 ÷ 2 = R$ 500,00

Primeira parcela do 13º salário: R$ 500,00

Resposta: o valor que Eliana receberá da primeira parcela do 13º salário será R$ 500,00.

Adriana integrou-se ao quadro de trabalhadores da empresa no segundo dia de janeiro, afastando-se em licença-maternidade no dia 1º de abril e retornando no dia 30 de julho. Sabendo-se que seu salário mensal é de R$ 6.000,00 e que o pagamento da primeira parcela do 13º salário será no dia 30 de novembro, calcular-se-á o valor da primeira parcela do 13º salário.

Afastamento: 1º/4 a 30/7

Adiantamento a que faz jus: 50% de 7/12

R$ 6.000,00 ÷ 12 × 7 = R$ 3.500,00

R$ 3.500,00 ÷ 2 = R$ 1.750,00

Resposta: Adriana receberá R$ 1.750,00 da primeira parcela do 13º salário.

7.15 Fundo de Garantia do Tempo de Serviço

O FGTS incidirá sobre o valor pago efetivamente pelo regime de competência, ou seja, se o pagamento da primeira parcela ocorrer em novembro, o FGTS deverá ser recolhido até o dia 7 de dezembro, junto com a folha de pagamento.

Se a primeira parcela for paga por ocasião das férias, o FGTS deverá ser recolhido no mês subsequente. Assim, o pagamento do adiantamento do 13º salário efetuado por ocasião do gozo de férias em abril/x1 terá recolhimento do FGTS em maio/x1.

O FGTS incidirá sobre o valor bruto pago efetivamente pelo regime de competência, ou seja, referente ao pagamento da segunda parcela. O FGTS deverá ser recolhido até o dia 7 de janeiro, junto com a folha de pagamento de dezembro.

Exemplo de cálculo do 13º salário e do FGTS:

João Pedro recebe um salário de R$ 1.000,00 por mês e não tem dependente. Calcular-se-ão os valores do 13º salário e do FGTS.

Primeira parcela: R$ 500,00 (50% do valor)

Segunda parcela: R$ 500,00

Valor do FGTS: R$ 1.000,00 × 8% = R$ 80,00

CAPÍTULO 8

Aplicação de advertências e suspensões

8.1 Regras gerais de conduta

De forma geral, na empresa, empregador e empregado têm normas internas, direitos e deveres trabalhistas que devem ser cumpridos e respeitados para que a relação de trabalho seja eficaz.

Cabe ao empregado:

- ser assíduo e pontual ao serviço, isto é, comparecer com assiduidade ao trabalho no início da jornada estabelecida e somente se retirar no término desta;
- acatar os regulamentos, as normas usuais, as instruções de serviços e ordens, desde que legais, emanados dos representantes da empresa;
- cooperar para que haja disciplina nos ambientes em que exerce sua atividade;
- usar os equipamentos de segurança e higiene do trabalho que forem postos à disposição para preservação da saúde e da integridade física;
- exercer com zelo as atribuições do cargo;
- ser leal às instituições a que servir;
- observar as normas legais e regulamentares;

- cumprir as ordens superiores, exceto quando manifestamente ilegais;
- atender com presteza;
- levar ao conhecimento da autoridade superior as irregularidades de que tiver ciência em razão do cargo;
- zelar pela economia do material e pela conservação do patrimônio público;
- guardar sigilo sobre assunto da repartição;
- manter conduta compatível com a moralidade administrativa;
- tratar com urbanidade as pessoas;
- representar contra ilegalidade, omissão ou abuso de poder.

Cabe ao empregador:

- cumprir as disposições legais, as convenções e os acordos coletivos de trabalho, as sentenças normativas, bem como seus próprios regulamentos;
- manter a ordem e o respeito nos setores de trabalho e à pessoa do empregado;
- proporcionar ao empregado todas as garantias para que sua atividade seja bem e fielmente exercida, fornecendo, inclusive, o material necessário.

8.2 Regime disciplinar

O regime disciplinar constitui o conjunto de normas relativas aos deveres básicos do empregado, aos limites de convivência funcional, à classificação e à aplicação das penalidades disciplinares.

8.2.1 Código de ética

Algumas empresas elaboram um código de ética com o intuito de nortear o relacionamento entre os empregados e o empregador, no esforço de gerar um compromisso mútuo alinhado à adoção de uma postura transparente que envolva a valorização da ética e contribua para a credibilidade perante a sociedade.

8.2.1.1 Conflito de interesses

Encontra-se em vigor a Lei nº 12.813/2013, que dispõe sobre o conflito de interesses no exercício de cargo ou emprego do Poder Executivo federal e impedimentos posteriores ao exercício do cargo ou emprego; e revoga dispositivos da Lei nº 9.986/2000 e das Medidas Provisórias nº 2.216-37/2001 e nº 2.225-45/2001.

Na prática, todos os empregados devem estar atentos às situações em que eles detêm informações privilegiadas que possam gerar conflitos entre o interesse público e o privado.

Um empregado que atue na área de contratação de linha terrestre não pode ser proprietário ou dirigente de uma empresa de veículos que preste serviços para os Correios, por exemplo.

A lei estabelece as situações que configuram conflito de interesses, requisitos e restrições envolvendo ocupantes de cargo ou emprego no âmbito do Poder Executivo federal que tenham acesso a informações privilegiadas.

Submetem-se ao regime desta lei os ocupantes dos cargos de presidente, vice-presidentes e diretores, ou equivalentes, de autarquias, fundações públicas, empresas públicas ou sociedades de economia mista e outras autoridades da república.

Além dos agentes públicos mencionados nos incisos I a IV do artigo 2º, sujeitam-se ao disposto na lei os ocupantes de cargos ou empregos cujo exercício proporcione acesso a informação privilegiada capaz de trazer vantagem econômica financeira para o agente público ou para terceiro.

A ocorrência de conflito de interesses independe da existência de lesão ao patrimônio público, bem como do recebimento de qualquer vantagem pelo agente público ou por terceiro e, em caso de dúvida sobre como prevenir ou impedir situações que configurem conflito de interesses, o agente público deverá consultar a Comissão de Ética Pública ou a Controladoria-Geral da União.

> Lei nº 12.813, de 16 de maio de 2013. Dispõe sobre o conflito de interesses no exercício de cargo ou emprego do Poder Executivo federal e impedimentos posteriores ao exercício do cargo ou emprego; e revoga dispositivos da Lei nº 9.986, de 18 de julho de 2000, e das Medidas Provisórias nº 2.216-37, de 31 de agosto de 2001, e 2.225-45, de 4 de setembro de 2001.
>
> Art. 1º As situações que configuram conflito de interesses envolvendo ocupantes de cargo ou emprego no âmbito do Poder Executivo federal, os requisitos e restrições a ocupantes de cargo ou emprego que tenham acesso a informações privilegiadas, os impedimentos posteriores ao exercício do cargo ou emprego e as competências para fiscalização, avaliação e prevenção de conflitos de interesses regulam-se pelo disposto nesta Lei.
>
> Art. 2º Submetem-se ao regime desta Lei os ocupantes dos seguintes cargos e empregos:
>
> I - de ministro de Estado;
>
> II - de natureza especial ou equivalentes;
>
> III - de presidente, vice-presidente e diretor, ou equivalentes, de autarquias, fundações públicas, empresas públicas ou sociedades de economia mista; e
>
> IV - do Grupo-Direção e Assessoramento Superiores - DAS, níveis 6 e 5 ou

equivalentes. Parágrafo único. Além dos agentes públicos mencionados nos incisos I a IV, sujeitam-se ao disposto nesta Lei os ocupantes de cargos ou empregos cujo exercício proporcione acesso a informação privilegiada capaz de trazer vantagem econômica ou financeira para o agente público ou para terceiro, conforme definido em regulamento.

Art. 3º Para os fins desta Lei, considera-se:

I - conflito de interesses: a situação gerada pelo confronto entre interesses públicos e privados, que possa comprometer o interesse coletivo ou influenciar, de maneira imprópria, o desempenho da função pública; e

II - informação privilegiada: a que diz respeito a assuntos sigilosos ou aquela relevante ao processo de decisão no âmbito do Poder Executivo federal que tenha repercussão econômica ou financeira e que não seja de amplo conhecimento público.

Art. 4º O ocupante de cargo ou emprego no Poder Executivo federal deve agir de modo a prevenir ou a impedir possível conflito de interesses e a resguardar informação privilegiada.

§ 1º No caso de dúvida sobre como prevenir ou impedir situações que configurem conflito de interesses, o agente público deverá consultar a Comissão de Ética Pública, criada no âmbito do Poder Executivo federal, ou a Controladoria-Geral da União, conforme o disposto no parágrafo único do art. 8º desta Lei.

§ 2º A ocorrência de conflito de interesses independe da existência de lesão ao patrimônio público, bem como do recebimento de qualquer vantagem ou ganho pelo agente público ou por terceiro.

8.2.2 Direito do trabalho

Os direitos dos empregados são definidos por acordos coletivos e pela legislação que rege os contratos de trabalho. Quando existem problemas na relação trabalhista, o empregador poderá aplicar penalidades, tais como advertências e suspensão ao empregado, mas para isso existem exigências que devem ser cumpridas legalmente.

A Convenção nº 151 da Organização Internacional do Trabalho (OIT) estabelece o Princípio da Negociação Coletiva entre trabalhadores públicos e os governos (municipal, estadual e federal), ratificando a aprovação da legalidade da organização sindical no serviço público, que só aconteceu com a Constituição Federal de 1988.

Decreto nº 10.088, de 5 de novembro de 2019. Consolida atos normativos editados pelo Poder Executivo Federal que dispõem sobre a promulgação de convenções e recomendações da Organização Internacional do Trabalho - OIT ratificadas pela República Federativa do Brasil.

8.2.3 Direito de greve

É assegurado o direito de greve, competindo aos trabalhadores decidir sobre a oportunidade de exercê-lo e sobre os interesses que devam por meio dele defender (artigo 9º da Constituição Federal de 1988).

> Art. 7º, XXVI, da CF/1988. Reconhecimento das convenções e acordos coletivos de trabalho.

A greve é a suspensão coletiva, temporária e pacífica, total ou parcial, da prestação de serviços a empregador. Para se fazer greve, é necessário ocorrer um fato grave que justifique a paralisação dos serviços.

O objetivo da greve é ser mero instrumento de pressão social, por parte do empregado para o empregador, visando propiciar o alcance de certo resultado concreto, em decorrência do convencimento da parte confrontada. É um movimento concertado, em geral, de natureza econômica, profissional ou contratual trabalhista.

> Lei nº 7.783/1989
>
> Art. 1º É assegurado o direito de greve, competindo aos trabalhadores decidir sobre a oportunidade de exercê-lo e sobre os interesses que devam por meio dele defender.
>
> Parágrafo único. O direito de greve será exercido na forma estabelecida nesta Lei.
>
> Art. 2º Para os fins desta Lei, considera-se legítimo exercício do direito de greve a suspensão coletiva, temporária e pacífica, total ou parcial, de prestação pessoal de serviços a empregador.

A empresa deve ser notificada com a antecedência mínima de 48 horas, e os grevistas poderão empregar todos os meios pacíficos para persuadir os trabalhadores a aderirem à greve, arrecadar fundos e divulgar os seus objetivos.

8.2.4 Abuso do direito de greve

A greve sem justificativa pode levar à despedida com justa causa. Os abusos de greve sujeitam os empregados às penas previstas na legislação civil e penal.

Lei nº 7.783/1989

Art. 14 Constitui abuso do direito a greve a inobservância das referidas normas, bem como a manutenção da paralisação após a celebração de acordo, convenção ou decisão da Justiça do Trabalho.

Não constitui abuso do exercício do direito de greve a paralisação que:

- objetive exigir o cumprimento de cláusula ou acordo;

- seja motivada pela ocorrência de fato novo ou acontecimento imprevisto que modifique substancialmente a relação de trabalho.

8.2.5 Locaute

É uma paralisação provisória das atividades do empregador com o objetivo de frustrar o movimento dos trabalhadores, em que o empregador fecha provisoriamente a empresa ou setores dela, frustrando ou dificultando a negociação coletiva, provocando pressão sobre os trabalhadores. No Brasil, a Lei de Greve não permite expressamente o locaute (artigo 17 da Lei nº 7.783/1889).

8.2.6 *Lay-off*

O termo *lay-off*[1] origina-se do idioma inglês. Considera-se como *lay-off* a suspensão temporária do contrato de trabalho. Esta é uma ação jurídica válida, que consiste na adequação da empresa aos cenários temporariamente apresentados causados por: retração ou estagnação da economia, motivos estruturais ou tecnológicos, catástrofes, ou qualquer outro motivo que possa vir a afetar a atividade econômica da empresa, mas que não compromete a sua capacidade de recuperação e a manutenção dos postos de trabalho.

O *lay-off* acontece de duas formas:

- redução temporária da jornada e horário de trabalho e do salário (limite de 25%, respeitando o salário mínimo vigente na época); ou

- suspensão dos contratos de trabalho.

O *lay-off* só poderá ser efetivamente concretizado após negociação e aprovação com o sindicato da categoria em questão.

1 Veja alguns exemplos de lay-off em: http://bit.ly/2MtJSEO e http://bit.ly/2B2Ix3d.

8.3 Penalidades

Conjunto de sanções a que estão sujeitos os empregados que cometem falta disciplinar.

8.3.1 Tipos de penalidades

As penalidades previstas em leis trabalhistas consistem em advertências, suspensões e demissão.

8.3.2 Aviso de advertência ao empregado

A advertência[2] é um aviso ao empregado para que ele tome conhecimento do seu comportamento ilícito e das implicações que podem advir em caso de reincidência. Ele estará tomando ciência de que seu contrato de trabalho poderá até ser rescindido por justa causa se não modificar seu comportamento.

Toda empresa deve tomar medidas disciplinares tendo como procedimento a advertência a funcionários faltosos em suas obrigações. Embora não exista uma regra prática para a aplicação de uma advertência, é comum aplicar primeiramente uma advertência verbal e, caso o funcionário reincida, aplicar uma advertência por escrito.

8.3.3 Advertência e suspensão disciplinar ao empregado

Para se manter a ordem e a disciplina no ambiente de trabalho, o empregador possui a faculdade de aplicar determinadas penalidades, mas com justiça e moderação, uma vez que a CLT protege o trabalhador contra as arbitrariedades cometidas pelo empregador.

> Art. 494 da CLT. O empregado acusado de falta grave poderá ser suspenso de suas funções, mas a sua despedida só se tornará efetiva após o inquérito em que se verifique a procedência da acusação.
>
> Parágrafo único. A suspensão no caso deste artigo perdurará até a decisão final do processo.

8.4 Aplicação de advertências e suspensões ao empregado

Inexiste na legislação vigente previsão legal que discipline a aplicação de advertência ou suspensão, porém, no exercício do poder de direção, o empregador deve observar que:

- não poderão ser aplicadas duas punições para a mesma falta cometida, e a punição deve ser aplicada logo em seguida à falta grave cometida;
- entre a penalidade e o ato faltoso, deve haver proporcionalidade, isto é, o empregador deverá usar do bom senso para dosar a punição (por exemplo, o não cumprimento de

2 Ver exemplo de documento de advertência ao empregado nos anexos.

metas não enseja qualquer dessas punições);

- a suspensão do empregado acarretará a perda da remuneração dos dias não trabalhados;

- o rigor da pena ou o uso de meios de advertência mediante humilhação do empregado na presença dos colegas podem ensejar a rescisão indireta do contrato, porque implicam falta grave do empregador.

8.5 Suspensão do empregado

Aos funcionários faltosos em suas obrigações, serão aplicadas medidas disciplinares para tentar corrigi-los, como advertência por escrito ou suspensão de quantos dias forem necessários para puni-los.

Há empresas que seguem uma regra prática, primeiro advertindo verbalmente, depois advertindo por escrito, em seguida suspendendo o empregado por determinado número de dias de trabalho, causando-lhe prejuízo em sua remuneração.

Dependendo da falta cometida, pode-se aplicar uma advertência, suspender ou até dispensar o empregado por justa causa. Cabe depois justificar a atitude do empregador.

De acordo com o disposto na CLT, artigo 474, a suspensão disciplinar não pode ser superior a trinta dias consecutivos, sob pena de gerar uma rescisão injusta do contrato de trabalho.

8.5.1 Aviso de suspensão do empregado

A suspensão visa a disciplinar e a resgatar o comportamento do empregado conforme as exigências da empresa. Ela pode ocorrer após advertências ou até mesmo logo após o cometimento de uma falta. Essa falta terá de ser bastante grave, pois haverá prejuízo ao empregado e ao empregador.[3]

8.6 Requisitos para aplicar penalidades

Não se admite a instituição de penas pecuniárias (multas), exceto para atletas profissionais, nem as transferências punitivas. O empregador deverá observar determinados requisitos no momento da aplicação da penalidade, como atualidade, unicidade e proporcionalidade. Como dito, o rigor na pena ou a advertência mediante humilhação do empregado (na presença de clientes ou colegas) poderão ensejar a rescisão indireta do contrato de trabalho, uma vez que caracterizam faltas graves do empregador.

3 Ver exemplo de documento de suspensão de empregado nos anexos.

8.7 Efeitos no contrato individual de trabalho

A suspensão disciplinar pode acarretar a interrupção ou a suspensão do contrato individual de trabalho.

8.8 Recusa do empregado em receber a penalidade

Quando o empregado, ao receber a penalidade, se recusar, sem justo motivo, a dar-lhe ciência, o empregador ou seu representante deverá ler ao empregado o teor da comunicação na presença de duas testemunhas.

8.9 Duração da suspensão disciplinar

A suspensão disciplinar, por disposição legal, não pode ser superior a trinta dias consecutivos, sob pena de importar na rescisão injusta do contrato de trabalho.

> Art. 474 da CLT. A suspensão do empregado por mais de 30 dias consecutivos importa na rescisão injusta do contrato de trabalho.

8.10 Proteção contra despedida arbitrária

A relação de empregado está protegida contra despedida arbitrária (um motivo sem justa causa), isto é, o despedimento que não está baseado em fundamentos legais contra o empregado, como, por exemplo, embriaguez, condenação criminal, procedimento ofensivo à moral e aos bons costumes, abandono de emprego, ofensas físicas etc. Ocorrendo despedida arbitrária, o trabalhador fará jus à indenização compensatória, além de outros direitos.

8.11 Falta grave

O beneficiário que se utilizar de declaração falsa ou usar indevidamente o vale-transporte estará sujeito à demissão por justa causa, uma vez que constitui falta grave.

> Comete falta grave o empregado que, recebendo carta de advertência, se recusar a assiná-la, jogando o documento no lixo (TRT, 2ª Região – 5ª Turma Ac. 14.616, de 07/1281 – Proc. 1.596/1981).

O empregador comete falta grave quando trata o empregado com rigor excessivo, exige serviços superiores às suas forças e o expõe a perigos, não paga salários, descumpre outras obrigações do contrato, atinge a honra do empregado ou de sua família e o agride fisicamente, entre outras. Se a falta grave for cometida pelo empregador, o empregado tem direito a todas as parcelas relativas à dispensa sem justa causa.

8.12 Comissão de inquérito

Existem empresas que constituem comissão de inquérito com o intuito de apurar denúncias sobre a ocorrência de irregularidades praticadas pelos empregados.

A comissão de inquérito toma as providências que entender necessárias, como tomar o depoimento do empregado acusado, dos que fizeram a denúncia e de testemunhas; ou analisar documentos e verificar locais, objetos, entre outros fatores que serão levados em conta na denúncia. Assim que ocorrer a apuração dos fatos, a comissão elaborará um relatório contendo tudo o que tiver sido apurado, emitindo um parecer sobre as providências ou penalidades que julgar necessárias ou cabíveis, o que poderá ajudar a esclarecer perante a Justiça do Trabalho, caso haja denúncia, o fato ocorrido.

Hoje em dia, é comum haver demissão pelo uso indevido das redes sociais e internet corporativas, o qual configura justa causa. Qualquer pessoa que, no ambiente de trabalho, acessar *e-mail* pessoal, Facebook, Twitter e Instagram com o objetivo de compartilhar informações e fotos, além de acessar *sites* de bate-papo e pornográficos, pode receber processo administrativo, suspensão e até ser demitida por justa causa e perder os direitos trabalhistas, (seguro-desemprego, aviso prévio e FGTS).

8.13 Quitação de obrigações trabalhistas

A Lei nº 13.467/17 incluiu o artigo 507-B, referente à quitação anual de obrigações trabalhistas.

> Art. 507-B. É facultado a empregados e empregadores, na vigência ou não do contrato de emprego, firmar o termo de quitação anual de obrigações trabalhistas, perante o sindicato dos empregados da categoria.
>
> Parágrafo único. O termo discriminará as obrigações de dar e fazer cumpridas mensalmente e dele constará a quitação anual dada pelo empregado, com eficácia liberatória das parcelas nele especificadas.

CAPÍTULO 9

Extinção do contrato de trabalho

Para que haja extinção de um contrato de trabalho, o empregado e/ou empregador deve declarar que não quer mais continuar com a relação de trabalho, ou seja, um contrato de trabalho poderá ser extinto dependendo da vontade do trabalhador, do empregador ou da necessidade da empresa.

9.1 Estabilidades provisórias

Situações em que o empregado tem direito assegurado em lei para não ser demitido:

- Acidente de trabalho: o trabalhador que sofrer um acidente de trabalho durante o período de 12 meses tem garantia de permanência no trabalho após a cessação do auxílio-doença (Lei nº 8.123/1991, artigo 118 da Previdência Social).

- Representante de sindicato: o trabalhador que participa como dirigente ou representante de uma entidade sindical, bem como o suplente, possui estabilidade no emprego, desde o registro de sua candidatura até 12 meses após o final do mandato, e isso inclui o suplente.

> Art. 543, § 3º, da CLT. Fica vedada a dispensa do empregado sindicalizado ou associado, a partir do momento do registro de sua candidatura a cargo de direção ou representação de entidade sindical ou de associação profissional, até 1 (um) ano após o final do seu mandato, caso seja eleito, inclusive como suplente, salvo se cometer falta grave devidamente apurada nos termos da CLT.

- Gestante: a empregada gestante tem estabilidade contra uma despedida arbitrária ou injusta, desde a confirmação da gravidez até o quinto mês após o parto.
- Membros da Comissão Interna de Prevenção de Acidentes (Cipa): o trabalhador que participa da Cipa como membro titular – representante dos empregados – possui estabilidade desde o registro de sua candidatura até 12 meses após o final do seu mandato.

> Art. 165 da CLT. Os titulares da representação dos empregados nas Cipas não poderão sofrer despedida arbitrária, entendendo-se como tal a que não se fundar em motivo disciplinar, técnico, econômico ou financeiro.

- Períodos de interrupção ou suspensão de contrato: todo trabalhador tem estabilidade no emprego nas situações em que houver paralisação total do trabalho (suspensão) e paralisação parcial do trabalho (interrupção).
- Convenção coletiva, sentença normativa ou lei, força maior: qualquer trabalhador tem estabilidade no emprego desde que esteja prevista em acordo, lei e/ou convenção coletiva.

> Lei nº 12.812, de 16 de maio de 2013. Acrescenta o art. 391-A à Consolidação das Leis do Trabalho - CLT, aprovada pelo Decreto-Lei nº 5.452, de 1º de maio de 1943, para dispor sobre a estabilidade provisória da gestante, prevista na alínea b do inciso II do art. 10 do Ato das Disposições Constitucionais Transitórias.
>
> Art. 1º A Consolidação das Leis do Trabalho - CLT, aprovada pelo Decreto-Lei nº 5.452, de 1º de maio de 1943, passa a vigorar acrescida do seguinte art. 391-A:
>
> "Art. 391-A. A confirmação do estado de gravidez advindo no curso do contrato de trabalho, ainda que durante o prazo do aviso prévio trabalhado ou indenizado, garante à empregada gestante a estabilidade provisória prevista na alínea b do inciso II do art. 10 do Ato das Disposições Constitucionais Transitórias."

9.2 Aviso prévio

A primeira atitude a ser tomada tanto pelo empregador quanto pelo empregado para extinguir um contrato de trabalho é emitir um aviso prévio, pois ele é um documento que comunica a cessação da relação de trabalho, ou seja, o aviso prévio consiste na notificação pela qual a parte que deseja encerrar a relação de trabalho comunica antecipadamente sua decisão à outra, e este será proporcional ao tempo de serviço, sendo, no mínimo, de trinta dias.

AVISO PRÉVIO PROPORCIONAL

A Lei nº 12.506/2011 estabelece concessão de aviso-prévio de 30 dias para o trabalhador que possui menos de um ano de empresa, e acréscimo de 3 dias para cada ano trabalhado na empresa, até o máximo de 60 dias, perfazendo um total de até 90 dias.

O aviso prévio é concedido nos contratos por prazo indeterminado e por prazo determinado, desde que haja cláusula que assegure o direito recíproco de rescisão antecipada e tal direito seja exercido por qualquer das partes. A finalidade do aviso prévio ao empregado é possibilitar a este a procura de novo emprego; já a finalidade para o empregador, no caso do pedido de demissão do empregado, é dar-lhe a oportunidade de contratar outro empregado (CLT, artigo 481, e Enunciado do TST nº 163).

9.2.1 Aviso prévio do empregador para dispensa do empregado

O empregador, ao dispensar o empregado, deverá notificá-lo por escrito da decisão e colher sua assinatura no ato da comunicação na qual ficar registrado tal fato.[1]

9.2.2 Aviso prévio de pedido de demissão do empregado

O empregado ao pedir demissão, deverá notificar o empregador com antecedência mínima de trinta dias. À falta deste aviso, cabe o desconto em sua rescisão contratual.

Quando não há prazo estipulado para o término de contrato de trabalho, a parte (empregador ou empregado) que quiser rescindir o contrato, sem justa causa, deve avisar a outra parte com antecedência mínima de trinta dias.

O trabalhador pode pedir para rescindir o contrato mediante comunicação escrita à entidade empregadora com a antecedência mínima de trinta ou sessenta dias, conforme tenha, respectivamente, até dois anos ou mais de dois anos de prestação de serviço.

Os instrumentos de regulamentação coletiva de trabalho e os contratos individuais

1 Ver exemplo de documento de aviso prévio do empregador para o empregado nos anexos.

de trabalho podem alargar em até seis meses o prazo de aviso prévio, relativamente a trabalhadores com funções de representação da entidade empregadora ou com funções diretivas ou técnicas de elevada complexidade ou responsabilidade.[2]

9.2.3 Falta do aviso prévio

A falta de aviso prévio pelo empregador dá ao empregado direito ao recebimento dos trinta dias na rescisão do contrato de trabalho. Da mesma forma, o pedido de dispensa pelo empregado dá ao empregador o direito de descontar o salário correspondente ao respectivo período de trinta dias.

9.2.4 Recusa do empregado em receber o aviso prévio

Caso o empregado se recuse a receber a notificação do aviso prévio, o empregador deve obter as assinaturas de duas testemunhas que presenciaram o fato. Assim, o prazo corre normalmente, visto tratar-se de procedimento legal.

9.2.5 Falta de cumprimento do prazo de aviso prévio

O trabalhador que não cumprir, total ou parcialmente, o prazo estipulado pelo aviso prévio, fica obrigado a pagar ao empregador uma indenização com valor igual à remuneração que corresponder ao período de aviso prévio em que houve a falta.

9.2.6 Formas de aviso prévio

Aviso prévio trabalhado:

- ocorre quando o empregado trabalha durante o prazo do aviso prévio, recebendo, ou sendo concedido.

Aviso prévio indenizado:

- pedido de demissão: quando o empregado pede demissão e não quer cumprir o aviso, desconta-se-lhe o valor correspondente às verbas rescisórias;
- dispensa sem justa causa: o empregador dispensa o empregado sem justa causa e não concede o aviso prévio, indenizando-lhe o valor correspondente e considerando como tempo de serviço o período do aviso, embora o empregado não tenha trabalhado.

Exemplos de cálculo de valor do aviso prévio:

Marcos foi admitido em 2/1/x1 e dispensado sem justa causa em 4/7/x2. Seu salário é variável. Ele recebia o valor em comissões. Calcular-se-á o valor que ele receberá a título de aviso prévio.

---

2 Ver exemplo de documento de aviso prévio do empregado (pedido de demissão) nos anexos.

Julho/x1	**R$ 3.000,00**
Agosto/x2	**R$ 3.500,00**
Setembro/x2	**R$ 4.200,00**
Outubro/x2	**R$ 3.600,00**
Novembro/x2	**R$ 4.500,00**
Dezembro/x2	**R$ 5.600,00**
Janeiro/x2	**R$ 4.300,00**
Fevereiro/x2	**R$ 3.100,00**
Março/x2	**R$ 3.600,00**
Abril/x2	**R$ 3.700,00**
Maio/x2	**R$ 3.900,00**
Junho/x2	**R$ 4.800,00**

Total dos valores recebidos como salário: R$ 47.800,00

Média de valor nos 12 meses: R$ 47.800,00 ÷ 12 = R$ 3.983,33

Resposta: o valor do aviso prévio será R$ 3.983,33.

Patricia foi admitida em 1/6/x1, com jornada de trabalho de 44 horas semanais e um salário de R$ 5,00 por hora. Considerando que ela foi dispensada sem justa causa em 5/11/x1, tendo porém realizado 80 horas extras, calcular-se-á o valor do aviso prévio indenizado.

Salário mensal: 220 horas × R$ 5,00 = R$ 1.100,00

80 horas ÷ 5 meses = 16 horas (média mensal)

R$ 5,00 × 50% = R$ 2,50

R$ 5,00 + R$ 2,50 = R$ 7,50

R$ 7,50 × 16 horas = R$ 120,00

Resposta: o valor do aviso prévio indenizado é R$ 1.100,00 + R$ 120,00 = R$ 1.220,00.

9.2.7 Aviso prévio (redução de jornada de trabalho)

O empregado no período de aviso prévio, quando a rescisão tiver sido promovida pelo empregador, trabalhará duas horas a menos, sem prejuízo do salário integral, podendo, porém, optar por trabalhar o período normal; ou então trabalhará sete dias a menos, e nesse caso o aviso prévio será de 23 dias em vez de 30 dias.

Art. 488. O horário normal de trabalho do empregado, durante o prazo do aviso, e se a rescisão tiver sido promovida pelo empregador, será reduzido de duas horas diárias, sem prejuízo do salário integral.

Parágrafo único. É facultado ao empregado trabalhar sem a redução das 2 (duas) horas diárias prevista neste artigo, caso em que poderá faltar ao serviço, sem prejuízo do salário integral, por 1 (um) dia, na hipótese do inciso I, e por 7 (sete) dias corridos, na hipótese do inciso II do art. 487 da CLT.

9.3 Rescisão de contrato de trabalho

É o término do contrato de trabalho, ou seja, a extinção da relação de trabalho, que pode ser sem justa ou por justa causa.

9.3.1 Motivos de rescisão de contrato de trabalho

Entre os principais motivos, estão:

- extinção do contrato de trabalho por iniciativa do empregador e do empregado (culpa recíproca);

- extinção do contrato de trabalho por justa causa do empregado ou empregador;

- extinção do contrato de trabalho por motivo de força maior, falência, concordata ou dissolução da empresa;

- extinção do contrato de trabalho sem justa causa;

- extinção do contrato de trabalho por prazo determinado ou antecipação do término;

- extinção do contrato de trabalho por paralisação temporária ou definitiva do trabalho motivada por factum principis, isto é, paralisação por ato de autoridade municipal ou estadual ou pela União;

- extinção do contrato de trabalho pela perda da habilitação ou requisitos estabelecidos em lei para o exercício da profissão, em decorrência de conduta dolosa do empregado;

Lei nº 13.467, de 13 de julho de 2017. Altera a Consolidação das Leis do Trabalho (CLT), 1943, e as Leis nº 6.019, de 3 de janeiro de 1974, 8.036, de 11 de maio de 1990, e 8.212, de 24 de julho de 1991, a fim de adequar aprovada pelo Decreto-Lei nº 5.452, de 1º de maio de a legislação às novas relações de trabalho.

Art. 482. ....

m) perda da habilitação ou dos requisitos estabelecidos em lei para o exercício da profissão, em decorrência de conduta dolosa do empregado.

- extinção do contrato de trabalho de comum acordo entre empregado e empregador, a qual, segundo a reforma trabalhista, respeita ao seguinte: a multa de 40% do FGTS paga na rescisão é reduzida para 20%, o aviso prévio fica restrito a 15 dias, o trabalhador tem direito a receber 80% do FGTS depositado na conta do fundo e não tem direito ao seguro-desemprego.

Lei nº 13.467, de 13 de julho de 2017. Altera a Consolidação das Leis do Trabalho (CLT), 1943, e as Leis nº 6.019, de 3 de janeiro de 1974, 8.036, de 11 de maio de 1990, e 8.212, de 24 de julho de 1991, a fim de adequar aprovada pelo Decreto-Lei nº 5.452, de 1º de maio de a legislação às novas relações de trabalho.

Art. 484-A. O contrato de trabalho poderá ser extinto por acordo entre empregado e empregador, caso em que serão devidas as seguintes verbas trabalhistas: (Incluído pela Lei nº 13.467, de 2017)

I - por metade: (Incluído pela Lei nº 13.467, de 2017)

a) o aviso prévio, se indenizado; e (Incluído pela Lei nº 13.467, de 2017)

b) a indenização sobre o saldo do Fundo de Garantia do Tempo de Serviço, prevista no § 1º do art. 18 da Lei nº 8.036, de 11 de maio de 1990; (Incluído pela Lei nº 13.467, de 2017)

II - na integralidade, as demais verbas trabalhistas. (Incluído pela Lei nº 13.467, de 2017)

§ 1º A extinção do contrato prevista no caput deste artigo permite a movimentação da conta vinculada do trabalhador no Fundo de Garantia do Tempo de Serviço na forma do inciso I-A do art. 20 da Lei nº 8.036, de 11 de maio de 1990, limitada até 80% (oitenta por cento) do valor dos depósitos. (Incluído pela Lei nº 13.467, de 2017)

§ 2º A extinção do contrato por acordo prevista no caput deste artigo não autoriza o ingresso no Programa de Seguro-Desemprego. (Incluído pela Lei nº 13.467, de 2017)

Também a partir de 13 de julho de 2017, com a Lei nº 13.467, denominada Reforma Trabalhista, foram alterados e acrescentados artigos sobre extinção de contrato de trabalho.

Lei nº 13.467, de 13 de julho de 2017. Altera a Consolidação das Leis do Trabalho (CLT), 1943, e as Leis nº 6.019, de 3 de janeiro de 1974, 8.036, de 11 de maio de 1990, e 8.212, de 24 de julho de 1991, a fim de adequar aprovada pelo Decreto-Lei nº 5.452, de 1º de maio de a legislação às novas relações de trabalho.

Art. 477. Na extinção do contrato de trabalho, o empregador deverá proceder à anotação na Carteira de Trabalho e Previdência Social, comunicar a dispensa aos órgãos competentes e realizar o pagamento das verbas rescisórias no prazo e na forma estabelecidos neste artigo. (Redação dada pela Lei nº 13.467, de 2017)

§ 1º (Revogado). (Redação dada pela Lei nº 13.467, de 2017)

§ 2º - O instrumento de rescisão ou recibo de quitação, qualquer que seja a causa ou forma de dissolução do contrato, deve ter especificada a natureza de cada parcela paga ao empregado e discriminado o seu valor, sendo válida a quitação, apenas, relativamente às mesmas parcelas. (Redação dada pela Lei nº 5.584, de 26.6.1970)

§ 3º (Revogado). (Redação dada pela Lei nº 13.467, de 2017)

§ 4º O pagamento a que fizer jus o empregado será efetuado: (Redação dada pela Lei nº 13.467, de 2017)

I - em dinheiro, depósito bancário ou cheque visado, conforme acordem as partes; ou (Incluído pela Lei nº 13.467, de 2017)

II - em dinheiro ou depósito bancário quando o empregado for analfabeto. (Incluído pela Lei nº 13.467, de 2017)

§ 5º - Qualquer compensação no pagamento de que trata o parágrafo anterior não poderá exceder o equivalente a um mês de remuneração do empregado. (Redação dada pela Lei nº 5.584, de 26.6.1970)

§ 6º A entrega ao empregado de documentos que comprovem a comunicação da extinção contratual aos órgãos competentes bem como o pagamento dos valores constantes do instrumento de rescisão ou recibo de quitação deverão ser efetuados até dez dias contados a partir do término do contrato. (Redação dada pela Lei nº 13.467, de 2017)

a) (revogado); (Redação dada pela Lei nº 13.467, de 2017)

b) (revogado). (Redação dada pela Lei nº 13.467, de 2017)

§ 7º (Revogado). (Redação dada pela Lei nº 13.467, de 2017)

§ 8º - A inobservância do disposto no § 6º deste artigo sujeitará o infrator à multa de 160 BTN, por trabalhador, bem assim ao pagamento da multa a favor do empregado, em valor equivalente ao seu salário, devidamente corrigido pelo índice de variação do BTN, salvo quando, comprovadamente, o trabalhador der causa à mora. (Incluído pela Lei nº 7.855, de 24.10.1989)

§ 9º (vetado). (Incluído pela Lei nº 7.855, de 24.10.1989)

§ 10. A anotação da extinção do contrato na Carteira de Trabalho e Previdência Social é documento hábil para requerer o benefício do seguro-desemprego e a movimentação da conta vinculada no Fundo de Garantia do Tempo de Serviço, nas hipóteses legais, desde que a comunicação prevista no caput deste artigo tenha sido realizada. (Incluído pela Lei nº 13.467, de 2017)

Art. 477-A. As dispensas imotivadas individuais, plúrimas ou coletivas equiparam-se para todos os fins, não havendo necessidade de autorização prévia de entidade sindical ou de celebração de convenção coletiva ou acordo coletivo de trabalho para sua efetivação. (Incluído pela Lei nº 13.467, de 2017)

Art. 477-B. Plano de Demissão Voluntária ou Incentivada, para dispensa individual, plúrima ou coletiva, previsto em convenção coletiva ou acordo coletivo de trabalho, enseja quitação plena e irrevogável dos direitos decorrentes da relação empregatícia, salvo disposição em contrário estipulada entre as partes. (Incluído pela Lei nº 13.467, de 2017) Art. 478 - A indenização devida pela rescisão de contrato por prazo indeterminado será de 1 (um) mês de remuneração por ano de serviço efetivo, ou por ano e fração igual ou superior a 6 (seis) meses. (Vide Lei nº 2.959, de 1956)

§ 1º - O primeiro ano de duração do contrato por prazo indeterminado é considerado como período de experiência, e, antes que se complete, nenhuma indenização será devida.

§ 2º - Se o salário for pago por dia, o cálculo da indenização terá por base 25 (vinte e cinco) dias. (Vide Constituição Federal Art.7 inciso XIII)

§ 3º - Se pago por hora, a indenização apurar-se-á na base de 200 (duzentas) horas por mês. (Vide Constituição Federal Art.7 inciso XIII)

§ 4º - Para os empregados que trabalhem a comissão ou que tenham direito a percentagens, a indenização será calculada pela média das comissões ou percentagens percebidas nos últimos 12 (doze) meses de serviço. (Redação dada pelo Decreto-lei nº 229, de 28.2.1967)

§ 5º - Para os empregados que trabalhem por tarefa ou serviço feito, a indenização será calculada na base média do tempo costumeiramente gasto pelo interessado para realização de seu serviço, calculando-se o valor do que seria feito durante 30 (trinta) dias. Art. 479 - Nos contratos que tenham termo estipulado, o empregador que, sem justa causa, despedir o empregado será obrigado a pagar-lhe, a titulo de indenização, e por metade, a remuneração a que teria direito até o termo do contrato. (Vide Lei nº 9.601, de 1998) Parágrafo único - Para a execução do que dispõe o presente artigo, o cálculo da parte variável ou incerta dos salários será feito de acordo com o prescrito para o cálculo da indenização referente à rescisão dos contratos por prazo indeterminado.

Art. 480 - Havendo termo estipulado, o empregado não se poderá desligar do contrato, sem justa causa, sob pena de ser obrigado a indenizar o empregador dos prejuízos que desse fato lhe resultarem. (Vide Lei nº 9.601, de 1998)

§ 1º - A indenização, porém, não poderá exceder àquela a que teria direito o empregado em idênticas condições. (Renumerado do parágrafo único pelo Decreto-lei nº 6.353, de 20.3.1944)

Art. 481 - Aos contratos por prazo determinado, que contiverem cláusula asseguratória do direito recíproco de rescisão antes de expirado o termo ajustado, aplicam-se, caso seja exercido tal direito por qualquer das partes, os princípios que regem a rescisão dos contratos por prazo indeterminado.

Art. 482 - Constituem justa causa para rescisão do contrato de trabalho pelo empregador:

a) ato de improbidade;

b) incontinência de conduta ou mau procedimento;

c) negociação habitual por conta própria ou alheia sem permissão do empregador, e quando constituir ato de concorrência à empresa para a qual trabalha o empregado, ou for prejudicial ao serviço;

d) condenação criminal do empregado, passada em julgado, caso não tenha havido suspensão da execução da pena;

e) desídia no desempenho das respectivas funções;

f) embriaguez habitual ou em serviço;

g) violação de segredo da empresa;

h) ato de indisciplina ou de insubordinação;

i) abandono de emprego;

j) ato lesivo da honra ou da boa fama praticado no serviço contra qualquer pessoa, ou ofensas físicas, nas mesmas condições, salvo em caso de legítima defesa, própria ou de outrem;

k) ato lesivo da honra ou da boa fama ou ofensas físicas praticadas contra o empregador e superiores hierárquicos, salvo em caso de legítima defesa, própria ou de outrem;

l) prática constante de jogos de azar;

m) perda da habilitação ou dos requisitos estabelecidos em lei para o exercício da profissão, em decorrência de conduta dolosa do empregado. (Incluído pela Lei nº 13.467, de 2017) Parágrafo único - Constitui igualmente justa causa para dispensa de empregado a prática, devidamente comprovada em inquérito administrativo, de atos atentatórios à segurança nacional. (Incluído pelo Decreto-lei nº 3, de 27.1.1966)

Art. 483 - O empregado poderá considerar rescindido o contrato e pleitear a devida indenização quando:

a) forem exigidos serviços superiores às suas forças, defesos por lei, contrários aos bons costumes, ou alheios ao contrato;

b) for tratado pelo empregador ou por seus superiores hierárquicos com rigor excessivo;

c) correr perigo manifesto de mal considerável;

d) não cumprir o empregador as obrigações do contrato;

e) praticar o empregador ou seus prepostos, contra ele ou pessoas de sua família, ato lesivo da honra e boa fama;

f) o empregador ou seus prepostos ofenderem-no fisicamente, salvo em caso de legítima defesa, própria ou de outrem;

g) o empregador reduzir o seu trabalho, sendo este por peça ou tarefa, de forma a afetar sensivelmente a importância dos salários.

§ 1º - O empregado poderá suspender a prestação dos serviços ou rescindir o contrato, quando tiver de desempenhar obrigações legais, incompatíveis com a continuação do serviço.

§ 2º - No caso de morte do empregador constituído em empresa individual, é facultado ao empregado rescindir o contrato de trabalho.

§ 3º - Nas hipóteses das letras "d" e "g", poderá o empregado pleitear a rescisão de seu contrato de trabalho e o pagamento das respectivas indenizações, permanecendo ou não no serviço até final decisão do processo. (Incluído pela Lei nº 4.825, de 5.11.1965)

Art. 484 - Havendo culpa recíproca no ato que determinou a rescisão do contrato de trabalho, o tribunal de trabalho reduzirá a indenização à que seria devida em caso de culpa exclusiva do empregador, por metade.

Art. 484-A. O contrato de trabalho poderá ser extinto por acordo entre empregado e empregador, caso em que serão devidas as seguintes verbas trabalhistas: (Incluído pela Lei nº 13.467, de 2017)

I - por metade: (Incluído pela Lei nº 13.467, de 2017)

a) o aviso prévio, se indenizado; e (Incluído pela Lei nº 13.467, de 2017)

b) a indenização sobre o saldo do Fundo de Garantia do Tempo de Serviço, prevista no § 1º do art. 18 da Lei nº 8.036, de 11 de maio de 1990; (Incluído pela Lei nº 13.467, de 2017)

II - na integralidade, as demais verbas trabalhistas. (Incluído pela Lei nº 13.467, de 2017)

§ 1º A extinção do contrato prevista no caput deste artigo permite a movimentação da conta vinculada do trabalhador no Fundo de Garantia do Tempo de Serviço na forma do inciso I-A do art. 20 da Lei nº 8.036, de 11 de maio de 1990, limitada até 80% (oitenta por cento) do valor dos depósitos. (Incluído pela Lei nº 13.467, de 2017)

§ 2º A extinção do contrato por acordo prevista no caput deste artigo não autoriza o ingresso no Programa de Seguro-Desemprego. (Incluído pela Lei nº 13.467, de 2017) Art. 485 - Quando cessar a atividade da empresa, por morte do empregador, os empregados terão direito, conforme o caso, à indenização a que se referem os art. 477 e 497.

Art. 486 - No caso de paralisação temporária ou definitiva do trabalho, motivada por ato de autoridade municipal, estadual ou federal, ou pela promulgação de lei ou resolução que impossibilite a continuação da atividade, prevalecerá o pagamento da indenização, que ficará a cargo do governo responsável. (Redação dada pela Lei nº 1.530, de 26.12.1951)

§ 1º - Sempre que o empregador invocar em sua defesa o preceito do presente artigo, o tribunal do trabalho competente notificará a pessoa de direito público apontada como responsável pela paralisação do trabalho, para que, no prazo de 30 (trinta) dias, alegue o que entender devido, passando a figurar no processo como chamada à autoria. (Incluído pelo Decreto-lei nº 6.110, de 16.12.1943)

§ 2º - Sempre que a parte interessada, firmada em documento hábil, invocar defesa baseada na disposição deste artigo e indicar qual o juiz competente, será ouvida a parte contrária, para, dentro de 3 (três) dias, falar sobre essa alegação. (Redação dada pela Lei nº 1.530, de 26.12.1951)

§ 3º - Verificada qual a autoridade responsável, a Junta de Conciliação ou Juiz dar-se-á por incompetente, remetendo os autos ao Juiz Privativo da Fazenda, perante o qual correrá o feito nos termos previstos no processo comum. (Incluído pela Lei nº 1.530, de 26.12.1951)

9.3.2 Roteiro para cálculo da rescisão de contrato

9.3.2.1 Empregados que recebem comissões – salário variável

Somar as últimas 12 comissões e o descanso semanal remunerado, dividir por 12, somar com a maior remuneração. O resultado será igual a maior remuneração.

9.3.2.2 Empregados que recebem horas extras habituais

Somar as horas extras e o descanso semanal remunerado dos últimos 12 meses. Dividir pelo número de meses somados e somar com o maior salário. O resultado será igual a maior remuneração.

9.3.2.3 Empregados que recebem salário fixo e outros rendimentos

É o maior salário recebido pelo empregado na empresa somado a gratificações, adicional de insalubridade, noturno e periculosidade. O resultado será igual ou maior remuneração.

9.3.2.3.1 Proventos

- Salário.

- Maior remuneração até o último dia do empregado.

9.3.2.3.2 Aviso prévio

Trabalhado:

- quando o empregado foi dispensado sem motivo justo e vai trabalhar cumprindo os trinta dias de aviso prévio;

- será a maior remuneração mensal a que o empregado adquiriu o direito de receber da empresa;

- incidem: FGTS, INSS e IR.

Indenizado:

- quando o empregado foi dispensado sem motivo justo nos 30 dias anteriores e não vai trabalhar, não cumprindo os 30 dias de aviso prévio;

- será a maior remuneração mensal a que o empregado adquiriu o direito de receber da empresa;

- incide: FGTS.

9.3.2.3.3 Décimo terceiro

- Dividir a maior remuneração por 12, para achar o valor de 1/12. Multiplicar pelo número de avos adquiridos pelo empregado durante o ano.

- Incidem: INSS, IR e FGTS.

- Somente haverá 13º salário indenizado quando ocorrer demissão sem justa causa com aviso prévio indenizado.

- Incide: FGTS e IR.

9.3.2.3.4 Férias

Férias vencidas e indenizadas:

- corresponderão à maior remuneração mensal, observando as faltas não justificadas durante o período aquisitivo;

- dividir a remuneração por 30 e multiplicar pelo número de dias a que o empregado teria direito;

- as férias vencidas e indenizadas têm incidência de IR.

Férias proporcionais:

- dividir a maior remuneração por 12 meses, depois multiplicar o 1/12 obtido pelo número de avos adquiridos pelo empregado (neste caso, deve-se analisar com base no dia e mês em que o empregado foi admitido);

- mesmo sendo férias proporcionais, deve-se verificar as faltas não justificadas durante o período aquisitivo incompleto e proceder conforme o item anterior;

- incide: apenas IR.

Um terço constitucional de férias:

- somar as férias vencidas e proporcionais e dividir o resulto por 3 para obter o um terço constitucional de férias;

- incide: apenas IR.

9.3.2.3.5 Saldo de salário

- Dividir a maior remuneração por 30 e multiplicar pelo número de dias trabalhados pelo empregado no mês.

- Não incluir qualquer tipo de média para este cálculo (comissões, horas extras, gratificações, adicionais como periculosidade, insalubridade e noturno).

- Incidem: INSS, IR e FGTS.

9.3.2.3.6 Fundo de Garantia do Tempo de Serviço

Lança-se 8% sobre o total das seguintes parcelas da rescisão:

- aviso prévio trabalhado ou indenizado;
- décimo terceiro salário;
- saldo de salário;
- horas extras;
- DSR das comissões e das horas extras;
- prêmios;
- gratificação;
- adicionais (noturno, periculosidade e insalubridade);
- obs.: deduzir faltas e/ou atrasos do mês e o adiantamento de 13º salário para este cálculo.

Lança-se 40% sobre o valor do FGTS quitação:

- somar o FGTS quitação ao saldo do FGTS existente no banco depositário e multiplicar o resultado por 40%.

9.3.2.3.7 Total bruto

Somar todos os proventos da rescisão contratual. O resultado será igual ao total bruto.

9.3.2.3.8 Descontos

Contribuição da Previdência Social:

- INSS sobre os rendimentos: somar o aviso prévio trabalhado, o saldo de salário, comissão + DSR, horas extras +. DST, gratificação, prêmios, adicionais (noturno, periculosidade e insalubridade), deduzir faltas e atrasos e aplicar a tabela do INSS vigente, respeitando o limite máximo.

- INSS sobre o 13º salário: aplicar a tabela do INSS sobre o 13º indenizado (demissão sem justa causa) e trabalhado.

Imposto de Renda:

- IR sobre as férias: somar as férias vencidas, em dobro, proporcionais e um terço constitucional. Desta soma, deduzir os dependentes legais e pensão alimentícia. Verificar na tabela de IR se o empregado está isento ou não. Caso negativo, aplicar a alíquota correspondente à sua faixa e fazer a dedução pedida. O resultado será igual ao IR das férias.

- IR sobre 13º salário: somar os 13º salários. Desta soma, deduzir os dependentes legais e pensão alimentícia e o INSS sobre o 13º salário. Verificar na tabela de IR se o empregado está isento ou não. Caso negativo, aplicar a alíquota correspondente à sua faixa e fazer a dedução pedida. O resultado será igual ao IR do 13º salário.

- IR sobre remuneração: somar o aviso prévio trabalhado, saldo de salário. Comissões + DSR, horas extras + DSR, gratificação, adicionais (noturno, insalubridade e periculosidade). Deste resultado, deduzir dependentes legais, pensão alimentícia, faltas e/ou atrasos e o INSS. Verificar na tabela de IR se o empregado está isento ou não. Caso negativo, aplicar a alíquota correspondente à sua faixa e fazer a dedução pedida. O resultado será igual ao IR sobre a remuneração.

9.3.3 Termo de rescisão de contrato de trabalho

É um documento de quitação das verbas rescisórias de um empregado, conforme o motivo determinante da rescisão do contrato de trabalho, com uma autorização para que o empregado possa sacar o FGTS da sua conta vinculada, depositado na Caixa Econômica Federal (CEF).

Alterações que deverão serem consideradas:

> Portaria do Ministério do Trabalho e Previdência nº 671
>
> Art. 113 da. A comprovação inequívoca de quitação integral dos débitos salariais ou do FGTS indicados no termo de notificação de mora contumaz, inclusive mediante termo de parcelamento, no caso do FGTS, operam o encerramento do processo, sem prejuízo aos processos administrativos de

autos de infração e de NDFC.

III - data da extinção do vínculo empregatício e motivo da rescisão do contrato de trabalho, que deverão ser prestadas até o décimo dia seguinte ao da sua ocorrência, observado o disposto no § 6º do art. 14;

Art. 144. A obrigação da comunicação de admissões e dispensas instituída pela Lei nº 4.923, de 23 de novembro de 1965, CAGED, passa a ser cumprida por meio do eSocial a partir da competência de janeiro 2020 para as empresas ou pessoas físicas equiparadas a empresas, mediante o envio das seguintes informações:

Art. 287. A Guia de Recolhimento da Contribuição Sindical Urbana - GRCSU disponível para preenchimento no endereço eletrônico gov.br/trabalho e no https://caixa.gov.br é o documento hábil para a quitação dos valores devidos a título de CSU.

9.4 Rescisão de contrato de trabalho

9.4.1 Rescisão de contrato de trabalho por pedido de dispensa

É uma solicitação do empregado que por livre e espontânea vontade não mais estará a serviço do empregador, ou seja, o empregado pede demissão.

Direitos que o empregado tem a receber pela rescisão do contrato de trabalho antes de completar um ano de serviço:

- horas extras, se houver;
- saldo de salário;
- 13º salário proporcional;
- férias proporcionais;
- salário-família;
- depósito de 8% da remuneração em conta vinculada.

Direitos que o empregado tem a receber pela rescisão de contrato de trabalho com mais de um ano de serviço:

- saldo de salário;
- 13º salário;
- salário-família;
- férias vencidas e um terço sobre as férias;
- férias proporcionais e um terço sobre as férias;
- depósito de 8% da remuneração em conta vinculada.

9.4.2 Rescisão de contrato de trabalho por dispensa sem justa causa

Quando o empregador rescindir o contrato de trabalho do empregado sem motivo justificado, terá de declarar que não mais necessitará dos serviços do empregado.

Direitos que o empregado tem a receber pela rescisão de contrato de trabalho antes de um ano de serviço:

- aviso prévio;
- 13º terceiro salário proporcional;
- férias remuneradas proporcionais acrescidas de um terço;
- saldo de salário, salário do mês ou proporcional aos dias trabalhados;
- gratificações e demais vantagens relativas ao mês da rescisão;
- FGTS sobre as remunerações (salário, gratificações, diárias, comissões, 13º salário, férias) pagas na rescisão;
- depósito da multa rescisória de 40% sobre o saldo da conta vinculada do FGTS constante no banco;
- liberação do montante (saldo da conta vinculada do FGTS no banco).

Direitos que o empregado tem a receber pela rescisão de contrato de trabalho com mais de um ano de serviço:

- aviso prévio;
- 13º salário proporcional ou integral;
- férias remuneradas proporcionais ou integrais acrescidas de 1/3;
- saldo de salário, salário do mês ou proporcional aos dias trabalhados;
- gratificações e demais vantagens relativas ao mês da rescisão;
- FGTS sobre as remunerações (salário, gratificações, diárias, comissões, 13º salário, férias) pagas na rescisão;
- depósito de 40% sobre o saldo do FGTS depositado no banco, além da liberação para saque;
- salário família integral ou proporcional aos dias trabalhados, caso o empregado tenha direito a receber.

9.4.3 Rescisão de contrato de trabalho por justa causa

Constituem justa causa de rescisão do contrato pelo empregador os seguintes comportamentos do empregado:

- ato de improbidade;

- incontinência de conduta ou mau procedimento;

- negociação habitual por conta própria ou alheia, sem permissão do empregador e quando constituir ato de concorrência à empresa para a qual o empregado trabalha ou foi prejudicial ao serviço;

- condenação criminal do empregado, passada em julgado, caso não tenha havido suspensão da execução da pena;

- desídia no desempenho das respectivas funções;

- embriaguez habitual ou em serviço;

- ato de indisciplina ou insubordinação;

- abandono de emprego;

- ato lesivo da honra ou da boa fama praticado no serviço contra qualquer pessoa ou ofensas físicas, nas mesmas condições, salvo em caso de legítima defesa própria ou de outrem;

- ato lesivo da honra e/ou da boa fama ou ofensas físicas praticadas contra a empresa e os superiores hierárquicos, salvo em caso de legítima defesa, própria ou de outrem;

- prática constante de jogos de azar;

- prática, devidamente comprovada em inquérito administrativo, de atos atentatórios à segurança nacional;

- não cumprimento, por parte do empregado, das normas de segurança e medicina do trabalho, especialmente nos setores de inflamáveis e explosivos.

A Lei nº 12.347/2010 revogou expressamente o artigo 508 da CLT, que considerava que o empregado bancário endividado costumeiramente poderia ser dispensado por justa causa. Portanto, a partir desta lei, o bancário não pode mais ser dispensado por justa causa neste caso.

Direitos que o empregado tem a receber:

- salário do mês ou proporcional aos dias trabalhados;

- gratificações e demais vantagens relativas ao mês de rescisão;

- salário-família integral ou proporcional aos dias trabalhados, caso o empregado tenha direito;

- 13º salário (somente se tiver adquirido o direito);

- férias (somente as que tiver adquirido, sem as parcelas proporcionais).

SAIBA MAIS

Uso excessivo de celular no trabalho é falta grave! O uso excessivo do celular em horário de trabalho é motivo para demissão por justa causa quando esse hábito afeta a segurança do trabalhador. Foi o que decidiu a Sexta Turma do Tribunal Regional do Trabalho do Paraná, mantendo a demissão de um serralheiro por justa causa. No caso, o autor da ação, que trabalhou em uma pequena serralheria, foi demitido por descumprir a regra da empresa que proibia o uso do telefone celular durante o horário de expediente por causa do uso de máquinas de corte, de polimento e de solda, além de produtos químicos tóxicos. Disponível em: *https://www.trt13.jus.br/informe-se/noticias/2017/03/uso-excessivo-de-celular-no-trabalho-e-falta-grave*. Acesso em: 26 jan. 2023.

No caso de abandono de emprego, o empregador pode rescindir o contrato de trabalho, visto que constitui falta grave, uma vez que a prestação de serviço contínua é elemento básico do contrato de trabalho.

> Art. 482 da CLT. Constituem justa causa para rescisão do contrato de trabalho pelo empregador:
>
> i) abandono de emprego.

O abandono de emprego configura-se quando estão presentes o elemento objetivo ou material e o elemento subjetivo ou psicológico: elemento objetivo ou material é a ausência prolongada do empregado ao serviço sem motivo justificado; elemento subjetivo ou psicológico é a intenção de não mais continuar com a relação empregatícia.

O empregador, ao constatar que o empregado está ausente do serviço por longo período sem apresentar qualquer justificativa, deverá convocá-lo para justificar suas faltas, sob pena de caracterização de abandono de emprego. Ele deverá notificar o empregado por correspondência registrada ou pessoalmente, anotando na ficha ou no livro de registro de empregados. Na CTPS do empregado, deverá apenas dar baixa, sem mencionar o motivo do seu desligamento da empresa.

Efetivando-se a rescisão do contrato de trabalho do empregado, deverão ser escritos a data e o motivo da saída na ficha ou na folha do livro de registro de empregado, podendo-se nelas fazer observação do motivo da rescisão.

Posteriormente, envia-se ao Ministério do Trabalho o Caged, comunicando a rescisão do contrato de trabalho.

O recolhimento do FGTS do mês anterior e/ou da rescisão no caso de abandono de emprego ocorre normalmente na conta vinculada do empregado.

Direitos que o empregado tem a receber pela rescisão de contrato de trabalho com mais de um ano de serviço:

- saldo de salário;
- férias vencidas, acrescidas de um terço constitucional;
- salário-família.
- FGTS, que deverá ser depositado por meio da Guia de Recolhimento do FGTS e de Informações à Previdência Social (GFIP).

9.4.3.2 Rescisão de contrato com abandono de emprego com mais de um ano de serviço na empresa

Direitos que o empregado tem a receber:

- saldo de salário;
- férias vencidas, acrescidas de um terço constitucional;
- salário-família;
- FGTS, que deverá ser depositado por meio da GFIP.

9.4.4 Rescisão de contrato de trabalho por falecimento do empregado

A morte impõe o rompimento de todos os contratos em que a pessoa falecida figura como uma das partes, uma vez que o contrato nada mais é do que um acordo de vontades. Dessa forma, deixando de existir uma das partes contratuais, o contrato é extinto. Observa-se que, para efeito de apuração das verbas rescisórias devidas, a morte do empregado equivale ao pedido de demissão, seja ou não decorrente de acidente do trabalho. Dessa forma, nos contratos firmados a prazo indeterminado, com vigência superior a um ano de serviço, são devidos:

- saldo de salário;
- 13º salário proporcional;
- férias vencidas (simples e/ou em dobro, conforme o caso) e férias proporcionais, todas acrescidas do adicional de um terço;
- FGTS relativo ao mês anterior, caso ainda não tenha sido depositado, e ao mês da rescisão, bem como a liberação do FGTS no código 23.

Nos contratos com vigência inferior a um ano, deverão ser pagos:

- saldo de salário;
- 13º salário proporcional;

- férias proporcionais acrescidas do adicional de um terço;
- FGTS relativo ao mês anterior, caso ainda não tenha sido depositado, e ao mês da rescisão, bem como a liberação do FGTS sob o código 23.

De acordo com a Lei nº 6.858/1980, a habilitação dos dependentes para o recebimento das verbas rescisórias, bem como do FGTS, dar-se-á por meio da Certidão de Inexistência de Dependentes Habilitados à Pensão por Morte, fornecida pela Previdência Social, ou Alvará Judicial expedido pelo juízo competente, na hipótese de não haver dependente, não sendo necessário inventário ou arrolamento.

Se o empregado for menor, o ato da rescisão deve ser assistido por seu responsável. Se o empregado for analfabeto, o pagamento só poderá ser feito em dinheiro.

Se o empregado tiver mais de um ano de serviço prestado, a rescisão deverá ser homologada no sindicato ou no órgão do Ministério do Trabalho. Na falta destes, pelo representante do Ministério Público, pelo Defensor Público ou pelo Juiz de Direito.[3]

9.5 Outras formas de rescisão de contrato

9.5.1 Rescisão indireta

Ocorre quando quem pratica a falta é o empregador, e não o trabalhador. A falta grave, neste caso, é caracterizada pelo não cumprimento da lei ou das condições contratuais ajustadas por parte do empregador. A despedida indireta é assim denominada porque a empresa ou o empregador não demite o empregado, mas age de modo a tornar impossível ou intolerável a continuação da prestação de serviços.

Exemplos: agressões, não pagamento dos salários, exigência de serviços estranhos ao contrato de trabalho etc.

De acordo com o artigo 483 da CLT, o empregado poderá considerar rescindido o contrato e pleitear a devida indenização quando:

- forem exigidos serviços superiores às suas forças, defesos por lei, contrários aos bons costumes ou alheios ao contrato;
- for tratado pelo empregador ou por seus superiores hierárquicos com rigor excessivo;
- correr perigo manifesto de mal considerável;
- o empregador não cumprir as obrigações do contrato;
- o empregador ou seus prepostos praticarem, contra ele ou contra pessoas de sua família, ato lesivo da honra e boa fama;

3 Ver exemplo de termo de rescisão do contrato de trabalho nos anexos.

- o empregador ou seus prepostos ofenderem-no fisicamente, salvo em caso de legítima defesa, própria ou de outrem;

- o empregador reduzir seu trabalho, sendo este por peça ou tarefa, de forma que afete sensivelmente a importância dos salários.

9.5.2 Rescisão por culpa recíproca

Ocorre quando empregado e empregador praticam ao mesmo tempo faltas graves capazes de pôr fim ao contrato de trabalho, reconhecidas pela Justiça do Trabalho.

9.5.3 Rescisão por força maior

Dá-se na ocorrência de acontecimento inevitável para o qual o empregador não concorreu e que impossibilita a continuidade da relação de emprego. Por exemplo: destruição do local de serviços provocada por enchentes, vendavais, tempestades etc.

9.6 Prazo para pagamento da rescisão

O prazo de pagamento em qualquer dos casos é até o primeiro dia útil seguinte ao término do contrato, após o cumprimento do aviso prévio ou até o décimo dia contado da data da notificação da demissão, quando não existir aviso prévio, indenização do empregado ou dispensa do cumprimento do contrato.

A partir do primeiro dia de atraso do pagamento da rescisão, o empregado terá direito a trinta dias de salário como multa pelo atraso.

ATENÇÃO

O empregado rural, quando ocupa moradia fornecida por seu empregador, tem trinta dias para desocupá-la após o término de seu contrato de trabalho.

9.7 Indenização

Indenizar significa reparar, ressarcir, compensar alguém de um prejuízo.

No contexto do direito do trabalho, indenizar significa dar ao empregado que prestou bons serviços durante sua permanência na empresa uma compensação financeira, pagando-lhe todos os seus direitos trabalhistas. Os fatores a se levar em conta para calcular a indenização devida ao empregado sem justa causa são tratados a seguir.

Havendo o término do contrato de trabalho, cabe ao empregador fazer as devidas anotações do CTPS do trabalhador, comunicar os órgãos competentes e fazer o devido pagamento das verbas rescisórias e dar o recibo de quitação em até dez dias a partir do término do contrato, sendo que o pagamento pode ser efetuado em dinheiro, depósito bancário ou cheque visado, porém, se o empregado for analfabeto, é obrigatório que o pagamento ocorra por meio de depósito bancário .

> Art. 477 da CLT - Na extinção do contrato de trabalho, o empregador deverá proceder à anotação na Carteira de Trabalho e Previdência Social, comunicar a dispensa aos órgãos competentes e realizar o pagamento das verbas rescisórias no prazo e na forma estabelecidos neste artigo
>
> § 4º O pagamento a que fizer jus o empregado será efetuado:
>
> I - em dinheiro, depósito bancário ou cheque visado, conforme acordem as partes; ou
>
> II - em dinheiro ou depósito bancário quando o empregado for analfabeto.
>
> § 5º - Qualquer compensação no pagamento de que trata o parágrafo anterior não poderá exceder o equivalente a um mês de remuneração do empregado.
>
> § 6º A entrega ao empregado de documentos que comprovem a comunicação da extinção contratual aos órgãos competentes bem como o pagamento dos valores constantes do instrumento de rescisão ou recibo de quitação deverão ser efetuados até dez dias contados a partir do término do contrato.
>
> § 8º - A inobservância do disposto no § 6º deste artigo sujeitará o infrator à multa de 160 BTN, por trabalhador, bem assim ao pagamento da multa a favor do empregado, em valor equivalente ao seu salário, devidamente corrigido pelo índice de variação do BTN, salvo quando, comprovadamente, o trabalhador der causa à mora.

9.7.1 Indenização adicional

O empregado dispensado sem justa causa no período de trinta dias que antecede a data de sua correção salarial tem direito à indenização adicional equivalente a um salário mensal.

> Art. 9º da Lei nº 6.708/1979. O empregado dispensado, sem justa causa, no período de 30 (trinta) dias que antecede a data de sua correção salarial terá direito à indenização adicional equivalente a um salário mensal, seja ele, ou não, optante pelo Fundo de Garantia do Tempo de Serviço.

> Art. 9º da Lei nº 7.238/1984. O empregado dispensado, sem justa causa, no período de 30 (trinta) dias que antecede a data de sua correção salarial terá direito à indenização adicional equivalente a um salário mensal, seja ele, ou não, optante pelo Fundo de Garantia do Tempo de Serviço.

A finalidade da indenização segundo as leis citadas é proteger economicamente o empregado dispensado às vésperas de sua correção salarial na data-base.

A indenização corresponde a um salário mensal vigente à data da comunicação da dispensa. Para fins de cálculo da indenização, o salário mensal é acrescido dos adicionais legais ou convencionais e das horas extras habituais, uma vez que estas integram todos os cálculos salariais.

Considera-se data de desligamento, para efeito da indenização adicional:

- o último dia de trabalho efetivo, quando o aviso prévio é trabalhado;

- o último dia da projeção do aviso prévio, quando este é indenizado, visto que ele integra o tempo de serviço do empregado para todos os efeitos.

Exemplo do cálculo de correção salarial:

Lorenzzo foi afastado sem justa causa em 14/9/x1, com data-base em 1º/11/x1. Calcular-se-á se ele faz jus à correção salarial.

Correção salarial (data-base): 1º/11/x1

Período de trinta dias que antecede a correção salarial: 2 a 31/10/x1

Dispensa sem justa causa: 14/9/x1

Aviso prévio trabalhado ou projeção do aviso prévio indenizado: 15/09 a 14/10/x1

Neste exemplo, o último dia do aviso prévio recai no período de trinta dias que antecede a data-base, gerando direito do empregado à indenização adicional.

9.7.2 Indenização por rescisão antecipada dos contratos de trabalho por prazo determinado

Nos contratos de trabalho por prazo determinado, incluindo o contrato de trabalho a título de experiência, se qualquer uma das partes, empregado ou empregador, rescindir o contrato antes de seu término, não caberá o aviso prévio, mas sim uma indenização.

> Art. 479 da CLT. Nos contratos que tenham termo estipulado, o empregador que, sem justa causa, despedir o empregado será obrigado a pagar-lhe a título de indenização, e por metade, a remuneração a que teria direito até o termo do contrato.

Parágrafo único. Para a execução do que dispõe o presente artigo, o cálculo da parte variável ou incerta dos salários será feito de acordo com o prescrito para o cálculo da indenização referente à rescisão dos contratos por prazo indeterminado.

Art. 480. Havendo termo estipulado o empregado não se poderá desligar do contrato, sem justa causa, sob pena de ser obrigado a indenizar o empregador dos prejuízos que desse fator lhe resultarem.

§ 1º A indenização porém não poderá exceder àquela a que teria direito o empregado em idênticas condições.

Caso a rescisão seja promovida pelo empregador, este pagará ao empregado, a título de indenização, metade daquilo que este ganharia até o final do contrato.

Se a rescisão for de iniciativa do empregado, poderá a empresa descontar deste os prejuízos advindos da demissão, não podendo a referida indenização ser mais do que aquela que o empregado receberia se estivesse sendo dispensado.

Exemplo de cálculo de indenização:

Rita de Cássia foi admitida com um contrato de trabalho de experiência pelo período de noventa dias, recebendo um salário mensal de R$ 6.000,00. Foi dispensada no quinquagésimo dia de trabalho. Calcular-se-á o valor da indenização.

Cálculo:

Prazo do contrato de trabalho: 90 dias

Período trabalhado: 50 dias

Salário mensal: R$ 6.000,00

Indenização (90 dias – 50 dias) = 40 dias

Indenização = R$ 6.000,00 ÷ 30 dias = R$ 200,00

R$ 200,00 × 40 dias = R$ 8.000,00

R$ 8.000,00 ÷ 2 = R$ 4.000,00

Resposta: Rita de Cássia receberá metade da indenização, no valor de R$ 4.000,00.[4]

4 Nota: o empregado fará jus à indenização adicional prevista no artigo 9º das Leis nº 6.708/1979 e nº 7.238/1984, quando houver rescisão do contrato de trabalho sem justa causa, no período de 30 dias que antecede a data-base da categoria do empregado.

9.8 Cálculo das verbas rescisórias

O funcionário do setor de Recursos Humanos deve ter conhecimento sobre as normas legais e os cálculos da rescisão contratual, para não lesar nenhuma das partes no processo de extinção de um contrato de trabalho.

9.8.1 Cálculo do 13º salário na rescisão do contrato de trabalho

O 13º salário deve corresponder a 1/12 da remuneração devida no mês da rescisão de contrato de trabalho. A fração 1/12 deve ser igual ou superior a 15 dias de trabalho, considerando um mês integral, incluindo os trinta dias de aviso prévio.

Exemplos de cálculo do 13º salário:

Josefa foi admitida no dia 1º/9/x1, com um salário de R$ 7.000,00 por mês. Foi demitida sem justa causa no dia 1º/11/x1. Calcular-se-á o valor do 13º salário.

Cálculo:

Salário mensal: R$ 7.000,00 (período de trabalho para referência de recebimento do 13º salário)

Salário de três meses: 3/12 (referente aos meses de setembro a novembro/x1)

Valor do 13º salário: R$ 7.000,00 ÷ 12 × 3 = R$ 1.750,00

Resposta: Josefa receberá R$ 1.750,00 de 13º salário.

Amanda foi admitida em 1º/12/x1, com um contrato de trabalho por prazo indeterminado e um salário de 7.000,00. Seu aviso prévio foi com dispensa sem justa causa, tendo sido dispensada do aviso prévio no dia 6/6/x2. Calcular-se-á o valor do aviso prévio indenizado.

Cálculo:

Salário mensal: R$ 7.000,00

Aviso prévio indenizado: R$ 7.000,00

Saldo de salário do período de 1º/6 a 6/6/x2 (6 dias) = R$ 7.000,00 ÷ 30 dias × 6 dias = R$ 1.400,00

Resposta: Amanda receberá de aviso prévio indenizado R$ 7.000,00, e o saldo de salário será de R$ 1.400,00.

9.8.2 Cálculo de férias vencidas na rescisão do contrato de trabalho

Exemplo de cálculo de férias vencidas:

Ana foi admitida em 1º/4/x1, com salário mensal de R$ 7.000,00, e dispensada em 1º/11/x2. Não recebeu nem gozou férias no período devido (1º/4/x1 a 31/3/x2). Calcular-se-á quanto ela deverá receber a título de férias vencidas.

Cálculo:

Salário mensal: R$ 7.000,00

Valor das férias vencidas pagas na rescisão: R$ 7.000,00, somando-se a um terço sobre férias. Portanto, nesse caso, além do valor das férias, Ana tem direito a mais um terço desse valor, assim calculado:

R$ 7.000,00 + R$ 2.333,33 = R$ 9.333,33 (somatório das férias vencidas ao terço constitucional)

Exemplo de cálculo de férias proporcionais:

Flávio foi admitido em 1º/6/x1, com salário mensal de R$ 7.000,00, e dispensado em 1º/12/x2. Gozou férias no período de 1º/7 a 30/7/x2. Calcular-se-á quanto ele deverá receber a título de férias proporcionais.

Cálculo:

Salário mensal: R$ 7.000,00

Férias proporcionais pagas na rescisão (junho a dezembro = 7 meses): R$ 7.000,00 ÷ 12 × 7 = R$ 4.083,33

R$ 4.083,33 ÷ 1/3 (abono de férias) = R$ 1.316,11

R$ 4.083,33 + R$ 1.316,11 = R$ 5.444,44

Resposta: Flávio receberá R$ 5.444,44 de férias proporcionais.

9.8.3 Cálculo de salário-família na rescisão de contrato de trabalho

Exemplo de cálculo de salário-família proporcional:

Rafael foi admitido no dia 1º/10/x1, com um salário de R$ 1.650,00 por mês. Ele tem esposa e dois filhos menores de 14 anos. Foi demitido sem justa causa, no dia 1º/11/x2. Calcular-se-á o valor do salário-família proporcional.

Cálculo:

Salário mensal: R$ 1.650,00.

Salário-família: período de 1º/11/x2 a 30/11/x2 (aviso prévio) = 30 dias (conforme tabela vigente em janeiro de 2022) = 56,47 para cada dependente ÷ 30 × quantidade de dias × quantidade de filhos = 56,47 ÷ 30 × 30 dias × 2 filhos = 112,94

O valor que Rafael receberá referente aos dois filhos no período de 30 dias será R$ 112,94.

9.8.4 Cálculo de rescisão de contrato de trabalho no pedido de demissão

Exemplo de cálculo de rescisão:

Danilo foi contratado por prazo indeterminado em 1º/10/x1, com jornada diária normal, e pediu demissão em 1º/1/x3 (data em que assinou o aviso prévio). Ele não tinha dependente e nunca faltou ao trabalho sem justificativa. Seu salário era de R$ 1.870,00 por mês. Ele cumpriu integralmente o aviso prévio.

Verbas rescisórias (direitos a receber):

Saldo de salário: 30 dias do aviso prévio trabalhado = R$ 1.870,00

13º salário proporcional (janeiro a abril = 4 meses): R$ 1.870,00 ÷ 12 = R$ 155,83 × 4 = R$ 623,32

Férias vencidas (período de 1º/10/x1 a 30/9/x2 = 30 dias): R$ 1.870,00

Férias proporcionais (período de 1º/10/x2 a 30/4/x3 = 7 meses): R$ 1.870,00 ÷ 12 × 7 = R$ 155,83 × 7 = R$ 1.090,81

1/3 adicional sobre as férias: R$ 1.870,00 + R$ 1.090,81 = R$ 2.960,81 ÷ 3 = R$ 986,93

Total bruto a receber: R$ 6.441,06

Descontos:

INSS (tabela de janeiro de 2022) sobre o saldo de salário: R$ 1.870,00 × 9% = R$ 168,30

INSS sobre o 13º salário: R$ 290,00 × 9% = 26,10

Imposto de renda (tabela de janeiro de 2019) sobre o 13º salário: R$ 290,00 (isento)

Imposto de renda sobre férias e 1/3 adicional de férias: R$ 1.870,00 + R$ 1.090,81 + R$ 986,93 = R$ 2.077,74 = R$ 2.077,74 (valor férias + 1/3 férias) – 0,00 (INSS) – 0,00 (dependentes) = R$ 2.077,74 × 7,5% = 322,60 – R$ 142,80 (tabela IR de janeiro de 2022) = R$ 179,80

Imposto de renda sobre saldo de salário: R$ 1.870,00 (isento)

Total de descontos: R$ 140,25 – R$ 142,80 = R$ 0,00

Total de descontos: R$ 374,20

Resposta: valor líquido a receber (total bruto – total de descontos) = R$ 6.066,86.

9.8.5 Cálculo de rescisão de dispensa sem justa causa

Exemplo de cálculo de rescisão:

André foi admitido em 22/10/x1, com contrato por prazo indeterminado e jornada diária de 44 horas, e foi demitido sem justa causa em 15/4/x2, com aviso prévio indenizado. Tinha esposa como dependente e recebia um salário de R$ 960,00 por mês.

Verbas rescisórias (direitos a receber):

Saldo de salário (15 dias): R$ 1.960,00 ÷ 30 dias = R$ 65,33 × 15 dias = R$ 979,95 Aviso prévio indenizado (1 mês de salário): R$ 1.960,00

13º salário proporcional (janeiro a abril = 4 meses): R$ 1.960,00 ÷ 12 = R$ 163,33 × 4 = R$ 653,32

13º salário indenizado (1 mês referente ao período do aviso prévio indenizado): R$ 1.960,00 ÷ 12 = R$ 163,33 × 1 = R$ 163,33

Férias proporcionais (período de 22/10/x1 a 15/4/x2 = 7 meses): R$ 1.960,00 ÷ 12 = R$ 163,33 × 7 = R$ 1.143,31

1/3 adicional sobre as férias: R$ 1.143,31 ÷ 3 = R$ 381,10

Resposta: total bruto a receber: R$ 5.281,01.

O FGTS não está incluído no total bruto a receber, pois deverá ser depositado na conta vinculada do empregado. Este receberá o FGTS quando apresentar a rescisão paga no banco (CEF).

8% do saldo de salário mais o 13º salário: R$ 979,95 + R$ 653,32 = R$ 1.633,27 × 8% = R$ 130,66 (depósito)

40% sobre o FGTS (referente ao mês da rescisão depositado em conta vinculada) Valor dos depósitos do FGTS mais juros: R$ 1.090,00 (aproximadamente)

Valor do FGTS da rescisão: R$ 130,66

Valor total do FGTS: R$ 1.090,00 + 130,66 × 40% = R$ 488,26

Descontos:

INSS (ver tabela) sobre o saldo de salário: R$ 979,95 × 7,5 % = R$ 73,49

INSS sobre o 13º salário: R$ 653,32 × 8% = R$ 52,26

INSS sobre o aviso prévio indenizado e 13º indenizado: isento

Cálculo para imposto de renda:

Base de cálculo do IR (ver tabela) – (INSS) – (dependentes) = × alíquota da tabela – deduções da tabela

Imposto de renda sobre o 13º salário: R$ 653,32 (isento)

Imposto de renda sobre férias e 1/3 adicional de férias: R$ 1.143,31 + R$ 381,10 = R$ 1.524,41 (isento)

Imposto de Renda sobre saldo de salário: R$ 979,95 (isento)

Imposto de Renda sobre aviso prévio indenizado e 13º indenizado: isento

Total de descontos: 52,26 + 73,49 = R$ 125,75

Total líquido a receber (total bruto – total de descontos):

R$ 5.281,01 + 1.220,66 – 125,75 = R$ 6.375,92

Exemplo de extinção antecipada do contrato de trabalho a título de experiência:

Wagner foi admitido em 1º/5/x1 pelo prazo de noventa dias e dispensado pelo empregador sem motivo justo no dia 1º/7/x1. O empregado recebia um salário de R$ 1.540,00 por mês.

Período do contrato de trabalho a título de experiência: 1º/5/x1 a 30/7/x1

Data do desligamento: 1º/7/x1

Período não trabalhado: 1º/7 a 30/7/x1

Verbas rescisórias (direitos a receber):

Saldo de salário (30 dias de junho/x1): R$ 1.540,00

13º salário proporcional (maio e junho = 2 meses): R$ 1.540,00 ÷ 12 = R$ 128,33 × 2 = R$ 256,66

Férias proporcionais (período de maio e junho = 2 meses): R$ 1.540,00 ÷ 12 = R$ 128,33 × 2 = R$ 256,66

1/3 adicional sobre as férias: R$ 256,66/3 = R$ 85,55

Indenização conforme artigo 479 (metade da remuneração que faltava para o término do contrato de trabalho)

Período do contrato de trabalho não trabalhado: 1º/7/x1 a 30/7/x1

R$ 1.540,00 ÷ 30 = R$ 51,33 × 15 dias = R$ 769,95

R$ 1.540,00 + R$ 256,66 + R$ 256,66 + R$ 85,55 + R$ 769,95

Total bruto a receber: R$ 2.908,82.

O FGTS não está incluído no total bruto a receber, pois deverá ser depositado na conta vinculada do empregado. Este receberá o FGTS quando apresentar a rescisão paga no banco (CEF).

8% do saldo de salário + 13º salário: R$ 1.540,00 + R$ 256,66 = R$ 1.796,66 × 8% = R$ 143,73 (depósito)

40% sobre o FGTS (referente ao mês da rescisão depositado em conta vinculada) Valor dos depósitos do FGTS na conta vinculada: R$ 1.540,00 × 8% = R$ 123,20 Valor do FGTS da rescisão: R$ 143,73

Valor do total do FGTS (saldo da conta vinculada + valor do FGTS da rescisão): (R$ 143,73 + R$ 123,20) × 40% = R$ 106,77 (depositado na conta vinculada)

Descontos:

INSS (ver tabela) sobre o saldo de salário: R$ 1.540,00 × 9% = R$ 138,60

INSS sobre o 13º salário: R$ 256,66 × 8% = R$ 20,53

Cálculo para Imposto de Renda (ver tabela)

Base de cálculo do IR – (INSS) – (dependentes) = × alíquota da tabela – deduções da tabela de Imposto de Renda sobre o 13º salário: R$ 256,66 isento

Imposto de Renda sobre férias e 1/3 adicional de férias: R$ 256,66 + R$ 85,55 = R$ 342,21 (isento)

Imposto de Renda sobre saldo de salário: R$ 1.540,00 (isento)

Total de descontos: R$ 159,13

Valor líquido a receber: R$ 2.908,86 – R$ 159,13 = R$ 2.749,73.

Tabela[5] de direitos trabalhistas em rescisão de contrato de trabalho com menos de um ano.

É devido pelo empregado ou pelo empregador - por aquele se não cumprir, e por este se não deixar cumprir:

U1 - aposentadoria sem continuidade de vínculo empregatício; e U2 - aposentadoria com continuidade de vínculo empregatício.

O valor é depositado na CEF e fica vinculado na conta do FGTS.

Súmula 163 do TST: "Cabe aviso prévio nas rescisões antecipadas dos contratos de experiência, na forma do art. 481, da CLT". Não é pacífico tal entendimento entre os doutrinadores, razão pela qual se faz menção ao não recebimento.

Súmula 261 do TST: "O empregado que se demite antes de complementar 12 (doze) meses de serviço tem direito a férias proporcionais".

9.9 Comunicação de dispensa e seguro-desemprego

9.9.1 Comunicação de dispensa

Após receber a homologação da rescisão, o trabalhador recebe também uma comunicação de dispensa (CD) que ele deverá entregar em uma agência da CEF para poder receber o seguro-desemprego (SD).

9.9.2 Seguro-desemprego

É um benefício criado por lei para promover a assistência financeira temporária ao trabalhador que for dispensado sem justa causa.

A contagem do período aquisitivo tem início na data de dispensa do último emprego.

Em 16 de abril de 2012, passou a vigorar uma nova regra sobre a concessão do benefício de seguro-desemprego a trabalhadores, condicionando o recebimento para quem solicitá-lo pela terceira vez dentro do período de dez anos à participação em um curso de qualificação profissional ou de formação entre os atendidos pelo Programa Nacional de Acesso ao

5 Ver tabela de motivos para a dispensa por justa causa nos anexos.

Ensino Técnico e Emprego (Pronatec), oferecidos gratuitamente pelos serviços nacionais de aprendizagem, Sesi, Senac, e Senai.

A Caixa Econômica Federal somente efetuará o pagamento do benefício ao trabalhador quando este apresentar, no ato do recebimento, a comprovação de matrícula em curso reconhecido pelo Ministério do Trabalho e Emprego ou pelo Ministério da Educação, com carga mínima de 160 horas.

Somente se não houver um curso disponível na área de atuação do trabalhador ou na cidade onde reside, a concessão do seguro não ficará condicionada à realização da qualificação, sendo que o trabalhador poderá receber o benefício normalmente, não necessitando de comprovação de matrícula.

O trabalhador que recusar o curso ou infringir qualquer uma das regras determinadas pelo governo, terá o seguro-desemprego cancelado.

Lei nº 13.134, 16 de junho de 2015. Altera as Leis nº 7.998, de 11 de janeiro de 1990, que regula o Programa do Seguro-Desemprego e o Abono Salarial e institui o Fundo de Amparo ao Trabalhador (FAT), nº 10.779, de 25 de novembro de 2003, que dispõe sobre o seguro-desemprego para o pescador artesanal, e nº 8.213, de 24 de julho de 1991, que dispõe sobre os planos de benefícios da Previdência Social; revoga dispositivos da Lei nº 7.998, de 11 de janeiro de 1990, e as Leis nº 7.859, de 25 de outubro de 1989, e nº 8.900, de 30 de junho de 1994; e dá outras providências.

Art. 1º da Lei nº 7.998/1990 - Esta Lei regula o Programa do Seguro-Desemprego e o abono de que tratam o inciso II do art. 7º, o inciso IV do art. 201 e o art. 239, da Constituição Federal, bem como institui o Fundo de Amparo ao Trabalhador (FAT)

Art. 3º Terá direito à percepção do seguro-desemprego o trabalhador dispensado sem justa causa que comprove:

I - ter recebido salários de pessoa jurídica ou de pessoa física a ela equiparada, relativos a:

a) pelo menos 12 (doze) meses nos últimos 18 (dezoito) meses imediatamente anteriores à data de dispensa, quando da primeira solicitação;

b) pelo menos 9 (nove) meses nos últimos 12 (doze) meses imediatamente anteriores à data de dispensa, quando da segunda solicitação; e

c) cada um dos 6 (seis) meses imediatamente anteriores à data de dispensa, quando das demais solicitações.

Art. 4º O benefício do seguro-desemprego será concedido ao trabalhador desempregado, por período máximo variável de 3 (três) a 5 (cinco) meses, de forma contínua ou alternada, a cada período aquisitivo, contados da data de dispensa que deu origem à última habilitação, cuja duração será definida pelo Conselho Deliberativo do Fundo de Amparo ao Trabalhador (Codefat).

Art. 6º O seguro-desemprego é direito pessoal e intransferível do trabalhador, podendo ser requerido a partir do sétimo dia subseqüente à rescisão do contrato de trabalho.

Art. 2º da Lei nº 8.900/1994. O programa do seguro desemprego tem por finalidade:

I - prover assistência financeira temporária ao trabalhador desempregado em virtude de dispensa sem justa causa, inclusive a indireta;

II - auxiliar os trabalhadores na busca de emprego, promovendo, para tanto, ações integradas de orientação, recolocação e qualificação profissional.

Resolução do Conselho Deliberativo do Fundo de Amparo ao Trabalhador nº 736, de 8 de outubro de 2014. Torna obrigatório aos empregadores o uso do aplicativo Empregador Web no Portal Mais Emprego para preenchimento de requerimento de Seguro-Desemprego (RSD) e de Comunicação de Dispensa (CD) ao Ministério do Trabalho e Emprego e dá outras providências.

Decreto nº 10.854, de 10 de novembro de 2021. Regulamenta disposições relativas à legislação trabalhista e institui o Programa Permanente de Consolidação, Simplificação e Desburocratização de Normas Trabalhistas Infralegais e o Prêmio Nacional Trabalhista, e altera o Decreto nº 9.580, de 22 de novembro de 2018.

9.9.2.1 Critérios para receber o seguro-desemprego

São os seguintes:

- ter sido dispensado sem justa causa;

- ter recebido salários consecutivos nos últimos seis meses;

- ter trabalhado pelo menos durante o período de seis meses consecutivos nos últimos 36 meses;

- ser empregado de pessoa jurídica ou ter exercido atividade reconhecida como autônoma durante, pelo menos, 15 meses nos últimos 24 meses;

- não estar recebendo nenhum benefício da previdência social de prestação continuada, exceto auxílio-acidente ou pensão por morte;

- não possuir renda própria para seu sustento e o de seus familiares de qualquer natureza.

Ao ser dispensado sem justa causa, o trabalhador receberá do empregador o formulário Requerimento do Seguro-Desemprego, em duas vias, devidamente preenchido. Deverá, então, dirigir-se a um dos locais de entrega munido dos seguintes documentos:

- Requerimento do Seguro-Desemprego (SD/CD) em duas vias, verde e marrom;
- cartão do PIS-Pasep com extrato atualizado ou Cartão do Cidadão;
- Carteira de Trabalho e Previdência Social (verificar todas que o requerente possuir);
- Termo de Rescisão do Contrato de Trabalho (TRCT) devidamente quitado;
- documentos de identificação: carteira de identidade, certidão de nascimento/certidão de casamento com o protocolo de requerimento da identidade (somente para recepção), carteira nacional de habilitação (modelo novo), carteira de trabalho (modelo novo), passaporte ou certificado de reservista;
- dois últimos contracheques e o último salário constante no TRCT, no campo "Maior remuneração";
- documento de levantamento dos depósitos do FGTS (CPFGTS), extrato comprobatório dos depósitos, relatório da fiscalização ou documento judicial (Certidão das Comissões de Conciliação Prévia/Núcleos Intersindicais/Sentença/Certidão da Justiça).

Com base na documentação apresentada, o Posto de Atendimento informará ao trabalhador se ele tem direito ou não ao benefício.

Postos do Ministério do Trabalho e Emprego:

- Superintendência Regional do Trabalho e Emprego;
- Gerência Regional do Trabalho e Emprego;
- agências regionais.

9.9.2.2 Curso de formação ou qualificação profissional

Conforme o artigo 1º do Decreto nº 8.118/2013, o trabalhador que requerer o seguro-desemprego a partir da segunda vez dentro de um período de dez anos poderá ser condicionado a comprovar matrícula e frequência em curso de formação inicial e continuada ou de qualificação profissional, habilitado pelo Ministério da Educação, com carga horária mínima de 160 horas.

> Decreto nº 8.118 de 10 de outubro de 2013. Altera o Decreto nº 7.721, de 16 de abril de 2012, que dispõe sobre o condicionamento do recebimento da assistência financeira do Programa de Seguro-Desemprego à comprovação de matrícula e frequência em curso de formação inicial e continuada ou de qualificação profissional, com carga horária mínima de cento e sessenta horas.

9.9.2.3 Coleta biométrica

O artigo 1º da Resolução nº 725/2013 estabeleceu o prazo de até o final do exercício de 2015 para a adoção de procedimento de coleta biométrica para o pagamento do benefício do seguro-desemprego em quaisquer modalidades (conta simplificada ou conta poupança em favor do beneficiário), sem qualquer ônus para o trabalhador; ou, diretamente, em espécie.

9.9.2.4 Quantidade de parcelas

O benefício do seguro-desemprego, de acordo com artigo 4º da Lei nº 13.134/2015 será concedido ao trabalhador desempregado, por período máximo variável de três a 5 cinco meses, de forma contínua ou alternada, a cada período aquisitivo, contado da data de dispensa que deu origem à última habilitação:

> Art. 4º O benefício do seguro-desemprego será concedido ao trabalhador desempregado, por período máximo variável de 3 (três) a 5 (cinco) meses, de forma contínua ou alternada, a cada período aquisitivo, contados da data de dispensa que deu origem à última habilitação, cuja duração será definida pelo Conselho Deliberativo do Fundo de Amparo ao Trabalhador (Codefat).
>
> § 2º A determinação do período máximo mencionado no caput observará a seguinte relação entre o número de parcelas mensais do benefício do seguro-desemprego e o tempo de serviço do trabalhador nos 36 (trinta e seis) meses que antecederem a data de dispensa que originou o requerimento do seguro-desemprego, vedado o cômputo de vínculos empregatícios utilizados em períodos aquisitivos anteriores:
>
> I - para a primeira solicitação:
>
> a) 4 (quatro) parcelas, se o trabalhador comprovar vínculo empregatício com pessoa jurídica ou pessoa física a ela equiparada de, no mínimo, 12 (doze) meses e, no máximo, 23 (vinte e três) meses, no período de referência; ou
>
> b) 5 (cinco) parcelas, se o trabalhador comprovar vínculo empregatício com pessoa jurídica ou pessoa física a ela equiparada de, no mínimo, 24 (vinte e quatro) meses, no período de referência;
>
> II - para a segunda solicitação:
>
> a) 3 (três) parcelas, se o trabalhador comprovar vínculo empregatício com pessoa jurídica ou pessoa física a ela equiparada de, no mínimo, 9 (nove) meses e, no máximo, 11 (onze) meses, no período de referência;
>
> b) 4 (quatro) parcelas, se o trabalhador comprovar vínculo empregatício com pessoa jurídica ou pessoa física a ela equiparada de, no mínimo, 12 (doze) meses e, no máximo, 23 (vinte e três) meses, no período de

referência; ou

c) 5 (cinco) parcelas, se o trabalhador comprovar vínculo empregatício com pessoa jurídica ou pessoa física a ela equiparada de, no mínimo, 24 (vinte e quatro) meses, no período de referência;

III - a partir da terceira solicitação:

a) 3 (três) parcelas, se o trabalhador comprovar vínculo empregatício com pessoa jurídica ou pessoa física a ela equiparada de, no mínimo, 6 (seis) meses e, no máximo, 11 (onze) meses, no período de referência;

b) 4 (quatro) parcelas, se o trabalhador comprovar vínculo empregatício com pessoa jurídica ou pessoa física a ela equiparada de, no mínimo, 12 (doze) meses e, no máximo, 23 (vinte e três) meses, no período de referência; ou

c) 5 (cinco) parcelas, se o trabalhador comprovar vínculo empregatício com pessoa jurídica ou pessoa física a ela equiparada de, no mínimo, 24 (vinte e quatro) meses, no período de referência.

O salário médio é obtido por meio da soma dos três últimos salários do trabalhador anteriores à dispensa. O salário é calculado com base no mês completo de trabalho, mesmo que o trabalhador não tenha trabalhado integralmente em qualquer dos três últimos meses.

9.9.2.5 Suspensão do benefício

O benefício pode ser suspenso pelos seguintes motivos:

- admissão do trabalhador em um novo emprego;
- início de percepção de benefício de prestação continuada da previdência social, exceto o auxílio-acidente e a pensão por morte.

9.9.2.7 Cancelamento do benefício

O cancelamento do benefício pode ocorrer nos seguintes casos:

- pela recusa, por parte do trabalhador desempregado, de outro emprego condizente com sua qualificação e remuneração anterior;
- por comprovação de falsidade na prestação das informações necessárias à habilitação;
- por comprovação de fraude na prestação das informações necessárias à habilitação;
- por comprovação de fraude visando à percepção indevida do benefício do seguro-desemprego;
- por morte do segurado.

9.9.2.7.1 Homologação da rescisão de contrato de trabalho

A reforma trabalhista alterou o artigo 477 da CLT. Com a nova redação, no caso de extinção do contrato de trabalho, estabeleceu-se que o empregador deverá fazer a devida anotação em Carteira de Trabalho e Previdência Social, assim como a comunicação da dispensa aos órgãos competentes e pagamento das verbas rescisórias dentro do prazo determinado.

Também revogou os seguintes parágrafos do artigo 477:

- parágrafo 1º, que estabelecia que o pedido de demissão ou recibo de quitação da rescisão do contrato de trabalho nos casos de empregado com mais de um ano de empresa só seria válido quando realizado com a assistência do sindicato ou perante autoridade do Ministério do Trabalho;

- parágrafo 3º, que determinava sobre a assistência prestada por representante do Ministério Público onde não existissem órgãos previstos na localidade, para atender quando houvesse rescisão de contrato;

- as alíneas a e b do parágrafo 6º, que determinava do primeiro dia útil imediato ao término do contrato até o décimo dia, contado da data da notificação da demissão, porém alterou o parágrafo 6º para que tanto a entrega dos documentos que comprovem o encerramento do contrato quanto o pagamento devido devam ocorrer em até dez dias contados a partir do término do contrato;

- parágrafo 7º que o ato da assistência na rescisão contratual será sem ônus para o trabalhador e empregador.

Lei nº 13.467, de 13 de julho de 2017. Altera a Consolidação das Leis do Trabalho (CLT), 1943, e as Leis nº 6.019, de 3 de janeiro de 1974, 8.036, de 11 de maio de 1990, e 8.212, de 24 de julho de 1991, a fim de adequar aprovada pelo Decreto-Lei nº 5.452, de 1º de maio de a legislação às novas relações de trabalho.

DO DANO EXTRAPATRIMONIAL

"Art. 477. Na extinção do contrato de trabalho, o empregador deverá proceder à anotação na Carteira de Trabalho e Previdência Social, comunicar a dispensa aos órgãos competentes e realizar o pagamento das verbas rescisórias no prazo e na forma estabelecidos neste artigo.

§ 1º (Revogado).

....

§ 3º (Revogado).

§ 4º O pagamento a que fizer jus o empregado será efetuado:

I - em dinheiro, depósito bancário ou cheque visado, conforme acordem as partes; ou II - em dinheiro ou depósito bancário quando o empregado for analfabeto.

....

§ 6º A entrega ao empregado de documentos que comprovem a comunicação da extinção contratual aos órgãos competentes bem como o pagamento dos valores constantes do instrumento de rescisão ou recibo de quitação deverão ser efetuados até dez dias contados a partir do término do contrato.

a) (revogada);

b) (revogada).

§ 7º (Revogado).

....

§ 10. A anotação da extinção do contrato na Carteira de Trabalho e Previdência Social é documento hábil para requerer o benefício do seguro-desemprego e a movimentação da conta vinculada no Fundo de Garantia do Tempo de Serviço, nas hipóteses legais, desde que a comunicação prevista no caput deste artigo tenha sido realizada." (NR)

"Art. 477-A. As dispensas imotivadas individuais, plúrimas ou coletivas equiparam-se para todos os fins, não havendo necessidade de autorização prévia de entidade sindical ou de celebração de convenção coletiva ou acordo coletivo de trabalho para sua efetivação."

"Art. 477-B. Plano de Demissão Voluntária ou Incentivada, para dispensa individual, plúrima ou coletiva, previsto em convenção coletiva ou acordo coletivo de trabalho, enseja quitação plena e irrevogável dos direitos decorrentes da relação empregatícia, salvo disposição em contrário estipulada entre as partes."

Documentos essenciais a serem apresentados no ato da homologação da rescisão de contrato de trabalho, de acordo com a Instrução Normativa nº 3/2002, artigo 12:

- Termo de Rescisão de Contrato de Trabalho, em quatro vias, ou cinco vias para o caso de o sindicato querer uma cópia;

- Carteira de Trabalho e Previdência Social, com as anotações atualizadas;

- comprovante do aviso prévio, quando for o caso, ou do pedido de demissão em três vias (vias para empresa, empregado e sindicato);

- livro ou ficha de Registro de Empregados ou cópia dos dados obrigatórios do registro de empregados, quando informatizados, nos termos da Portaria do Ministério do Trabalho e Previdência nº 3.626/1991;

- cópia da convenção ou acordo coletivo de trabalho ou sentença normativa aplicáveis;

- extrato para fins rescisórios da conta vinculada do empregado no Fundo de Garantia do Tempo de Serviço, devidamente atualizado, e guias de recolhimento das competências indicadas no extrato como não localizadas na conta vinculada;

- guia de recolhimento rescisório do FGTS e da Contribuição Social, nas hipóteses do artigo 18 da Lei nº 8.036/1990 e do artigo 1º da Lei Complementar nº 110/2001, dos dois últimos meses;

- comunicação da dispensa e Requerimento do Seguro-Desemprego, para fins de habilitação, quando devido;

- atestado de saúde ocupacional demissional, ou periódico, durante o prazo de validade, atendidas as formalidades especificadas na Norma Regulamentadora nº 7, aprovada pela Portaria nº 3.214/1978, e alterações (vias para empresa, empregado e sindicato);

- ato constitutivo do empregador com alterações ou documento de representação;

- demonstrativo de parcelas variáveis consideradas para fins de cálculo dos valores devidos na rescisão contratual;

- pagamento das verbas rescisórias no ato da homologação (em dinheiro), cheque administrativo/visado ou comprovante de depósito bancário feito em dinheiro, devidamente compensado (cópia para sindicato);

- certificado de regularidade de situação sindical (exigência a partir de 31 de março de 2008);

- carta preposto (cópia para sindicato).

Exemplo de rescisão de contrato de trabalho:

Empregado: Dalmo Silva

Maior remuneração: R$ 900,00

Data de admissão: 1º de maio de 2018

Data do aviso prévio: 1º de setembro de 2018

Data do afastamento: 30 de setembro de 2018

Direitos a receber:

Saldo de salário

13º salário proporcional

Férias proporcionais

1/3 de férias proporcionais

FGTS sobre 1/3 de férias e 13º salário

Multa de 40% do FGTS

Descontos:

INSS

IRRF

DISPENSA	SEM JUSTA CAUSA
Data da admissão	1º/5/2018
Maior remuneração	R$ 900,00
Data do aviso prévio	1º/9/2018
Data do afastamento	30/9/2018
Rescisão de contrato	
Saldo de salário	R$ 900,00
13º salário	R$ 375,00
13º salário indenizado	R$ 0,00
Férias proporcionais	R$ 375,00
1/3 de férias	R$ 125,00
FGTS não depositado	R$ 114,00
Multa de 40% do FGTS	R$ 140,00
Total bruto	R$ 2.029,00
DESCONTOS	
INSS (tabela de setembro/2018)	R$ 72,00
Previdências sobre o 13º	R$ 30,00
IRRF (ver tabela setembro 2014)	R$ 0,00
Total desconto	R$ 102,00
Saldo líquido	R$ 1.927,00

Empregado: Gláucio Marques

Maior remuneração: R$ 800,00

Dispensa sem justa causa

Aviso prévio indenizado

Data de admissão: 1º de setembro de 2014

Data do aviso prévio: 5 de fevereiro de 2018

Data do afastamento: 5 de fevereiro de 2018

Direitos a receber:

Saldo de salário

Aviso prévio indenizado

13º salário proporcional

13º salário indenizado

Férias proporcionais

1/3 de férias proporcionais

FGTS sobre 1/3 de férias e 13º salário

Multa de 40% do FGTS

Descontos:

INSS

IRRF

DISPENSA	SEM JUSTA CAUSA
Data da admissão	**1º/9/2014**
Maior remuneração	**R$ 800,00**
Data do aviso prévio	**5/02/2018**
Data do afastamento	**30/9/2018**
Rescisão de contrato	
Aviso prévio indenizado	**R$ 800,00**
Saldo de salário	**R$ 133,33**
13º salário	**R$ 66,67**
13º salário indenizado	**R$ 66,67**
Férias proporcionais	**R$ 333,33**
1/3 de férias	**R$ 111,11**
Total bruto	**R$ 1.511,11**
DESCONTOS	
INSS (tabela de setembro/2018)	**R$ 10,64**
Previdências sobre o 13º	**R$ 5,34**
Total desconto	**R$ 15,98**
Saldo líquido	**R$ 1.495,13**

Alguns exemplos de dispensa sem justa causa:

Dispensa sem justa causa
sem férias vencidas
Dispensa sem justa causa
com férias vencida
Data da admissão 01/09/2014 Data da admissão 01/09/2014
Maior remuneração R$ 1.000,00 Maior remuneração R$ 950,00
Data do aviso prévio 05/01/2018 Data do aviso prévio 20/02/2018
Data do afastamento 05/02/2018 Data do afastamento 20/03/2018
Aviso prévio indenizado Aviso prévio indenizado
Rescisão de contrato Rescisão de contrato
Aviso prévio Aviso prévio
Saldo de salário R$ 178,57 Saldo de salário R$ 633,33
13º salário 1/12 R$ 83,33 13º salário R$ 237,50
Férias proporcionais 4/12 R$ 416,67 Férias vencidas R$ 950,00
1/3 Férias vencidas R$ 316,67
1/3 de férias R$ 138,89 Férias proporcionais 7/12 R$ 554,17
1/3 Férias proporcionais R$ 184,72
Total bruto R$ 817,46 Total bruto R$ 2.876,39
INSS R$ 14,29 INSS R$ 50,67
Previdências sobre 13º R$ 6,67 Previdências sobre 13º R$ 19,00
Total desconto R$ 20,95 Total desconto R$ 69,67
Saldo líquido R$ 796,51 Saldo líquido R$ 2.806,72

CAPÍTULO 10

Encargos sociais

10.1 O que são encargos sociais?

Encargos sociais podem ser entendidos como taxas e contribuições que são pagas pelo empregador e que têm por objetivo o financiamento de políticas públicas que visam a beneficiar o trabalhador.

São considerados encargos sociais:

- INSS ou Plano de Seguridade Social do Servidor Público (PSS);

- FGTS;

- PIS/Pasep;

- salário-educação (emprego no setor privado empresarial);

- Sistema S (para emprego no setor privado empresarial): Senac, Sesc, Sesi, Senai e Sebrae.

10.2 Guia de Recolhimento da Previdência Social

A Guia de Recolhimento da Previdência Social (GPS)[1] é um documento pelo qual o empregador registra o recolhimento das receitas previdenciárias descontadas dos empregados e mais uma parte referente à contribuição do empregador ao INSS. Trata-se de documento simplificado instituído pela Resolução INSS/PR nº 657/1998, utilizável obrigatoriamente desde 23 de julho de 1999. Para o cálculo, tornam-se necessárias a folha de pagamento do mês e a listagem dos itens que incidem sobre o INSS.

A elaboração da GPS leva em consideração os seguintes itens:[2]

Folha de pagamento mensal/outubro/x1: composição da GPS – 10/x1 Empregador: Júlio César de Oliveira: R$ 1.300,00 (pró-labore)

Salário-base de contribuição:

Salário total folha pagamento: R$ 520,00

Desconto dos segurados na folha de pagamento: R$ 39,7

Salário-família pago na folha de pagamento: R$ 20,00

Folha de pró-labore: R$ 1.300,00 = R$ 260,00

Cálculo da GPS

Segurados (funcionários): R$ 39,78

Empresa (20%): R$ 104,00

Seguro acidente de trabalho (2%): R$ 51,37

Pró-labore e autônomos (20%): R$ 260,00

Terceiros (5,8%): R$ 30,16

(–) Salário-família R$ 20,00

Total a pagar R$ 465,31

INSS sobre a folha de pagamento: 20,0%

Seguro acidente de trabalho: 3,0%

Salário-educação: 2,5%

Terceiros: 5,8%

1 Ver exemplo de documento da GPS nos anexos.

2 Observação: as contribuições de terceiros destinam-se a instituições dependendo do grupo ao qual a empresa pertence: Serviço Nacional de Aprendizagem Comercial (Senac), Serviço Social do Comércio (Sesc), Serviço Nacional de Aprendizagem Industrial (Senai), Serviço Social da Indústria (Sesi), Serviço Social do Transporte (Sest), Serviço de Apoio às Micro e Pequenas Empresas (Sebrae), Serviço Nacional de Aprendizagem Rural (Senar), Instituto Nacional de Colonização e Reforma Agrária (Incra), Diretoria de Portos e Costas (DPC), Salário Educação e Fundo Aeroviário.

10.3 Prazo para pagamento da GPS

O pagamento dessa contribuição deverá ser efetuado juntamente com as demais contribuições devidas à previdência social, inclusive parcelas descontadas em folha de pagamento de empregados, cuja data-limite é o dia 2 do mês subsequente ao de referência das contribuições. Não ocorrendo expediente bancário, o pagamento deverá ser efetuado no dia útil imediatamente anterior.[3]

10.3.1 Guia da Previdência Social eletrônica

Desde 15 de junho de 2005, os aplicativos que geram a GPS estão ajustados para gerar guias com código de barras, e toda a rede bancária está apta a recebê-las.

Atualmente, os aplicativos emitem o código de barras exclusivamente para as GPS com valores no campo 6 e para pagamento em dia (no prazo de vencimento). Para a previdência, a GPS com código de barras é o primeiro de vários projetos do Programa de Modernização das Receitas Previdenciárias, que, além de dar maior segurança e agilidade aos procedimentos de arrecadação, tem por objetivo reduzir os custos com tarifas bancárias. Para o contribuinte, é simplificação e mais um avanço tecnológico, uma vez que a GPS poderá ser paga nos caixas eletrônicos por meio do dispositivo de leitura ótica, como qualquer outra conta.

COMPOSIÇÃO DA GPS JAN/2019	VALOR PARCIAL	TOTAL
Salário-base de contribuição	R$ 8.693,62	
Total salário-base		R$ 8.693,62
Pró-labore	R$ 10.000,00	
Autônomos	R$ 1.000,00	
Total pró-labore e autônomos		R$ 11.000,00
Descontos segurados	R$ 755,97	
Desconto pró-labore	R$1.100,00	
Desconto autônomo	R$ 110,00	
Salário família	R$ 0,00	R$ 1.965,97
Cálculo da GPS		
Segurados		R$ 755,97
Empresa 20%	R$ 1.736,72	
Pró-labore e autônomo	R$ 2.200,00	
Seguro 2%	R$ 393,87	
Terceiros 5,8%	R$ 1.142,23	
Subtotal		
(–) Salário-família	R$ 0,00	R$ 5.472,82
Total do GPS		R$ 6.228,79

Cálculo da Guia do INSS disponível em: https://bit.ly/2P10zao.

3 O documento GPS pode ser impresso por meio do site: https://www.gov.br/pt-br/servicos/emitir-gps-para-pagamento-de-contribuicoes-previdenciarias.

10.4 Documento de Arrecadação de Receitas Federais

O Documento de Arrecadação de Receitas Federais (Darf)[4] é preenchido pelo empregador para recolhimento de receitas federais (tributo de Imposto de Renda) retidas na fonte dos empregados, sendo descontadas destes conforme tabela vigente e pagas pelo empregador.

10.5 Guia de Recolhimento do Fundo de Garantia do Tempo de Serviço

A Guia de Recolhimento do Fundo de Garantia do Tempo de Serviço (GFIP) tem como objetivo informar dados sobre o recolhimento do FGTS e a previdência social.

A Lei nº 9.528/1997, ao alterar a Lei nº 8.212/1991, obrigou as empresas a prestarem ao INSS informações relativas aos fatos geradores de contribuições previdenciárias e outras que comporão a base de dados para fins de cálculos e concessão de benefícios previdenciários.

O Decreto nº 2.803/1998 e a Circular Caixa nº 151/1998 trazem normas e instruções acerca da obrigação e da necessidade de apresentação da GFIP, que deverá ser entregue até o dia 7 de cada mês seguinte ao mês de competência, sempre que houver recolhimento ao FGTS e informações à previdência social.

As informações poderão ser apresentadas da seguinte forma:

- por meio magnético gerado por programa distribuído pela Caixa (programa Sefip);
- por meio de formulário pré-emitido, também distribuído pela Caixa, ou formulário adquirido no comércio.

Deixar de apresentar a GFIP, independentemente do recolhimento das contribuições em GRPS, apresentá-la com dados não correspondentes aos fatos geradores e com erro de preenchimento nos dados não relacionados aos fatos geradores sujeitará o responsável às multas previstas na Lei nº 8.212/1991, com as alterações introduzidas pela Lei nº 9.528/1997, no que tange à previdência social, e às sanções previstas na Lei nº 8.036/1990, no que se refere ao FGTS.

O aplicativo Sefip – sigla para Sistema Empresa de Recolhimento do FGTS e Informações à Previdência Social –, desenvolvido pela Caixa, permite aos empregadores/contribuintes:

- consolidar os dados cadastrais e financeiros da empresa e dos trabalhadores;

4 Ver exemplo de Darf nos anexos.

- gerar a Guia de Recolhimento do FGTS (GRF) e o arquivo de informações a serem utilizadas pelo fundo.

O aplicativo destina-se a todas as pessoas físicas ou jurídicas e contribuintes equiparados a empresa sujeitos quer ao recolhimento do FGTS (conforme estabelece a Lei nº 8.036/1990, e legislação posterior), quer à prestação de informações à previdência social (conforme disposto na Lei nº 8.212/1991, e legislação posterior).

Nota: é facultado o preenchimento da GFIP por meio eletrônico, utilizando-se de sistema próprio denominado Sistema Empresa de Recolhimento do FGTS e Informações da Previdência Social (Sefip). Nessa guia eletrônica, os códigos indicados FPAS, TERCEIROS e SIMPLES são informados adicionalmente.

10.6 eSocial

O eSocial é o leiaute do Sistema de Escrituração Fiscal Digital das Obrigações Fiscais, Previdenciárias e Trabalhistas, aprovado em 17 de julho de 2013, por meio do Ato Declaratório nº 5, e disponibilizado a partir de 7 janeiro de 2014.

Este sistema tem como objetivo estabelecer a integração das informações com cruzamento de dados dos sistemas da Caixa (FGTS), Previdência Social, Ministério do Trabalho e Emprego e Receita Federal.

A organização, empregador ou outros obrigados a eles equiparados deverão transmitir por meio eletrônico informações de eventos decorrentes das obrigações fiscais, tributárias, previdenciárias e trabalhistas, com prazos estipulados.

O eSocial é um módulo do Sistema Público de Escrituração Digital (Sped), que deverá receber as informações sobre os eventos relativos à contratação e utilização de mão de obra onerosa, com ou sem vínculo empregatício, e também outras informações previdenciárias previstas na Lei nº 8.212/1991 e de rendimentos pagos por si sujeitos a retenção na fonte.

A Resolução do Comitê Diretivo do eSocial nº 1/2017 estabeleceu o cronograma de implantação do eSocial, conforme disposto no Decreto nº 8.373/2014:

I - A transmissão dos eventos do empregador com faturamento no ano de 2014 acima de R$ 78.000.000,00 (setenta e oito milhões reais) deverá ocorrer:

a) A partir da competência setembro de 2016, obrigatoriedade de prestação de informações por meio do eSocial, exceto as relacionadas na alínea (b);

b) A partir da competência janeiro de 2017, obrigatoriedade da prestação de informação referente à tabela de ambientes de trabalho, comunicação de acidente de trabalho, monitoramento da saúde do trabalhador e condições ambientais do trabalho.

II - A transmissão dos eventos para os demais obrigados ao eSocial deverá ocorrer:

a) A partir da competência janeiro de 2017, obrigatoriedade de prestação de informações por meio do eSocial, exceto as relacionadas na alínea (b);

b) A partir da competência julho de 2017, obrigatoriedade da prestação de informação referente à tabela de ambientes de trabalho, comunicação de acidente de trabalho, monitoramento da saúde do trabalhador e condições ambientais do trabalho.

Base: Resolução CD/ESOCIAL 1/2015.

Resolução CGES nº 3, de 27 de julho de 2015 - Dispõe sobre o tratamento diferenciado, simplificado e favorecido a ser dispensado às Microempresas e Empresas de Pequeno Porte no âmbito do Sistema de Escrituração Digital das Obrigações Fiscais, Previdenciárias e Trabalhistas (eSocial).

Todas as informações geradas pelo departamento de recursos humanos de cada empresa devem ser transmitidas para órgãos diversos, como Caixa Econômica Federal, INSS, Ministério da Previdência, Ministério do Trabalho e Emprego e Receita Federal. O eSocial surgiu exatamente para centralizar e unificar a transmissão, de forma digital, eliminando o uso de papel, das informações sobre trabalhadores, empregados, empregadores e os eventos a eles relacionados.

Caso o empregador não envie tempestivamente e corretamente as informações, podem ser aplicadas multas:

- Ausência de informação da admissão do trabalhador: atualmente, as informações sobre admissão de empregado devem ser encaminhadas através do Cadastro Geral de Empregados e Desempregados até o dia 7 do mês seguinte à contratação e demissão. A partir do eSocial, a contratação deverá ser informada até um dia antes do início efetivo do empregado. Caso isso não seja feito, a empresa poderá receber uma multa de R$ 402,53 a R$ 805,06 por empregado. Além disso, essa sanção dobra de valor em caso de reincidência.

- Ausência de informações de alteração de contrato e de cadastro: o eSocial obriga o empregador a informar os dados cadastrais do trabalhador e todas as alterações realizadas em seu contrato de trabalho. Se isso não for feito, o negócio poderá ser penalizado entre R$ 201,27 e R$ 402,54.

- Ausência de informações sobre acidentes de trabalho: caso um empregado/trabalhador se envolva em um acidente de trabalho, mesmo um que não resulte no seu afastamento, a empresa deverá emitir a Comunicação de Acidente de Trabalho (CAT) para o INSS. Essa CAT deverá ser registrada no eSocial até o primeiro dia útil seguinte ao acidente, em casos não fatais, ou imediatamente, em caso de falecimento. Se não for feita esta comunicação, a multa aplicada pode variar entre o limite mínimo e o limite máximo do salário de contribuição, e ainda pode dobrar de valor se acontecer mais de uma vez.

- Ausência de realização de exames médicos nos empregados/trabalhadores: o empregador deve oferecer ao empregado/trabalhador exames médicos, que podem ser: admissional, periódico, retorno ao trabalho, mudança de função e demissional. Se algum desses exames não for realizado, o empregador poderá receber uma multa que varia de R$ 402,53 até R$ 4.025,33.

- Ausência de informação ao empregado sobre os riscos de seu trabalho: por lei, empregadores devem oferecer informações para seus empregados expostos a agentes nocivos químicos, físicos e biológicos ou a associação de agentes prejudiciais à saúde ou à integridade física. Dessa forma, fica comprovado que o funcionário tinha uma atuação que lhe colocava em risco e, com isso, ele poderá ter acesso à aposentadoria especial, por exemplo. As empresas que descumprirem essa determinação receberão sanções que variam entre R$ R$ 1.812,87 e R$ 181.284,63, de acordo com a gravidade da situação.

- Deixar de informar afastamentos temporários: sempre que um empregado permanece ausente de seu trabalho, seja por conta de férias, doença, maternidade ou outros motivos, esse afastamento precisa ser informado. Caso isso não seja feito, o empregador pode ter de arcar com uma multa que varia entre R$ 1.812,87 e R$ 181.284,63.

Ressalta-se também que, caso sejam encontradas irregularidades nos últimos cinco anos, a Receita Federal pode analisar as informações prestadas pelo empregador e autuá-lo retroativamente.

CAPÍTULO 11

Relatórios anuais

11.1 Relação Anual de Informações Sociais

A Relação Anual de Informações Sociais (Rais) é uma declaração importante e necessária para a coleta de dados sobre as atividades trabalhistas e também sobre o mercado de trabalho, tendo como objetivo fornecer subsídios às entidades governamentais para a elaboração de estatísticas sobre os trabalhadores e o trabalho exercido.

De acordo com o Decreto nº 76.900/1975, todo estabelecimento deve fornecer informações referentes a cada um de seus empregados ao Ministério do Trabalho e Emprego por meio da Rais.

A entrega da declaração da Rais deve ser em CD ou transmitida pela internet por meio do aplicativo transmissor da Rais.[1]

Conforme o *Manual de orientação da Relação Anual de Informações Sociais – RAIS: ano-base 2005*, a empresa/entidade que possui filiais, agências, sucursais, com ou sem empregados, ou sem movimento no ano-base, deve fornecer as informações separadamente por estabelecimento – CNPJ específico. Na geração da Rais, podem ser incluídas inscrições CNPJ/CEI diferentes e em qualquer quantidade.

1 Disponível em: http://www.rais.gov.br/sitio/index.jsf

Atenção: mesmo que o empregador não tenha empregados contratados durante o ano-base da informação, terá de entregar uma Rais chamada Rais Negativa. Nesta declaração, deverão constar somente os dados cadastrais do estabelecimento.

11.2 Comprovante de rendimentos pagos e de retenção de Imposto de Renda na Fonte[2]

É um documento emitido pelo empregador e fornecido a todos os empregados com o objetivo de que estes tenham informações úteis à Declaração de Imposto de Renda. Essas informações são sobre os rendimentos tributáveis, isentos e não tributáveis, incluindo-se as deduções e o Imposto de Renda Retido na Fonte durante o ano-base.

11.3 Declaração de Imposto de Renda retido na Fonte

A Declaração de Imposto de Renda Retido na Fonte (Dirf) é uma declaração feita pelo empregador (definido como fonte pagadora) destinada a informar à Receita Federal o valor do Imposto de Renda Retido na Fonte dos rendimentos pagos ou creditados no ano-base para seus beneficiários. As pessoas obrigadas a apresentar a Dirf também devem informar todos os seguintes beneficiários de rendimentos:

- que tenham sofrido retenção do imposto, ainda que em um único mês do ano-calendário;

- do trabalho não assalariado – aluguéis e *royalties* – acima de R$ 6.000,00 pagos durante o ano-calendário, ainda que não tenham sofrido retenção do imposto;

- de previdência privada e de planos de seguros de vida com cláusula de cobertura por sobrevivência – Vida Gerador de Benefício Livre (VGBL) – pagos durante o ano-calendário, ainda que não tenham sofrido retenção do imposto.

2 Ver exemplo de comprovante de rendimentos pagos e de retenção de Imposto de Renda na Fonte nos anexos.

CAPÍTULO 12

Segurança e medicina do trabalho

De acordo com Valentin Carrion (2003) , a segurança e a medicina do trabalho ocupam-se da proteção física e mental do trabalhador com ênfase nas modificações advindas de seu trabalho profissional que possam afetar sua vida.

A medicina do trabalho compreende o estudo das formas de proteção à saúde do trabalhador durante o exercício de seu trabalho, indicando medidas preventivas e remediando os efeitos por intermédio da medicina do trabalho propriamente dita (CESARINO JR,1980).

A segurança e a higiene no trabalho são fatores vitais na prevenção de acidentes e na defesa da saúde do empregado, pois suas ações e diretrizes podem evitar o sofrimento humano e o desperdício econômico lesivo às empresas e ao próprio país.

> Art.157 da CLT. Cabe às empresas:
>
> I - cumprir e fazer cumprir as normas de segurança e medicina do trabalho;
>
> II - instruir os empregados, através de ordem de serviço, quanto às precauções a tomar no sentido de evitar acidentes do trabalho ou doenças ocupacionais;

III - adotar as medidas que lhes sejam determinadas pelo órgão regional competente; IV - facilitar o exercício da fiscalização pela autoridade competente.

Art.158. Cabe ao empregado:

I - observar as normas de segurança e medicina do trabalho, inclusive as instruções de que trata o item II do art. 157;

II - colaborar com a empresa na aplicação dos dispositivos deste capítulo.

Parágrafo único. Constitui ato faltoso do empregado a recusa injustificada:

a) à observância das instruções expedidas pelo empregador na forma do item II do art. 157;

b) ao uso dos equipamentos de proteção individual fornecidos pela empresa.

12.1 Histórico da segurança e medicina do trabalho no mundo e no Brasil

- Século XVIII – os índices alarmantes dos acidentes de trabalho ocorridos durante a Revolução Industrial e a dificuldade em encontrar mão de obra foram os fatores principais para o surgimento da segurança do trabalho.

- 1700 – foi publicado um livro do médico Bernardino Ramazzini e que teve repercussão no mundo todo devido à sua importância. Nesta obra, Ramazzini descreve várias profissões e as doenças a elas relacionadas. Posteriormente, ele ficou conhecido como o "Pai da Medicina do Trabalho".

- 1802 – foi aprovada a "Lei de saúde e moral dos aprendizes" pelo Parlamento inglês, sendo considerada a primeira lei de proteção aos trabalhadores. Ela fixava o limite de 12 horas de trabalho por dia, proibia o trabalho noturno, obrigava os empregadores a lavarem as paredes das fábricas duas vezes por ano e tornava obrigatória a ventilação dos locais de trabalho.

- 1919 – a Organização Internacional do Trabalho, com o advento do Tratado de Versalhes, tentou uniformizar as questões trabalhistas, superar as condições subumanas do trabalho e promover o desenvolvimento econômico. Para isso, adotou seis convenções destinadas à proteção da saúde e à integridade física dos trabalhadores (limitação da jornada de trabalho, proteção à maternidade, proibição do trabalho noturno para mulheres, idade mínima para admissão de crianças e proibição do trabalho noturno para menores).

- 1919 – foi introduzida a segurança de trabalho no Brasil por meio do Decreto-Lei nº 3.724, com regulamentos prevencionais para alguns setores.

- 1934 – o Brasil regulamentou a obrigatoriedade da comunicação de acidentes de trabalho por meio do Decreto nº 24.637.

- 1943 – em 1º de maio de 1943, foi aprovada a Consolidação das Leis do Trabalho, fixando diversas normas sobre os princípios relativos à higiene e à segurança do trabalho pelo Decreto-Lei nº 5.452.

- 1944 – por meio do artigo 82 do Decreto-Lei nº 7.036, foram criadas as Comissões Internas de Prevenção de Acidente.

- 1945 – assinatura da Carta das Nações Unidas, em 26 de junho, estabelecendo melhores condições de vida das futuras gerações.

- 1948 – foi criada a Organização Mundial da Saúde, que estabeleceu o conceito de que a "saúde é o completo bem-estar físico, mental e social, e não somente a ausência de afecções ou enfermidades" e que "o gozo do grau máximo de saúde que se pode alcançar é um dos direitos fundamentais de todo ser humano".

A ONU aprova a Declaração Universal dos Direitos Humanos, que constitui uma fonte de princípios na aplicação das normas jurídicas, assegurando ao trabalhador o direito ao trabalho, à livre escolha de emprego, às condições justas e favoráveis de trabalho e à proteção contra o desemprego; o direito ao repouso e ao lazer, a limitação de horas de trabalho, férias periódicas remuneradas, além de padrão de vida capaz de assegurar a si e a sua família saúde e bem-estar.

Década de 1960 – inicia-se um movimento social renovado, revigorado e redimensionado marcado pelo questionamento do sentido da vida, do valor da liberdade, do significado do trabalho na vida, do uso do corpo, notadamente nos países industrializados.

- 1977 – foi alterado o Capítulo V, artigos 154 a 201, do Título II, da CLT, por meio da Lei nº 6.514, definindo um capítulo específico à segurança e à medicina do trabalho.

- 1978 – o Ministério do Trabalho e Emprego regulamentou os artigos da CLT por meio da Portaria nº 3.214, criando 28 Normas Regulamentadoras e estabelecendo a concepção de saúde ocupacional.

- 1985 – a Lei nº 7.410 regulamentou a especialização de engenheiros e arquitetos em engenharia de segurança do trabalho e a profissão de técnico de segurança do trabalho e deu outras providências.

- 1988 – com a aprovação da Constituição Federal, surge mais um ordenamento jurídico que garante melhores condições de trabalho, redução de riscos inerentes ao trabalho e normas de saúde, higiene e segurança no trabalho.

- 1999 – foi alterada a Norma Regulamentadora nº 5 da Portaria do Ministério do Trabalho e Emprego nº 3.214, com alterações emitidas pela Portaria nº 8.

- 2002 – o governo, por meio do Ministério do Trabalho e Emprego, define como meta a redução de 40% dos acidentes de trabalho até 2003.

- 2003 - criado pela Lei nº 10.666, o Fator Acidentário de Prevenção tem como objetivo incentivar a melhoria das condições de trabalho e da saúde do trabalhador, estimulando individualmente cada empresa a implementar políticas mais efetivas de saúde e segurança no trabalho, para reduzir a acidentalidade.

- 2004 – por meio do Decreto nº 5.296, foram regulamentadas as Leis nº 10.048/2000, que dá prioridade de atendimento às pessoas que especifica, e nº 10.098/2000, que estabelece normas gerais e critérios básicos para a promoção da acessibilidade das pessoas portadoras de deficiência ou com mobilidade reduzida, além de outras providências.

- 2010 – segundo cálculos do diretor do Departamento de Políticas de Saúde e Segurança Ocupacional do Ministério da Previdência, o número de acidentes de trabalho no ano de 2009 caiu 15% em comparação a 2008. Ainda seria possível verificar uma queda de 25% no número de mortalidade geral por acidente de trabalho em 2010 na comparação com 2009, o que representaria um total de 60 a 70 profissionais. Segundo o diretor, invalidez permanente e morte representavam 28% de toda a acidentalidade do trabalho no Brasil.

- 2011 – por meio do Decreto nº 7.602, foi regulamentada a Política Nacional de Segurança e Saúde no Trabalho, que tem por objetivos a promoção da saúde e a melhoria da qualidade de vida do trabalhador e a prevenção de acidentes e de danos à saúde advindos ou relacionados ao trabalho ou que ocorram no curso dele, por meio da eliminação ou redução dos riscos nos ambientes de trabalho.

Em 28 de abril, foi comemorado em Brasília o Dia Mundial em Memória das Vítimas de Acidentes de Trabalho, com eventos de conscientização a respeito da defesa de um ambiente de trabalho mais seguro. Este dia foi escolhido em razão da explosão de uma mina que matou 78 mineiros em 1969, no estado da Virgínia, nos Estados Unidos. A data em memória das vítimas de acidentes de trabalho foi determinada no Canadá por iniciativa do movimento sindical, que atingiu vários países por meio de sindicatos, federações, confederações locais e internacionais. Em 2003, a Organização Mundial do Trabalho também instituiu a data como o Dia Mundial de Segurança e Saúde no Trabalho. No Brasil, o Dia Mundial em Memória das Vítimas de Acidentes de Trabalho foi reconhecido oficialmente por meio da Lei nº 11.121/2005.

No dia 3 de maio de 2011, o Tribunal Superior do Trabalho lançou um *hot site* do Programa Nacional de Prevenção de Acidentes de Trabalho. Iniciativa do TST e do Conselho Superior da Justiça do Trabalho, o programa tem como principal objetivo reverter o crescimento do número de acidentes de trabalho ocorridos nos últimos anos no Brasil.[1] Atualmente, existem várias propostas para modernizar o país e para diminuir consideravelmente o número de acidentes e de doenças provenientes do trabalho, com progresso em todos os setores da economia.

1 Ver: https://www.tst.jus.br/-/tst-lanca-i-hot-site-i-do-programa-nacional-de-prevencao-de-acidentes-de-trabalho.

- 2018 – Ficaram estabelecidas, por meio de Portaria do Ministério do Trabalho e Emprego, as regras de aplicação, interpretação e estruturação de Normas Regulamentadoras relacionadas à segurança e saúde no trabalho e às condições gerais de trabalho.

Portaria nº 787, de 27 de novembro de 2018. Dispõe sobre as regras de aplicação, interpretação e estruturação das Normas Regulamentadoras, conforme determinam o art. 155 da Consolidação das Leis do Trabalho, aprovada pelo Decreto-lei nº 5.452, de 1º de maio de 1943, e o art. 13 da Lei nº 5.889, de 8 de junho de 1973, e estabelece normas para a consolidação dos atos normativos que menciona.

12.2 Programa de Prevenção de Riscos Ambientais

O Programa de Prevenção de Riscos Ambientais (PPRA) tem vigência anual e é desenvolvido para cada local de trabalho, devendo ser visto como uma atividade permanente da empresa. A implementação de um PPRA objetiva a preservação da saúde e a integridade dos empregados por meio da antecipação, do reconhecimento, da avaliação, do monitoramento e do controle dos riscos ambientais presentes no ambiente laboral.

12.3 Programa de Controle Médico de Saúde Ocupacional

O Programa de Controle Médico de Saúde Ocupacional (PCMSO) tem como característica a prevenção, o rastreamento e o diagnóstico precoce dos agravos à saúde relacionados ao trabalho, inclusive de natureza subclínica, além da constatação da existência de casos de doenças profissionais ou danos irreversíveis à saúde do trabalhador.

O objetivo é prevenir, detectar precocemente, monitorar e controlar possíveis danos à saúde do empregado. Ele pode auxiliar na implementação de ações que busquem a qualidade de vida no trabalho e que orientem o empregado sobre como promover, proteger e recuperar a saúde. Contempla também a realização de exames médicos admissionais, periódicos, de retorno ao trabalho, de mudança de função e demissionais. O médico do trabalho fará o reconhecimento prévio dos riscos ocupacionais existentes na empresa em função das atividades desenvolvidas.

NR 7 - PROGRAMA DE CONTROLE MÉDICO DE SAÚDE OCUPACIONAL – PCMSO

7.4.1 Compete ao empregador:

a) garantir a elaboração e efetiva implantação do PCMSO;

b) custear sem ônus para o empregado todos os procedimentos relacionados ao PCMSO;

c) indicar médico do trabalho responsável pelo PCMSO.

7.5.11 No exame demissional, o exame clínico deve ser realizado em até 10 (dez) dias contados do término do contrato, podendo ser dispensado caso o exame clínico ocupacional mais recente tenha sido realizado há menos de 135 (centro e trinta e cinco) dias, para as organizações graus de risco 1 e 2, e há menos de 90 (noventa) dias, para as organizações graus de risco 3 e 4.

7.6.6 As organizações de graus de risco 1 e 2 com até 25 (vinte e cinco) empregados e as organizações de graus de risco 3 e 4 com até 10 (dez) empregados podem elaborar relatório analítico apenas com as informações solicitadas nas alíneas "a" e "b" do subitem 7.6.2.

7.6.2 O médico responsável pelo PCMSO deve elaborar relatório analítico do Programa, anualmente, considerando a data do último relatório, contendo, no mínimo:

a) o número de exames clínicos realizados;

b) o número e tipos de exames complementares realizados;

c) estatística de resultados anormais dos exames complementares, categorizados por tipo do exame e por unidade operacional, setor ou função;

d) incidência e prevalência de doenças relacionadas ao trabalho, categorizadas por unidade operacional, setor ou função;

e) informações sobre o número, tipo de eventos e doenças informadas nas CAT, emitidas pela organização, referentes a seus empregados;

f) análise comparativa em relação ao relatório anterior e discussão sobre as variações nos resultados.

Art. 168 da CLT - Será obrigatório exame médico, por conta do empregador, nas condições estabelecidas neste artigo e nas instruções complementares a serem expedidas pelo Ministério do Trabalho:

I - a admissão;

II - na demissão;

III - periodicamente.

§ 1º - O Ministério do Trabalho baixará instruções relativas aos casos em que serão exigíveis exames:

a) por ocasião da demissão;

b) complementares.

§ 2º - Outros exames complementares poderão ser exigidos, a critério médico, para apuração da capacidade ou aptidão física e mental do empregado para a função que deva exercer.

§ 3º - O Ministério do Trabalho estabelecerá, de acordo com o risco da atividade e o tempo de exposição, a periodicidade dos exames médicos.

A responsabilidade pela implementação desse programa é única e totalmente do empregador, devendo este ainda zelar pela sua eficácia e custear despesas, além de indicar médico do trabalho para coordenar a execução do programa. No caso dos trabalhadores temporários, o empregador responsável pelo PCMSO é a empresa contratada para fornecer mão de obra temporária.

12.3.1 Delimitação para áreas de fumantes ou fumódromos

As empresas devem promover a saúde dos empregados solicitando o apoio de todos e incentivando o cumprimento de determinações legais como o artigo 3º do Decreto nº 8.262/2014, no qual consta a proibição de fumar em recintos coletivos fechados, como ônibus coletivo. A referida lei revogou o artigo 2º, IV, e o artigo 3º do Decreto nº 2.018/1996, em que contava a questão dos fumódromos, que seriam áreas isoladas, devidamente ventiladas e destinadas ao uso de produtos fumígenos.

Art. 3º do Decreto nº 8.262/14 - É proibido o uso de cigarros, cigarrilhas, charutos, cachimbos, narguilé ou outro produto fumígeno, derivado ou não do tabaco, em recinto coletivo fechado.

§ 1º A vedação prevista no caput estende-se a aeronaves e veículos de transporte coletivo.

§ 2º Excluem-se da proibição definida no caput:

V - instituições de tratamento da saúde que tenham pacientes autorizados a fumar pelo médico que os assista.

I do Art. 2º do Decreto nº 2.018/1996 - RECINTO COLETIVO FECHADO - local público ou privado, acessível ao público em geral ou de uso coletivo, total ou parcialmente fechado em qualquer de seus lados por parede, divisória, teto, toldo ou telhado, de forma permanente ou provisória;

II - RECINTOS DE TRABALHO COLETIVO: as áreas fechadas, em qualquer local de trabalho, destinadas a utilização simultânea por várias pessoas que nela exerçam, de forma permanente, suas atividades;

12.4 Equipamentos de Proteção Individual

Equipamento de Proteção Individual (EPI) é todo dispositivo ou equipamento destinado à proteção contra riscos suscetíveis de ameaçar a segurança e a saúde do trabalhador. Em locais de trabalho onde haja risco de acidentes e possibilidade de danos à saúde dos empregados, a empresa é obrigada a fornecer aos empregados, gratuitamente, equipamento de proteção individual adequado ao risco e em perfeito estado de conservação e funcionamento (artigo 166 da CLT). Na Norma Regulamentadora nº 6, de Equipamentos de Proteção Individual, também consta, entre outros, que é responsabilidade da organização fornecer gratuitamente ao seu empregado os equipamentos que forem adequados ao risco exercido, sendo que estes devem estar em perfeito estado de conservação e funcionamento, responsabilizar-se pela higienização e manutenção periódica, quando aplicáveis esses procedimentos, em conformidade com as informações fornecidas pelo fabricante, treinar e exigir do empregado seu uso, fazer a substituição quando danificado ou extraviado. Já o empregado deve fazer o uso adequado do EPI, responsabilizar-se pela limpeza, guarda e conservação e comunicar caso haja extravio, danificação ou outra alteração que torne impróprio o uso.

> 6.3.1 Para os fins de aplicação desta NR considera-se EPI o dispositivo ou produto de uso individual utilizado pelo trabalhador, concebido e fabricado para oferecer proteção contra os riscos ocupacionais existentes no ambiente de trabalho, conforme previsto no Anexo I.
>
> 6.3.2 Entende-se como Equipamento Conjugado de Proteção Individual todo aquele utilizado pelo trabalhador, composto por vários dispositivos que o fabricante tenha conjugado contra um ou mais riscos ocupacionais existentes no ambiente de trabalho.

VOCÊ SABIA...

... que em todos os locais de trabalho deverá haver iluminação adequada, natural ou artificial, apropriada à natureza da atividade, assim como ventilação natural, compatível com o serviço realizado, e que, se a ventilação natural não for suficiente, a empresa terá de utilizar ventilação artificial? Leia os artigos 175 e 176 da CLT.

12.5 Equipamentos de Proteção Coletiva

Uma das medidas de proteção relacionadas aos Equipamentos de Proteção Coletiva (EPC) é a instalação de extintores de incêndio nos locais de trabalho.

12.6 Comissão Interna de Prevenção de Acidentes

A Comissão Interna de Prevenção de Acidentes e de Assédio (Cipa) é uma comissão composta por representantes dos empregados e do empregador e que possui na Norma Reguladora nº 5 os parâmetros e requisitos para a prevenção de acidentes e doenças relacionados ao trabalho, de modo a tornar compatível, permanentemente, o trabalho com a preservação da vida e com a promoção da saúde do trabalhador.

Entre as atribuições de uma Cipa, estão: criar e desenvolver um plano de trabalho que vise à realização de ações preventivas para a segurança e saúde no trabalho, sendo uma delas a elaboração anual da Semana Interna de Prevenção de Acidentes do Trabalho (Sipat), e à verificação dos ambientes e condições de trabalho com o objetivo de detectar situações que possam trazer riscos para a segurança e saúde dos trabalhadores.

Empresas com mais de oitenta empregados e algumas a partir de vinte, a depender do grau de risco, conforme consta nos anexos da Norma Regulamentadora nº 5, deverão fazer uma eleição para escolher quem representará na Cipa os empregados. Os eleitos para cargo de direção não poderão ter dispensa arbitrária ou sem justa causa desde o registro de sua candidatura até um ano após o final de seu mandato.

Art. 163 da CLT - Será obrigatória a constituição de Comissão Interna de Prevenção de Acidentes e de Assédio (Cipa), em conformidade com instruções expedidas pelo Ministério do Trabalho e Previdência, nos estabelecimentos ou nos locais de obra nelas especificadas.

NR 5 - COMISSÃO INTERNA DE PREVENÇÃO DE ACIDENTES

5.4.1 A CIPA será constituída por estabelecimento e composta de representantes da organização e dos empregados, de acordo com o dimensionamento previsto no Quadro I desta NR, ressalvadas as disposições para setores econômicos específicos.

5.4.2 As CIPA das organizações que operem em regime sazonal devem ser dimensionadas tomando-se por base a média aritmética do número de trabalhadores do ano civil anterior e obedecido o disposto no Quadro I desta NR.

5.4.13 Quando o estabelecimento não se enquadrar no disposto no Quadro I e não for atendido por SESMT, nos termos da Norma Regulamentadora nº 4 (NR-4), a organização nomeará um representante da organização entre seus empregados para auxiliar na execução das ações de prevenção em segurança e saúde no trabalho, podendo ser adotados mecanismos de participação dos empregados, por meio de negociação coletiva.

5.4.13.1 No caso de atendimento pelo SESMT, este deverá desempenhar as atribuições da CIPA.

5.4.13.2 O microempreendedor individual - MEI está dispensado de nomear o representante previsto no item 5.4.13.

A empresa deverá promover um treinamento, com carga horária de vinte horas, no horário de expediente normal de trabalho, a todos os integrantes da Cipa, sobre metodologia de investigação, análise de acidentes, doenças do trabalho, princípios gerais de higiene do trabalho, medidas de controle dos riscos, entre outros temas correlacionados a esses assuntos.

Quando houver novas eleições, a empresa deverá protocolar, em até dez dias, na unidade descentralizada do Ministério do Trabalho, cópias das atas de eleição e de posse e o calendário anual das reuniões ordinárias.

Para que isso ocorra, os membros integrantes da Cipa elaboram o calendário de suas reuniões ordinárias mensais, bem como suas atas, que ficam à disposição dos agentes da inspeção do trabalho (AIT).

Uma vez protocolada na unidade descentralizada do Ministério do Trabalho e Emprego, a Cipa não poderá ter seu número de representantes reduzido, bem como não poderá ser desativada pelo empregador antes do término do mandato de seus membros, ainda que haja redução do número de empregados da empresa, exceto no caso de encerramento das atividades do estabelecimento.

O empregador deve proporcionar aos integrantes da Cipa condições necessárias para o desempenho de suas atribuições, tendo para isso de garantir tempo suficiente para a realização das tarefas constantes do plano de trabalho.

12.6.1 Atribuições dos membros da Cipa

Conforme consta na Comissão Interna de Prevenção de Acidentes, NR-5, item 5.3.1, a Cipa terá por atribuição:

- acompanhar o processo de identificação de perigos e avaliação de riscos bem como a adoção de medidas de prevenção implementadas pela organização;
- registrar a percepção dos riscos dos trabalhadores, em conformidade com o subitem 1.5.3.3 da NR-1, por meio do mapa de risco ou outra técnica ou ferramenta apropriada à sua escolha, sem ordem de preferência, com assessoria do Serviço Especializado em Segurança e em Medicina do Trabalho (SESMT), onde houver;
- verificar os ambientes e as condições de trabalho visando a identificar situações que possam trazer riscos para a segurança e saúde dos trabalhadores;
- elaborar e acompanhar plano de trabalho que possibilite a ação preventiva em segurança e saúde no trabalho;
- participar no desenvolvimento e implementação de programas relacionados à segurança e saúde no trabalho;

- acompanhar a análise dos acidentes e doenças relacionados ao trabalho, nos termos da NR-1, e propor, quando for o caso, medidas para a solução dos problemas identificados;

- requisitar à organização as informações sobre questões relacionadas à segurança e saúde dos trabalhadores, incluindo as Comunicações de Acidente de Trabalho emitidas pela organização, resguardados o sigilo médico e as informações pessoais;

- propor ao SESMT, quando houver, ou à organização a análise das condições ou situações de trabalho nas quais considere haver risco grave e iminente à segurança e saúde dos trabalhadores e, se for o caso, a interrupção das atividades até a adoção das medidas corretivas e de controle; e

- promover, anualmente, em conjunto com o SESMT, onde houver, a Semana Interna de Prevenção de Acidentes do Trabalho, conforme programação definida pela Cipa.

> Art. 163 da CLT. Será obrigatória a constituição de Comissão Interna de Prevenção de Acidentes (Cipa), de conformidade com instruções expedidas pelo Ministério do Trabalho, nos estabelecimentos ou locais de obra nelas especificadas.
>
> Parágrafo único. O Ministério do Trabalho regulamentará as atribuições, a composição e o funcionamento das Cipas.
>
> Art. 164. Cada Cipa será composta de representantes da empresa e dos empregados, de acordo com os critérios que vierem a ser adotados na regulamentação de que trata o parágrafo do artigo anterior.
>
> § 1º Os representantes dos empregadores, titulares e suplentes, serão por eles designados.
>
> § 2º Os representantes dos empregados, titulares e suplentes, serão eleitos em escrutínio secreto, do qual participem, independentemente de filiação sindical, exclusivamente os empregados interessados.
>
> § 3º O mandato dos membros eleitos da Cipa terá a duração de 1 (um) ano, permitida uma reeleição.

12.7 Acidentes de trabalho

O empregador é obrigado a custear o exame médico do empregado antes de este entrar na empresa e, periodicamente, eliminar/neutralizar os agentes nocivos à saúde (ruídos, frio, calor, substâncias químicas e biológicas etc.) e, ainda, conforme a situação, fornecer gratuitamente, entre outros, os Equipamentos de Proteção Individual.

> Art. 166 da CLT. A empresa é obrigada a fornecer aos empregados, gratuitamente, equipamento de proteção individual adequado ao risco

e em perfeito estado de conservação e funcionamento, sempre que as medidas de ordem geral não ofereçam completa proteção contra os riscos de acidentes e danos à saúde dos empregados.

Em conformidade com a CLT, será computado tempo de serviço o período em que o empregado estiver afastado por questão de acidente de trabalho.

> Art. 4º da CLT - Considera-se como de serviço efetivo o período em que o empregado esteja à disposição do empregador, aguardando ou executando ordens, salvo disposição especial expressamente consignada.
>
> § 1º Computar-se-ão, na contagem de tempo de serviço, para efeito de indenização e estabilidade, os períodos em que o empregado estiver afastado do trabalho prestando serviço militar e por motivo de acidente do trabalho.

A Reforma Trabalhista incluiu na CLT o Capítulo II-A, referente ao teletrabalho, também conhecido como *home office*, em que o trabalhador exerce suas atividades fora do local de trabalho, e inseriu no artigo 75-E que o empregador deverá instruir seus empregados quanto às precauções para evitar doenças e acidentes de trabalho. No parágrafo único do artigo, consta que os empregados deverão assinar um termo de responsabilidade comprometendo-se a segui-las.

> Art. 75-E da CLT. O empregador deverá instruir os empregados, de maneira expressa e ostensiva, quanto às precauções a tomar a fim de evitar doenças e acidentes de trabalho. Parágrafo único. O empregado deverá assinar termo de responsabilidade comprometendo-se a seguir as instruções fornecidas pelo empregador.

12.7.1 Comunicação de Acidentes do Trabalho

A Comunicação de Acidentes do Trabalho (CAT) é o documento oficial com o qual todo e qualquer acidente do trabalho é registrado no INSS. A CAT deve ser preenchida nos casos de acidentes do trabalho com ou sem afastamento. É utilizada para comunicar ao INSS os acidentes ocorridos para reconhecimento legal e assegurar ao acidentado todos os direitos legais. Todo acidente do trabalho deverá ser comunicado ao INSS por meio do CAT.[2]

---

2 Ver exemplo de documento de Comunicação de Acidente do Trabalho nos ver anexos.

CAPÍTULO 13

Previdência social e previdência complementar

13.1 Previdência social

13.1.1 Conceito

É uma forma de substituição do salário ou do rendimento do trabalho quando o trabalhador parar de trabalhar por motivo de doença, invalidez, morte, idade avançada etc., sendo um direito do cidadão garantido pela Constituição Federal de 1988.

13.1.2 Origem e evolução do sistema de proteção social no Brasil

Decreto nº 3.724/1919 – Instituiu a responsabilidade dos empregadores pelos reflexos oriundos do acidente de trabalho.

Decreto nº 4.682/1923 – implantou definitivamente a previdência social. 1930 – criação do Ministério do Trabalho, Indústria e Comércio; a força da previdência social é ratificada.

Criação dos institutos:

Decreto nº 22.872/1933 - IAPM - Instituto de Aposentadoria e Pensões dos Marítimos.

Decreto nº 24.273/1934 - IAPC - Instituto de Aposentadoria e Pensões dos Comerciários.

Decreto nº 24.615/1934 - IAPB - Instituto de Aposentadoria e Pensões dos Bancários.

Lei nº 367/1936 - IAPI - Instituto de Aposentadoria e Pensões dos Industriários.

Decreto-Lei nº 651/1938 - IAPETC - Instituto de Aposentadoria e Pensões dos Empregados em Transportes Aéreos de Cargas.

Lei nº 3.807/1960 - IAPFESP - Instituto de Aposentadoria dos Funcionários Empregados no Serviço Público.

Decreto-Lei nº 72/1966 - INPS - Instituto Nacional de Previdência Social.

Lei nº 6.439/1977 - Sinpas - Sistema Nacional de Previdência e Assistência Social que era integrado pelos seguintes institutos:

INPS - Instituto Nacional de Previdência Social;

Inamps - Instituto Nacional de Assistência Médica da Previdência Social;

Iapas - Instituto de Administração Financeira da Previdência e Assistência Social;

CRPS - Conselho de Recursos da Previdência Social;

JRPS - Juntas de Recursos da Previdência Social; LBA - Legião Brasileira de Assistência;

Funabem - Fundação nacional do Bem-Estar do Menor;

Dataprev - Empresa de Processamento de Dados da Previdência Social; Ceme - Central de Medicamentos.

Em 1990, o Decreto nº 99.350 criou o Instituto Nacional de Seguro Social (INSS) e extinguiu os seguintes institutos: Funabem, LBA, Ceme, Iapas.

Lei nº 8.212, de 24 de julho de 1991. Dispõe sobre a organização da Seguridade Social, institui Plano de Custeio, e dá outras providências.

Lei nº 8.213, de 24 de julho de 1991 - Dispõe sobre os Planos de Benefícios da Previdência Social e dá outras providências.

A Lei nº 8.422/1992 separou previdência e trabalho, instituindo o Ministério da Previdência Social.

A Lei nº 8.490/1992 definiu os seguintes órgãos do Ministério: Conselho Nacional de Seguridade Social;

Conselho Nacional de Previdência Social; Conselho de Recursos da Previdência Social;

Conselho de Gestão da Previdência Complementar;

Conselho Gestor do Cadastro Nacional de Informações Sociais; Secretaria da Previdência Social;

Secretaria da Previdência Complementar; Inspetoria-Geral da Previdência Social.

A Lei nº 8.689/1993 extinguiu o Instituto Nacional de Assistência Médica da Previdência Social (Inamps).

Decreto nº 3.048/1999 - Aprova o Regulamento da Previdência Social, e dá outras providências.

Lei nº 10.666/2003 - Dispõe sobre a concessão da aposentadoria especial ao cooperado de cooperativa de trabalho ou de produção e dá outras providências.

Decreto nº 7.669/2012 - Altera o Anexo II ao Decreto nº 7.556, de 24 de agosto de 2011, que aprova a Estrutura Regimental e o Quadro Demonstrativo dos Cargos em Comissão, das Funções Gratificadas e das Funções Comissionadas do Instituto Nacional do Seguro Social - INSS.

Lei complementar nº 142/2013. - Regulamenta o § 1º do art. 201 da Constituição Federal, no tocante à aposentadoria da pessoa com deficiência segurada do Regime Geral de Previdência Social - RGPS.

Alterado pela Lei nº 12.873/2013.

Art. 392-A. À empregada que adotar ou obtiver guarda judicial para fins de adoção de criança será concedida licença-maternidade nos termos do art. 392.

Incluído pela Lei nº 12.873/2013

§ 5º A adoção ou guarda judicial conjunta ensejará a concessão de licença-maternidade a apenas um dos adotantes ou guardiães empregado ou empregada.

Art. 392-B. Em caso de morte da genitora, é assegurado ao cônjuge ou companheiro empregado o gozo de licença por todo o período da licença-maternidade ou pelo tempo restante a que teria direito a mãe, exceto no caso de falecimento do filho ou de seu abandono.

Art. 392-C. Aplica-se, no que couber, o disposto no art. 392-A e 392-B ao empregado que adotar ou obtiver guarda judicial para fins de adoção.

Portaria do Instituto Nacional do Seguro Social nº 1.177/2014 - Fixa o número máximo de prestações mensais e sucessivas para pagamento de empréstimo pessoal e cartão de crédito.

Emenda Constitucional nº 103/2019. Altera o sistema de previdência social e estabelece regras de transição e disposições transitórias.

13.1.3 Previdência, seguridade e seguro

A previdência é um seguro social obrigatório: todo trabalhador tem de ser segurado da previdência social. Esta se caracteriza principalmente por uma modalidade especial de seguro, uma forma de poupança coletiva e um serviço público. É uma poupança coletiva baseada na solidariedade: o que cada um contribui hoje custeia os benefícios atuais e futuros. Sua filiação é automática e obrigatória para todos os que exercem uma atividade remunerada (empregados, empregadores, autônomos etc.).

13.1.4 Objetivos

- Cobertura de eventos como doença, invalidez, morte e idade avançada;
- Proteção à maternidade.
- Salário-família e auxílio-reclusão para os dependentes do segurado de baixa renda.
- Pensão por morte do segurado, homem ou mulher, ao cônjuge ou companheiro e dependentes.

13.1.5 Prestações da previdência

- Benefícios: são pagamentos em dinheiro a que os segurados e os dependentes têm direito, obedecendo às condições previstas pela legislação trabalhista.
- Serviços: são os serviços prestados de acordo com as possibilidades, ou seja, com os recursos financeiros e técnicos disponíveis.

13.1.6 Beneficiários da previdência social

13.1.6.1 Beneficiários obrigatórios

Pessoas físicas:

- empregados de empresas privadas;
- empregados domésticos;
- servidores públicos;
- empresários;
- trabalhador autônomo;
- trabalhador avulso;
- segurado especial.

13.1.6.2 Beneficiários facultativos

Pessoas físicas:

- dona de casa;
- maior de 14 anos;
- síndico de condomínio, quando não remunerado;
- estudante;
- presidiário que não exerce atividade econômica;
- bolsista.

13.1.7 Tipos de benefícios concedidos pela previdência social

- Abono anual.
- Amparo assistencial.
- Aposentadoria especial.
- Aposentadoria por idade.
- Aposentadoria por invalidez.
- Aposentadoria por tempo de contribuição.
- Auxílio-acidente.
- Auxílio-doença.
- Auxílio-doença por acidente de trabalho.
- Auxílio-reclusão.
- Pensão por morte.
- Reabilitação profissional.
- Salário-família.
- Salário-maternidade.

Decreto nº 5.545, de 22 de setembro de 2005

Art. 33. Todos os salários de contribuição utilizados no cálculo do salário de benefício serão corrigidos, mês a mês, de acordo com a variação integral do Índice Nacional de Preço ao Consumidor – INPC, referente ao período decorrido a partir da primeira competência do salário de contribuição que compõe o período básico de cálculo até o mês anterior ao do início do benefício, de modo a preservar o seu valor real.

13.1.7.1 Auxílio-doença

Terá direito a este auxílio o segurado incapaz para o seu trabalho por mais de 15 dias consecutivos por motivo de doença.

Se o segurado, ao se filiar ao Regime Geral de Previdência Social (RGPS), já for portador de doença ou lesão, só fará jus ao benefício se houver agravamento dessa doença ou lesão. Este direito lhe será assegurado após o pagamento de 12 contribuições mensais.

No caso de o segurado sofrer acidente de qualquer natureza ou causa ou for acometido de alguma das doenças especificadas em lei, terá direito ao benefício, independentemente do pagamento de 12 contribuições. Os proventos corresponderão a 91% do salário de beneficiário.

13.1.7.2 Auxílio-acidente

Fará jus a este auxílio qualquer empregado (urbano ou rural), trabalhador avulso ou segurado especial que tenha sofrido acidente de qualquer natureza, inclusive o de trabalho. O médico residente somente terá direito ao auxílio-acidente quando decorrente de acidente de trabalho.

O segurado passará a ter esse direito quando a perícia médica do INSS concluir que, após a consolidação das lesões decorrentes de acidente de qualquer natureza, resultou sequela que implique redução da capacidade funcional.

A concessão do auxílio-acidente por acidente de trabalho independe do número mínimo de contribuições pagas pelo segurado, e para o acidente de qualquer natureza são exigidas no mínimo 12 contribuições mensais.

O auxílio-acidente tem início no dia seguinte ao da cessação do auxílio-doença, independentemente de qualquer remuneração ou rendimento auferido pelo segurado, e corresponderá a 50% do salário do benefício do segurado.

13.1.7.3 Auxílio-reclusão[1]

A Previdência Social, de acordo com o artigo 1º da Lei nº 8.213/1991, mediante contribuição, assegura aos seus beneficiários meios indispensáveis de manutenção, por motivo de incapacidade, desemprego involuntário, idade avançada, tempo de serviço, encargos familiares e prisão ou morte daqueles de quem dependiam economicamente, sendo que para receber o auxílio-reclusão são necessárias 24 contribuições mensais.

Após cumprido o prazo, em caso de morte do beneficiário, seus dependentes podem vir a receber pensão por morte caso estejam enquadrados nas condições contidas no artigo 80 da Lei nº 8.213/1991.

---

1 Ver tabela de salário de contribuição para o auxílio-reclusão nos anexos.

Art. 1º da Lei nº 8.213/1991. A Previdência Social, mediante contribuição, tem por fim assegurar aos seus beneficiários meios indispensáveis de manutenção, por motivo de incapacidade, desemprego involuntário, idade avançada, tempo de serviço, encargos familiares e prisão ou morte daqueles de quem dependiam economicamente.

Art. 15. Mantém a qualidade de segurado, independentemente de contribuições:

IV - até 12 (doze) meses após o livramento, o segurado retido ou recluso;

Art. 18. O Regime Geral de Previdência Social compreende as seguintes prestações, devidas inclusive em razão de eventos decorrentes de acidente do trabalho, expressas em benefícios e serviços:

II - quanto ao dependente:

b) auxílio-reclusão;

Art. 25. A concessão das prestações pecuniárias do Regime Geral de Previdência Social depende dos seguintes períodos de carência, ressalvado o disposto no art. 26:

IV - auxílio-reclusão: 24 (vinte e quatro) contribuições mensais.

Art. 27-A Na hipótese de perda da qualidade de segurado, para fins da concessão dos benefícios de auxílio-doença, de aposentadoria por invalidez, de salário-maternidade e de auxílio-reclusão, o segurado deverá contar, a partir da data da nova filiação à Previdência Social, com metade dos períodos previstos nos incisos I, III e IV do caput do art. 25 desta Lei.

Art. 59. O auxílio-doença será devido ao segurado que, havendo cumprido, quando for o caso, o período de carência exigido nesta Lei, ficar incapacitado para o seu trabalho ou para a sua atividade habitual por mais de 15 (quinze) dias consecutivos. § 2º Não será devido o auxílio-doença para o segurado recluso em regime fechado. § 8º O segurado recluso em cumprimento de pena em regime aberto ou semiaberto terá direito ao auxílio-doença.

Art. 80. O auxílio-reclusão, cumprida a carência prevista no inciso IV do caput do art. 25 desta Lei, será devido, nas condições da pensão por morte, aos dependentes do segurado de baixa renda recolhido à prisão em regime fechado que não receber remuneração da empresa nem estiver em gozo de auxílio-doença, de pensão por morte, de salário-maternidade, de aposentadoria ou de abono de permanência em serviço.

§ 1º O requerimento do auxílio-reclusão será instruído com certidão judicial que ateste o recolhimento efetivo à prisão, e será obrigatória a apresentação de prova de permanência na condição de presidiário para a manutenção do benefício.

§ 3º Para fins do disposto nesta Lei, considera-se segurado de baixa renda aquele que, no mês de competência de recolhimento à prisão, tenha renda, apurada nos termos do disposto no § 4º deste artigo, de valor igual ou inferior àquela prevista no art. 13 da Emenda Constitucional nº 20, de 15 de dezembro de 1998, corrigido pelos índices de reajuste aplicados aos benefícios do RGPS.

§ 7º O exercício de atividade remunerada do segurado recluso, em cumprimento de pena em regime fechado, não acarreta a perda do direito ao recebimento do auxílio-reclusão para seus dependentes.

§ 8º Em caso de morte de segurado recluso que tenha contribuído para a previdência social durante o período de reclusão, o valor da pensão por morte será calculado levando-se em consideração o tempo de contribuição adicional e os correspondentes salários de contribuição, facultada a opção pelo valor do auxílio-reclusão.

Art. 201 da CF - A previdência social será organizada sob a forma do Regime Geral de Previdência Social, de caráter contributivo e de filiação obrigatória, observados critérios que preservem o equilíbrio financeiro e atuarial, e atenderá, na forma da lei, a:

IV - salário-família e auxílio-reclusão para os dependentes dos segurados de baixa renda.

13.1.7.4 Salário-maternidade

É o benefício que a segurada tem direito a receber pela previdência social por ocasião do parto ou adoção de criança. Para conceder o salário-maternidade, o INSS exige da segurada carência de dez contribuições mensais.

No caso das empresas privadas que são legisladas pela CLT, a Lei nº 11.770/2008 cria a Empresa Cidadã e prevê incentivo fiscal para aquelas que aderirem à prorrogação da licença-maternidade de 120 para 180 dias.

Conforme estabelece a nova lei, as empregadas das empresas privadas que aderirem ao programa, inclusive as mães adotivas, terão o direito de requerer a ampliação do benefício, devendo fazê-lo até o final do primeiro mês após o parto.

A lei prevê que, durante a prorrogação da licença-maternidade, a empregada terá direito à remuneração integral. Os dois meses adicionais de licença serão concedidos imediatamente após o período de 120 dias previsto na Constituição.

No período de prorrogação da licença, a empregada não poderá exercer qualquer atividade remunerada e a criança não poderá ser mantida em creche ou organização similar.

Art. 1º-A. da Lei nº 11.770/2008 - Fica a empresa participante do Programa

Empresa Cidadã autorizada a substituir o período de prorrogação da licença-maternidade de que trata o inciso I do caput do art. 1º desta Lei pela redução de jornada de trabalho em 50% (cinquenta por cento) pelo período de 120 (cento e vinte) dias.

§ 1º São requisitos para efetuar a substituição de que trata o caput deste artigo:

I - pagamento integral do salário à empregada ou ao empregado pelo período de 120 (cento e vinte) dias; e

II - acordo individual firmado entre o empregador e a empregada ou o empregado interessados em adotar a medida.

Em conformidade com a Lei nº 8.213/1991, a segurada da Previdência Social, recebe salário-maternidade durante 120 dias, com início no período entre 28 dias antes do parto e a data de ocorrência deste; também faz jus ao salário-maternidade pelo mesmo período a segurada ou segurado que adotar ou obtiver guarda judicial para fins de adoção de criança.

Esse benefício é devido à segurada independentemente de a mãe biológica ter recebido o mesmo benefício quando do nascimento da criança. O salário-maternidade da mãe adotiva será pago diretamente pela previdência social.

Art. 2º A Consolidação das Leis do Trabalho, aprovada pelo Decreto-Lei nº 5.452, de 1º de maio de 1943, passa a vigorar acrescida do seguinte dispositivo: art. 2º da CLT passa a vigorar acrescica da Lei nº 10.421/2002.

Art. 392-A. À empregada que adotar ou obtiver guarda judicial para fins de adoção de criança será concedida licença maternidade nos termos do art. 392.

§ 1º No caso de adoção ou guarda judicial de criança até 1 ano de idade, o período de licença será de 120 (cento e vinte) dias.

§ 2º No caso de adoção ou guarda judicial de criança a partir de 1 (um) ano até 4 (quatro) anos de idade, o período de licença será de 60 (sessenta) dias.

§ 3º No caso de adoção ou guarda judicial de criança a partir de 4 (quatro) anos até 8 (oito) anos de idade, o período de licença será de 30 (trinta) dias.

§ 4º A licença maternidade só será concedida mediante apresentação do termo judicial de guarda à adotante ou guardiã.

O artigo 71 da Lei nº 8.213/1991, com a alteração da Lei nº 10.421/2002, sofreu um acréscimo e passou a vigorar como artigo 71-A, garantindo à segurada da Previdência Social que adotar ou obtiver a guarda judicial para fins de adoção de criança o direito ao salário-maternidade pelo período de 120 dias se a criança tiver até 1 ano de idade; sucessivamente de 60 dias se a criança tiver entre 1 e 4 anos de idade; e de 30 dias se tiver entre 4 e 8 anos de idade.

> Art. 71-A. da Lei 8.213/1991 - Ao segurado ou segurada da Previdência Social que adotar ou obtiver guarda judicial para fins de adoção de criança é devido salário-maternidade pelo período de 120 (cento e vinte) dias.
>
> Art. 71-B - No caso de falecimento da segurada, o segurado que fizer jus ao recebimento do salário-maternidade, o benefício será pago, por todo o período ou pelo tempo restante a que teria direito, ao cônjuge ou companheiro sobrevivente que tenha a qualidade de segurado, exceto no caso do falecimento do filho ou de seu abandono, observadas as normas aplicáveis ao salário-maternidade.

> Art. 392-A da CLT. À empregada que adotar ou obtiver guarda judicial para fins de adoção de criança ou adolescente será concedida licença-maternidade nos termos do art. 392 desta Lei
>
> § 5º A adoção ou guarda judicial conjunta ensejará a concessão de licença-maternidade a apenas um dos adotantes ou guardiães empregado ou empregada.
>
> Art. 392-B. Em caso de morte da genitora, é assegurado ao cônjuge ou companheiro empregado o gozo de licença por todo o período da licença-maternidade ou pelo tempo restante a que teria direito a mãe, exceto no caso de falecimento do filho ou de seu abandono.
>
> Art. 392-C. Aplica-se, no que couber, o disposto no art. 392-A e 392-B ao empregado que adotar ou obtiver guarda judicial para fins de adoção.

A renda mensal do salário-maternidade é correspondente:

- para a empregada, ao seu salário integral;

- para a empregada doméstica, ao valor do seu último salário de contribuição;

- para a trabalhadora avulsa, ao valor da sua última remuneração correspondente a um mês de trabalho;

- para a segurada especial (trabalhadora rural), a um salário mínimo;

- para a contribuinte individual e a segurada facultativa, o valor do salário-maternidade consiste em 1/12 da soma dos 12 últimos salários de contribuição, apurados em um período não superior a 15 meses.

Documentos necessários para requerer o salário-maternidade:

- requerimento em formulário próprio do INSS;
- Carteira de Trabalho e Previdência Social ou Certidão de Tempo de Serviço ou outro documento que comprove a atividade;
- documento de identidade e CPF;
- atestado médico;
- cartão ou registro do PIS/Pasep;
- cartão de inscrição e carnês ou guias de recolhimento de contribuições para a contribuinte individual;
- declaração do sindicato ou do órgão gestor de mão de obra informando a última remuneração percebida pela trabalhadora avulsa.

13.1.7.5 Auxílio-reabilitação psicossocial

Este é um benefício ou auxílio que integra um programa de ressocialização de pacientes egressos de internações em hospitais ou unidades psiquiátricas denominado Programa de Volta para Casa, sob coordenação do Ministério da Saúde, e consiste no pagamento mensal de auxílio pecuniário, seguindo critérios definidos por lei. O valor é fixado e reajustado pelo Poder Executivo. O benefício terá a duração de um ano, podendo ser renovado quando necessário aos propósitos da reintegração social do paciente.

Lei nº 10.708, de 31 de julho de 2003. Institui o auxílio-reabilitação psicossocial para pacientes acometidos de transtornos mentais egressos de internações.

13.1.8 Aposentadoria

É assegurado ao trabalhador que contribua para a seguridade social o direito à aposentadoria:

Decreto nº 8.123, de 16 de outubro de 2013. Altera dispositivos do Regulamento da Previdência Social, aprovado pelo Decreto nº 3.048, de 6 de maio de 1999, no que se refere à aposentadoria especial.

Decreto nº 8.145, de 3 de dezembro de 2013. Altera o Regulamento da Previdência Social- RPS, aprovado pelo Decreto nº 3.048, de 6 de maio de 1999, para dispor sobre a aposentadoria por tempo de contribuição e por idade da pessoa com deficiência.

13.1.8.1 Tipos de aposentadoria

13.1.8.1.1 Aposentadoria por invalidez

Receberá a aposentadoria por invalidez o segurado que, estando ou não em gozo de auxílio-doença, for considerado, mediante exame médico pericial do INSS, incapaz para o trabalho, sem condições de reabilitação profissional que lhe permita o exercício de atividade que possa garantir sua subsistência. O segurado terá direito a esse tipo de aposentadoria após o pagamento de 12 contribuições mensais, ressalvados os casos previstos no artigo 26 da Lei nº 8.213/1991.

> Art. 42. da Lei nº 8.213/1991 - A aposentadoria por invalidez, uma vez cumprida, quando for o caso, a carência exigida, será devida ao segurado que, estando ou não em gozo de auxílio-doença, for considerado incapaz e insusceptível de reabilitação para o exercício de atividade que lhe garanta a subsistência, e ser-lhe-á paga enquanto permanecer nesta condição.
>
> § 1º A concessão de aposentadoria por invalidez dependerá da verificação da condição de incapacidade mediante exame médico-pericial a cargo da Previdência Social, podendo o segurado, às suas expensas, fazer-se acompanhar de médico de sua confiança.
>
> § 2º A doença ou lesão de que o segurado já era portador ao filiar-se ao Regime Geral de Previdência Social não lhe conferirá direito à aposentadoria por invalidez, salvo quando a incapacidade sobrevier por motivo de progressão ou agravamento dessa doença ou lesão.
>
> Art. 43. A aposentadoria por invalidez será devida a partir do dia imediato ao da cessação do auxílio-doença, ressalvado o disposto nos §§ 1º, 2º e 3º deste artigo.
>
> § 1º Concluindo a perícia médica inicial pela existência de incapacidade total e definitiva para o trabalho, a aposentadoria por invalidez será devida:
>
> b) ao segurado empregado doméstico, trabalhador avulso, contribuinte individual, especial e facultativo, a contar da data do início da incapacidade ou da data da entrada do requerimento, se entre essas datas decorrerem mais de trinta dias. § 2º Durante os primeiros quinze dias de afastamento da atividade por motivo de invalidez, caberá à empresa pagar ao segurado empregado o salário.
>
> Art. 44. A aposentadoria por invalidez, inclusive a decorrente de acidente do trabalho, consistirá numa renda mensal correspondente a 100% (cem por cento) do salário-de-benefício, observado o disposto na Seção III, especialmente no art. 33 desta Lei.
>
> Art. 33. A renda mensal do benefício de prestação continuada que substituir o salário-de-contribuição ou o rendimento do trabalho do segurado não

terá valor inferior ao do salário-mínimo, nem superior ao do limite máximo do salário-de-contribuição, ressalvado o disposto no art. 45 desta Lei.

Art. 45. O valor da aposentadoria por invalidez do segurado que necessitar da assistência permanente de outra pessoa será acrescido de 25% (vinte e cinco por cento).

Art. 39. Para os segurados especiais, referidos no inciso VII do caput do art. 11 desta Lei, fica garantida a concessão:

I - de aposentadoria por idade ou por invalidez, de auxílio-doença, de auxílio-reclusão ou de pensão, no valor de 1 (um) salário mínimo, e de auxílio-acidente, conforme disposto no art. 86 desta Lei, desde que comprovem o exercício de atividade rural, ainda que de forma descontínua, no período imediatamente anterior ao requerimento do benefício, igual ao número de meses correspondentes à carência do benefício requerido, observado o disposto nos arts. 38-A e 38-B desta Lei.

Art. 11. São segurados obrigatórios da Previdência Social as seguintes pessoas físicas:

VII – como segurado especial: a pessoa física residente no imóvel rural ou em aglomerado urbano ou rural próximo a ele que, individualmente ou em regime de economia familiar, ainda que com o auxílio eventual de terceiros, na condição de:

a) produtor, seja proprietário, usufrutuário, possuidor, assentado, parceiro ou meeiro outorgados, comodatário ou arrendatário rurais, que explore atividade:

1. agropecuária em área de até 4 (quatro) módulos fiscais;

2. de seringueiro ou extrativista vegetal que exerça suas atividades nos termos do inciso XII do caput do art. 2º da Lei nº 9.985, de 18 de julho de 2000, e faça dessas atividades o principal meio de vida;

b) pescador artesanal ou a este assemelhado que faça da pesca profissão habitual ou principal meio de vida; e

c) cônjuge ou companheiro, bem como filho maior de 16 (dezesseis) anos de idade ou a este equiparado, do segurado de que tratam as alíneas a e b deste inciso, que, comprovadamente, trabalhem com o grupo familiar respectivo.

13.1.8.1.2 Aposentadoria por idade

O segurado (homem) com 65 anos ou mais de idade e a segurada (mulher) com 60 ou mais anos de idade terão direito à aposentadoria por idade. Para os trabalhadores rurais, esses limites serão reduzidos em cinco anos, ou seja, para o segurado será 60 anos, e para a segurada será 55 anos. A referida aposentadoria poderá ser requerida pela empresa compulsoriamente, desde que o empregado tenha cumprido o período de carência e completado 70 anos, se homem, e 65 anos, se mulher. O segurado terá direito à aposentadoria por idade após o pagamento de 180 contribuições mensais e receberá 70% do salário de benefício, mais 1% deste salário por grupo de 12 contribuições, não podendo ultrapassar 100% do salário de benefício.

13.1.8.1.3 Aposentadoria por tempo de serviço

Após 35 anos de trabalho e contribuição para o INSS, comprovados, para homens, e 30 anos para mulheres, os trabalhadores têm direito à aposentadoria.

13.1.8.1.4 Aposentadoria especial

É direito de todo segurado que tenha trabalhado durante 15, 20 ou 25 anos sujeito a condições especiais que prejudiquem a saúde ou a integridade física. O segurado terá direito à aposentadoria especial após o pagamento de 180 contribuições mensais e receberá 100% do salário do benefício.

13.1.8.1.5 Pensão por morte

Quando o segurado vier a falecer ou, por decisão judicial, constar morte presumida, a pensão será devida ao conjunto de seus dependentes, mesmo que não esteja aposentado.

> Art. 74 da Lei nº 8.213/1991 - A pensão por morte será devida ao conjunto dos dependentes do segurado que falecer, aposentado ou não, a contar da data:
>
> I - do óbito, quando requerida em até 180 (cento e oitenta) dias após o óbito, para os filhos menores de 16 (dezesseis) anos, ou em até 90 (noventa) dias após o óbito, para os demais dependentes;
>
> II - do requerimento, quando requerida após o prazo previsto no inciso anterior;
>
> III - da decisão judicial, no caso de morte presumida.
>
> Art. 75. O valor mensal da pensão por morte será de cem por cento do valor da aposentadoria que o segurado recebia ou daquela a que teria direito se estivesse aposentado por invalidez na data de seu falecimento, observado o disposto no art. 33 desta lei.
>
> Art. 33. A renda mensal do benefício de prestação continuada que substituir o salário-de-contribuição ou o rendimento do trabalho do segurado não terá valor inferior ao do salário-mínimo, nem superior ao do limite máximo do salário-de-contribuição, ressalvado o disposto no art. 45 desta Lei.

13.1.9 Salário-família na aposentadoria

O empregado, inclusive o doméstico e o avulso, pode vir a receber o salário-família caso: tenha filhos menores de 14 anos, porém, havendo filhos inválidos, não há limite de idade; o valor que recebe mensalmente não ultrapasse a faixa máxima estipulada por portaria interministerial do Ministério do Trabalho e Previdência e da Economia. O aposentado que voltar a exercer atividade remunerada abrangida pelo Regime Geral de Previdência Social fará jus ao salário-família.

> Art. 173 do Decreto nº 3.048/1999. O segurado em gozo de aposentadoria que voltar a exercer atividade abrangida pelo RGPS, observados o disposto no art. 168 e, nos casos de aposentadoria especial, o disposto no parágrafo único do art. 69, fará jus:
>
> I - ao salário-família e à reabilitação profissional, quando empregado, inclusive o doméstico, ou trabalhador avulso;
>
> Art. 168. Exceto nas hipóteses de aposentadoria por incapacidade permanente ou especial, observado quanto a esta última o disposto no parágrafo único do art. 69, o retorno do aposentado à atividade não prejudicará o recebimento de sua aposentadoria.

> Art. 18, § 2º, da Lei nº 8.213/1991. O aposentado pelo Regime Geral de Previdência Social–RGPS que permanecer em atividade sujeita a este Regime, ou a ele retornar, não fará jus a prestação alguma da Previdência Social em decorrência do exercício dessa atividade, exceto ao salário-família e à reabilitação profissional, quando empregado.
>
> Art. 65. O salário-família será devido, mensalmente, ao segurado empregado, inclusive o doméstico, e ao segurado trabalhador avulso, na proporção do respectivo número de filhos ou equiparados nos termos do § 2º do art. 16 desta Lei, observado o disposto no art. 66.
>
> Art. 3º da Portaria Interministerial MTP/ME Nº 12/22 - A partir de 1º de janeiro de 2022:
>
> I - não terão valores inferiores a R$ 1.212,00 (um mil duzentos e doze reais), os benefícios de:
>
> a) prestação continuada pagos pelo INSS correspondentes a aposentadorias, auxílio por incapacidade temporária e pensão por morte (valor global);

13.1.10 Reabilitação profissional

É o serviço da previdência social que tem o objetivo de oferecer aos segurados incapacitados para o trabalho – por motivo de doença ou acidente – os meios de reeducação ou readaptação profissional para que eles possam voltar a participar do mercado de trabalho e do contexto em que vivem.

13.2 Previdência complementar

O sistema previdenciário brasileiro passou, nos últimos anos, por várias e importantes reestruturações, mas foi a partir da CF/1988 que ele obteve maior consistência e lógica. Neste período, a Constituição acatou as modificações para viabilizar a implementação do novo modelo previdenciário. Assim, com o novo modelo, a previdência fechada passou a assumir maior importância, fortalecendo a previdência social. Com isso, as medidas adotadas podem contribuir para a expansão do acesso do maior número de empregados à previdência complementar.

Dessa forma, em 2001, foi editada a Lei Complementar nº 109, que estendeu a previdência complementar fechada aos trabalhadores vinculados a alguma entidade representativa, como sindicatos, cooperativas, associações, órgãos de classe e outras entidades de caráter classista, profissional e setorial. Essa modalidade de acesso passou a ser denominada "previdência associativa".

13.2.1 Conceito

A previdência associativa é um plano de benefício que as empresas oferecem aos seus empregados mediante a contratação de uma entidade fechada de previdência privada, constituída sob a forma de sociedade civil para doravante:

- instituir e administrar planos de benefícios de natureza previdenciária, complementares ao regime geral de previdência social;

- promover o bem-estar dos empregados filiados à instituição.

> Art. 507-A da Lei nº 13.467/2017. Nos contratos individuais de trabalho cuja remuneração seja superior a duas vezes o limite máximo estabelecido para os benefícios do Regime Geral de Previdência Social, poderá ser pactuada cláusula compromissória de arbitragem, desde que por iniciativa do empregado ou mediante a sua concordância expressa, nos termos previstos na Lei nº 9.307, de 23 de setembro de 1996.

13.2.2 Instituições de previdência complementar

São organizações de direito privado, com ou sem fins lucrativos, com direção e contabilidades próprias, que administram reservas financeiras constituídas por trabalhadores e/ou empregadores com a finalidade de obter ganhos por meio de aplicações no mercado para, no futuro, pagar benefícios previdenciários.

13.2.3 Empresa patrocinadora

É a empresa ou órgão público que cria ou participa de um fundo de pensão com o objetivo de oferecer um plano de previdência complementar para seus empregados ou servidores.

13.2.4 Benefício definido

No plano de benefício definido, participantes e patrocinadora contribuem solidariamente para os benefícios programáveis e de risco. O benefício definido é aquele instituído para atender cada participante quando se aposenta com um benefício predeterminado no regulamento do plano.

Nessa modalidade, o participante tem conhecimento prévio do valor do benefício que receberá no futuro, cuja fórmula de cálculo é estabelecida em regulamento. Aqui, o equilíbrio atuarial é fundamentado no coletivo, em que há total solidariedade entre os participantes. A patrocinadora e/ou o participante contribuirão com o necessário para viabilizar o pagamento do benefício.

13.2.5 Tipos de benefício

- Aposentadorias por invalidez e tempo de contribuição.
- Pensões por morte.
- Auxílio-doença, reclusão, funeral, natalidade, nupcial.
- Pecúlio por morte, invalidez.
- Resgate.
- Auxílio-reclusão.

A conceituação dessa modalidade previdenciária está descrita na Lei Complementar nº 109/2001, nos seguintes termos:

> Art. 1º O regime de previdência privada, de caráter complementar e organizado de forma autônoma em relação ao regime geral de previdência social, é facultativo, baseado na constituição de reservas que garantam o benefício, nos termos do caput do art. 202 da Constituição Federal, observado o disposto nesta Lei Complementar.

Art. 2º O regime de previdência complementar é operado por entidades de previdência complementar que têm por objetivo principal instituir e executar planos de benefícios de caráter previdenciário, na forma desta Lei Complementar.

13.2.6 Empresas que oferecem benefícios de aposentadoria complementar

- Bancos e instituições financeiras.
- Corretoras distribuidoras de valores.
- Construtoras e incorporadoras.
- Empresas de auditoria, consultoria e assessoria.
- Empresas de software.
- Empresas de informática.
- Hotéis.
- Seguradoras.
- Empresas de saúde.

Listamos a seguir alguns exemplos de previdência privada:[2]

- Previ – Caixa de Previdência dos Funcionários do Banco do Brasil

Entidade fechada sem fins lucrativos.

Previ Futuro é o plano de previdência complementar para funcionários que ingressarem no Banco do Brasil.

Site: www.previ.com.br

- Postalis – Instituto de Seguridade Social dos Correios e Telégrafos

Entidade fechada sem fins lucrativos

Oferece dois tipos de planos de previdência complementar (Postalis e Postalprev) para os funcionários que ingressarem nos Correios (Lei Complementar nº 109, artigos 12 e 13; Decreto nº 4.206/2002, inciso I).

Site: www.postalis.org.br/institucional/

2 Exemplos de Entidade Fechada de Previdência Complementar (EFPC), as quais são devidamente regulamentadas, devendo ser observadas: Associação Brasileira de Entidades Fechadas de Previdência Complementar (ABRAPP), Instituto de Certificação de Seguridade Social (ICSS), Instituto Brasileiro de Atuária (IBA), Associação Internacional de Seguridade Social (AISS), Associação Nacional dos Participantes de Fundos de Pensão (Anapar), Sindicato Nacional das Entidades Fechadas de Previdência Complementar (Sindapp), Associação Nacional dos Contabilistas das Entidades de Previdência (Ancep).

- Funcef – Fundação dos Economiários Federais

Entidade fechada sem fins lucrativos.

Funcef é o plano de previdência complementar para os funcionários que ingressarem na Caixa Econômica Federal.

Site: http://www.funcef.com.br

- Caixa Usiminas

Entidade fechada sem fins lucrativos

Caixa Usiminas é o plano de previdência complementar para os funcionários que ingressarem na Usiminas.

Site: www.caixausiminas.com.br

- Brasiletros – Fundação Ampla de Seguridade Social

Para participar dos planos de benefícios da Brasiletros, é preciso ser empregado da Ampla, da Endesa Brasil ou da Fundação Brasiletros.

Site: http://www.brasiletros.com.br/previdenciario.asp

CAPÍTULO 14

Justiça do Trabalho

14.1 Órgãos que constituem a Justiça do Trabalho

- Varas do Trabalho: compostas de um juiz, bacharel em direito, nomeado em concurso de títulos e conhecimentos.

- Tribunais Regionais do Trabalho: compostos de juízes togados, bacharéis em direito.

- Tribunal Superior do Trabalho: composto de 17 ministros, sendo 11 vagas preenchidas por juízes de carreira, 3 reservadas para advogados e 3 para membros do Ministério Público do Trabalho.

Atenção para os prazos para reclamação.

Todo trabalhador que se sentir lesado em seus direitos trabalhistas tem um determinado tempo para reclamá-los na Justiça. Os prazos para reclamações trabalhistas são:

- cinco anos para o trabalhador urbano até o limite de dois anos após a extinção da relação contratual;

- até dois anos após a extinção do contrato de trabalho para o trabalhador rural;
- ao final desse prazo, o trabalhador perde o direito de reclamar seus direitos.

A responsabilidade de pagamento dos honorários periciais de acordo com a reforma trabalhista é da parte sucumbente no objeto da perícia, ainda que a parte beneficiária tenha direito à justiça gratuita, podendo tal ônus ser arcado pela União. Os advogados terão direito aos honorários de sucumbência, podendo ser de 5% a 15% sobre o valor da liquidação da sentença.

> Art. 791-A. da CLT - Ao advogado, ainda que atue em causa própria, serão devidos honorários de sucumbência, fixados entre o mínimo de 5% (cinco por cento) e o máximo de 15% (quinze por cento) sobre o valor que resultar da liquidação da sentença, do proveito econômico obtido ou, não sendo possível mensurá-lo, sobre o valor atualizado da causa.
>
> § 1º Os honorários são devidos também nas ações contra a Fazenda Pública e nas ações em que a parte estiver assistida ou substituída pelo sindicato de sua categoria.
>
> § 2º Ao fixar os honorários, o juízo observará:
>
> I - o grau de zelo do profissional;
>
> II - o lugar de prestação do serviço;
>
> III - a natureza e a importância da causa;
>
> IV - o trabalho realizado pelo advogado e o tempo exigido para o seu serviço.
>
> § 3º Na hipótese de procedência parcial, o juízo arbitrará honorários de sucumbência recíproca, vedada a compensação entre os honorários.
>
> § 4º Vencido o beneficiário da justiça gratuita, desde que não tenha obtido em juízo, ainda que em outro processo, créditos capazes de suportar a despesa, as obrigações decorrentes de sua sucumbência ficarão sob condição suspensiva de exigibilidade e somente poderão ser executadas se, nos dois anos subsequentes ao trânsito em julgado da decisão que as certificou, o credor demonstrar que deixou de existir a situação de insuficiência de recursos que justificou a concessão de gratuidade, extinguindo-se, passado esse prazo, tais obrigações do beneficiário.
>
> § 5º São devidos honorários de sucumbência na reconvenção."

14.2 Meios de prova da relação do trabalho

A existência de uma relação de trabalho entre o empregado e o empregador pode ser judicialmente provada por vários meios:

- um contrato escrito entre as partes;
- a anotação na Carteira de Trabalho;
- documentos diversos que comprovem a existência da relação trabalhista: envelopes de pagamentos, recibos, vales, fichas de registro de empregados, acordos escritos sobre compensação de horas, ordens da chefia endereçada ao empregado;
- testemunhas que deponham afirmativamente sobre a existência e as condições de trabalho.

14.3 O que fazer quando a empresa não deposita o FGTS

O depósito do FGTS é uma obrigação trabalhista da empresa, e seu descumprimento pode ser reclamado por meio de uma ação trabalhista, mas na maioria das vezes isso pode implicar a perda do emprego. A alternativa é denunciar a empresa à Delegacia Regional do Trabalho, que é responsável pela fiscalização das empresas. A denúncia também pode ser feita ao Ministério Público do Trabalho, que deverá mover ação civil pública contra o empregador (caso o dano seja coletivo). De qualquer forma, sempre vale a pena uma boa conversa com o departamento de recursos humanos da empresa.

14.4 Penalidades

14.4.1 Ausência de comparecimento à audiência

A reforma trabalhista incluiu ao artigo 844 da CLT os parágrafos de 1º a 4º, que tratam sobre as penalidades que podem vir a ocorrer em razão de ausências injustificadas à audiência.

Lei nº 13.467, de 13 de julho de 2017. Altera a Consolidação das Leis do Trabalho (CLT), 1943, e as Leis nº 6.019, de 3 de janeiro de 1974, 8.036, de 11 de maio de 1990, e 8.212, de 24 de julho de 1991, a fim de adequar aprovada pelo Decreto-Lei nº 5.452, de 1º de maio de a legislação às novas relações de trabalho

Art. 789 Nos dissídios individuais e nos dissídios coletivos do trabalho, nas ações e procedimentos de competência da Justiça do Trabalho, bem como nas demandas propostas perante a Justiça Estadual, no exercício da jurisdição trabalhista, as custas relativas ao processo de conhecimento incidirão à base de 2% (dois por cento), observado o mínimo de R$ 10,64 (dez reais e sessenta e quatro centavos) e o máximo de quatro vezes o limite máximo dos benefícios do Regime Geral de Previdência Social, e serão calculadas:

.... (NR)

Art. 844 ....

§ 1º Ocorrendo motivo relevante, poderá o juiz suspender o julgamento, designando nova audiência.

§ 2º Na hipótese de ausência do reclamante, este será condenado ao pagamento das custas calculadas na forma do art. 789 desta Consolidação, ainda que beneficiário da justiça gratuita, salvo se comprovar, no prazo de quinze dias, que a ausência ocorreu por motivo legalmente justificável.

§ 3º O pagamento das custas a que se refere o § 2º é condição para a propositura de nova demanda.

§ 4º A revelia não produz o efeito mencionado no caput deste artigo se:
I - havendo pluralidade de reclamados, algum deles contestar a ação;

II - o litígio versar sobre direitos indisponíveis;

III - a petição inicial não estiver acompanhada de instrumento que a lei considere indispensável à prova do ato;

IV - as alegações de fato formuladas pelo reclamante forem inverossímeis ou estiverem em contradição com prova constante dos autos.

§ 5º Ainda que ausente o reclamado, presente o advogado na audiência, serão aceitos a contestação e os documentos eventualmente apresentados. (NR)

14.4.1 Responsabilidade por dano processual

Na reforma trabalhista, foram acrescentados os artigos 793-A, 793-B, 793-C e 793- D, que dispõem sobre quem deverá responder pela litigância de má-fé, bem como os critérios que a definem, a condenação, o valor da multa e a aplicação desta.

Lei nº 13.467, de 13 de julho de 2017. Altera a Consolidação das Leis do Trabalho (CLT), 1943, e as Leis nº 6.019, de 3 de janeiro de 1974, 8.036, de 11 de maio de 1990, e 8.212, de 24 de julho de 1991, a fim de adequar aprovada pelo Decreto-Lei nº 5.452, de 1º de maio de a legislação às novas relações de trabalho.

'Art. 793-A. Responde por perdas e danos aquele que litigar de má-fé como reclamante, reclamado ou interveniente.'

'Art. 793-B. Considera-se litigante de má-fé aquele que:

I - deduzir pretensão ou defesa contra texto expresso de lei ou fato incontroverso; II - alterar a verdade dos fatos;

III - usar do processo para conseguir objetivo ilegal;

IV - opuser resistência injustificada ao andamento do processo;

V - proceder de modo temerário em qualquer incidente ou ato do processo; VI - provocar incidente manifestamente infundado;

VII - interpuser recurso com intuito manifestamente protelatório.'

'Art. 793-C. De ofício ou a requerimento, o juízo condenará o litigante de má-fé a pagar multa, que deverá ser superior a 1% (um por cento) e inferior a 10% (dez por cento) do valor corrigido da causa, a indenizar a parte contrária pelos prejuízos que esta sofreu e a arcar com os honorários advocatícios e com todas as despesas que efetuou.

§ 1º Quando forem dois ou mais os litigantes de má-fé, o juízo condenará cada um na proporção de seu respectivo interesse na causa ou solidariamente aqueles que se coligaram para lesar a parte contrária.

§ 2º Quando o valor da causa for irrisório ou inestimável, a multa poderá ser fixada em até duas vezes o limite máximo dos benefícios do Regime Geral de Previdência Social.

§ 3º O valor da indenização será fixado pelo juízo ou, caso não seja possível mensurá-lo, liquidado por arbitramento ou pelo procedimento comum, nos próprios autos.'

'Art. 793-D. Aplica-se a multa prevista no art. 793-C desta Consolidação à testemunha que intencionalmente alterar a verdade dos fatos ou omitir fatos essenciais ao julgamento da causa. Parágrafo único. A execução da multa prevista neste artigo dar-se-á nos mesmos autos.'"

14.5 Dano moral

De acordo com o *Dicionário Michaelis* ([2022]), "dano" significa:

> Sm (lat damnu) 1 Mal ou ofensa que se faz a outrem. 2 Dir Ofensa ou diminuição do patrimônio moral ou material de alguém: "Dano, em sentido amplo, é toda diminuição dos bens jurídicos da pessoa" (Clóvis Beviláqua). 3 Defeito devido a causas de ordem natural ou intrínseca que afeta a qualidade de um produto quanto a sua cor, consistência ou sabor. 4 Estrago. 5 Perda. D. emergente, Dir: o que resulta da falta de cumprimento de um contrato.

Ainda de acordo com o *Dicionário Michaelis* ([2022]), "moral" significa:

> Adj (lat morale) 1 Relativo à moralidade, aos bons costumes. 2 Que procede conforme à honestidade e à justiça, que tem bons costumes. 3 Favorável aos bons costumes. 4 Que se refere ao procedimento. 5 Que pertence ao domínio do espírito, da inteligência (por oposição a físico ou material). 6 Diz-se da teologia que se ocupa dos casos de consciência. 7 Diz-se da certeza que se baseia em grandes probabilidades, e não em provas absolutas. 8 Diz-se da atitude ou comportamento de quem está perturbado, confuso ou embaraçado por qualquer circunstância. 9 Diz-se de tudo que é decente, educativo e instrutivo. Sf 1 Parte da Filosofia que trata dos atos humanos, dos bons costumes e dos deveres do homem em sociedade e perante os de sua classe. 2 Conjunto de preceitos ou regras para dirigir os atos humanos segundo a justiça e a equidade natural. 3 Tratado especial de moral. 4 Conclusão moral que se tira de uma fábula, de uma narração etc. 5 Lição de moral. 6 Modo de proceder. 7 As leis da honestidade e do pudor. Sm 1 Conjunto das nossas faculdades morais. 2 Disposição do espírito, energia para suportar as dificuldades, os perigos; ânimo: O moral das tropas. Com moral alto. 3 Tudo o que diz respeito ao espírito ou à inteligência (por oposição ao que é material). M. cristã: a moralidade que em si contém os preceitos evangélicos. M. de funil: moral liberal e ampla para uns, mas restrita e apertada para outros.
>
> M. em ação: o ensino da moral através de exemplos. M. pública: designativo dos preceitos gerais de moral que devem ser observados por todos os membros da sociedade.

Para definir dano moral, podemos dizer que dano denota sofrimento, "dor"; no *Dicionário Aurélio* [1], é definido como sensação desagradável, variável em intensidade e em extensão de localização, produzida pela estimulação de terminações nervosas especializadas em sua recepção.

Para Yussef Said Cahali (2005), dano moral é a dor resultante da violação de um bem juridicamente tutelado sem repercussão patrimonial, seja dor física, seja dor sensação ou dor moral, dor sentimento de causa imaterial.

A legislação brasileira que protege e repara o dano moral é a seguinte: Constituição Federal, artigo 5º, incisos V e X; Código Civil Brasileiro, artigos 159, 1.537, 1.538, 1.547, 1.548, 1.550; Código Penal, artigo 216-A; e Estatuto da Criança e do Adolescente, artigo l7.

---

1 Dicionário Aurélio. Disponível em: https://www.dicio.com.br/dor/. Acesso em: 10 nov. 2022.

14.5.1 Dano moral no trabalho

Ato praticado por empregador ou empregado no trabalho contra um outro empregado, podendo ser superior ou subordinado ou qualquer pessoa de sua família, lesivo da honra ou da boa fama, que ofenda sua moral. Este comportamento já está discriminado na letra do artigo 483 da CLT como passível de rescisão indireta do contrato, podendo o empregado requerer a devida indenização material. Este ato ocorre quando alguém se sente ofendido ou injustiçado em seus valores individuais de ordem moral.

A moral referida diz respeito à honra, à dignidade, à boa fama, à reputação do indivíduo no meio social, quanto à sua privacidade, ou seja, sua vida particular, cujos conceitos são individuais e inerentes a cada ser humano.

O artigo 1º, III, da CF/1988 tem como um de seus fundamentos o respeito à dignidade da pessoa humana. Entre os direitos e os deveres individuais e coletivos, são invioláveis a intimidade, a vida privada, a honra e a imagem das pessoas, assim assegurado o direito à indenização pelo dano material ou moral decorrente de sua violação.

> Art. 483 da CLT - O empregado poderá considerar rescindido o contrato e pleitear a devida indenização quando:
>
> a) forem exigidos serviços superiores às suas forças, defesos por lei, contrários aos bons costumes, ou alheios ao contrato;
>
> b) for tratado pelo empregador ou por seus superiores hierárquicos com rigor excessivo;
>
> c) correr perigo manifesto de mal considerável;
>
> d) não cumprir o empregador as obrigações do contrato;
>
> e) praticar o empregador ou seus prepostos, contra ele ou pessoas de sua família, ato lesivo da honra e boa fama;
>
> f) o empregador ou seus prepostos ofenderem-no fisicamente, salvo em caso de legítima defesa, própria ou de outrem;
>
> g) o empregador reduzir o seu trabalho, sendo este por peça ou tarefa, de forma a afetar sensivelmente a importância dos salários.

14.5.2 Assédio moral e assédio sexual

Assediar é importunar com pedidos e/ou perguntas, submeter alguma pessoa, sem descanso, a ataques repetidos e obstinados, cujos atos submetem a vítima ao sentimento de humilhação, rejeição e constrangimento.

De acordo com o *Dicionário Michaelis* ([2022]), "assédio" significa:

> Sm (baixo-lat assediu) 1 Operações militares em frente ou ao redor de uma praça de guerra; sítio, cerco. 2 Impertinência, importunação, insistência junto de alguém para conseguir alguma coisa. A. sexual: ato ou menção que leve a constrangimento de natureza sexual: O empresário vai ser julgado por cometer assédio sexual contra suas funcionárias.

A violência moral e a sexual no ambiente de trabalho não são acontecimentos novos. Para melhor entender esse comportamento, é necessário que a vítima e o agressor se conscientizem e tentem identificar as ações e as atitudes de cada um para poderem ser adotadas posturas de respeito e dignidade no trabalho, gerando assim um ambiente harmonioso e digno, com um trabalho gratificante e propiciador da produtividade.

14.5.3 Assédio sexual no trabalho

É uma abordagem sem aceitação ou consentimento com finalidade sexual e uma insistência inoportuna ou persistência de um colega ou pessoa que se encontre em situação privilegiada na hierarquia do trabalho, formalizada ou não, utilizando-se dessa ascendência com o objetivo de ter favores sexuais de subordinados ou dependentes. Segundo o Código Penal, artigo 216-A:

> Art. 216-A. Constranger alguém com o intuito de obter vantagem ou favorecimento sexual, prevalecendo-se o agente da sua condição de superior hierárquico ou ascendência inerentes ao exercício de emprego, cargo ou função
>
> Pena – detenção, de 1 (um) a 2 (dois) anos.
>
> § 2º A pena é aumentada em até um terço se a vítima é menor de 18 (dezoito) anos.

14.5.4 Assédio moral no trabalho

Assédio moral é toda e qualquer conduta abusiva manifestada por meio de comportamentos, gestos, palavras, atitudes, por escrito etc. que, intencional e frequentemente, atinja a dignidade ou fira a integridade física ou psíquica de uma pessoa, ameaçando o emprego ou degradando o ambiente de trabalho, causando vergonha e humilhação àquele que sofre o assédio.

O assédio moral no trabalho ocorre quando o empregado é exposto a ameaças e humilhações por seus superiores. O assédio sempre ocorre precedido de uma dominação psicológica do agressor e da submissão forçada da vítima.

14.5.5 Tipos de assédio moral no trabalho

Podemos classificar o assédio moral no trabalho em dois tipos: o horizontal e o vertical.

- Horizontal: é aquele que ocorre entre colegas de trabalho, ou seja, entre pessoas que possuem o mesmo nível hierárquico. Tais situações acontecem em razão de grande inveja e competitividade.

Vertical: pode ser descendente ou ascendente. O descendente ocorre quando uma pessoa de nível hierárquico superior investe contra um subalterno; o ascendente, quando uma pessoa de nível hierárquico mais baixo investe contra um superior hierárquico.

14.5.5.1 Características e atitudes do assediador/agressor

O assediador/agressor utiliza seu poder para exercer pressão psicológica nos subordinados, manipulando-os a seu bel-prazer. Ele tem uma personalidade narcisista e dominadora, acreditando muitas vezes ter superioridade moral em relação aos demais.

Existem vários comportamentos típicos do agressor em relação à sua vítima:

- age confundindo psicologicamente a vítima, tendo um comportamento perverso e abusivo;
- escolhe a vítima e a isola do grupo, agredindo-a sempre que está a sós com ela;
- costuma impedir que a vítima se expresse, mas não explica o porquê;
- menospreza, inferioriza, fragiliza, ridiculariza sempre a vítima perante os outros, demonstrando uma falsa superioridade;
- responsabiliza e culpa a vítima por qualquer coisa perante os outros, chegando a invadir até a vida particular dela;
- desestrutura a vítima emocional e profissionalmente, fazendo-a perder sua autoconfiança, sua autoestima e seu interesse por suas atividades profissionais;
- tem comportamento imperioso e arrogante;
- subestima a capacidade do trabalhador;
- tem necessidade de ser admirado.

As condutas mais comuns do assediador/agressor são:

- costuma dar instruções confusas e imprecisas ao trabalhador;
- dificulta o trabalho;
- atribui erros imaginários ao trabalhador;
- exige, sem necessidade, atividades urgentes;

- impõe sobrecarga de tarefas;
- constrange o trabalhador menosprezando-o;
- modifica, sem justificativa, a maneira do serviço;
- agride física ou verbalmente;
- ameaça ou insulta sem justificativa plausível;
- propicia o isolamento.

Alguns sintomas e/ou doenças principais causados pelo assédio moral ou sexual são:
- palpitação e falta de ar;
- problemas digestivos, como gastrite e úlcera;
- crises de choro, além de manifestações psíquicas como ansiedade, sentimento de inutilidade, insônia, fadiga, estresse, depressão, doenças psicossomáticas, agressividade e irritabilidade;
- vícios como alcoolismo, fumo e drogas;
- baixa autoestima;
- incapacidade temporária e/ou permanente para o trabalho.

Em alguns casos, o empregado solicita demissão ou é demitido por insubordinação.

14.5.5.2 Dano causado pelo empregado – desconto na folha de pagamento

O artigo 462 da CLT prevê que, se o empregado causar dano, este poderá ser descontado, desde que haja cláusula contratual prevendo tal procedimento ou tenha ocorrido dolo do empregado, ou seja, que este tenha tido a intenção de praticar tal ato (má-fé), o que, neste caso, deverá ser comprovado pelo empregador.

Art. 462. Ao empregador é vedado efetuar qualquer desconto nos salários do empregado, salvo quando este resultar de adiantamentos, de dispositivos de lei ou de contrato coletivo.

SAIBA MAIS

Justiça britânica dá R$ 231 mil a brasileira chamada por colegas de Bob Esponja por sotaque. Lícia Faithful, de 31 anos, diz ter sofrido com estresse pós-traumático e depressão após 18 meses de discriminação racial em empresa. Saiba mais em: https://bbc.in/2RbNmMZ.

14.5.5.3 Dano extrapatrimonial

A aplicação de reparação por dano de natureza extrapatrimonial foi incluída na redação da reforma trabalhista, classificando-o e definindo-o pela natureza, intensidade, responsáveis, entre outras considerações:

> Lei nº 13.467, de 13 de julho de 2017. Altera a Consolidação das Leis do Trabalho (CLT), 1943, e as Leis nº 6.019, de 3 de janeiro de 1974, 8.036, de 11 de maio de 1990, e 8.212, de 24 de julho de 1991, a fim de adequar aprovada pelo Decreto-Lei nº 5.452, de 1º de maio de a legislação às novas relações de trabalho.
>
> DO DANO EXTRAPATRIMONIAL
>
> 'Art. 223-A. Aplicam-se à reparação de danos de natureza extrapatrimonial decorrentes da relação de trabalho apenas os dispositivos deste Título.'
>
> 'Art. 223-B. Causa dano de natureza extrapatrimonial a ação ou omissão que ofenda a esfera moral ou existencial da pessoa física ou jurídica, as quais são as titulares exclusivas do direito à reparação.'
>
> 'Art. 223-C. A honra, a imagem, a intimidade, a liberdade de ação, a autoestima, a sexualidade, a saúde, o lazer e a integridade física são os bens juridicamente tutelados inerentes à pessoa física.'
>
> 'Art. 223-D. A imagem, a marca, o nome, o segredo empresarial e o sigilo da correspondência são bens juridicamente tutelados inerentes à pessoa jurídica.'
>
> 'Art. 223-E. São responsáveis pelo dano extrapatrimonial todos os que tenham colaborado para a ofensa ao bem jurídico tutelado, na proporção da ação ou da omissão.'
>
> 'Art. 223-F. A reparação por danos extrapatrimoniais pode ser pedida cumulativamente com a indenização por danos materiais decorrentes do mesmo ato lesivo.
>
> § 1º Se houver cumulação de pedidos, o juízo, ao proferir a decisão, discriminará os valores das indenizações a título de danos patrimoniais e

das reparações por danos de natureza extrapatrimonial.

§ 2º A composição das perdas e danos, assim compreendidos os lucros cessantes e os danos emergentes, não interfere na avaliação dos danos extrapatrimoniais.'

'Art. 223-G. Ao apreciar o pedido, o juízo considerará:

I - a natureza do bem jurídico tutelado;

II - a intensidade do sofrimento ou da humilhação;

III - a possibilidade de superação física ou psicológica;

IV - os reflexos pessoais e sociais da ação ou da omissão;

V - a extensão e a duração dos efeitos da ofensa;

VI - as condições em que ocorreu a ofensa ou o prejuízo moral;

VII - o grau de dolo ou culpa;

VIII - a ocorrência de retratação espontânea;

IX - o esforço efetivo para minimizar a ofensa;

X - o perdão, tácito ou expresso;

XI - a situação social e econômica das partes envolvidas;

XII - o grau de publicidade da ofensa.

§ 1º Se julgar procedente o pedido, o juízo fixará a indenização a ser paga, a cada um dos ofendidos, em um dos seguintes parâmetros, vedada a acumulação:

I - ofensa de natureza leve, até três vezes o último salário contratual do ofendido;

II - ofensa de natureza média, até cinco vezes o último salário contratual do ofendido;

III - ofensa de natureza grave, até vinte vezes o último salário contratual do ofendido;

IV - ofensa de natureza gravíssima, até cinquenta vezes o último salário contratual do ofendido.

§ 2º Se o ofendido for pessoa jurídica, a indenização será fixada com observância dos mesmos parâmetros estabelecidos no § 1º deste artigo, mas em relação ao salário contratual do ofensor.

§ 3º Na reincidência entre partes idênticas, o juízo poderá elevar ao dobro o valor da indenização.'"

Referências de Legislação

BRASIL. **Lei nº 3.353, de 13 de maio de 1888.** Declara extinta a escravidão no Brasil. Disponível em: https://www.planalto.gov.br/ccivil_03/leis/lim/lim3353.htm. Acesso em 4 out. 2022.

BRASIL. **Decreto-Lei nº 5.452, de 1º de maio de 1943**. Aprova a Consolidação das Leis do Trabalho. Rio de Janeiro: Presidência da República, [2022a]. Disponível em: http://www.planalto.gov.br/ccivil_03/decreto-lei/Del5452.htm. Acesso em: 26 jun. 2022.

BRASIL. **Lei nº 3.207, de 18 de julho de 1957**. Regulamenta as atividades dos empregados vendedores, viajantes ou pracistas. Rio de Janeiro: Presidência da República, [2022b]. Disponível em: http://www.planalto.gov.br/ccivil_03/leis/l3207.htm. Acesso em: 11 out. 2022.

BRASIL. **Lei nº 4.090, de 13 de julho de 1962**. Institui a Gratificação de Natal para os Trabalhadores. Brasília, DF: Presidência da República, [2022c]. Disponível em: https://www.planalto.gov.br/ccivil_03/leis/l4090.htm. Acesso em: 4 out. 2022.

BRASIL. **Lei nº 4.266, de 3 de outubro de 1963**. Institui o salário família do trabalhador. Disponível em: http://www.planalto.gov.br/ccivil_03/LEIS/L4266.htm. Brasília, DF: Presidência da República, [2022d]. Acesso em: 2 out. 2022.

BRASIL. **Lei nº 4.749, de 12 de agosto de 1965**. Dispõe sobre o Pagamento da Gratificação Prevista na Lei n º 4.090, de 13 de julho de 1962. Brasília, DF: Presidência da República, [2022e]. Disponível em: http://www.planalto.gov.br/ccivil_03/leis/L4749.htm. Acesso em: 2 out. 2022.

BRASIL. **Decreto-Lei nº 229, de 28 de fevereiro de 1967**. Altera dispositivos da Consolidação das Leis do Trabalho, aprovada pelo Decreto-lei nº 5.452, de 1º de maio de 1943, e dá outras providencias. Brasília, DF: Presidência da República, [2022d]. Disponível em: https://www.planalto.gov.br/ccivil_03/decreto-lei/del0229.htm. Acesso em: 2 out. 2022.

BRASIL. **Lei Complementar nº 7, de 7 de setembro de 1970**. Dispõe sobre o Programa de Integração Social de que trata a Lei Complementar nº 7, de 7 de setembro de 1970, e dá outras providências. Brasília, DF: Presidência da República, [2022e]. Disponível em: http://www.planalto.gov.br/ccivil_03/leis/lcp/Lcp17.htm. Acesso em: 4 out. 2022.

BRASIL, **Lei nº 5.889, de 8 de junho de 1973.** Estatui normas reguladoras do trabalho rural. Disponível em: https://www.planalto.gov.br/ccivil_03/leis/l5889.htm. Acesso em: 4 out. 2022.

BRASIL. **Lei Complementar nº 26, de 11 de setembro de 1975**. Altera disposições da legislação que regula o Programa de Integração Social (PIS) e o Programa de Formação do Patrimônio do Servidor Público (PASEP). Brasília, DF: Presidência da República, [2022f]. Disponível em: https://www.planalto.gov.br/ccivil_03/LEIS/LCP/Lcp26.htm.acesso em: 4 out. 2022.

BRASIL. **Lei nº 6.321, de 14 de abril de 1976**. Dispõe sobre a dedução, do lucro tributável para fins de imposto sobre a renda das pessoas jurídicas, do dobro das despesas realizadas em programas de alimentação do trabalhador. Brasília, DF: Presidência da República, [2022g]. Disponível em: http://www.planalto.gov.br/ccivil_03/leis/l6321.htm. Acesso em: 4 out. 2022.

BRASIL. **Lei nº 6.367, de 19 de outubro de 1976**. Dispõe sobre o seguro de acidentes do trabalho a cargo do INPS e dá outras providências. Brasília, DF: Presidência da República, [2022h]. Disponível em: http://www.planalto.gov.br/ccivil_03/LEIS/L6367.htm. Acesso em: 4 out. 2022.

BRASIL. [Constituição (1988)]. **Constituição da República Federativa do Brasil de 1988**. Brasília, DF: Presidência da República, [2022i]. Disponível em: http://www.planalto.gov.br/ccivil_03/constituicao/constituicaocompilado.htm. Acesso em: 4 out. 2022.

BRASIL. **Lei nº 7.783, de 28 de junho de 1989**. Dispõe sobre o exercício do direito de greve, define as atividades essenciais, regula o atendimento das necessidades inadiáveis da comunidade, e dá outras providências. Brasília, DF: Presidência da República, [2022j]. Disponível em: http://www.planalto.gov.br/CcIVIL_03/LEIS/L7783.htm. Acesso em: 4 out. 2022.

BRASIL. **Lei nº 7.998, de 11 de janeiro de 1990**. Regula o Programa do Seguro-Desemprego, o Abono Salarial, institui o Fundo de Amparo ao Trabalhador (FAT), e dá outras providências. Brasília, DF: Presidência da República, [2022k]. Disponível em: http://www.planalto.gov.br/ccivil_03/LEIS/ L7998compilado.htm. Acesso em: 4 out. 2022.

BRASIL. **Lei nº 8.036, de 11 de maio de 1990**. Dispõe sobre o Fundo de Garantia do Tempo de Serviço, e dá outras providências. Brasília, DF: Presidência da República, [2022l]. Disponível em: http://www.planalto.gov.br/ccivil_03/leis/l8036consol.htm. Acesso em: 4 out. 2022.

BRASIL. **Decreto nº 99.684, de 8 de novembro de 1990.** Consolida as normas regulamentares do Fundo de Garantia do Tempo de Serviço (FGTS). Brasília, DF: Presidência da República, [2022m]. Disponível em: http://www.planalto.gov.br/ccivil_03/decreto/d99684.htm. Acesso em: 4 out. 2022.

BRASIL. **Lei nº 8.212, de 24 de julho de 1991**. Dispõe sobre a organização da Seguridade Social, institui Plano de Custeio, e dá outras providências. Brasília, DF: Presidência da República, [2022n]. Disponível em: http://www.planalto.gov.br/ccivil_03/leis/l8212compilado.htm. Acesso em: 11 out. 2022.

BRASIL. **Decreto nº 2.018, de 1º de outubro de 1996**. Regulamenta a Lei nº 9.294, de 15 de julho de 1996, que dispõe sobre as restrições ao uso e à propaganda de produtos fumígenos, bebidas alcoólicas, medicamentos, terapias e defensivos agrícolas, nos termos do § 4º do art. 220 da Constituição. Brasília, DF: Presidência da República, [2022o]. Disponível em: http://www.planalto.gov.br/ccivil_03/decreto/d2018.htm. Acesso em: 4 out. 2022.

BRASIL. **Lei nº 9.624, de 2 de abril de 1998**. Dispõe sobre o regime jurídico dos servidores públicos civis da União, das autarquias e das fundações públicas federais. Brasília, DF: Presidência da República, [2022p]. Disponível em: https://www.planalto.gov.br/ccivil_03/leis/l9624.htm. Acesso em: 11 out. 2022.

BRASIL. **Lei nº 9.784 , de 29 de janeiro de 1999**. Regula o processo administrativo no âmbito da Administração Pública Federal. Brasília, DF: Presidência da República, [2022q]. Disponível em: http://www.planalto.gov.br/ccivil_03/leis/l9784.htm. Acesso em: 1º out. 2022.

BRASIL. **Decreto nº 3.048, de 6 de maio de 1999**. Aprova o Regulamento da Previdência Social, e dá outras providências. Brasília, DF: Presidência da República, [2022r]. Disponível em: http://www.planalto.gov.br/ccivil_03/decreto/. Acesso em: 4 out. 2022.

BRASIL. **Lei nº 10.101, de 19 de dezembro de 2000**. Dispõe sobre a participação dos trabalhadores nos lucros ou resultados da empresa e dá outras providências. Brasília, DF: Presidência da República, [2022s]. Disponível em: http://www.planalto.gov.br/ccivil_03/LEIS/L10101compilado.htm Acesso em: 4 out. 2022.

BRASIL. **Decreto nº 3.914, de 11 de setembro de 2001**. Dispõe sobre a regulamentação das contribuições sociais instituídas pela Lei Complementar no 110, de 29 de junho de 2001. Brasília, DF: Presidência da República, [2022t]. Disponível em: http://www.planalto.gov.br/ccivil_03/decreto/2001/d3914.htm. Acesso em: 4 out. 2022.

BRASIL. **Lei nº 10.741, de 1º de outubro de 2003**. Dispõe sobre o Estatuto da Pessoa Idosa e dá outras providências. Brasília, DF: Presidência da República, [2022u]. Disponível em: http://www.planalto.gov.br/ccivil_03/leis/2003/l10.741.htm. Acesso em: 4 out. 2022.

BRASIL. **Lei Complementar nº 123, de 14 de dezembro de 2006**. Institui o Estatuto Nacional da Microempresa e da Empresa de Pequeno Porte; altera dispositivos das Leis no 8.212 e 8.213, ambas de 24 de julho de 1991, da Consolidação das Leis do Trabalho – CLT [...]. Brasília, DF: Presidência da República, [2022v]. Disponível em: https://www.planalto.gov.br/ccivil_03/leis/LCP/Lcp123.htm#art89. Acesso em: 4 out. 2022.

BRASIL. **Decreto nº 6.481, de 12 de junho de 2008**. Regulamenta os artigos 3º, alínea "d", e 4o da Convenção 182 da Organização Internacional do Trabalho (OIT) que trata da proibição das piores formas de trabalho infantil e ação imediata para sua eliminação, aprovada pelo Decreto Legislativo no 178, de 14 de dezembro de 1999, e promulgada pelo Decreto nº 3.597, de 12 de setembro de 2000, e dá outras providências. Brasília, DF: Presidência da República, [2022w]. Disponível em: http://www.planalto.gov.br/ccivil_03/_ato2007-2010/2008/decreto/d6481.htm. Acesso em: 4 out. 2022.

BRASIL. **Lei nº 12.506, de 11 de outubro de 2011**. Dispõe sobre o aviso prévio e dá outras providências. Brasília, DF: Presidência da República, [2022x]. Disponível em: http://

www.planalto.gov.br/ccivil_03/_Ato2011- 2014/2011/Lei/L12506.htm. Acesso em: 4 out. 2022.

BRASIL. **Lei nº 12.761, de 27 de dezembro de 2012**. Institui o Programa de Cultura do Trabalhador; cria o vale-cultura; altera as Leis nº 8.212, de 24 de julho de 1991, e 7.713, de 22 de dezembro de 1988, e a Consolidação das Leis do Trabalho - CLT, aprovada pelo Decreto-Lei nº 5.452, de 1º de maio de 1943; e dá outras providências. Brasília, DF: Presidência da República, [2022y]. Disponível: http://www.planalto.gov.br/ccivil_03/_ato2011-2014/2012/lei/l12761.htm. Acesso em: 4 out. 2022.

BRASIL. **Lei nº 13.015, de 21 de julho de 2014**. Altera a Consolidação das Leis do Trabalho (CLT), aprovada pelo Decreto-Lei no 5.452, de 1º de maio de 1943, para dispor sobre o processamento de recursos no âmbito da Justiça do Trabalho. Brasília, DF: Presidência da República, [2022z]. Disponível em: http://www.planalto.gov.br/ccivil_03/_Ato2011-2014/2014/Lei/L13015.htm. Acesso em: 4 out. 2022.

BRASIL. **Lei Complementar nº 150, de 1º de junho de 2015**. Dispõe sobre o contrato de trabalho doméstico; altera as Leis no 8.212, de 24 de julho de 1991, no 8.213, de 24 de julho de 1991, e no 11.196, de 21 de novembro de 2005 [...]. Brasília, DF: Presidência da República, [2022aa]. Disponível em: https://www.planalto.gov.br/ccivil_03/leis/LCP/Lcp150.htm#art46. Acesso em: 4 out. 2022.

BRASIL. **Lei nº 13.146, de 6 de julho de 2015**. Institui a Lei Brasileira de Inclusão da Pessoa com Deficiência (Estatuto da Pessoa com Deficiência). Brasília, DF: Presidência da República, [2022ab]. Disponível em: http:// www.planalto.gov.br/CCIVIL_03/_Ato2015-2018/2015/Lei/L13146.htm. Acesso em: 4 out. 2022.

BRASIL. **Lei nº 13.189, de 19 de novembro de 2015**. Institui o Programa Seguro-Emprego – PSE. Brasília, DF: Presidência da República, [2022ac]. Disponível em: http://www.planalto.gov.br/ccivil_03/_Ato2015-2018/2015/Lei/l13189.htm#:~:text=Institui%20o%20Programa%20de%20Prote%C3%A7%C3%A3o%20ao%20Emprego%20%2D%20PPE.&text=V%20%2D%20fomentar%20a%20negocia%C3%A7%C3%A3o%20coletiva,II%20do%20caput%20do%20art. Acesso em: 11 out. 2022.

BRASIL. **Lei nº 13.429, de 31 de março de 2017**. Altera dispositivos da Lei no 6.019, de 3 de janeiro de 1974, que dispõe sobre o trabalho temporário nas empresas urbanas e dá outras providências; e dispõe sobre as relações de trabalho na empresa de prestação de serviços a terceiros. Brasília, DF: Presidência da República, [2022ad]. Disponível em: http://www.planalto.gov.br/ccivil_03/_Ato2015- 2018/2017/Lei/L13429.htm. Acesso em: 11 out 2022.

BRASIL. Lei nº 13.445, de 24 de maio de 2017. Institui a Lei de Migração. Brasília, DF: Presidência da República, [2022ae]. Disponível em: http://www.planalto.gov.br/ccivil_03/_Ato2015-2018/2017/Lei/L13445.htm#art124. Acesso em 04 de out. 2022.

BRASIL. **Lei nº 13.467, de 13 de julho de 2017**. Altera a Consolidação das Leis do Trabalho (CLT), aprovada pelo Decreto-Lei no 5.452, de 1º de maio de 1943, e as Leis nos 6.019, de 3 de janeiro de 1974, 8.036, de 11 de maio de 1990, e 8.212, de 24 de julho de 1991, a fim de adequar a legislação às novas relações de trabalho. Brasília, DF: Presidência da República, [2022af]. Disponível em: http://www. planalto.gov.br/ccivil_03/_ato2015-2018/2017/lei/L13467.htm. Acesso em: 4 out. 2022.

BRASIL. **Decreto nº 9.579, de 22 de novembro de 2018**. Consolida atos normativos editados pelo Poder Executivo federal que dispõem sobre a temática do lactente, da criança e do adolescente e do aprendiz, e sobre o Conselho Nacional dos Direitos da Criança e do Adolescente, o Fundo Nacional para a Criança e o Adolescente e os programas federais da criança e do adolescente, e dá outras providências. Brasília, DF: Presidência da República, [2022ag]. Disponível em: https://www.planalto.gov.br/ccivil_03/_Ato2015-2018/2018/Decreto/D9579.htm#art126. Acesso em: 4 out. 2022.

BRASIL. **Decreto nº 9.580, de 22 de novembro de 2018**. Regulamenta a tributação, a fiscalização, a arrecadação e a administração do Imposto sobre a Renda e Proventos de Qualquer Natureza. Brasília, DF: Presidência da República, [2022ah]. Disponível em: http://www.planalto.gov.br/ ccivil_03/_ato2015-2018/2018/decreto/D9580.htm. Acesso em: 4 out. 2022.

BRASIL. **Lei nº 13.874, de 20 de setembro de 2019**. Institui a Declaração de Direitos de Liberdade Econômica; estabelece garantias de livre mercado; altera as Leis nos 10.406, de 10 de janeiro de 2002 (Código Civil), 6.404, de 15 de dezembro de 1976, 11.598, de 3 de dezembro de 2007 [...]. Brasília, DF: Presidência da República, [2022ai]. Disponível em: http://www.planalto.gov.br/ccivil_03/_ato2019-2022/2019/lei/L13874.htm. Acesso em: 4 out. 2022.

BRASIL. **Decreto nº 10.193, de 27 de dezembro de 2019**. Estabelece limites e instâncias de governança para a contratação de bens e serviços e para a realização de gastos com diárias e passagens no âmbito do Poder Executivo federal. Brasília, DF: Presidência da República, [2022aj]. Disponível em: http://www.planalto.gov.br/ccivil_03/_Ato2019-2022/2019/Decreto/D10193.htm#art11. Acesso em: 11 out. 2022.

BRASIL. **Lei nº 14.179, de 30 de junho de 2021**. Estabelece normas para facilitação de acesso a crédito e para mitigação dos impactos econômicos decorrentes da pandemia da Covid-19; e revoga dispositivos das Leis nos 8.870, de 15 de abril de 1994, e 10.406, de 10 de janeiro de 2002 (Código Civil). Brasília, DF: Presidência da República, [2022al]. Disponível em: http://www.planalto.gov.br/ccivil_03/_Ato2019-2022/2021/Lei/L14179.htm. Acesso em: 3 out. 2022.

BRASIL. **Portaria/MTP nº 671, de 8 de novembro de 2021**. Regulamenta disposições relativas à legislação trabalhista, à inspeção do trabalho, às políticas públicas e às relações de trabalho. Brasília, DF: Presidência da República, [2022am]. Disponível em: https://in.gov.br/en/web/dou/-/portaria-359094139. Acesso em: 4 out. 2022.

BRASIL. **Decreto nº 10.854, de 10 de novembro de 2021**. Regulamenta disposições relativas à legislação trabalhista e institui o Programa Permanente de Consolidação, Simplificação e Desburocratização de Normas Trabalhistas Infralegais e o Prêmio Nacional Trabalhista, e altera o Decreto nº 9.580, de 22 de novembro de 2018. Brasília, DF: Presidência da República, [2022an]. Disponível em: http://www.planalto.gov.br/ccivil_03/_Ato2019-2022/2021/Decreto/D10854.htm. Acesso em: 4 out. 2022.

BRASIL. **Lei nº 14.438, de 24 de agosto de 2022**. Institui o Programa de Simplificação do Microcrédito Digital para Empreendedores (SIM Digital); promove alterações na gestão e nos procedimentos de recolhimento do Fundo de Garantia do Tempo de Serviço (FGTS) [...]. Brasília, DF: Presidência da República, [2022ao]. Disponível em: http://www.planalto.gov.br/ccivil_03/_Ato2019-2022/2022/Lei/L14438.htm. Acesso em: 4 out. 2022.

BRASIL. **Lei nº 14.442, de 2 de setembro de 2022**. Dispõe sobre o pagamento de auxílio-alimentação ao empregado e altera a Lei nº 6.321, de 14 de abril de 1976, e a Consolidação das Leis do Trabalho, aprovada pelo Decreto-Lei nº 5.452, de 1º de maio de 1943. Brasília, DF: Presidência da República, [2022ap]. Disponível em: http://www.planalto.gov.br/ccivil_03/_Ato2019-2022/2022/Lei/L14442.htm. Acesso em: 3 out. 2022.

Referências

ARAÚJO, L. C. G. **Gestão de pessoas**: estratégias e integração organizacional. São Paulo. Atlas, 2006.

BARROS, Alice Monteiro de. **Suspensão e interrupção contratual**. 3. ed. São Paulo: LTr, 1997.

BRASIL. Ministério da Previdência Social. **O que você precisa saber sobre a previdência social**. Rio de Janeiro: Editora Senac Nacional, 2004. Disponível em: http://bvsms.saude.gov.br/bvs/publicacoes/previdencia_social.pdf. Acesso em: 5 out. 2022.

BRASIL. Ministério do Emprego e Trabalho. **Manual de orientação da Relação Anual de Informações Sociais – RAIS**: ano-base 2005. Brasília, DF: MET; SPPE; DES, 2005.

BRASIL. Ministério do Emprego e Trabalho. **Manual da aprendizagem**: o que é preciso saber para contratar o jovem aprendiz. Brasília, DF: MET; SIT; SPPE, 2006.

BRASIL. Ministério do Emprego e Trabalho. **A inclusão de pessoas com deficiência no mercado de trabalho**. Brasília, DF: MET; SIT; Defit, 2007a.

BRASIL. Ministério do Emprego e Trabalho. **Trabalho doméstico**: direitos e deveres – orientações. Brasília, DF: MET; SIT, 2007b.

BRASIL. **Consolidação das leis do trabalho – CLT e norma correlatas**. Brasília, DF: Senado Federal; Coordenação de Edições Técnicas, 2017.

BRASIL. Fundação Jorge Duprat Figueiredo de Segurança e Medicina do Trabalho - Distrito Federal – fundacentro. **Normas Regulamentadoras.** Disponivel em: https://www.gov.br/fundacentro/pt-br/centrais-de-conteudo/biblioteca/normas-regulamentadoras-nrs. Acesso em: 3 jul 2023.

BULOS, U. L. **Curso de direito constitucional**. 2. ed. rev. e atual. de acordo com a Emenda Constitucional n. 56/2007. São Paulo: Saraiva, 2008.

CADASTRO GERAL de Empregados e Desempregados (CAGED). **GOV.BR**, 10 set. 2015. Disponível em: https://www.gov.br/trabalho-e-previdencia/pt-br/servicos/empregador/caged. Acesso em: 15 out. 2022.

CAHALI, Y. S. **Dano moral**. O dano moral no direito brasileiro. 3. ed. São Paulo: Revista dos Tribunais, 2005.

CAMPOS, C. Operação resgata mais de 200 trabalhadores em condições análogas à escravidão em MG. **g1**, 31 ago. 2022. Disponível em: https://g1.globo.com/mg/triangulo-mineiro/noticia/2022/08/31/operacao-resgata-mais-de-200-trabalhadores-em-condicoes-analogas-a-escravidao-em-mg.ghtml. Acesso em: 4 out. 2022.

CARRION, V, **Comentários à Consolidação das leis do trabalho: legislação complementar, jurisprudência**. 28.ed, São Paulo: Saraiva, 2003.

CARRION, V. **CLT 2020** - Comentários à Consolidação das Leis Trabalhistas: Legislação Complementar e Jurisprudência. 44. ed. São Paulo: Saraiva, 2020.

CESARINO JR., A. F. **Direito social**. São Paulo: LTr, 1980. v. 2. p. 47.

CHIAVENATO, I. **Gestão de pessoas**: o novo papel dos recursos humanos nas organizações. Rio de Janeiro: Campus, 1999. p. 83.

CHIAVENATO, I. **Gestão de pessoas**: o novo papel dos recursos humanos nas organizações. 2. ed. Rio de Janeiro: Elsevier, 2004.

CHIAVENATO, I. **Recursos Humanos**: O Capital Humano das Organizações. 10. ed. Rio de Janeiro: Elsevier, 2015.

COMPANHOLE, A. **Prática das leis trabalhistas**. São Paulo: Atlas, 1980.

CONFEDERAÇÃO NACIONAL DO COMERCIO DE BENS, SERVIÇOS E TURISMO (CNC). **A Reforma Trabalhista** – A nova Consolidação das Leis do Trabalho. Brasília, DF: CNC, 2017.

CORTELLA, M. S. Trabalhar para quê? **Revista Você S/A**, ago. 2004.

CRUZ, L.; PONTELO, J. **Gestão de Talentos**. Brasília, DF: Editora Senac-DF, 2016.

CRUZ, L.; PONTELO, J. **Saiba Tudo sobre Constituição da CIPA Norma Regulamentadora Comentada**. Brasília, DF: Fácil, 2017.

CUNHA, M. I. M. S. A. da. **Direito do trabalho**. 2. ed. São Paulo: Saraiva, 1997.

DELGADO, M. G. **Introdução ao Direito do Trabalho**. 3. ed. São Paulo: LTr, 2001.

DELGADO, M. G. **Curso de Direito do Trabalho**. 7. ed. São Paulo: LTr, 2008.

DESSLEY, Gary. **Administração de recursos humanos**. 2. ed. São Paulo: Prentice Hall, 2003.

DI PIETRO, M. S. Z. **Direito Administrativo**. 22. ed. São Paulo: Atlas. 2009.

DICIONÁRIO ELETRÔNICO MICHAELIS, [2022]. Disponível em: https://michaelis.uol.com.br/. Acesso em: 2 out. 2022.

DICIONARIO ELETRONICO AURELIO, [2023]. Disponivel em: https://www.dicio.com.br/aurelio-2/. Acesso em: 2 out. 2022.

DINIZ, A. **Caminhos e escolhas**: o equilíbrio para uma vida mais feliz. 14. ed. Rio de Janeiro: Elsevier, 2004.

DUTRA, J. S. **Gestão de Pessoas** – Modelo, Processos, Tendências e Perspectivas. São Paulo; Atlas, 2002.

DUTRA, J. S. **Gestão de pessoas** – Realidade atual e desafios futuros. São Paulo: Atlas, 2017.

FGTS. **CAIXA**, [2022]. https://www.fgts.gov.br/Pages/default.aspx. Acesso em: 3 out. 2022.

FÜHRER, M. C. A.; FÜHRER, M. R. E. **Resumo de direito do trabalho**. 7. ed. São Paulo: Malheiros Editores, 2001.

FUNDAÇÃO NACIONAL DA QUALIDADE (FNQ). **O que é ética empresarial**. São Paulo: FNQ, 2017. *E-book*. Disponível em: http://www.fnq.org.br/informe-se/publicacoes/e-books. Acesso em: 11 out. 2022.

FUNDAÇÃO NACIONAL DA QUALIDADE (FNQ). **Despertando o pleno potencial das pessoas**. São Paulo: FNQ, 2019. *E-book*. Disponível em: http://www.fnq.org.br/informe-se/publicacoes/e-books. Acesso em: 11 jan. 2019.

GIL, A. C. **Gestão de pessoas**: enfoque nos papeis profissionais. São Paulo: Atlas, 2010.

GUIA TRABALHISTA. Boletim trabalhista. Disponível em: https://www.guiatrabalhista.com.br/boletim/boletimtrabalhista.htm. Acesso em: 10 out. 2022.

HESSELBEIN, F. *et al.* **O líder do futuro**. Tradução Cynthia Azevedo. São Paulo: Futura, 1996.

HIRIGOYEN, M. F. **Assédio moral**: a violência perversa no cotidiano. 5. ed. Rio de Janeiro: Bertrand Brasil, 2002.

JANINI, C. Entrevista. Afinal o que é RH Estratégico? **Empregos.com.br**, 9 nov. 2013. Disponível em: https://carreiras.empregos.com.br/seu-emprego/afinal-o-que-e-rh-estrategico/. Acesso em: 3 jan. 2018.

LEGISLAÇÃO do RGPS e Índices de atualização e valores médios dos benefícios. **GOV. BR**, 8 jun. 2020. Disponível em: https://www.gov.br/trabalho-e-previdencia/pt-br/assuntos/legislacao/indices-de-atualizacao-e-valores-medios-dos-beneficios. Acesso em: 3 out. 2022.

LIMA-NEGRAO, C.; PONTELO, J. F. **Compliance, Controles Internos e Riscos**: a importância da área de gestão de pessoas. 2. ed. Brasília, DF: Editora Senac-DF, 2017.

MACHADO, M. H. Gestão de trabalho em saúde no contexto de mudanças. **RDP**, Rio de Janeiro, v. 34, n. 4, p. 133-146, jul./ago. 2000.

MAFRA, M. **Fugindo de encrencas na Justiça do Trabalho**. [*S. l.*: *s. n.*], 2001.

MARTINS FILHO, I. G. S. **Manual esquemático de direito e processo do trabalho**. 9. ed. São Paulo: Saraiva, 2001.

MARTINS, S. P. **Direito do trabalho**. 25. ed. São Paulo: Atlas, 2009.

MAXWELL, J. C. **As 17 incontestáveis leis do trabalho em equipe**. Tradução Emirson Justino. São Paulo: Mundo Cristão, 2002.

MAXWELL, J. C. **O que você precisa saber sobre a Previdência Social**. Rio de Janeiro: Editora Senac Nacional, 2004.

NASCIMENTO, A. M. **Iniciação ao direito do trabalho**. 30. ed. São Paulo: LTr, 2004.

NASCIMENTO, A. M. **Curso de direito do trabalho**: história e teoria geral do direito do trabalho, relações individuais e coletivas do trabalho. 22. ed. São Paulo: Saraiva, 2007.

NEGRÃO, C. R.; PONTELO, J. **Compliance, Controles Internos e Riscos** – A importância da área de gestão de pessoas. 2. ed. Brasília, DF: Editora Senac-DF, 2017.

NETO, J. P. B. Recursos humanos: desenvolvimento e gestão de pessoas. *In*: KUAZAQUI, E. (Org.). **Administração para não administradores**. São Paulo: Saraiva, 2006.

NOTÍCIAS TRABALHISTAS e previdenciárias. **Iob Thomson**, [2022]. Disponível em: http://www. iob.com.br/noticiadb_todas.asp?area=trab_prev. Acesso em: 5 out 2022.

OLIVEIRA, A. M. **Prática trabalhista**. São Paulo: Atlas, 1982.

OLIVEIRA, A. **Manual prático da previdência social**. 15. ed. São Paulo: Altas, 2009.

OLIVEIRA, A. **Manual de Prática Trabalhista**. 50. ed. São Paulo: Atlas, 2015.

ORGANIZAÇÃO INTERNACIONAL DO TRABALHO (OIT). **Plano Nacional para a Erradicação do Trabalho Escravo**. Comissão Especial do Conselho de Defesa dos Direitos da Pessoa Humana da Secretaria Especial dos Direitos Humanos. Brasília, DF: OIT, 2003.

PALADINI, E. P. **Gestão da qualidade**: teoria e prática. 2. ed. São Paulo: Atlas, 2004.

PARA TRABALHADORES. **CAIXA**, [2022]. Disponível em: https://www.caixa.gov.br/Paginas/home-caixa.aspx. Acesso em: 10 out. 2022.

PONTELO, J.; CRUZ, L. **Reforma Trabalhista**: comparação da CLT com a Lei 13.467/17. Brasília, DF: Fácil, 2017.

PONTELO, J.; CRUZ, L. **Reforma Trabalhista**: comparação da CLT com a Lei 13.467/17 e a Medida Provisória nº 808/2017. Brasília, DF: Fácil, 2018.

PREVIDÊNCIA COMPLEMENTAR. **Postalis**, [2022]. Disponível em: http://www.postalis.org.br/. Acesso em: 5 out. 2022.

RESENDE, E. J. **É preciso mudar o discurso em Recursos Humanos**. São Paulo: Sumus, 1986.

RESOLUÇÃO publicada pelo INSS vai acelerar concessão de benefícios. **GOV.BR**,

12 ago. 2019. Disponível em: https://www.gov.br/inss/pt-br/assuntos/noticias/resolucao-publicada-pelo-inss-vai-acelerar-concessao-de-beneficios. Acesso em: 3 out. 2022.

ROCHA, R. M. **Rotinas trabalhistas e previdenciárias para organizações contábeis**. 5. ed. Porto Alegre: CRC/RS, 2009.

RUSSOMANO, M. V. **Comentários à Consolidação das Leis de Previdência Social**. São Paulo: Revista dos Tribunais, 1977.

RUSSOMANO, M. V. **Comentários à CLT**. 16. ed. Rio de Janeiro: Forense, 1994. v. 1.

SALÁRIO-FAMÍLIA. **GOV.BR**, 9 nov. 2020. Disponível em: https://www.gov.br/inss/pt-br/saiba-mais/salario-familia. Acesso em: 5 out. 2022.

SENGE, P. M. **A quinta disciplina, a arte e prática da organização de aprendizagem**. 19. ed. São Paulo: Best Seller, 2013.

SERVIÇO BRASILEIRO DE APOIO ÀS MICRO E PEQUENAS EMPRESAS (SEBRAE). Disponível em: https://sebrae.com.br/sites/PortalSebrae. Acesso em: 5 out. 2022.

SILVA, I. M. F. G. da. **Manual Esquemático de Direito e Processo do Trabalho**. 14. ed. São Paulo: Saraiva, 2006.

SILVA, N. F. **Constituição da República Federativa do Brasil**: organização, consolidação e notas. Brasília, DF: Vestcon, 2009.

SIQUEIRA, L. E. A. **CLT**. São Paulo: Saraiva, 2000.

SUBSECRETARIA DE INSPEÇÃO DO TRABALHO (SIT); ORGANIZAÇÃO INTERNACIONAL DO TRABALHO (OIT). **Atuação da Inspeção do Trabalho no Brasil para a erradicação do trabalho análogo ao de escravo**: Balanço 2020. Brasília, DF: SIT; OIT, 2020. Disponível em: https://www.gov.br/trabalho-e-previdencia/pt-br/composicao/orgaos-especificos/secretaria-de-trabalho/inspecao/areas-de-atuacao/relatorio-2020-sit-oit-1.pdf. Acesso em: 5 out. 2022.

TRABALHO DOMÉSTICO. **GOV.BR**, 22 abr. 2016. Disponível em: https://www.gov.br/trabalho-e-previdencia/pt-br/search?SearchableText=empregado%20domestico. Acesso em: 4 out. 2022.

TRABALHO ESTRANGEIRO. **Portal de Imigração**, 30 ago. 2018. Disponível em: https://portaldeimigracao.mj.gov.br/pt/component/k2/itemlist/category/76-trabalho-estrangeiro. Acesso em: 10 out. 2022.

TRABALHO TEMPORÁRIO. **TST – Tribunal Superior do Trabalho**, 4 dez. 2020. Disponível em: https://www.tst.jus.br/trabalho-temporario. Acesso em: 10 out. 2022.

ANEXOS

Tabelas e Modelos de Documentos

Tabela prática de incidência do INSS, do FGTS e do IR/Fonte.

Apresentamos a seguir a relação das verbas de folha de pagamento e a incidência do INSS, do FGTS e do IR/Fonte sobre as diferentes verbas.

Incidência de INSS, FGTS e IRRF sobre a folha de pagamento

Rendimentos	IR/FONTE	INSS	FGTS
Abono de férias com mais 1/3	Sim	Não	Não
Abonos	Sim	Sim	Sim
Adicional de insalubridade	Sim	Sim	Sim
Adicional de periculosidade	Sim	Sim	Sim
Adicional de transferência	Sim	Sim	Sim
Adicional noturno	Sim	Sim	Sim
Alimentação por intermédio do PAT	Não	Não	Não
Auxílio-doença (primeiros 15 dias)	Sim	Sim	Sim
Aviso prévio indenizado	Não	Não	Sim
Aviso prévio trabalhado	Sim	Sim	Sim
Bolsa de estudo paga a estagiário	Não	Não	Não
Comissões/gratificações/prêmios	Sim	Sim	Sim
Décimo terceiro salário – 1ª parcela	Não	Não	Sim
Décimo terceiro salário – 2ª parcela	Sim	Sim	Sim*
Décimo terceiro salário na rescisão	Sim	Sim	Sim
Décimo terceiro salário do aviso prévio	Não	Não	Não
Férias normais com mais 1/3	Sim	Sim	Sim
Férias indenizadas com mais 1/3	Sim	Não	Não
Habitação	Sim	Sim	Sim
Horas extras ou extraordinárias	Sim	Sim	Sim
Indenização adicional (Lei nº 7.238/1984, art. 9º)	Não	Não	Não
Multa contratual do art. 22	Não	Não	Não
Quebra de caixa	Sim	Sim	Não
Repouso semanal remunerado	Sim	Sim	Sim
Salários	Sim	Sim	Sim
Salário-maternidade (pago pelo INSS)	Sim	Sim	Sim
Vale-transporte	Não	Não	Não
Uniformes e vestimentas de trabalho	Não	Não	Não

Tabela do salário-família

O salário-família é o benefício previdenciário a que têm direito o segurado empregado e o trabalhador avulso que recebem salário de contribuição inferior ou igual à remuneração máxima da tabela do salário família.

Vigência	Valor da remuneração mensal	Valor do benefício do salário-família
A partir de 1º/1/2022 – Portaria MTP/ME nº 12	Até R$ 1.655,98	R$ 56,47
A partir de 1º/1/2020 Portaria nº 3.659	Até R$ 1.425,56	R$ 48,62
A partir de 1º/1/2019 Portaria nº 9	Até R$ 907,77	R$ 46,54
	De R$ 907,77 a R$ 1.364,43	R$ 32,80
A partir de 1º/1/2018 Portaria MF nº 15	Até R$ 877,67	R$ 45,00
	De R$ 877,67 a R$ 1.319,18	R$ 31,71
A partir de 1º/1/2017 Portaria MF nº 8, de 13/01/2017	Até R$ 859,88	R$ 44,09
	De R$ 859,89 a R$ 1.292,43	R$ 31,07

Fonte: https://www.gov.br/inss/pt-br/saiba-mais/salario-familia/valor-limite-para-direito-ao-salario-familia. Acesso em: 03 jul 2023.

Tabela de evolução do salário mínimo no Brasil

Legislação	Valor em R$
Medida Provisória nº 1.172/23, maio de 2023, a partir de maio/2023	1.320,00
Portaria Interministerial MPS/MF nº 26, de 10 de janeiro de 2023, a partir de 1º/01/2023	1.302,00
Lei nº 14.358, de 1º de junho de 2022 (Medida Provisória nº 1.091/2021), a partir de 1º/01/2022	1.212,00
Lei nº 14.158, de 2 de junho de 2021 (Medida Provisória nº 1.021/2020), a partir de 1º/01/2021	1.100,00
Lei nº 14.013, de 10 de junho de 2020 (Medida Provisória nº 916/2019), a partir de 1º/01/2020	1.045,00
Decreto 9.661, de 1º de janeiro de 2019, a partir de 1º/01/2019	998,00
Decreto 8.618, de 29 de dezembro de 2015, a partir de 1º/01/2016	880,00
Decreto 8.381 de 23 de dezembro de 2014, a partir de 1º/01/2015	788,00
Decreto 8.166, de 23 de dezembro de 2013, a partir de 1º/01/2014	724,00
Decreto 7.872, de 26 de dezembro de 2012, a partir de 1º/01/2013	678,00
Decreto 7.655 de 23 de dezembro de 2011, a partir de 1º/01/2012	622,00

Fonte:https://www.gov.br/inss/pt-br/direitos-e-deveres/inscricao-e-contribuicao/tabela-de-contribuicao-mensal

Tabela de Direitos trabalhistas em rescisão de contrato – contrato de trabalho com menos de um ano

Motivo	Saldo salário	Aviso prévio	Férias vencidas	Férias proporcionais	Férias 1/3 adicional	13º salário	FGTS 8%	FGTS multa 40%	Multa art. 479 CLT	Có sac FG
Aposentadoria empregado	Sim	Não	Não	Não	Não	Sim	Sim	Não	Não	U1 U2
Contrato experiência antes do prazo	Sim	Não4	Não	Sim	Sim	Sim	Sim	Sim	Sim	U1
Contrato experiência no prazo	Sim	Não	Não	Sim	Sim	Sim	Sim	Não	Não	U2
Dispensa com justa causa	Sim	Não	Não	Não	Não	Não	Depositado3	Não	Não	H
Dispensa sem justa causa	Sim	Sim	Não	Sim	Sim	Sim	Sim	Sim	Não	U1
Falecimento empregado	Sim	Não	Não	Não	Não	Sim	Sim	Não	Não	S
Falecimento empregador	Sim	Não	Não	Sim	Sim	Sim	Sim	Sim	Não	S
Pedido de demissão	Sim	Paga1	Sim	Sim5	Não	Sim	Depositado3	Não	Não	J

[1] É devido pelo empregado ou pelo empregador – por aquele se não cumprir, e por este se não deixar cumprir. [2] U1: aposentadoria sem continuidade de vínculo empregatício; e U2: aposentadoria com continuidade de vínculo empregatício. [3] O valor é depositado na CEF e fica vinculado na conta do FGTS. [4] Súmula do TST nº 163: "Cabe aviso prévio nas rescisões antecipadas dos contratos de experiência, na forma do art. 481, da CLT"; não é pacífico tal entendimento entre os doutrinadores, razão pela qual se faz menção ao não recebimento. [5] Súmula do TST nº 261: "O empregado que se demite antes de complementar 12 (doze) meses de serviço tem direito a férias proporcionais".

Direitos trabalhistas em rescisão de contrato – contrato de trabalho com mais de um ano

lotivo	Saldo salário	Aviso prévio	Férias vencidas	Férias propor-cionais	Férias 1/3 adicional	13º salário	FGTS 8%	FGTS multa 40%	Multa art. 479 CLT	Código saque FGTS
posentadoria mpregado	Sim	Não	Sim	Sim	Sim	Sim	Sim	Não	Não	U1 ou U22
ispensa com sta causa	Sim	Não	Sim	Não	Sim	Não	Depositado3	Não	Não	H
ispensa sem sta causa	Sim	Sim	Sim	Sim	Sim	Sim	Sim	Sim	Não	U1
alecimento mpregado	Sim	Não	Sim	Sim	Sim	Sim	Sim	Não	Não	S
alecimento mpregador	Sim	Não	Sim	Sim	Sim	Sim	Sim	Sim	Não	S
edido de emissão	Sim	Paga1	Sim	Sim	Sim	Sim	Depositado3	Não	Não	J

[1] É devido pelo empregado ou pelo empregador – por aquele se não cumprir, e por este se não deixar cumprir. [2] U1: aposentadoria sem continuidade de vínculo empregatício; e U2: aposentadoria com continuidade de vínculo empregatício. [3] O valor é depositado na CEF e fica vinculado na conta do FGTS.

Tabela de motivos para a dispensa por justa causa

Justa causa	Ocorrência	Exemplo	Legislação
Ato de improbidade	Prática de ato desonesto no ambiente de trabalho ou fora dele	Empregado apropriar-se indevidamente de bens da empresa	Art. 482, "a", da CLT
Incontinência de conduta ou mau procedimento	Comportamento do empregado que o incompatibiliza na relação de emprego	Gerente da empresa f nanceira que tem por hábito conviver com pessoas desonestas	Art. 482, "b", da CLT
Negociação habitual	Realização de negócios em concorrência com o empregador ou em prejuízo do serviço	Empregado de balcão que oferece produtos contrabandeados a preços mais baratos	Art. 482, "c", da CLT
Condenação criminal	Condenação criminal já transitada em julgamento	Empregado condenado à prisão com recursos improcedentes	Art. 482, "d"
Desídia	Negligência e/ou desinteresse pelo serviço	Empregado que chega atrasado e falta ao serviço repetidas vezes	Art. 484, "e"
Embriaguez	Ficar bêbado habitualmente ou em serviço	Empregado que bebe com frequência no serviço e após o expediente	Art. 482, "f"
Violação de segredo da empresa	Divulgar assunto sigiloso da empresa	Publicitário que divulga plano inédito de propaganda para concorrente	Art. 482, "g"

Ato de indisciplina ou de insubordinação	Desrespeitar as ordens ou as normas gerais existentes na empresa	Empregado que fuma nos recintos proibidos pela empresa	Art. 482, "h"
Abandono de emprego	Faltar, sem justificativa, ao serviço por mais de trinta dias	Empregado que viaja para o Nordeste durante 31 dias	Art. 482, "i", da CLT; Enunciado do TST nº 32
Ato lesivo da honra e da boa fama	Ofender colegas ou superiores na empresa	Empregado que fofoca que seu chefe é "mulherengo"	Art. 482, "j-k", da CLT
Prática constante de jogos de azar	Jogar com frequência jogos proibidos pela lei	Empregado que oferece e/ou joga sempre no "jogo do bicho"	Art. 482, "i"
Normas de segurança e medicina do trabalho	Não observar e não cumprir as normas de segurança da empresa	Empregado que se recusa a usar o capacete em área de risco	Art. 158, § único, letra "b", da CLT
Menor aprendiz	Falta reiterada no cumprimento do dever ou de razoável aproveitamento do curso de aprendizagem	Menor aprendiz que falta sempre ao curso de aprendizagem	Art. 432, § 2º, da CLT
Não pagamento habitual de dívidas (para bancário)	Falta contumaz de pagamento de dívidas legalmente exigíveis	Empregado bancário que deixa de pagar títulos em cartório	Art. 508 da CLT
Recusa de serviços emergenciais (para ferroviários)	Recusa de trabalhar além do expediente em horas extras por motivo de urgência ou acidente na estrada de ferro	Empregado ferroviário que se nega a ficar após o expediente em horas extras para prestar serviços em caso de descarrilamento	Art. 240, § único, da CLT
Atos atentatórios contra a segurança nacional	Prática, devidamente comprovada em inquérito administrativo, de ato que atente contra a segurança nacional	Empregado que insufla colegas para paralisarem serviços vitais à nação	Art. 482, § único, da CLT
Perda da habilitação ou dos requisitos estabelecidos em lei para o exercício da profissão, em decorrência de conduta dolosa do empregado	Descumprir as normas legislação de trânsito, neste caso, o trabalhador assumiu o risco do dano, mesmo sem a intenção direta em produzi-lo	Motorista contratado que infringir a legislação na qual está inserida a sua profissão	Art. 482, alínea m (incluído pela Lei nº 13.467/2017)

Tabelas de contribuição da Previdência Social (INSS) dos segurados empregados, empregado doméstico e trabalhador avulso. Segurados empregados, inclusive domésticos e trabalhadores avulsos

Tabela de contribuição dos segurados empregado, empregado doméstico e trabalhador avulso, para pagamento de remuneração a partir de maio 2023.

Salário de contribuição (R$)	Alíquota para fins de recolhimento ao INSS
Até 1.320,00	7,5%
De 1.320,01 até 2.571,29	9%
De 2.571,30 até 3.856,94	12%
De 3.856,95 até 7.507,49	14%

A partir de 1º de janeiro de 2023

Salário de contribuição (R$)	Alíquota para fins de recolhimento ao INSS
Até 1.302,00	7,5%
De 1.302,01 até 2.571,29	9%
De 2.571,30 até 3.856,94	12%
De 3.856,95 até 7.507,49	14%

Fonte: https://www.in.gov.br/web/dou/-/portaria-interministerial-mps/mf-n-26-de-10-de-janeiro-de-2023-457160869.

Tabela de salário-família, a partir de 1º de janeiro de 2023

Remuneração mensal	Valor da cota
Até R$ 1.754,18	R$ 59,82

Por filho ou equiparado de qualquer condição, até 14 (quatorze) anos de idade, ou inválido de qualquer idade

Tabela de contribuição dos segurados empregado, empregado doméstico e trabalhador avulso, para pagamento de remuneração a partir de 1º de janeiro de 2022.

Salário de contribuição (R$)	Alíquota para fins de recolhimento ao INSS
Até 1.212,00	7,5%
De 1.212,01 até 2.427,35	9%
De 2.427,36 até 3.641,03	12%
De 3.641,04 até 7.087,22	14%

Fonte: Portaria Interministerial MTP/ME nº 12, de 17 de janeiro de 2022.

Tabela para contribuinte individual e facultativo 2022 e 2023

Salário de contribuição	Alíquota	Valor
R$ 1.320,00	5% (não dá direito a Aposentadoria por Tempo de Contribuição e Certidão de Tempo de Contribuição)*	R$ 66,00
R$ 1.320,00	11% (não dá direito a Aposentadoria por Tempo de Contribuição e Certidão de Tempo de Contribuição) **	R$145,20
R$ 1.320,00 até R$ 7.507,49	20%	Entre R$ 264,00 (salário mínimo) e R$ 1.501,49 (teto)

Salário de contribuição	Alíquota	Valor
R$ 1.212,00	11% (não dá direito a aposentadoria por tempo de contribuição e certidão de tempo de contribuição)	R$ 133,32
R$ 1.212,00 até 7.087,22	20%	R$ 242,40 (salário mínimo) e R$ 1.417,44 (teto)

Fonte:https://www.gov.br/inss/pt-br/direitos-e-deveres/inscricao-e-contribuicao/tabela-de-contribuicao-mensal

Tabela de contribuição dos segurados empregados domésticos

Salário de contribuição (R$)	Alíquota para fins de recolhimento ao INSS
Até 1.320,00	7,5%

De 1.320,01 até 2.571,29	9%
De 2.571,30 até 3.856,94	12%
De 3.856,95 até 7.507,49	14%

Salário de contribuição (R$)	Alíquota para fins de recolhimento ao INSS
Até 1.212,00	7,5%
De 1.212,01 até 2.427,35	9%
De 2.427,80 até 3.641,03	12%
De 3.641,70 até 7.087,22	14%

Tabela de salário de contribuição para o auxílio-reclusão

Período	Salário de contribuição (valor mensal)
A partir de 1º/1/2022	R$ 1.655,98 – Portaria MTP/ME nº 12/2022
A partir de 1º/1/2021	R$ 1.503,25 – Portaria SEPRT/ME nº 477/2021
A partir de 1º/1/2020	R$ 1.425,56 – Portaria ME nº 914/2020
A partir de 1º/1/2019	R$ 1.364,43 – Portaria nº 9/2019

Fonte: https://www.inss.gov.br/beneficios/auxilio-reclusao/. Acesso em: 15 out. 2022.

Tabelas progressivas para o cálculo mensal do Imposto de Renda de Pessoa Física (IRRF)

INSS: Segurados empregados, inclusive domésticas e trabalhadores avulsos

Salário de contribuição (R$)	Alíquota para fins de recolhimento
Até 1.693,72	8%
De 1.693,73 ATÉ 2.822,90	9%
De 1.693,73 até 2.822,90	11%

Fonte: Portaria MF nº 15, de 16 de janeiro de 2018.

IRPF: Tabela progressiva para o cálculo mensal do Imposto sobre a Renda da Pessoa Física

Salário de contribuição (R$)	Alíquota para fins de recolhimento	Parcela a deduzir do imposto
Até 1.903,98	–	–
De 1.903,98 até 2.826,65	7,5%	R$ 142,80

De 2.826,65 até 3.751,05	15%	R$ 354,80
De 3.751,05 até 4.664,68	22,5%	R$ 636,13
Acima de 4.664,68	27,5%	R$ 869,36

Fonte: https://www.gov.br/receitafederal/pt-br/assuntos/orientacao-tributaria/tributos/irpf-imposto-de-renda-pessoa-fisica#calculo_mensal_IRPF. Acesso em: 29 jan. 2023.

Tabela de dedução por dependente na determinação da Base de Cálculo do IRPF

Cálculo mensal

Ano-calendário	Quantia a deduzir, por dependente, em R$
2015 (a partir do mês de abril) e posteriores	189,59
2014	179,71
2013	171,97
2012	164,56

Fonte: https://www.gov.br/receitafederal/pt-br/assuntos/orientacao-tributaria/tributos/irpf-imposto-de-renda-pessoa-fisica#dedu--o-mensal-por-dependentev. Acesso em: 29 jan. 2023

Tabela dos valores das parcelas do seguro-desemprego

Cálculo do benefício seguro-desemprego janeiro/2018

Calcula-se o valor do salário médio dos últimos três meses anteriores à dispensa e aplica-se a fórmula descrita. O valor do benefício não poderá, porém, ser inferior ao valor do salário mínimo vigente.

Faixa de salário médio	Valor da parcela
Até R$ 1.858,17	Multiplica-se o salário médio por 0,8 (80%)
De R$ 1.858,17 até R$ 3.097,26	O que exceder a 1.858,17 multiplica-se por 0,5 (50%) e soma-se a 1.486,55
Acima de R$ 3.097,26	O valor da parcela será de R$ 2.106,68, ou seja, o teto do benefício

Fonte: https://www.gov.br/trabalho-e-previdencia/pt-br/servicos/trabalhador/seguro-desemprego/seguro-desemprego-formal. Acesso em: nov. 2022.

Tabelas do IRF exclusivas para PLR

Tabela aplicável exclusivamente para Participação nos Lucros ou Resultados (MP nº 597/2012, convertida na Lei nº 12.832/2013)

Instrução Normativa RFB nº 1.558/2015, artigo 6

Validade	Valor do PLR anual (R$)	Alíquota (%)	Parcela a deduzir do IR (R$)
Vigência a partir de 1º/4/2015	De 0,00 a 6.677,55	-	-
	De 6.677,56 a 9.922,28	7,5	500,82
	De 9.922,29 a 13.167,00	15,0	1.244,99
	De 13.167,01 a 16.380,38	22,5	2.232,51
	Acima de 16.380,38	27,5	3.051,5

Instrução Normativa RFB nº 1.433/2013

Validade	Valor do PLR anual (R$)	Alíquota (%)	Parcela a deduzir do IR (R$)
Vigência de 1º/1/2014 a 31/3/2015	De 0,00 a 6.270,00	-	-
	De 6.270,01 a 9.405,00	7,5	470,25
	De 9.405,01 a 12.540,00	15,0	1.175,6
	De 12.540,01 a 15.675,00	22,5	2.116,13
	Acima de 15.675,00	27,5	2.899,8

Nota: Consoante disposto no § 6º do art. 3º da Lei nº 10.101/2000 (incluído pela Lei 12.832/2013), para o cálculo do IRF sobre a PLR não haverá dedução de dependentes nem de qualquer outra despesa (saúde, educação, previdência privada etc.), salvo a importância paga a título de pensão alimentícia incidente sobre a PLR (decorrente de determinação judicial), conforme § 10 do mesmo dispositivo legal.

Notas: 1) Conforme a Lei nº 11.101/2000, com alteração procedida pela Lei nº 12.832/2013, a partir do ano calendário 2014, inclusive, os valores da tabela progressiva do IRF relativas à PLR serão reajustados no mesmo percentual de reajuste da tabela progressiva mensal do imposto de renda incidente sobre os rendimentos das pessoas físicas. A tabela acima é calculada com base nestes índices, aguardando-se a publicação oficial. 2) Conforme disposto no § 6º do art. 3 da Lei nº 10.101/2000 (incluído pela Lei nº 12.832/2013), para o cálculo do IRF sobre a PLR, não haverá dedução de dependentes nem de qualquer outra despesa (saúde, educação, previdência privada etc.), salvo a importância paga a título de pensão alimentícia incidente sobre a PLR (decorrente de determinação judicial), conforme § 10 do mesmo dispositivo legal.

É notório que com o avanço tecnológico, órgãos governamentais e empresas públicas e privadas adotaram aplicativos e plataformas digitais para coletar informações, realizar pagamentos, recolher dados e oferecer informações. Contudo, muitos desses recursos são de acesso restrito ou específico para determinados usuários.

Nesse contexto, apresentamos neste livro a reprodução de imagens de formulários em formato analógico, com o propósito de exemplificar a disposição correta de dados e informações na área de gestão de pessoas. Essa abordagem visa fornecer uma referência visual, considerando que, mesmo em um ambiente digital, os princípios de organização e conteúdo desses formulários continuam sendo fundamentais.

A primeira Carteira de Trabalho do Basil foi confeccionada para o presidente Getúlio Vargas

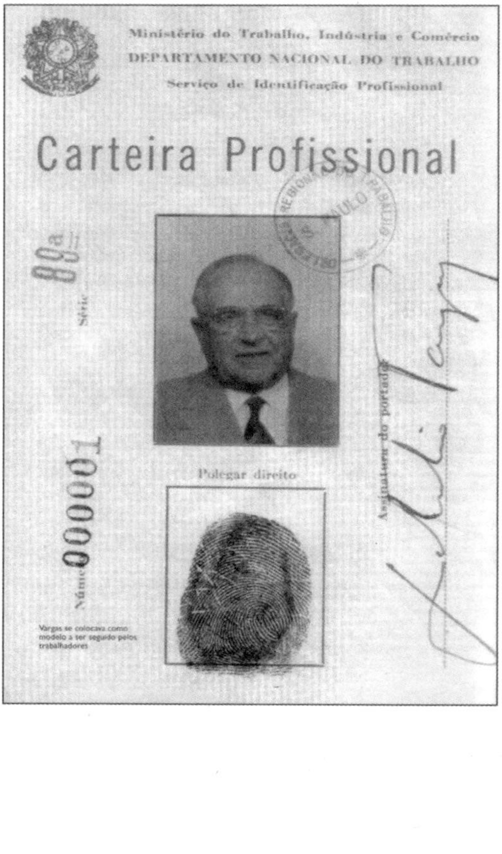

Carteira de Trabalho

TRABALHADOR

Esta é sua Carteira de Trabalho - CTPS, instituída pelo então Presidente Getulio Vargas, por intermédio do Decreto nº 22.035 de 29.10.1932 e posteriormente reformulada pelo Decreto-lei nº 5452 de 01.05.1945 que aprovou a CLT. Ela é o documento obrigatório para o exercício de qualquer emprego ou atividade profissional.

Nela deverão ser registrados todos os dados do Contrato de Trabalho, elementos básicos para o reconhecimento dos seus direitos perante a Justiça do Trabalho, bem como para a obtenção da aposentadoria e demais benefícios Previdenciários, garantindo, ainda, sua habilitação ao seguro desemprego e ao fundo de Garantia do Tempo de Serviço - FGTS.

O conjunto de anotações contido neste documento e o seu estado de conservação, espelham a conduta e a qualificação e as atividades profissionais do seu portador.

Pela sua importância, é seu dever protegê-la e cuidá-la, pois além de conter o registro de sua vida profissional e a garantia da preservação e validade de seus direitos como trabalhador e cidadão, contribui para assegurar o seu futuro e o de seus dependentes, tendo validade, também, como documento de identificação.

CONFECCIONADA COM RECURSOS DO FAT - FUNDO DE AMPARO AO TRABALHADOR.

VISITE O PORTAL MTE: WWW.MTE.GOV.BR

MINISTÉRIO DO TRABALHO E EMPREGO

SECRETARIA DE POLÍTICAS PÚBLICAS DE EMPREGO

CARTEIRA DE TRABALHO E PREVIDÊNCIA SOCIAL

PIS/PASEP 120.23362.99-9

NÚMERO 0392482 SÉRIE 001-0 UF MG

ASSINATURA DO TITULAR

POLEGAR DIREITO

03

Fonte: MINISTÉRIO DO TRABALHO e EMPREGO. Disponível em: http://portal.mte.gov.br/data/files/8A7C816A39E4F614013ADBF515D72152/11.jpg

02 QUALIFICAÇÃO CIVIL - BRASILEIRO

NOME: MARIA DA SILVA

LOC DE NASC: RIO DE JANEIRO - RJ NASCIMENTO: 01/02/1978

FILIAÇÃO: JOÃO DA SILVA CARDOSO

MARIA DA SILVA CARDOSO

DOC APRESENTADO: RG 10.123.456 SSP RJ EST. CIVIL: SOLTEIRO

LEI Nº 9.049, DE 18 DE MAIO DE 1995

RG:

T. ELEITOR: SEÇÃO: ZONA:

CPF:

LOCAL/DATA DE EMISSÃO: SRTE/RJ

ASSINATURA DO EMISSOR

ALTERAÇÃO DE IDENTIDADE

FILIAÇÃO

DATA DE NASC. DE / / PARA / /

DOCUMENTO

MOTIVO

ASSINATURA E CARIMBO DO SERVIDOR

NOME

DOCUMENTO

MOTIVO

ASSINATURA E CARIMBO DO SERVIDOR

NOME

DOCUMENTO

MOTIVO

ASSINATURA E CARIMBO DO SERVIDOR

NOME

DOCUMENTO

MOTIVO

ASSINATURA E CARIMBO DO SERVIDOR

LEGENDA

A - CASAMENTO | C - DIVÓRCIO | E - RECONHECIMENTO DE PATERNIDADE | G - DATA DE NASCIMENTO

B - SEP. JUDICIAL | D - ADOÇÃO | F - MUDANÇA VOLUNTÁRIA

Fonte: MINISTÉRIO DO TRABALHO e EMPREGO. Disponível em: http://portal.mte.gov.br/imprensa/galeria_imagens/nova-carteira-de-trabalho-3.htm

Exemplo de documento de entrega da CTPS

RECIBO DE ENTREGA DA CARTEIRA DO TRABALHO E PREVIDÊNCIA SOCIAL PARA ANOTAÇÕES

"ART. 29 DA LEI 5.452 - CLT, ALTERADO PELO DECRETO-LEI Nº 229, DE 28-02-67"

CTPS Nº	SÉRIE	DATA EMISSÃO

NOME DO EMPREGADO

Recebi(emos) a Carteira do Trabalho e Previdência Social acima, para as anotações necessárias e que será devolvida dentro de 48 horas, de acordo com a lei em vigor.

...., ...de...de ....

....

(Carimbo e Assinatura da Empresa)

COMPROVANTE DE DEVOLUÇÃO DA CARTEIRA DO TRABALHO E PREVIDÊNCIA SOCIAL

CTPS Nº	SÉRIE	DATA EMISSÃO

NOME DO EMPREGADO

Recebi, em devolução a Carteira do Trabalho e Previdência Social acima, com as respectivas anotações.

...., ...de...de ....

....

Assinatura do Empregado

Gramelli - N/REF. 10877 1ª VIA - Emprêsa - 2ª VIA - Empregado

http://www.informanet.com.br/Prodinfo/boletim/2005/trabalhista/ctps-10-2005.htm

Exemplo de documento de Contrato de Trabalho a Título de Experiência

Contrato de Trabalho a Título de Experiência

Pelo presente instrumento particular, de um lado [Nome da Empresa], pessoa jurídica de direito privado, inscrita no CNPJ sob o número [número do CNPJ], com sede na [endereço completo da sede], doravante denominada "EMPRESA", e de outro lado, o(a) Sr(a). [Nome do(a) Funcionário(a)], [nacionalidade], estado civil [estado civil], portador(a) da Carteira de Identidade nº [número do RG] e do CPF nº [número do CPF], residente e domiciliado (a) na [endereço completo do funcionário], doravante denominado(a) "FUNCIONÁRIO", eles são justos e contratados o que segue:

Cláusula 1ª - Do Objeto

O presente contrato tem por objeto regular a prestação de serviços do(a) FUNCIONÁRIO à EMPRESA, a título de experiência, nos termos da legislação trabalhista vigente, a fim de avaliar suas aptidões, desempenho e supervisão ao cargo e às responsabilidades inerentes ao mesmo.

Cláusula 2ª - Da Função e Remuneração

2.1. O FUNCIONÁRIO será admitido para exercer a função de [cargo/função], devendo exercer as suas atividades com zelo, dedicação e competência, de acordo com as orientações e diretrizes da EMPRESA.

2.2. Em contrapartida aos serviços prestados, o FUNCIONÁRIO receberá uma remuneração mensal no valor de R$ [valor em reais], pago até o 5º (quinto) dia útil do mês subsequente.

Cláusula 3ª - Do Prazo e Vigência

3.1. O presente contrato terá início em [data de início] e vigorará pelo prazo de [duração em meses] meses, a contar da data de início.

3.2. Durante o período de experiência, ambas as partes poderão rescindir o contrato, a qualquer momento, mediante aviso prévio de [prazo de aviso prévio] dias, por escrito.

Cláusula 4ª - Das Obrigações do Funcionário

4.1. O FUNCIONÁRIO compromete-se a cumprir suas funções com zelo, diligência e responsabilidade, obedecendo às normas internas da EMPRESA.

4.2. O FUNCIONÁRIO declara que está ciente das políticas e regulamentos internos da EMPRESA, incluindo regras de segurança, confidencialidade e conduta.

Cláusula 5ª - Das Obrigações da Empresa

5.1. A EMPRESA compromete-se a fornecer ao FUNCIONÁRIO todas as informações e recursos necessários para o desempenho de suas funções.

Exemplo de documento de Cadastro do PIS

CAIXA ECONÔMICA FEDERAL PIS DOCUMENTO DE CADASTRO DO TRABALHADOR NO PIS - DCT	01. Carimbo padronizado do CGC ou matrícula no Cadastro Específico do INSS-CEI		Para uso exclusivo da CEF Carimbo da Agência

Identificação do Empregador/Sindicato		
CGC/CEI	Nome	
Endereço		
Telefone		Fax

Identificação do Trabalhador					
Nome					
Nascimento	Sexo			Nome da Mãe	
Naturalidade	UF		Cód. Nasc.	Para uso exclusivo da CEF	
Carteira de Trabalho	Série	UF	CPF	Contr.	Solicitação Preenchimento incorreto
Carteira de Identidade	Emissor		Título de Eleitor	DV	Inscrição
Endereço do Trabalhador					
Bairro	Município			UF	CEP

1ª via: Agência – 2ª via: Empregador

Exemplo de documento de Termo de Responsabilidade de Concessão de Salário-Família

TERMO DE RESPONSABILIDADE

(Concessão de Salário Família – Portaria número MPAS-3.040/82)

EMPRESA: ______________________________

CNPJ.........: ______________________________

NOME DO SEGURADO..........: ______________________________

CARTEIRA PROFISSIONAL..: ______________________________

NOME DO FILHO	DATA NASCIMENTO
______________________________	___/___/___
NOME DO FILHO	DATA NASCIMENTO
______________________________	___/___/___
NOME DO FILHO	DATA NASCIMENTO
______________________________	___/___/___

Pelo presente TERMO DE RESPONSABILIDADE declaro estar ciente de que deverei comunicar de imediato a ocorrência dos seguintes fatos que determinam a perda do direito ao Salário Família.

- Óbito do filho;
- Cessação da invalidez de filho inválido;
- Sentença judicial que determine o pagamento a outrem (casos de desquite ou separação, abandono do filho ou perda do pátrio poder).

Estou ciente, ainda, de que a falta de cumprimento do compromisso ora assumido, além de obrigar à devolução das importâncias recebidas indevidamente, sujeitar-me-á às penalidades previstas no artigo 171 do Código Penal, e à rescisão do contrato de trabalho, por justa causa, nos termos do art. 482 da Consolidação das Leis do Trabalho.

Local, _____ de ______________________ de ________.

Assinatura: ______________________________

Impressão digital

Exemplo de documento de Livro de Registro de Empregado

LIVRO DE REGISTRO DOS EMPREGADOS[03]

Cor..........

Cabelo..........

Barba..........

Bigode..........

Olhos..........

Altura..........

Peso..........

Fotografia

VISTO DA FISCALIZAÇÃO

O Snr.........., portador da Carteira de Trabalho e Previdência Social nº..........série.......... ....Carteira de Trabalho e Previdência Social (Rural) nº..........série.......... ....emitida por.......... C.P.F. nº..........Título de Eleitor nº..........da..........Zona.........., Carteira de Identidade R.G.nº..........foi admitido em..........de..........de..........para exercer a função de..........com salário de R$..........(..........) por.........., no seguinte horário de trabalho: das.......... ....às..........horas com..........horas de intervalo para repouso e alimentação.

FUNDO DE GARANTIA POR TEMPO DE SERVIÇO

Data da opção..........Data da retratação..........
Conta vinculada ao Banco ....

Nacionalidade..........
Filho de..........
e de..........
Nascido em..........
..........a..........de..........de..........
Estado civil..........
Grau de instrução..........
Residência..........
Qdo. Mot.: Cart. N. Hab.nº..........
Situação Militar..........
Nome do conjuge..........
....
Beneficiário..........
....
....
....

Quando ESTRANGEIRO

Nº Cart. mod. ....
....
Nº do Reg. Geral..........
....
Casado (a) com brasileiro (a)?..........
Tem filhos brasileiros?..........
Quantos?..........
Data da chegada ao Brasil..........
Naturalizado..........
Decreto Nº..........

PROGRAMA DE INTEGRAÇÃO SOCIAL PIS

Cadastrado em,........../........../..........

SOB Nº

DOMICÍLIO BANCÁRIO

NOME DO BANCO

....

AGÊNCIA/ CÓDIGO BANCO

ENDEREÇO DA AGÊNCIA

....

Data e assinatura do empregado na ocasião da admissão:

..........de..........de..........

....

Ficha dactiloscópica
Polegar direito

Observações..........
....

Exemplo de Ficha de Registro de Empregado

REGISTRO DE EMPREGADO

EMPREGADOR — ENDEREÇO

Nº DE OREDEM		NOME	Nº DE MATRÍCULA	

FOTOGRAFIA 3X4	FILIAÇÃO	PAI	NACIONALIDADE	AUTENTICAÇÃO
		MÃE	NACIONALIDADE	

DATA DE NASCIMENTO	IDADE	NACIONALIDADE	ESTADO CIVIL	LOCAL DO NASCIMENTO	ESTADO	CÉDULA DE IDENTIDADE

CART. PROFISSIONAL	SÉRIE	CART. RESERVISTA	CATEGORIA	TÍTULO DE ELEITOR	CPF/CIC	CART. DE SAÚDE

QUANDO ESTRANGEIRO	Cart. Mod. 15	É casado com Brasileiro(a)?	É naturalizado?	Tem filhos Brasileiros?
DATA QUE CHEGOU AO BRASIL	Nº Reg. Geral	Nome do Conjuge		Quantos?

BENEFICIÁRIO	NOME	PARENTESCO	NASCIDO EM

PROGRAMA DE INTEGRAÇÃO SOCILA (PIS)

CADASTRO EM

SOB Nº

DEP. NO BANCO

ENDEREÇO

BANCO — CÓDIGOS — AGÊNCIA

DATA DA ADMISSÃO	DATA DO REGISTRO	CARGO	SEÇÃO	SALÁRIO INICIAL	COMISSÕES	TAREFA	FORMA DE PAGAMENTO

SITUAÇÃO PERANTE O FUNDO DE GARANTIA POR TEMPO DE SERVIÇO

É optante? — Data da opção — Data da retratação

Banco depositário

HORÁRIO DE TRABALHO

ENTRADA	REFEIÇÃO	SAÍDA	DESCANSO SEMANAL

Estou de pleno acordo com as declarações acima que exprimem a verdade.

POLEGAR DIREITO

CARIMBRO E VISTO EMPREGADOR

ASSINATURA DO EMPREGADO

DATA DA DEMISSÃO

NOME:________________________ Nº________

FÉRIAS	REFERENTE AO PERÍODO		GOZADAS DE	A

CONTRIBUIÇÃO SINDICAL	PERÍODO	SINDICATO	IMPORTÂNCIA

ACIDENTE DO TRABALHO	DATA	LOCAL	CAUSA	DATA DA ALTA	RESULTADO

OBSERVAÇÕES

ALTERAÇÕES DE CARGO E SALÁRIO	DATA	CARGO OU FUNÇÃO	SALÁRIO	HORÁRIO	ASSINATURA DO EMPREGADO

Exemplo de dados para preenchimento da ficha para admissão de empregado

Dados da Empresa:
Nome:
Endereço:

Dados Pessoais do Empregado:
Nome:
Endereço:
Estado Civil: Grau Escolaridade:
Optante por Vale Transporte ( ) Sim ( ) Não

Documentos para admissão do empregado:

1 – Carteira de Trabalho e Previdência Social – CTPS
2 – Carteira de Identidade (cópia)
3 – CPF (cópia)
4 – Título de Eleitor (cópia)
5 – Certificado de Reservista (masculino) (cópia)
6 – Curriculum Vitae
7 – Comprovante de residência (atualizado)
9 – Cartão de PIS/PASEP (cópia)
10 – Certificado do Nada Consta (depende de empresa)
11 – Comprovante de escolaridade
12 – 2 fotos 3x4 (recente)
13 – Atestado Médico Admissional

Documentos para recebimento do Salário Família:

1 – Certidão de Nascimento dos filhos (cópia)
2 – Cartão de vacina (idade zero a quatorze anos) (cópia)
3 – Comprovante escolar (idade de zero a quatorze anos) (cópia)
(nos meses de maio a novembro de cada ano)

Salário contratual R$ ___________ Função ________ Setor ______________________
Data da Admissão _______________

Autorização da Gerência ______________________________ Data _______________

Exemplo de documento Folha de Ponto

Folha de Ponto

Conforme a Portaria número 3.626, Artigo 13 de 13/11/91, esta folha substitui o Quadro de Horário de Trabalho, inclusive de menores.

Nome da Empresa:______________________CNPJ: ____________
Atividade da Empresa:______________________
Nome do Empregado: ____________________ Mat.________CTPS: _____Série:_____
Registro/Folha:________ Função: ____________________________
Período (Mês/Ano): ____________________________
Entrada: ________ Refeição:_________ Saída:______ Descanso: _____

Dias	Entrada	Intervalo		Saída	Assinatura	Horas Extras	Domingo	Adicional	Feriado	Faltas
		Saída	Entrada							
01										
02										
03										
04										
05										
06										
07										
08										
09										
10										
11										
12										
13										
14										
15										
16										
17										
18										
19										
20										
21										
22										
23										
24										
25										
26										
27										
28										
29										
30										
31										
								Total ____________		

Obs:
1° Observar assinatura diária
2° Verificar o cargo ocupado
3° Entregar todo dia 1° de cada ao Departamento Pessoal
O pagamento é referente aos 30 dias do mês acima, a assinatura de folha de pagamento é do dia 1 ao 31 do mês corrente para se cumprir prazos.
A tolerância máxima de atraso é de 15 minutos para o início do expediente.

Exemplo de documento de acordo de prorrogação de jornada de trabalho

ACORDO DE PRORROGAÇÃO DE JORNADA DE TRABALHO

Local e Data:
Local/ Cidade:
Data:
Dados do Empregador:
Razão Social:
CNPJ:
Endereço: Cidade: UF:
Dados do Empregado:
Nome: Sexo: M F
CTPS nº : Série: Data de Admissão:
Jornada de Trabalho:
Duração da Jornada de Trabalho:
Acréscimo de horas na jornada de trabalho:
Remuneração normal de trabalho:
Remuneração por hora extra de trabalho:
Remuneração por hora de jornada de trabalho:
Remuneração por hora extra de jornada de trabalho:
Acréscimo por hora: %
Remuneração mensal da jornada de trabalho : Por extenso:
Horário da jornada normal de trabalho:
Início: Término: Intervalo de descansc e refeição:
Horário da jornada prorrogada de trabalho:
Início : Término:
Haverá prestação de serviço aos sábados:
Sim Não Início: Término.
Período de vigência do Acordo de Prorrogação:
Data Inicial: Data Final:
Prazo Indeterminado Prazo Determinado Prorrogação Automática?
SIM
NÃO
Se sim, uma única vez
mais vezes
Número de Vias:
Testemunhas:
Nome: R.G. :
Nome: R.G. :

Exemplo de Folha de Pagamento

FOLHA DE PAGAMENTO

EMPRESA: ENDEREÇO:

CORRESPONDENTE AO __________ DO MÊS __________ DE ______________

Identificação		Vantagens			Falta e Atrasos	Total de Vantagens
Nº Matricula	Nome	Salário	Horas Extras	Gratificação		
TOTAIS						

DIRETOR ADM/FINANCEIRO ______________________________

TESOURARIA ______________________________ DATA ____/____/____

Contribuição Sindical	Imposto Renda	Outros	Total de Descontos	Sub Liquido	Salário Família	Líquido a Pagar

Exemplo de Recibo de Pagamento Individual

RECIBO DE PAGAMENTO INDIVIDUAL

Período: de ___ a ____ de ____________de ________.	
Nome do Empregado	
Empresa	
Endereço	
Seção	
Identificação	Valor em R$
Remuneração	
Horas Extras	
Faltas	
Atrasos	
Total de Proventos	
Identificação/ Deduções	Valor em R$
INSS	
Imposto de Renda	
Vale Transporte	
Outros descontos	
Total de deduções	
Líquido a Receber	
FGTS	

Declaro que recebi a importância cima corresponde à remuneração do mês de _________de ____________, por nada haver em contrario, dou plena quitação ao presente recibo.

Local e data____

Assinatura ____

Exemplo de documento de Aviso e Recibo de Férias

AVISO E RECIBO DE FÉRIAS

CAP. VI TÍTULO II DA CLT DEC. LEI Nº 5452 DE 1/05/1943
E ALTERACOES DO DEC LEI Nº 1535 DE 13/04/1977 ART 135 DA CLT

AVISO PRÉVIO DE FÉRIAS

Empresa:____

Nome do Empregado:____________________________________

Carteira de Trabalho:________Série____ Reg. Empregado Nº/Fl do livro ou da Ficha

Período de aquisição : _____/_____/______ a ______/________/ _______.

Período de gozo das férias:_____/ ______/______ a ______ /_______/_______.

Data do Retorno ao serviço: _____/_____/_____.

Faltas injustificadas __________Salário Base________ Base de Cálculo_________

Identificação	Valor em R$
Remuneração	
Abono Pecuniário	
Adicional 1/3 Férias	
Adicional 1/3 Abono Pecuniário	
Décimo Terceiro 1ª Parcela	
Total de Proventos	
Identificação/ Deduções	Valor em R$
INSS	
Imposto de Renda	
Total de deduções	
Líquido a Receber	

Comunicamos-lhe que, de acordo com a lei, ser-lhe-ão concedidas férias relativas ao período acima descrito, ficando à sua disposição a importância de___________ (_____________________________________), relativa aos ___________ dias de férias, a ser paga antecipadamente.

EMPREGADOR LOCAL/DATA

EMPREGADO Ass. resp.legal (menor)

RECIBO DE FÉRIAS
ARTIGO 145 CLT E PARÁGRADO ÚNICO

Empresa ______________________________

Nome do Empregado ____________________

Recebi a quantia de ____________ (______________________________), correspondente às minhas férias ora concedidas e que vou gozar de acordo com o aviso que recebi em tempo hábil ao qual dei o meu "ciente".
Por ser verdade, firmo o presente recibo, dando plena e geral quitação.

EMPREGADOR LOCAL/ DATA

EMPREGADO Ass. resp.legal (menor)

Exemplo de Documento de Advertência ao Empregado

Aviso de Advertência

Local e Data:________________________________

Local:________________________________

Data: ________________________________

Dados do Empregador:________________________________

Razão Social:________________________________

CNPJ:________________________________

Representante:________________________________

Cargo:________________________________

Dados do Empregado:________________________________

Nome:________________________________

CTPS nº :________________Série:________________

Motivo da Advertência:________________________________

Ausências injustificadas? SIM____________NÃO____________

Se outra conduta especifique:________________________________

É a primeira advertência? SIM____________NÃO____________

Se for a segunda, data da entrega da primeira:________________________

Testemunhas:________________________________

Nome:________________________R.G.:________________

Nome: ________________________________

Exemplo de Documento do Aviso Prévio do Empregador para o Empregado

AVISO PRÉVIO DO EMPREGADOR AO EMPREGADO Nº_____

Nome do Empregado:____

Empresa____

Pelo presente notificamos que ___________ dias da data da entrega deste Aviso Prévio, não serão mais utilizados os seus serviços, vimos por meio deste, rescindi-lo, na forma da Legislação pertinente, devendo V.Sª cessar a suas atividades em ____/____/____.

O presente servirá de Aviso Prévio, em conformidade com o artigo 487, item II, da CLT, ficando V.Sª com direito de:

1. Reduzir em 2(duas) horas diárias de sua jornada de trabalho, conforme artigo 488 da CLT,
   ou
2. Faltar 7 (sete) dias corridos, conforme art. 488 & 2ª da CLT.

Ao termino do prazo deste Aviso, deverá V.Sª apresentar -se para recebimento das importâncias que lhe são devidas e cu mprimento das demais formalidades exigidas para cessação do Contrato de Trabalho, apresentando sua Carteira de Trabalho para as devidas anotações.

Solicitamos a devolução de uma das vias como vosso ciente.

Local/Data_______________________________

____

Assinatura do Responsável legal em caso do Empregado Menor

____

Assinatura do Empregado

____

Carimbo e Assinatura do Empregador

Exemplo de Documento Aviso Prévio Pedido de Demissão

AVISO PRÉVIO DO EMPREGADO PARA O EMPREGADOR PEDINDO PARA RETIRARSE DO SERVIÇO Nº_____ (Aviso Prévio de Pedido de Demissão)

Nome do Empregado:____

Empresa____

Pelo presente notifico que __________ dias da data da entrega deste Aviso Prévio, deixarei os serviços desta empresa por minha livre e espontânea vontade, e por isso venho avisálos, nos termos e para os efeitos do disposto no Artigo 487 do Decreto Lei nº 5.452, de 1º de maio de 1943 da Consolidação das Leis do Trabalho.
Solicito a devolução de uma das vias como vosso ciente.

Local/Data____

____

Assinatura do Responsável legal em caso do Empregado Menor

____

Assinatura do Empregado

____

Assinatura do Empregador

Exemplo de solicitação de saldo na Caixa Econômica Federal

______________, _______ de ______________ de _________.

À
Caixa Econômica Federal

Assunto: Saldo do FGTS

Solicitamos a V.Sa(s) o saldo da conta do Fundo de Garantia do Tempo de Serviço da pessoa abaixo relacionada:

NOME................................ ......: ________________________________
DATA DE ADMISSÃO ....: ________________________________
NÚMERO DO PIS ....: ________________________________
CTPS................................ ....: ________________________________
Nº CONTA FGTS ....: ________________________________

_________________________ _________________________

Assinatura

Exemplo de Termo de Rescisão do Contrato de Trabalho

Termo de Rescisão de Contrato de Trabalho

IDENTIFICAÇÃO DO EMPREGADOR	01 – CNPJ/CEI	02 - Razão social/Nome			
	03 - Endereço (logradouro, nº, Andar, Apartamento)			04 - Bairro	
	05 – Município	06 - UF	07 – Cep	08 - CNAE	09 - CNPJ/CEI Tomador Obra
IDENTIFICAÇÃO DO TRABALHADOR	10 – PIS/PASEP	11 – Nome			
	12 – Endereço			13 - Bairro	
	14 – Município	15 – UF	16 - CEP	17-Carteira de Trabalho	
	18 – CPF	19 - Data de Nasc.	20 - Nome da Mãe		
DADOS DO CONTRATO	21-Remuneração p/ fins rescisórios	22-Data de Admissão	23-Data Aviso Prévio	24-Data Afastamento	
	25-Causa do Afastamento	26-Cód. Afastamento	27-Pensão Alimentícia	28-Categ. do Trabalhador	

DISCRIMINAÇÃO DAS VERBAS RESCISÓRIAS	Valores		Valores	Deduções	
29- Aviso prévio Indenizado		38-Comisões R$		47-Previdência	
30 - Saldo de Salários		39-Gratificações		48-Prev. 13º Salário	
31- 13º Salário		40- Horas Extras Horas		49-Adiantamentos 40%	
32- 13º Salário Inden.		41-Adicional Insalubridade/ Periculosidade		50- IRRF - Rescisão Isento	
33-Férias Vencidas		42-		51- IRRF 13º Salário	
34- Férias Proporcionais		43- FGTS Mês Rescisão		52- IRRF Férias Isento	
35- 1/3 Salário s/ Férias Vencidas + proporcionais		44- FGTS Mês Anterior		53- Convênio Médico	
36-Salário Família		45- FGTS Multa Rescisão		54-Total das Deduções	
37-Adicional Noturno		46 - Total Vencimentos		55- Líquido a Receber	

FORMALIZAÇÃO DA RESCISÃO	
Local e data do recebimento	Carimbo e Assinatura do empregador ou preposto
Assinatura do trabalhador	Assinatura do Responsável Legal do Trabalhador
80	

Homologação	Digital do trabalhador	Digital do Responsável Legal
Foi prestada gratuitamente assistência ao trabalhador nos termos do art.477 da CLT, sendo comprovado neste ato o efetivo pagamento das verbas rescisórias acima especificadas. Local e Data: Carimbo e assinatura do assessor		
Identificação do órgão homologador	Recepção do banco (Data e Carimbo)	

A ASSISTÊNCIA NO ATO DA RESCISÃO CONTRATUAL É GRATUITA

Exemplo de documento da Guia de Recolhimento da Previdência Social (GPS)

MINISTÉRIO DA PREVIDÊNCIA SOCIAL – MPS INSTITUTO NACIONAL DO SEGURO SOCIAL - INSS **GUIA DA PREVIDÊNCIA SOCIAL - GPS**		3. CÓDIGO DE PAGAMENTO	
		4. COMPETÊNCIA	
		5. IDENTIFICADOR	
1. NOME OU RAZÃO SOCIAL/ FONE/ ENDEREÇO:		6. VALOR DO INSS	
		7.	
		8.	
		9. VALOR DE OUTRAS ENTIDADES	
2. VENCIMENTO (Uso do INSS)		10. ATM, MULTA E JUROS	
ATENÇÃO: É vedada a utilização de GPS para recolhimento de receita de valor inferior ao estipulado em Resolução publicada pelo INSS. A receita que resultar valor inferior deverá ser adicionada à contribuição ou importância correspondente nos meses subseqüentes, até que o total seja igual ou superior ao valor mínimo fixado.		11. TOTAL	
		12. AUTENTICAÇÃO BANCÁRIA	

Exemplo de Documento de Arrecadação de Receitas Federais (DARF)

MINISTÉRIO DA FAZENDA **SECRETARIA DA RECEITA FEDERAL** Documento de Arrecadação de Receitas Federais **DARF**	02 PERÍODO DE APURAÇÃO →	
	03 NÚMERO DO CPF OU CGC →	
	04 CÓDIGO DA RECEITA →	
	05 NÚMERO DE REFERÊNCIA →	
01 NOME / TELEFONE	06 DATA DE VENCIMENTO →	
Veja no verso instruções para preenchimento	07 VALOR DO PRINCIPAL →	
	08 VALOR DA MULTA →	
ATENÇÃO É vedado o recolhimento de tributos e contribuições administrados pela Secretaria da Receita Federal cujo valor total seja inferior a R$ 10,00. Ocorrendo tal situação, adicione esse valor ao tributo/contribuição de mesmo código de períodos subseqüentes, até que o total seja igual ou superior a R$ 10,00.	09 VALOR DOS JUROS E / OU ENCARGOS DL - 1.025/69 →	
	10 VALOR TOTAL →	
	11 AUTENTICAÇÃO BANCÁRIA (Somente nas 1ª e 2ª vias)	

Aprovado pela IN/SRF nº 81/96

Exemplo de Comprovante de Rendimentos Pagos e de Retenção de Imposto de Renda na Fonte

MINISTÉRIO DA FAZENDA SECRETARIA DA RECEITA FEDERAL	COMPROVANTE DE RENDIMENTOS PAGOS E DE RETENÇÃO DE IMPOSTO DE RENDA NA FONTE Ano-calendário ________

1. FONTE PAGADORA PESSOA JURÍDICA OU PESSOA FÍSICA

NOME EMPRESARIAL / NOME	CNPJ / CPF

2. PESSOA FÍSICA BENEFICIÁRIA DOS RENDIMENTOS

CPF	NOME COMPLETO
NATUREZA DO RENDIMENTO	

3. RENDIMENTOS TRIBUTÁVEIS, DEDUÇÕES E IMPOSTO RETIDO NA FONTE

	VALORES EM REAIS
01. Total dos Rendimentos (inclusive férias)	,
02. Contribuição Previdenciária Oficial	,
03. Contribuição à Previdência Privada e ao Fundo de Aposentadoria Programada Individual - FAPI	,
04. Pensão Alimentícia (informar o beneficiário no Quadro 6)	,
05. Imposto de Renda Retido	,

4. RENDIMENTOS ISENTOS E NÃO TRIBUTÁVEIS

	VALORES EM REAIS
01. Parcela Isenta dos Proventos de Aposentadoria, Reserva, Reforma e Pensão (65 anos ou mais)	,
02. Diárias e Ajudas de Custo	,
03. Pensão, Proventos de Aposentadoria ou Reforma por Moléstia Grave e Aposentadoria ou Reforma por Acidente em Serviço	,
04. Lucro e Dividendo Apurado a partir de 1996 pago por PJ (Lucro Real, Presumido ou Arbitrado)	,
05. Valores Pagos ao Titular ou Sócio da Microempresa ou Empresa de Pequeno Porte, exceto *Pro labore*, Aluguéis ou Serviços Prestados	,
06. Indenizações por rescisão de contrato de trabalho, inclusive a título de PDV, e acidente de trabalho	,
07. Outros (especificar)	,

5. RENDIMENTOS SUJEITOS À TRIBUTAÇÃO EXCLUSIVA (RENDIMENTO LÍQUIDO)

	VALORES EM REAIS
01. Décimo Terceiro Salário	,
02. Outros	,

6. INFORMAÇÕES COMPLEMENTARES

7. RESPONSÁVEL PELAS INFORMAÇÕES

NOME	DATA	ASSINATURA

Aprovado pela IN/SRF nº 120/2000

Exemplo de Documento de Comunicação de Acidente do Trabalho (CAT)

Exemplo de Documento de Comunicação de Acidente do Trabalho – CAT

PREVIDÊNCIA SOCIAL
INSTITUTO NACIONAL DO
SEGURO SOCIAL

1- Emitente

1- Empregador 2 - Sindicato 3 - Médico 4 - Segurado ou dependente
5- Autoridade pública

COMUNICAÇÃO DE ACIDENTE DO TRABALHO – CAT

2- Tipo de CAT

1- Inicial 2- Reabertura 3 - Comunicação de Óbito

em:

I - EMITENTE

Empregador

3- Razão Social /Nome

4- Tipo 1- CGC/CNPJ 2 - CEI 3- CPF 4 -NIT

5- CNAE

6- Endereço - Rua/Av.

Complemento (continuação)

Bairro

CEP

7- Município

8-UF

9- Telefone

Acidentado

10- Nome

11- Nome da mãe

12- Data de nasc.

13- Sexo 1- Masc. 3- Fem.

14- Estado civil 1- Solteiro 2- Casado 3 - Viúvo 4- Sep. judic. 5 - Outro 6 - Ignorado

15- CTPS - Nº /Série/ Data de emissão

16- UF

17- Remuneração Mensal

18- Carteira de Indentidade

Data de emissão

Orgão Expedidor

19- UF

20- PIS/PASEP/NIT

21- Endereço - Rua/Av

25- Nome da ocupação

26- CBO

consulte CBO

27- Filiação à Previdência Social
1- Empregado 2 - Tra. avulso 7 - Seg. especial
8- Médico residente

28- Aposentado?
1- sim 2- não

Tipografia: Gotham e MinionPro
Papel: Offset 90 g/m² e Cartão
Supremo 250 g/m2
Impressão: Camacorp Visão Gráfica LTDA